RITA ROSENMAYER

DIDEROT

OBRAS VIII

ENSAIO SOBRE OS REINADOS DE CLÁUDIO E NERO E SOBRE A VIDA E OS ESCRITOS DE SÊNECA

Coleção Textos

Dirigida por:

Equipe de realização – Preparação de texto: Luiz Henrique Soares; Revisão: Marcio Honorio de Godoy; Ilustração: Rita Rosenmayer; Projeto de capa: Adriana Garcia; Produção: Ricardo W. Neves, Sergio Kon, Lia N. Marques, Luiz Henrique Soares e Elen Durando.

DIDEROT

OBRAS VIII

ENSAIO SOBRE OS REINADOS
DE CLÁUDIO E NERO E SOBRE A VIDA
E OS ESCRITOS DE SÊNECA

J. GUINSBURG E NEWTON CUNHA
ORGANIZAÇÃO

NEWTON CUNHA
TRADUÇÃO E NOTAS

PERSPECTIVA

CIP-Brasil. Catalogação na Publicação
Sindicato Nacional dos Editores de Livros, RJ

D552d
Diderot, Denis, 1713-1784
Diderot obras VIII : ensaio sobre os reinados de Cláudio e Nero e sobre a vida e os escritos de Sêneca / Denis Diderot ; organização Jacó Guinsburg , Newton Cunha ; tradução Newton Cunha. – 1. ed. – São Paulo : Perspectiva, 2017.
352 p. ; 21cm. (Textos ; 12)

Tradução de: Essai sur les règnes de claude et de néron et sur la vie et les écrits de sénèque
ISBN: 9788527310550

1. Diderot, Denis, 1713-1784. 2. Roma – História – Império, 30 a.C.-476 d.C. 3. Ciência política – Filosofia história. I. Guinsburg, Jacó. II. Cunha, Newton. III. Série.

17-41973 CDD: 937.06
CDU: 94(37)

19/05/2017 22/05/2017

EDITORA PERSPECTIVA LTDA

Av. Brigadeiro Luís Antônio, 3025
01401-000 São Paulo SP Brasil
Telefax: (11) 3885-8388
www.editoraperspectiva.com.br
2017

SUMÁRIO

NOTA DA EDIÇÃO

A primeira versão deste ensaio foi escrita e publicada, em 1778, com o título de *Ensaio Sobre a Vida de Sêneca, o Filósofo, Sobre Seus Escritos e os Reinados de Cláudio e de Nero*. Tudo indica que o trabalho tenha sido sugerido pelo barão d'Holbach, que já houvera estimulado La Grange a fazer as traduções das obras de Lucrécio, de Tácito e de Sêneca, assim como por influência do editor Naigeon, também ele tradutor de Sêneca. Quatro anos mais tarde, entretanto, Diderot resolveu rever e aumentar o texto. A nova edição veio a público com o título *Ensaio Sobre os Reinados de Cláudio e de Nero e Sobre os Costumes e os Escritos de Sêneca Para Servir de Introdução à Leitura Desse Filósofo*. A retomada do texto e os acréscimos se fizeram em consequência das críticas injuriosas que a primeira edição sofrera de algumas publicações literárias, entre as quais o *Anné Littéraire*, o *Journal de Littérature* e o *Journal de Paris*.

Ocorre que a figura de Sêneca havia sido denegrida desde os tempos do historiador Dião, e muitos intelectuais do século XVIII, não sem influência dos jesuítas, o tinham na conta de um filósofo mais do que contraditório, verdadeiramente hipócrita, cujas ações em nada se harmonizariam com seus escritos, apesar de sua própria divisa: *concordate sermo cum vita*. Ou seja, entre princípios e atos, entre a teoria e a prática haveria um fosso intransponível, uma contradição insolúvel? O propósito de Diderot é demonstrar que não, que as incoerências, se existiram, ou eram aparentes ou inevitáveis. Aparentes, porque entre o filósofo e o cidadão privado não havia discrepâncias; o que escreveu foi a manifestação sincera de seu espírito e de sua concepção de vida. E inevitáveis porque, *amicus principis*, tinha a obrigação de intervir numa corte progressivamente tirânica e dissoluta. A vida real da corte, a dos vícios e do poder, chocava-se imperiosamente com o dever ser, com as noções de virtude e de justiça. Para Diderot, suas ações como homem público

> não podem ser julgadas sensatamente do fundo de um retiro tranquilo, em que a segurança nos envolve, de uma biblioteca, diante de um púlpito. Mas no antro da besta-fera que é preciso estar ou imaginá-las; diante dela, sob seus olhos luzidios e garras estiradas, sua goela entreaberta e da qual goteja o sangue de sua mãe. É ali que é preciso dizer à fera: Tu vais me retalhar, não duvido; mas não farei nada do que me ordenas. (supra, p. 208).

Admirador profundo do estoico Sêneca (ainda que discordasse de algumas de suas exortações morais mais severas, porque antinaturais), assim como de Sócrates e de Epicuro, Diderot procura demonstrar, com o apoio confiável de Tácito, de Suetônio, de Montaigne, de Justus Lipsius e de La Rochefoucauld, entre outros, quantas calúnias fáceis o filósofo da virtude e preceptor de Nero teve de suportar em sua condição de administrador das províncias imperiais e possuidor de uma enorme riqueza pessoal. Mesmo quando submetido às ordens de Nero, como o fez ao justificar o matricídio de Agripina, Sêneca teria em vista a preservação da "coisa pública", a paz do Estado.

Por fim, Diderot aproveita a oportunidade para defender-se a si próprio de calúnias recebidas desde a época da *Enciclopédia* e, mais recentemente então, de um já velho e ingrato amigo chamado Jean-Jacques Rousseau.

Dos livros comentados de Sêneca, selecionamos aqueles nos quais a visão estoica e seus ensinamentos mais se evidenciam, segundo o entendimento de Diderot, podendo assim servir de introito à expressão moral do filósofo romano: as *Cartas* (a Lucílio), *Da Clemência, Da Providência, Dos Benefícios, Da Tranquilidade da Alma, Da Vida Feliz, A Constância do Sábio.* Quanto ao texto original que nos serviu para a presente tradução, encontra-se ele nas *Obras Completas de Diderot* (revistas sobre as edições originais), editadas entre 1875 e 1877, sob os cuidados de J. Assézat e M. Tourneux.

J. Guinsburg e Newton Cunha

CRONOLOGIA

1713 Nasceu em Langres, em uma família de artesãos abastados (o pai é mestre cuteleiro).

1726 Destinado pela família à carreira eclesiástica, estudou com os jesuítas, em Langres, e foi tonsurado.

1726 Prossegue os estudos em Paris, no colégio de Harcourt.

1732 Recebe o grau de bacharel em Artes pela Universidade de Paris.

1742 Trava amizade com Jean-Jacques Rousseau e Grimm.

1743 Casa-se com Anne-Toinette Champion, contra a vontade do pai.

1746 O editor Lebreton o contrata para traduzir a *Cyclopaedia* de Chambers.

1747 É encarregado, com d'Alembert, de dirigir a redação da *Encyclopédie* (Enciclopédia).

1749 É detido e encarcerado em Vincennes por causa da publicação de *Lettre sur les aveugles* (Carta Sobre os Cegos).

1751 Sai o primeiro volume da *Enciclopédia*. Entre os seus verbetes mais célebres e de grande repercussão pública figura o artigo sobre a "Autoridade Política". Publica *Lettre sur les sourds et muets* (Carta Sobre Surdos e Mudos) e suas *Additions* (Adições).

1753 Nascimento da filha, Marie-Angélique.

1756 Liga-se a Sophie Volland.

1757 Aparece o tomo VII da *Enciclopédia*. O artigo "Genebra" provoca vivos protestos do partido devoto e o rompimento com Rousseau.

1758 Aparece *De la poésie dramatique* (Da Poesia Dramática), cujo capítulo final discorre sobre "Autores e Críticos".

1759 A *Enciclopédia* é condenada como subversiva pelo Parlamento. O rei revoga a licença de impressão e ordena a queima dos sete volumes publicados. O papa coloca a obra no *Index*. Os manuscritos em poder do Enciclopedista são apreendidos, mas seu amigo Malesherbes, chefe da polícia, os esconde em sua casa. Diderot lança-se à crítica de arte, iniciando *Les Salons* (Os Salões), série de nove ensaios publicados até 1781.

1760 Possível início da composição de *Jacques, le fataliste* (Jacques, o Fatalista), cuja redação parece ter-se estendido, intermitentemente, até 1780.

1761 Julga-se que neste ano, ou em 1762, Diderot começou a redigir *Le Neveau de Rameau* (O Sobrinho de Rameau), obra cujo término é situado entre 1775 e 1776.

1762 Edição de *Éloge de Richardson* (Elogio a Richardson).

1765 Os dez últimos tomos da *Enciclopédia*, impressos secretamente na Holanda, aparecem com endereço falso. Catarina II compra a biblioteca de Diderot, para que ele possa prover o dote de casamento da filha.

1766 Término do *Salão de 1765*, que inclui o escrito intitulado "Fragonard" e os "Essais sur la peinture" (Ensaios Sobre a Pintura), editados separadamente em 1795.

1769 Composição do *Entretien entre d'Alembert et Diderot* (Diálogo entre d'Alembert e Diderot), do *Rêve de d'Alembert* (O Sonho de d'Alembert) e dos *Principes philosophiques sur la matière et le mouvement* (Princípios Filosóficos Sobre a Matéria e o Movimento). "Regrets sur ma vieille robe de chambre" (Lamentações Sobre Meu Velho Robe), fragmento do *Salão de 1767*, é divulgado pela *Correspondance littéraire*.

1771 A *Correspondance littéraire* difunde o *Entretien d'un père avec ses enfants* (Colóquio de um Pai com Seus Filhos).

1772 Aparece *Sur les femmes* (Sobre as Mulheres). Conclusão de *Ceci n'est pas un conte* (Isto não é um Conto) e *Mme. de La Carlière*. Primeira versão do *Supplément au Voyage de Bougainville* (Suplemento à Viagem de Bougainville). Edição de *Traité du beau* (Tratado Sobre o Belo).

1773 Esboça o *Paradoxe sur le comédien* (Paradoxo Sobre o Comediante), viaja para a Rússia e para a Holanda.

1774 Delineia o *Entretien d'un philosophe avec Mme. la maréchale* (Colóquio com a Marechala).

1778 Escreve a primeira versão do *Ensaio Sobre a Vida de Sêneca, o Filósofo*.

1784 Diderot morre em Paris, no dia 30 de julho.

SÊNECA, DIDEROT E AS RAZÕES DE ESTADO

Diderot chega ao crepúsculo da vida no instante em que os grandes nomes das Luzes deixam uma Europa ainda longe da maioridade frente à superstição, ao poder absoluto, à razão de Estado. Nutrido pela filosofia da Atenas democrática, entusiasta da antiga tragédia, da poesia e da medicina gregas, ele também admira Shakespeare (contra Voltaire, que julgava o inglês um bárbaro). Diderot se apega a Sófocles, Eurípides, Ésquilo. Leitor de Newton e de Locke, consulta com paixão os diálogos platônicos, seguidos sempre de Homero, Virgílio, Horácio, Terêncio, Anacreonte, Pércio, Lucrécio (de quem revisa uma edição crítica). Na política, pratica sobretudo Tácito, autor que mais serve à moderna razão de Estado, lido por autores estratégicos como Gabriel Naudé, maquiavelista do século XVII que redige as *Considerações Políticas Sobre os Golpes de Estado*[1]. Filósofo que tenta unir as duas pontas da cadeia especulativa, o passado e o presente, Diderot é coerente ao denunciar os procedimentos abusivos dos poderosos, prática que ainda no século XVIII tinha o nome de "tirania".

1. Cf. Arthur M. Wilson, *Diderot*, São Paulo: Perspectiva, 2012, p. 40. Também, Diderot, *Oeuvres I*, Laurent Versini, Paris: Laffont, 1994, p. 966.

A condenação do arbítrio segue o que ele mesmo chama de sua "moral" ("o tic de Horácio é o de versejar, o meu, o de moralizar"). Temos aí o espírito e a letra, segundo atilados intérpretes de Diderot[2] do *Ensaio Sobre Sêneca* (1778) e de sua edição ampliada, cujo título é *Ensaio Sobre os Reinados de Cláudio e de Nero* (1782).

O *Ensaio Sobre Sêneca* é escrito como posfácio ao sétimo volume das obras de Sêneca traduzidas por La Grange[3]. O ensaio logo aumenta para um volume inesperado. Como notam os comentaristas, Diderot não tinha grande respeito por Sêneca em períodos anteriores de sua vida. No *Ensaio Sobre o Mérito e a Virtude*, ele escreve: "julgar-se-á que eu trato esse filósofo um pouco duramente, mas é impossível, pela récita de Tácito, ter opinião mais favorável sobre ele". É preciso guardar o nome de Tácito, a quem retornaremos adiante. Tácito, em Diderot, segue na companhia de Justus Lipsius, outro autor que serviu bastante à doutrina da razão de Estado. A sua leitura também auxiliou muito Diderot em suas pesquisas sobre Sêneca e Nero.

O *Ensaio Sobre Sêneca* é recebido como a síntese canhestra e senil da moral diderotiana: "obra-prima de demência literária e monumento inaudito de delírio"[4]. Nos últimos anos, no entanto, uma outra interpretação nele percebe um constructo político que examina o elo entre os intelectuais e o poder[5]. Em

2. Cf. A. Wilson, op. cit., p. 754.

3. Disponível na Biblioteca Nacional de Paris: *Oeuvres de Senèque le philosophe*, traduites en français par La Grange avec des notes... précédées d'un Essai sur les règnes de Claude et de Néron et sur les moeurs et les écrits de Sénèque pour servir d'introduction... [par Diderot]... (A Paris: de l'impr. de J.J. Smits, an III 6 v. in-8°).

4. *Annales politiques*, 1779.

5. Entre os autores que seguem tal orientação, citemos Luciano Canfora no texto introdutório à tradução italiana (*Saggi sui regno di Claudio e Nerone, e sui costumi e gli scritti di Seneca*, Palermo: Sellerio, 1987). Canfora analisa as invectivas contra Sêneca oriundas de Dião Cássio e de seu difusor, João Xilipin. Depois, Canfora mostra as atitudes positivas em relação ao estoico, sobretudo as de Justo Lipsius. Ele também mostra o quanto a imagem de Sêneca era negativa no século XVIII. Sêneca, às voltas com o dono do poder, não suscita entusiasmo nas Luzes. Voltaire não o cita no *Dicionário Filosófico* e ele pouco aparece na *Enciclopédia*. Canfora salienta bastante que Diderot e outros iluministas "empenhados"viram em Sêneca um seu par. E Canfora apresenta a defesa de Sêneca no contexto da polêmica contra Rousseau. Este último, radical, não teria aceitado o realismo de Diderot e sua composição com o poder. Em vez de negar o mundo político existente, como apresentar (justificando-o) um programa factível ▸

tese recente de doutoramento defendida na França, Esra Arici adianta que o *Ensaio* diderotiano "pode ser considerado como simbiose perfeita do pensamento do grande filósofo, um pensamento que recusa toda sistematização, se nutre sempre de paradoxos, manobra maravilhosamente a máquina dialética e exige do leitor ter atenção, estar bem alerta, ter um espírito infinitamente 'eclético'"[6]. No texto sobre Sêneca e, mais ainda, no *Ensaio Sobre os Reinados de Cláudio e de Nero*, o enciclopedista expõe o drama dos pensadores éticos e políticos na conturbada história filosófica. Trata-se do conúbio entre o filósofo e o governante, seja o último legítimo ou tirânico. Platão em Siracusa (mas talvez antes, diante dos trinta golpistas de Atenas), Aristóteles, Demócrito (o povo também pode ser tirano), Sêneca, Maquiavel, Erasmo, podemos recolher uma lista impressionante de indivíduos que buscam a verdade e a justiça, mas servem ou estão à mercê de príncipes arbitrários. A lista não acaba em nossa era, ao incluir Hegel e os filósofos que se deixaram conduzir fielmente pelo Partido, os intelectuais a soldo dos totalitarismos nazista ou soviético. As armadilhas do poder e as infâmias dos "traidores" (para retomar a expressão de Julien Benda) são perenes e sempre melancólicas.

Mas, e Diderot? Tudo indica, no outono de sua vida, que ele mesmo pode ser incluído no rol dos atormentados pelo que pensam e dizem a respeito do mundo, da sociedade, do Estado e do

▷ de mudanças na ordem estatal e societária? Tal programa não deixa de ter seu lado de bajulação diante dos poderosos. Gianluigi Goggi, ao comentar a análise de Canfora, criticamente recorda uma passagem sinistra de Diderot no *Salão de 1767*: "Não fugirei das cortes [...] eu poderia me vestir de púrpura; eu cortejaria os donos do mundo e talvez deles obteria ou a abolição da lei ruim, ou a graça de um homem de bem que a desobedeceria." Goggi recusa a tese de Canfora, que valoriza em excesso a guerra contra Rousseau no *Ensaio*. Ele mostra os demais atingidos pelas farpas diderotianas e chega à seguinte conclusão: "O *Ensaio* evidencia uma experiência no limite. Ele parece marcar o ponto de não retorno nas relações entre filósofos e soberanos. Além dessa experiência, é a perspectiva da revolução-regeneração do corpo político da França que se abrirá para o último Diderot." Cf. Gianluigi Goggi, *Saggi sui regni di Claudio e Nerone*, em *Recherches sur Diderot et sur l'Encyclopédie*, v. 8/8, 1990, p. 128-130.

6. *La Résurgence et la liquidation des modèles politiques antiques au XVIIIe siècle, de Diderot à Chateaubriand*, Université François-Rabelais, 2010, p. 20, disponível em: <www.applis.univ-tours.fr/theses/2010/esra.arici_2913.pdf>.

contraste com o feito por eles mesmos sob o chicote (mesmo aveludado) dos governantes. No caso de Frederico da Prússia, as diatribes diderotianas são inequívocas. Mas diante de Catarina II, a postura é a mesma? Não, com certeza. Catarina, conforme diz o próprio Diderot ao criticar o plano de Constituição para a Rússia, ideado pela governante, surge como déspota. Como servir amigavelmente o despotismo mesmo que ele se queira "esclarecido"? O trato fraternal entre filósofo e dona do império traz dúvidas e ataques à ética do "irmão Tonpla", um Platão às avessas.

Para justificar Sêneca, possível cúmplice silente ou eloquente de Nero, nosso autor afirma que a existência do filósofo latino era ao mesmo tempo "difícil" e "digna". Tarefa árdua, a de Diderot! Ela o seria em nossos tempos e, ainda mais no século XVIII, quando a popularidade de Sêneca na opinião acadêmica não era alta. Digamos com o que é preciso mencionar:

> Diderot se identificava forte e até mesmo imoderadamente com Sêneca, o homem de letras que descobriu-se num relacionamento moralmente ambíguo com um soberano déspota e tirânico. Isso sugere que Diderot tinha ciência, e uma ciência mui desconfortável, de que a opinião pública igualava sua relação com Catarina II àquela de Sêneca com Nero. Em cada caso, a questão moral era qual o papel apropriado (e quais são os limites do papel apropriado) do *philosophe*, do literato, do intelectual com relação a um déspota? É muito notável que Diderot não faça de seu livro um hino de louvor a Catarina II, como se poderia esperar que ele fizesse. Na verdade, ele a menciona mui raramente, embora sempre com louvor. É dela a presença invisível no *Essai sur les règnes de Claude et de Néron*, projetando sua sombra sobre a vida de Diderot até o fim. [Merece reparo, no entanto, o fim do pensamento de Wilson sobre o assunto] O *Essai sur Sénèque*, e sua ampliação posterior, o *Essai sur les règnes de Claude et de Néron*, são livros importantes para se estudar pontos nos quais o inconsciente de Diderot emerge no limiar do reconhecimento consciente[7].

7. Op. cit., p. 763. Ponto de vista também assumido em biografia mais recente de Diderot: *O Ensaio Sobre Sêneca* e o *Ensaio Sobre os Reinados de Cláudio e de Nero* "sob a capa de erudição latina, são pretextos dos quais Diderot se utiliza para tentar o acerto de contas com a sua má consciência. Quando ele fala de Sêneca, o conselheiro de Nero, é evidentemente de Diderot que ele fala. E a apologia do filósofo de Córdoba se confunde rapidamente com a defesa pro domo que pronuncia o 'conselheiro' da despótica Catarina ▸

Se o tom de *apologia pro vita sua* é patente nos dois escritos, é questionável a tese segundo a qual o problema reside na alma do pensador. A questão posta por ele é mais ampla do que a sua personalidade. Ela implica uma série de caminhos e desvios no âmbito mais perigoso de nossa cultura social, econômica, militar e diplomática: o abismo onde impera a razão de Estado[8].

É preciso seguir os escritos de Diderot à luz de suas fontes, e ver como as obras foram recebidas em seu tempo. O autor, cuja predileção filosófica é por Platão e que usa de preferência a técnica dialógica, emprega o ensaio justo em texto essencial para a forma de encarar a moralidade e a política. Nero é analisado de maneira oposta à comum em Diderot, sobretudo aquele de *O Sobrinho de Rameau*. Seu parasita intelectual, Friedrich Melchior Grimm, cujo papel seria afastar os críticos, diz que o trabalho serve como "frontispício do Sêneca em francês". Assim,

> para defender o filósofo cortesão contra as imputações do delator Suílio, o testemunho de Dião Cássio, de Xifilin e de outros detratores, Diderot mostra Sêneca, por assim dizer, em choque com o gênio e os costumes de seu tempo. Eloquente, engenhoso, às vezes as duas coisas, o autor desculpa, faz perdoar pelo menos, o que não pode justificar. Eis, por exemplo, de que modo ele trata de diminuir a indignação que nos inspira ainda hoje a carta sobre o assassinato de Agripina que, como observa Tácito, desvia os olhos que estavam sobre Nero para fixá-los sobre a indiscrição de Sêneca que a havia ditado[9].

Com uma defesa semelhante, o que esperar dos ataques? Uma resenha anônima diz que a primeira parte do *Ensaio Sobre a Vida de Sêneca*

▷ II [...] é possível continuar sendo um homem livre quando se está ligado por obrigações multiplas em relação à imperatriz. É possível desejar ser ainda um campeão da liberdade política quando Diderot aconselha, mesmo esclarecidos, a um déposta, arriscando assim a melhor fundamentar ainda seu poder?" Pierre Lepape, *Diderot*, Paris: Champs/Flammarion, 1991, p. 404-405.

8. Uma análise magistral dos elos entre poderosos e filósofos é feita por Luciano Canfora em *Um Ofício Perigoso*, São Paulo: Perspectiva, 2003.

9. *Correspondence littéraire*, dez. de 1778, t. XII, p. 194-197. Maiores esclarecimentos, cf. Raymond Trousson, *Denis Diderot, mémoire de la critique*, Paris: Presses de l'Université Paris-Sorbonne, 2005, p. 154s.

oferece o relato do que ocorreu nos reinados de Cláudio e de Nero. Mas o relato é ora singularmente brusco, ora de uma lentidão extenuante, continuamente interrompido por reflexões, interrogações, exclamações, êxtases e apóstrofes. Seria difícil imaginar um estilo mais quebrado, mais desigual, mais convulsivo, mais declamatório. O mais louvável realmente, na primeira parte, são as reflexões do autor sobre os acontecimentos descritos: há um bom número aos quais não podemos recusar energia e mesmo profundidade. A segunda parte apresenta uma coleta do que o autor considera mais belo nas diferentes obras de Sêneca. Ele combate nelas muitas opiniões, e não raro com vantagem. Mas seu modo, às vezes obscuro e incorreto, é sempre exaltado, sempre extraordinário. Ele conduz a afetação da singularidade até criar novas expressões[10].

O tom é ameno e cordial, se pensarmos nos ataques de Stanislas Fréron.

Na *Correspondência Literária*[11], Fréron explica a querela entre ele e Diderot. O caso acompanha a acusação contra

10. *Journal de Paris*, n. 25, 25 jan. 1779, p. 97-99; R. Trousson, op. cit., p. 155.

11. Março de 1782, XIII, p. 103. R. Trousson, op. cit., p. 164. Sobre a personagem o essencial é dito numa dissertação acadêmica recente: "Embora não tão bem conhecido como muitos de seus contemporâneos, Stanislas Fréron desempenhou um papel significativo na Revolução Francesa. Ele era amigo próximo e associado de vários líderes jacobinos como Georges Danton, Jean-Paul Marat e Maximilien Robespierre. Ele participou de muitos dos grandes eventos da Revolução tais como a queda da Bastilha, a *journée* de 10 de agosto de 1792, o cerco de Toulon, e o golpe de estado do 9 Termidor. Por suas atividades como jornalista radical, parlamentar em missão e membro da Convenção Nacional, Fréron ajudou os jacobinos a estabelecer e manter a república na França. Ele também surgiu como um forte defensor da liberdade de imprensa, apesar do fato de que ele, com frequência e desavergonhadamente abusou daquela liberdade para atingir seus próprios fins. Como parlamentar em missão, contribuiu para a supressão da contra-revolução no sudeste da França e trabalhou para acabar com o regionalismo e centralizar áreas sob o controle da Convenção. Mas suas ações cruéis e arbitrárias durante sua primeira missão, especialmente na cidade de Toulon, lhe deram a fama que afinal atrapalhou sua carreira política. [...] Numa tentativa de reabilitar sua imagem, Fréron emergiu como uma das figuras proeminentes da Reação Termidoriana. Após a queda de Robespierre, ajudou a dirigir as políticas da Convenção. Por seu incontrolado uso tanto da imprensa quanto da *jeunesse dorée*, Fréron contribuiu significativamente para o desmantelamento do Terror e a queda do poder do Clube Jacobino. Mas, empurrando muito longe a Reação Termidoriana, ele "assoprou as mesmas chamas que finalmente o queimaram" junto aos seus oponentes políticos. F.A. Aulard, *Paris sous le consulat: Recueil des documents pour l'histoire de l'esprit public à Paris*, Paris: Cerf, 1903-1909, II, p. 57-58. No fim, os métodos rudes de Fréron não o privaram de seus apoiadores e de seu posto político. Ao perder uma cadeira no Conselho dos 500, durante o Diretório, Fréron gastou seus últimos anos coberto de dívidas, e com ▸

Sêneca feita pelo mesmo Fréron, quando é publicada a obra traduzida por La Grange. O jornalista teria esboçado, na ocasião, "um quadro simples e breve dos costumes e do espírito daquele filósofo estoico". Avançamos, diz ainda ele, que "a conduta de Sêneca desmente abertamente as máximas sublimes, que o orgulhoso estoico estabelece com tamanho fasto, e que sob a máscara de sabedoria ele esconde as fraquezas e as paixões, os vícios mesmo que dominam o comum dos homens. Estaríamos enganados?" Segue-se uma verrina em regra contra Sêneca: "todos os meios eram bons para ele na faina de aumentar seus tesouros. Adulações baixas, complacência criminosa, testamentos surpresa, usuras exorbitantes, tais foram os degraus vergonhosos pelos quais se elevou aos quarenta milhões de nossa moeda atual a fortuna do eloquente orador da pobreza". Chegamos ao ponto nevrálgico de toda a batalha, o terreno das fontes. Diderot denuncia o testemunho contra Sêneca trazido por Suílio, Dião e Xifilin. Tais são as fontes usadas como verdadeiras por Fréron. O ponto a ser atingido pelo jornalista reside no contraste entre a homilia da pobreza, por Sêneca, e a sua busca de fortunas. Mesmo que Suílio e consortes fossem os vilões descritos por Diderot, a contradição resiste, afirma Fréron. Pior, no entanto, é um segundo choque entre autor e livros: na *Consolação a Helvia*, o filósofo aconselha a temperança acima da força humana. Já na *Consolação a Políbio*, cai a máscara, o estoico exibe a fraqueza da criança e "a baixeza do escravo". E segue uma acusação contra Diderot: este último adianta, em desespero de

▷ poucas perspectivas de futuro. Sua ascensão meteórica ao poder e influência acabaram tão rápido quanto começaram, e Fréron terminou seus dias na pobreza e obscuridade". Karen L. Greene, *The Rise and Fall of a Revolutionary: The Political Career of Louis-Marie Stanislas Fréron, Representative on Mission and Conventionnel, 1754-1802*. A Dissertation submitted to the Department of History in partial fulfillment of the requirements for the degree of Doctor of Philosophy 2004, Florida State University, College of Arts and Sciences. Disponível em: <etd.lib.fsu.edu/theses/available/etd.../FréronDissertation.pdf>. As características do jornalista e do político se anunciam claramente já na resenha sobre *O Ensaio Sobre a Vida de Sêneca*. Para as querelas entre os *Philosophes* e o clã dos Fréron, cf. Jean Balcou, *Le Dossier Fréron, correspondances et documents*, Genève: Droz, 1975.

causa, que a *Consolação a Políbio* não é do próprio Sêneca, mas de um impostor...[12]

Diderot escreve a *Vida de Sêneca* "segundo Tácito, Suetônio e o próprio Sêneca". Mas para bem entender o filósofo, ele penetra na história dos imperadores romanos e, desse modo, traça o quadro mais animado dos reinos de Cláudio e de Nero. Diderot não deixa passar os defeitos de Sêneca. Mas como discutir um assunto ético complexo sem cair nas armadilhas e "no ódio dos zangões de nossa literatura"?[13] De fato, Suílio é a fonte que serve às diatribes de Fréron e de seus pares contra a dupla Sêneca/Diderot[14]. Suílio, em 58, difama Sêneca ao se mostrar mentirosamente escandalizado com o montante da fortuna do filósofo (algo em torno de 300 milhões de sestércios), além de outras acusações mais graves do ponto de vista moral. De qualquer modo, segundo Tácito, o convívio próximo de Sêneca com o "monstro" imperador começou a arrefecer por volta de 62[15].

12. De fato, basta ler o que foi escrito na referida *Consolação a Políbio*, sobretudo a partir de 13,1 a 14,1, para dar alguma razão a Fréron. "Hic itaque princeps, qui publicum omnium hominum solacium est, aut me omnia fallunt aut iam recreavit animum tuum et tam magno vulneri maiora adhibuit remedia. Iam te omni confirmavit modo, iam omnia exempla, quibus ad animi aequitatem compellereris, tenacissima memoria rettulit, iam omnium praecepta sapientum assueta sibi facundia explicuit." "Eis, assim, Políbio, o príncipe, consolador de todos os humanos, que, se não me engano, consolou tua alma e aplicou sobre grave ferida remédios ainda mais poderosos. Ele nada omitiu para te fortalecer : todos os exemplos capazes de te inspirar resignação sua memória tenacíssima te mostrou, ele desenvolveu os preceitos de todos os sábios com eloquência habitual para o teu proveito." L. Annaeus Seneca, *Moral Essays*, v. 2, London/New York: Heinemann, 1932, no *Projeto Perseus*, Sêneca. O texto é tão ridiculamente lisonjeador que, não apenas Diderot, mas outros comentadores o julgaram alheio a Sêneca. É o caso de Paul Albert, *Histoire de la littérature romaine,* Paris: Ch. Delagrave et Cie, 1871.

13. *Essai sur les règnes de Claude et de Neron*, em Jules Assézat: *Oeuvres complètes de Diderot*, t. III, Paris: Garnier Frères, 1875, p. 6s.

14. Tácito : *Annales*, XIII, cap. 42-43

15. "A morte de Sexto Afrânio quebrou a potência de Sêneca, porque a política do bem não tinha o mesmo poder, agora que um dos que poderiam ser chamados de seus chefes tinha morrido e Nero pendia para os homens do pior. Tais homens lançam contra Sêneca acusações diversas, reprovando-lhe a busca de aumentar ainda mais a sua riqueza, já imensa, que ultrapassava a medida conveniente a um particular. Acusam Sêneca por querer atrair o favor dos cidadãos e pela beleza de seus jardins e magnificência de suas casas, que ultrapassavam o luxo das propriedades do príncipe. Ele também era acusado por sua glória de letrado e por compor mais poemas de que Nero passou a gostar. Inimigo declarado das diversões do príncipe, ele depreciava sua habilidade ao conduzir os cavalos e zombava de sua voz sempre que ele cantava." *Annales*, XIV, 52.

Como é possível notar, o dossiê contra Sêneca/Diderot tem fontes poluídas. Mas além dos testemunhos de Suílio e seguidores, Fréron apela para o silêncio do intelectual Sêneca: "Dos crimes dos quais Nero se tornou culpado, haveria um só ao qual Sêneca tenha abertamente se oposto, um só do qual ele tenha tentado fazer Nero enrubescer após a sujeira? Desafio Diderot para que o cite."[16] Assim, o silêncio de Sêneca seria repetido pelo seu par do século XVIII, afasia dissimulada pelo uso de uma torrente estridente de palavras que

> não possui nem a gravidade do filósofo que disserta nem a retenção do juiz imparcial. O senhor Diderot ignora qualquer estilo que não seja a ode ou a epopeia. Suas mais fortes dissertações sempre são animadas por impulsos pindáricos; o entusiasmo pelo qual é tolhido, o demônio que o agita não o deixaram jamais; é a Pitonisa sempre no tripé.

Seu discurso, sobretudo no *Ensaio* em pauta, é

> monstruosa mistura de gêneros que os postulantes a filósofos, quando falam das obras de seu partido, chamam *variedade*; as convulsões forçadas de um energúmeno que eles chamam *calor*; lamentos hipócritas, saídos não do coração, mas de um cérebro sistematicamente exaltado, que eles chamam de *sensibilidade* (grifos de Fréron).

Desejoso de poder e riqueza como seu colega Sêneca, Diderot, segundo Fréron, além de não ter encontrado o estilo decoroso, ignora tudo sobre Roma, a começar da língua.

> Quando refletimos que Diderot só traduziu de Tácito três ou quatro trechos escolhidos a seu talante, aqueles, por conseguinte, que ele dizia entender, e quando são observadas as faltas numerosas e grosseiras que um escolar teria evitado e o senhor Diderot cometeu, qual ideia poderia ser feita de seus conhecimentos da língua latina?

Fréron, como todos os seus colegas de má-fé na imprensa, sobretudo em nossos dias, dá a patada, mas, tíbio, não indica as faltas de tradução e de latim supostamente cometidas por

16. R. Trousson, op. cit., p. 158.

Diderot. Ao longo do *Ensaio Sobre os Reinados de Cláudio e de Nero*, o enciclopedista traz à colação ataques de Fréron do mesmo calado. Sempre tentando responder às críticas, não raro com minúcia paciente.

Acusada de crime pelo silêncio diante da tirania, a dupla Sêneca/Diderot sofre ataques de ordem filosófica, moral, política. Chegamos ao ponto em que é preciso examinar o elo entre as duas versões do *Ensaio*: a primeira, "breve", e a segunda, "ampliada" pela razão de Estado. Sêneca, desde o século XVII pelo menos, é tido como um dos inspiradores da razão estatal na sua vertente mais forte, a do elogio do governante que salvaria o Estado, mesmo arruinando a ética e a moralidade públicas. É dele o mote, posto na peça *Fedra*, que enuncia: "Existem crimes que o sucesso e os tempos tornam honestos (*Honesta quaedam scelera sucessus facit*)."[17] A frase ecoa na escrita dita maquiavélica da França, no século de Richelieu e de Mazarino, a mesma França de Gabriel Naudé, relevante escritor da razão de Estado. Autores contrários a Maquiavel também atribuíram a Sêneca uma tremenda lição de atentados à ética pelos governantes. Assim, Honorat de Meynier pergunta, no contexto de uma forte crítica

17. Seneca: *Phaedra* (v. 606) Rudolf Peiper, Gustav Richter Ed. "Hipp: Cur dulce munus redditae lucis fugis? Ph: Aude, anime, tempta, perage mandatum tuum. intrepida constent verba: qui timide rogat docet negare, magna pare sceleris mei olim peracta est; serus est nobis pudor: amavimus nefanda, si coepta exsequor, forsan iugali crimen abscondam face: honesta quaedam scelera successus facit— en incipe, anime!" (Hipólito: Por que foges da suave e renovada luz da vida ? Fedra: Coragem, alma, tenta, cumpra a tua missão. Intrépidas sejam tuas palavras, e firmes. Quem pede timidamente, convida a recusa. A maior parte de minha culpa acabou, desde que cumprida. Para mim, a modéstia é demasiado tardia. Amei baixamente. Se continuo o que iniciei, talvez deva esconder meu erro sob a face do elo conjugal. O sucesso faz alguns crimes serem honestos. Vem, minha alma, começa!). A corrente do maquiavelismo estatal francês entra nesta proclamação do crime que se torna feito elogiável com o sucesso e o tempo. Cf. Louis Machon, *Apologie pour Machiavelle*, 1645 et 1668, Bibliothèque municipale de Bordeaux, ms 535, citado por Etienne Thuau: *Raison d'État et pensée politique à l'époque de Richelieu*. Paris: Albin Michel, 2000, p. 340. Cf. também Peters. Donaldson, *Biblical Machiavelism: Louis Machon's Apologie pour Machiavel*, Cambridge: Cambrigde University Press, 1989. Cf. Cavaillé, J.-P. Gabriel Naudé: destinations et usages du text politique, *Les Cahiers du centre de recherches historiques*, Archive, n. 20, 1998, *Miroirs de la raison d'état*. Disponível em: <http://ccrh.revues.org/2539>. Os leitores do *Sobrinho de Rameau* com certeza reconhecem na passagem de Sêneca, posta em Fedra, a figura de Racine, grande homem e péssimo pai de família, marido etc.

do maquiavelismo estatal, "o sentido que deve ser dado à sentença de Sêneca: *Qui nescit dissimulare, nescit regnare*, que Luís XI fez ensinar como única lição de latim para seu filho, Carlos VIII"[18]. Embora dificilmente a autoria seja de Sêneca, é notável que a sentença seja a ele atribuída por um inimigo da *raison d'état*[19].

Sêneca aliado à razão estatal, marca do século XVII (a era do maquiavelismo francês, tendo à frente Richelieu, Mazarino e teorizado por Gabriel Naudé, Louis Machon), é algo que levanta suspeita sobre a situação árdua dos pensadores que, entre duas moralidades, devem escolher o poder estatal contra os particulares. A escolha de Sêneca, segundo seus críticos do século XVIII, é indiscutível. Ele opta por Nero contra a sublime ética do estoicismo, por ele mesmo proclamada. Seria igual à postura diderotiana? É o que os seus adversários querem oferecer à opinião pública. Já vimos que Tácito, autor essencial da razão de Estado, tem uma visão um pouco negativa de Sêneca. Antes de enunciar algo mais sobre o elo entre Diderot e os interesses políticos de Estado, precisamos nos deter em outro autor que muito serviu ao enciclopedista na elaboração de sua biobibliografia de Sêneca. Trata-se de Justus Lipsius.

Fonte maior para o *Ensaio Sobre Sêneca* e para o *Ensaio Sobre os Reinados de Cláudio e de Nero*, Justus Lipsius é autor de um resumo metódico que reúne as obras do estoico[20]. Sêneca, aliás, é o grande beneficiário da revolução trazida pela imprensa. Erasmo o edita em 1515, e depois em 1527-1529, iniciando um trabalho coletivo que teve seu ápice na edição de Lipsius. O século XVI, portanto, conheceu bem o pensamento estoico. Sêneca está

18. Cf. Honorat Meynier, *Les Demandes curieuses et réponses libres Dediérau Roy par le Sr. de Meynier*, Paris: Pierre Billaine, 1635.

19. "Entre os autores do século XVII, Honorat de Meynier, *Les Demandes curieuses et les responses libres*, parece ser o único que atribui a frase a Sêneca. Não consegui localizar a frase em nenhuma obra de Sêneca, embora o sentimento da coisa seja expresso na tragédia de Sêneca *Thyestes*, bem como no *De clementia*, endereçada pelo filósofo a Nero imperador", Adrianna E. Bakos: *Images of Kingship in Early Modern France, Louis XI in Political Thought, 1560-1789*, London/New York: Routledge, 1997, p. 219.

20. *L. Annaeus Senecae philosophi opera quae exstant omnia a Justo Lipsio emendata et scholiis illustrata*, Anvers: Plantin, 1605.

presente em Montaigne, Calvino e em vários outros pensadores relevantes do período. Mas o conhecimento daquela filosofia era fragmentário, apesar da grande quantidade de textos editados. Justus Lipsius evidencia o caráter sistemático do estoicismo, com os nexos entre a moral, a física, a teoria do saber. É por semelhante caminho que o estoicismo é recebido no século XVII, a era da razão de Estado. Os textos de Pierre Charron e Guilherme de Vair estão eivados pelo estoicismo na versão de Lipsius[21].

Desde a juventude, Lipsius se relaciona com personagens estratégicas na luta entre poder secular e religioso, que gera a razão da Igreja e a razão de Estado. Aos dezesseis anos, entra em contacto, por exemplo, com Roberto Bellarmino, o campeão da "soberania indireta" da Igreja, doutrina combatida acerbamente por Hobbes e Filmer. Desde a juventude, Lipsius se interessa por Tácito, eixo diretor das formas intelectuais trazidas pela razão de Estado. Católico de muito duvidosa ortodoxia e obediência aos hierarcas, ele publica, em 1589, o importante livro que contém, em *nuce*, praticamente todos os desenvolvimentos posteriores sobre a racionalidade estatal. Trata-se dos *Politicorum sive civilis doctrinae libri sex*[22]. Muitos comentadores, desde os seus dias, consideram pouco original aquela obra, uma espécie de caderno de anotações, onde eram recolhidos os lugares comuns, algo muito praticado nos tempos de Montaigne e, depois, de Francis Bacon. Alguns críticos chegam a dizer que no livro em questão apenas os sinais gráficos, as interjeições e os títulos são de Lipsius. Outros falam em "marchetaria intelectual" para se referir ao seu

21. Durante muito tempo, Lipsius foi lembrado apenas como editor de Sêneca, campeão do estoicismo no mundo moderno. Ainda nas *Lições Sobre a História da Filosofia de Hegel*, tal é a única nota que segue o seu nome. Lipsius cabe numa linha apenas de Hegel: "Mais tarde foi ressuscitada a atomística dos epicuristas principalmente por Gassendi contra Descartes, e ela se conserva ainda na física moderna com a teoria das moléculas. Mais frágil foi o renascimento da filosofia estoica por obra de Lipsius." *Vorlesungen über die Geschichte der Philosophie in Werke in zwanzig Bänden*, Frankfurt: Suhrkamp, 1975, t. III, p. 14. O filósofo do Estado prussiano não dá muita atenção aos seus antecessores.

22. Uso a edição fotostática da Kessinger Publishing's Legacy Reprints, *Justi Lipsi Politicorum: sive civilis doctrinael ibri sex* (1594).

conteúdo[23]. Foi desse escrito que Diderot retirou a epígrafe principal dos *Pensamentos Filosóficos*[24]. Uma característica comum entre Lipsius e Diderot reside no seu ecletismo[25].

Lipsius assume a doutrina estoica do *fatum*, entendido como uma ordem estável que se sustenta na racionalidade das leis do mundo, aliada à concatenação das causas que regulam os eventos humanos. Entre a *physis* e a ordem humana impera uma ordem escondida que rege o devir dos Estados. Tal compreensão é exposta nos *Politicorum* (I, 4)[26]. O príncipe deve ter consciência de que seu poder, dado por Deus, pode sumir de repente. Assim, nenhum reino ou Estado é eterno e todos se submetem aos ciclos de crescimento e diminuição. A providência divina (racional) vela para impor limites recíprocos ou compensações mútuas entre os poderes estatais[27]. Dada a alternância perpétua, entre os homens comuns, do medo e da esperança, os reinos sempre se manifestam como inseguros. Segue-se o ponto correlato: quem deve

23. Para maiores e mais amplas informações, cf. Jacqueline Lagrée, *Juste Lipse: La restaurattion du stoïcisme,* Paris: Vrin, 1994.

24. "Escrevo sobre Deus; conto com poucos leitores, espero poucos sufrágios. Se meus pensamentos não agradam a ninguém, eles serão apenas ruins; mas os considero detestáveis se agradam a todo mundo", *Pensées philosophiques*, em Laurent Versini (ed.), *Oeuvres de Diderot*, Paris: Robert Laffont, 1994, p. 19. "Não eu, mas sim Platão me ensinou: o vulgo ousará controlar de maneira perversa tudo o que direi (*calumnis haec obnoxia in vulgus*)" Justo Lipsius: *Politicorum*, IV, 3, p. 124.

25. J. Lagrée, op. cit, p. 23. Algo já sublinhado por Amiel, que cita Lipsius: "Não devemos nos apegar unicamente nem a um só homem, nem a uma única seita"; e mais: "Se devemos optar absolutamente por um partido, que seja o dos ecléticos". Cf. Emile Amiel, *Juste Lipse, un publiciste du XVIe siècle*, Paris: Alphonse Lemerre, 1884, p. 65.

26. "Fatum, appendix pietatis. Quid illud, et a quo sit? Quam vim habeat, et quem usum?" Ed. cit., p. 10.

27. "Deus faz com que os impérios se compensem. Carlos V, Francisco I na França e Soliman entre os turcos, cada um digno do império mundial, o teriam conseguido ou bem encaminhado se não fosse esta concorrência e se um não impedisse o outro." Citado por J. Lagrée, op. cit., p. 81. Há, em Lipsius, uma tentativa de harmonizar o *fatum* com o livre-arbítrio, tema que, sabemos, está na pauta dos debates teológicos e políticos desde Lutero e Erasmo. A negação do livre-arbítrio no primeiro e a busca quase desesperada de manter a livre decisão humana no segundo, deixa enorme espaço para querelas em toda a modernidade, basta pensar na luta entre jesuítas e jansenistas, que vai até o século XVIII. As palavras de Lipsius são ambiguas, quando se trata de estabelecer os termos do problema: "Deus viu, de toda a eternidade, a escolha do homem; ele a viu, sim, mas não obrigou o homem; ele a viu, mas não a ordenou; a predisse, mas não a prescreveu". Citado por E. Amiel, op. cit, p. 58.

comandar os homens que não agem segundo a razão? Adepto da monarquia, Lipsius nota na unidade do comando político a possibilidade de erguer uma ordem política racional. Para ele, "o objetivo fundamental, ou o fim da política, não é a liberdade, mas a conservação da paz e da ordem". É por tal motivo que, sem integrar o campo dos teóricos da razão de Estado, ele influencia Naudé por intermédio de Pierre Charron e sua análise da prudência no *De la sagesse* (1601)[28]. Diante das guerras suscitadas pelas seitas religiosas, Lipsius assume que o príncipe não deve tolerar diversidades e heresias no Estado. Antes dele, calvinistas como Théodore de Bèze pregam o *hereticidium* comandado pelo príncipe (desde que protestante, claro). Lipsius distingue os dissidentes pacíficos (*qui peccant privatim* e não merecem a pena capital) e os que propagam o erro (*qui publice peccant*). Para os agitadores, "não há lugar para clemência". E Lipsius cita a oitava *Filípica* de Cícero (5.15): "queima, corta, pois vale mais que um membro pereça do que o corpo todo"[29]. Comentadores discutem a profundidade e a extensão da sentença. Assim, segundo Joseph Lecler "em parte alguma Lipsius emprega os termos *interfeci* ou *occidi*. Ele pensa que o príncipe deve às vezes ameaçar com a espada, para não ser preciso empregá-la"[30]. Mas dado o princípio, vale perguntar se a consequência não é previsível.

O núcleo do monopólio sobre a instituição religiosa, monopólio exterior às consciências, mas questionado pelas igrejas,

28. J. Lagrée, op. cit., p. 84. A prudência, no pensamento de Charron, "é a regra de todos os assuntos, e, numa só palavra, a arte da vida, como a medicina é a arte da saúde". Ela consiste em "bem consultar e deliberar, bem julgar e resolver, bem conduzir e executar". Ela é necessária sobretudo quando se considera o homem "o mais difícil de ser domado dentre todos os animais, *impatiens aequi nedum servitutis* (Sêneca, *De Clementia*, citado por Justus Lipsius, *Politicorum*, III, I e II, I, ed. cit., p. 84 e 34 respectivamente), e que é preciso manejar com maior arte e indústria [...] a prudência é a arte de manejar, e um doce freio, que o conduz no redondo da obediência, por dentro". *De la sagesse*, Bourdeaus: Simon Millanges Imprimeur, cap. I, p. 461, 1601. Na edição eletrônica da Gallica, BNF.

29. "Clementiae non hic locus. Ure, seca, ut membrorum potius aliquod, quam totum corpus pereat". *Politicorum*, III, I, ed. cit., p. 125. Da guerra contra os heréticos religiosos aos heréticos políticos perseguidos pelo totalitarismo, a lógica será sempre a mesma: o membro "adoecido"deve ser arrancado do corpo, para o bem do todo.

30. Cf. J. Lecler, *Histoire de la tolérance au siècle de la Réforme*, Paris: Aubier, 1955, t. II, p. 245.

a católica sobretudo, nos séculos XVI e XVII, também é a fonte da razão de Estado. As dissenções doutrinárias entre os cristãos ameaçariam a unidade do Estado. Este, por sua vez, deve agir segundo a razão e não de acordo com as paixões e os interesses sectários dos governados. Algo comum aos pensadores da *raison d'État*, que inclui Lipsius apesar de tudo, é o desprezo pelo populacho. Tal animosidade contra o povo é clara em Gabriel Naudé e já em Lipsius ela segue a tese de que o comando deve ser de um só, não de muitos. Cabe ao governante exigir a concórdia nos atos exteriores, os que interessam à sobrevivência do Estado. A tese é evidente no texto das *Politicorum* quando Lipsius distingue entre religião e crença supersticiosa. A clivagem tem origem em Sêneca : o culto autêntico consiste em imitar os deuses e ser bom como eles. Tal forma de pensar é mais próxima da ética do que da política. Lipsius lhe concede um traço político: se o culto ou veneração é ligado às leis e ostenta formas cultuais, a prática externa deve ser vigiada pelo príncipe. O culto interior será livre de tutela (Epístola 95)[31]. Mas, em troca, no campo coletivo, o governante tem a prerrogativa de impor regras ao culto e à sua pregação. O problema religioso e político se resolve com o poder principesco, uma possível solução contra as guerras políticas encobertas pelo fanatismo supersticioso de protestantes e católicos. Nenhuma surpresa, pois, se encontramos em Hobbes a mesma tese, já notada também nos chamados "políticos" dos séculos XVI e XVII franceses[32].

31. J. Lagrée, op. cit., p. 89 e ss.

32. Caso exemplar é o de De L'Hospital : "Le Roy ne veut point que vous entriez en dispute quelle opinion est la meilleure: car il n'est pas ici question de *constituenda Religione, sed de constituenda Republica*: et plusieurs peuvent estre *Cives*, qui non *erunt Christiani*, et peut-on vivre en repos avec ceux qui sont de diverses opinions, comme nous voyons en une famille, où ceux qui sont des catholiques ne laissent pas de vivre en paix, et aimer ceux de la religion nouvelle, comme l'on dit que *Vitia uxoris aut sunt tollenda aut toleranda*" (O rei não quer que entres em disputa sobre qual opinião é a melhor: pois não se trata aqui de *constituenda Religione, sed constituenda Republica* [de instituir uma religião, mas uma República] e vários podem *estre Cives* [ser cidadãos] que não *erunt Christiani* [eram cristãos], e podemos viver em descanso com aqueles de opiniões diferentes, como vivemos em uma família, onde aqueles que são católicos não deixam de viver em paz e amar os da nova religião, como se diz que *vitya uxoris aut sunt tollenda aut toleranda* [os incômodos das esposas, ou se tolhe ou se tolera].)Discurso de De L'Hospital diante da Assembleia composta pelo Presidente e Conselheiros▸

Voltemos à epígrafe dos diderotianos *Pensamentos Filosóficos* citada acima: "Se meus pensamentos não agradam a ninguém, eles serão apenas ruins; mas os considero detestáveis se agradam a todo mundo." Temos resumidas, na frase, diatribes contra a massa popular cuja idade é multimilenar. Desde o juízo platônico sobre o povo, que seria "um animal grande e forte" (*República*, VI, 493a), passando pelas invectivas do ardiloso Demóstenes, "Atena! Poderosa guardiã da *polis*, como podes te alegrar com as três bestas intratáveis que são a coruja, a serpente e o povo?"[33], e Tácito, *nihil in vulgus modicum*[34], até chegar aos tempos modernos[35], a massa popular é vista como o grande perigo para a paz e a estabilidade política. O povo entra como ator principal na política de Cláudio e de Nero. E o nexo entre semelhante populismo e o afastamento de Sêneca da vida pública pode ser encontrado com a exacerbação entre Nero e a temida plebe. No reinado de Cláudio, os elos entre povo e governante não foram particularmente fortes, apesar do populismo pronunciado do imperador. Este fez muitas larguezas com dinheiros públicos, em proveito da multidão[36], e ofereceu festas circenses (quando, à semelhança de todos os populistas, se junta à multidão, dando-se em espetáculo), tomou medidas contra agiotas, ajudou o povo em situações críticas, como no incêndio no quarteirão Emiliano. Mas a demagogia teve limites nas proibições dos colégios (*hetaireai*) e também

▷ dos Parlamentos da França em Saint-Germain-en-Laye (janeiro de 1562). Citado por Emille-V. Telle, na introdução ao livro de François Hotman, *La Vie de Messire Gaspar Colligny, Admiral de France*, Genève: Droz, 1987, p. 35.

33. Segundo Plutarco, *Vida de Demóstenes*, XXVI, 7.

34. *Annales*, I, 29.

35. Cf. Thomas Browne, *Religio Medici*, II, 1 "If there be any among those common objects of hatred I do contemn and laugh at, it is that great enemy of reason, virtue, and religion, the multitude [...] one great beast and a monstrosity more prodigious than Hydra" (Se há dentre esses objetos comuns de ódio algum que eu desprezo e dele rio, é esse grande inimigo da razão, da virtude e da religião, a multidão [...] uma grande besta e uma monstruosidade mais prodigiosa do que a Hidra); também Hamilton: "Sir, your people is a great beast" (Senhor, sua gente é uma grande fera); o poeta Sidney: "Many-headed multitude" (Multidão de muitas cabeças); *Arcadia*, livro II e Shakespeare, *Coriolano* IV, I, 2, "The beast with many heads Butts me away" (Afasta-me a fera de muitas cabeças).

36. "congiaria populo saepius distribui". Suetônio, *Vida de Cláudio*, XXI.

no veto aos judeus, proibidos de se reunir, e em outras medidas repressivas. Em suma, a opinião pública não era absolutamente favorável ou hostil a Cláudio.

O pêndulo populista passou a decidir os nexos entre Nero e o poder. Tudo o que o povo esperava, após o terror de Calígula, antecedido pelo de Tibério, e depois do reinado de Cláudio, mistura de severidade e populismo, se estabelece na pessoa de Nero. Descendente de Germânico, ele representa uma espécie de salvação popular[37]. No primeiro instante de seu reino, o jovem governante não assume o controle da política, tarefa de Agripina, de Sêneca e de Sexto Afrânio Burro. "Entretanto, desde o começo é possível discernir a *levitas popularis* de Nero, da qual os dirigentes do Estado não o desviaram, pois o Senado tinha confiança no regime novo."[38] Nero é contido por sua mãe, por Sêneca e por Burrhus. Morto este último, declina a influência de Sêneca. "Doravante, ninguém mais pode refrear Nero, que se tornou o ídolo das massas."[39] É possível, portanto, traçar um sentido na trajetória de Sêneca. Este último, quando tinha algum poder, recomenda ao discípulo que não se misture à massa: *excerpe itaque te volgo* (separa-te do vulgo)[40]. O núcleo dessa doutrina estoica é acolhido por Justus Lipsius em suas considerações políticas: "Jamais escrevi", diz ele, "para o povo; jamais tentei agradá-lo. O que eu

37. Tácito, *Annales*, XI, 12.

38. Zvi Yavetz, *La Plèbe et le prince, foule et vie politique sous le haut-empire romain*, Paris: Maspero, 1984, p. 168.

39. Mario Attelio Levi, *Nerone e suoi tempi*, Milano: Cisalpino, 1949, citado por Z. Yavetz, op. cit., p. 169.

40. "Excerpe itaque te vulgo, Pauline carissime, et in tranquilliorem portum non pro aetatis spatio iactatus tandem recede. Cogita quot fluctus subieris, quot tempestates partim privatas sustinueris, partim publicas in te converteris; satis iam per laboriosa et inquieta documenta exhibita virtus est; experire quid in otio faciat. Maior pars aetatis, certe melior rei publicae datast: aliquid temporis tui sume etiam tibi." (Separa-te do vulgo, caríssimo Paulino, e retira-se num porto mais tranquilo, impulsionado, não devido à duração da vida, pensa quantos fluxos enfrentastes, quantas tempestades privadas suportastes, quantas tempestades públicas te atraíram; já demonstrastes teu valor por fatigantes e pesados exemplos, experimenta se teu valor pode fazer algo sem teu empenho. A maior parte da vida, certamente a melhor, seja pois dedicada à causa pública, toma no entanto algum tempo para tua pessoa.) Sêneca, Sobre a Brevidade da Vida, XVIII, em L. Annaeus Seneca, *Moral Essays*, v. 2, trad. de John W. Basore, London/New York: Heinemann, 1932, p. 346.

sei, ele não gosta; do que ele gosta, ignoro."[41] O povo, realidade ondulante e sem firmeza, ameaça qualquer estabilidade do poder estatal. É preciso, diante da turba, uma *prudentia in humanis* na prática do príncipe. O povo ignora a natureza de seu *ingenium*, marcado pela tolice. Quem se fia no povo, rápido segue para a inevitável tirania, deixando o Estado na pior situação. O povo, pensa Lipsius, é instável, versátil, emotivo, sem juízo, sem posição determinada individualmente (*ad plures inclinat*), é curioso, desconfiado, crédulo, impressionável, imagina as coisas mais graves do que elas são de fato, é incapaz de segurar a língua, amotinável e deseja mudanças, despreza os assuntos públicos (*neglegit rem publicam*), é bravo apenas em lorotas (*verbis ferox*), covarde e muito confiante (*metu ac spe nimium*). Finalmente, para Lipsius, o povo é exatamente o que Tácito dele afirma: *nihil in vulgo modicum*. Levando em conta, além da instabilidade popular, a dança dos Estados, que sentem ameaças externas, é preciso, insiste Lipsius, discutir um princípio de estável unidade legal e administrativa que permita entender o *fatum*, vencendo a Fortuna[42]. A única virtude da massa, se ela existe, é a obediência. A constância, virtude estoica ensinada por Sêneca, permite ao príncipe estabelecer a obediência permanente do povo em relação ao poder. A constância do príncipe é mais uma virtude política do que moral. Ela, em Lipsius, adquire os tons da prudência principesca, de colorido maquiavélico. Visto que o aspecto do mundo físico e humano é de perene variação, a prudência também é polimórfica, para captar os eventos e práticas sempre instáveis[43].

A prudência no príncipe é a compreensão e escolha do que deve ser preciso buscar ou evitar em público ou em privado. Ela recolhe três instâncias fundamentais: *usus, memoria, doctrina*. Depois vem a *prudentia mixta*, que se encarrega de prevenir o príncipe do fato básico: o coletivo não é feito de pessoas

41. E. Amiel, op. cit., p. 119.

42. Tais pontos são desenvolvidos com maior extensão em J. Lagrée, op. cit., p. 91s.

43. "Iam confusa eadem, quia revera instabile totum & fluctuans est, quod Prudentiam vocamus." *Politicorum*, IV, 1, ed. cit., p. 116.

virtuosas, muito pelo contrário. O príncipe deve ser raposa e leão[44]. A *politica fraus* é uma "deliberação astuciosa afastada da virtude ou das leis para o bem do príncipe e de seu Estado"[45]. Ela possui três dimensões: a leve (dissimulação), a média (engodo, corrupção), a *magna fraus* (perfídia, injustiça). Esta última é a única inteiramente condenável. A *politica fraus* garante a eficácia do mando. Ela deve ser replicada, no príncipe, pela justiça, pela fé (*fides*), pela clemência, pela *auctoritas*, a qual garante a obediência porque impõe respeito[46].

É possível entender, portanto, a partir de semelhante visão da *fraus politica*, o motivo do elogio feito por Friedrich Meinecke, a partir do tacitismo que domina o pensamento a partir do século XVI.

> Tácito se tornou a grande autoridade quanto à razão de Estado [...] pelo menos desde a nova edição de suas obras em 1574 por Justus Lipsius, e durante todo um século floresceu a seguir na literatura dos "tacitistas" que a venderam em seus escritos políticos. Quanto ao manual de política do próprio Lipsius (*Politicorum sive civilis doctrinae libri sex*, 1589), ele é composto exclusivamente de sentenças antigas, sobretudo precisamente de Tácito, e oferece, ainda em nossos dias, uma preciosa mina de pensamentos antigos sobre a razão de Estado.[47]

Lipsius, arremata Meinecke mais adiante, defende um maquiavelismo moderado (*einem gemässigten Machiavellismus*)[48]. Com a frase, o autor acrescenta um novo epíteto ao pensamento de Lipsius e do próprio Maquiavel. No século XVII,

44. "Penso que não é certo se condenar tão fortemente Maquiavel nos assuntos do Estado, como se faz em nosso tempo. Aquela personagem foi chicoteada por todas as mãos, sendo que existe, segundo São Basílio em seus provérbios, uma honesta e louvável ardilosidade (*honestam atque laudabilem calliditatem*)." *Politicorum*, IV, 13, ed. cit, p. 232.

45. "Argutum consilium a virtute aut legibus devium, regis regnique bono."(*Politicorum*, IV, 14, ed. cit., p. 233.

46. J. Lagrée, op. cit. p. 92-95.

47. *Die Idee der Staatsräson inder neueren geschichte*, München/Berlin: R. Oldenbourg, 1924, p. 32.

48. Ibidem, p. 248, nota 2. "Justus Lipsius publicou as obras de Tácito em 1574 e também escreveu uma espécie de gramática da política: *Politicorum sive civilis* [...] Este livro é formado de máximas de autores antigos e sobretudo de pensamentos de Tácito". E. Thuau, op. cit., p. 37.

como sabemos, surgem os designativos de maquiavelismo, maquiavélico e outros. O Florentino, inclusive, teve transformada sua doutrina em verbo. O próprio Lipsius foi acusado de "maquiavelizar" (*ille Lipsius machiavelisat*)[49]. Para os autores que defendiam Maquiavel na época, como é o caso de Hermann Conring, Tácito, ao escrever as histórias de Tibério, de Augusto e de Nero, antecipa a imagem do Príncipe descrita pelo Florentino[50]. Segundo Amiel, Lipsius "é dos que pensam que a ambição de César salvou sua pátria". Assim, "é a absolvição por meio da força e do sucesso que prega Justus Lipsius"[51].

Simultaneamente ao regime da força, baseada na razão que impera na física e na sociedade, e que deve ser descoberta sob o caos aparente das paixões instáveis, Lipsius recusa a soberania popular e a forma parlamentar, em especial a proclamada pelos protestantes ao modo de François Hotman, na *Francogallia*[52], lida por ele antes da sua *Política*. Segundo Hotman, que segue o juízo de Tácito, na Germânia "o poder dos reis não era nem arbitrário, nem ilimitado" (cap. VII)[53] e "a autoridade soberana pertencia às assembleias da nação, que podiam conceder ou retirar a coroa a seu talante" (cap. X)[54]. Hotman cita o pronunciamento ritual das cortes de Aragão sobre o seu elo com o rei: "Nós, que valemos tanto como vós e podemos mais que vós, vos

49. E. Thuau, op. cit., p. 56. Para uma análise atual e competente sobre as edições de Tácito por Lipsius, cf. Saúl Martínez Bermejo, *Translating Tacitus: The Reception of Tacitu's Works in the Vernacular Languages of Europe, 16th-17th Centuries*, Pisa: University Press, Edizioni Plus, 2010. Edição em PDF da Cliohres. Net (Doctoral Dissertations, XV). Na juventude, Lipsius encontrou, na Biblioteca do Vaticano, nas bibliotecas dos Sforza e dos Farnèse, os manuscritos de Sêneca, Plauto, Tácito que lhe servem, mais tarde, como base de suas edições daqueles escritores. Cf. E. Amiel, op. cit., p. 30.

50. *Machiavelli Princeps cum animadversionibus politicis*, Helmaestadii: Georg-Wolfgangi Hammii, Acad. Typogr, 1686. E. Thuau, op. cit., p. 99. Cf. também F. Meinecke, op. cit., p. 174.

51. Op. cit., p. 66s.

52. Uma edição (latim e tradução) competente e útil é a de Ralph E. Giesey e J.H. Salmon, *Francogallia*, Cambridge: CambridgeUniversity Press, 1972.

53. "De summa populi potestate in regibus caussa cognita condemandis et abdicandis" (O poder supremo do povo de condenar e depor reis por causas conhecidas), *Francogallia*, ed. cit., p. 235s.

54. "Qualis regni Francogallici constituenda forma fuerit" (A forma pela qual o reino francogálico era constituído) *Francogallia*, ed. cit., p. 287s.

elegemos rei com tais e tais condições: entre nós e vós, um que mande mais que vós."[55] Lipsius pensa de maneira diretamente oposta. Ele fala de consenso, mas não leva a ideia à radicalidade assumida pelos protestantes. Sua monarquia, diz ele, é apenas "a legítima e verdadeira: o poder confiado a um só pelos costumes e leis em proveito dos governados". De qualquer modo, "a monarquia é a forma de governo a mais comum, a mais antiga e também a mais natural. O governo monárquico é o melhor"[56]. E dentre as monarquias, a mais correta é a hereditária, porque é a "mais segura". Em tal ponto, Lipsius não segue a linha que, pouco a pouco, defende a soberania popular ou, pelo menos, nela reconhece fortes razões[57].

"De todos os animais, o mais difícil de ser domado." Assim explicita Charron, sobre o homem, a tarefa do governo prudente. Quando se trata do homem reunido na massa, o cuidado aumenta desmesuradamente. Segundo o autor, Justus Lipsius tratou de "maneira excelente da matéria [...] ela é a moela de seu livro"[58]. A primeira base da prudência política reside no saber, tanto dos povos quanto dos governos, no conhecer o humor e a natureza

55. E Hotman deixa claro o sentido da frase, em latim: "Nos qui tanti summus, quanti vos, et plusquam vos possumus, Regem vos eligimus, his atque his conditionibus. Inter vos et nos unus maiores cum imperio est, quam vos" (Nós, que valemos tanto como vós e podemos mais que vós, elegemos rei, com estas e estas condições: entre vós e nós, um que manda mais que vós). A soberania (império) reside plenamente não no rei, mas nos que o elegem. *Francogallia*, ed. cit., p. 306-308.

56. *Politicorum*, ed. cit., cap. IV, p. 42. Como enuncia Amiel, é preciso perguntar de onde nascem as leis e os costumes, a "não ser do povo que os estabeleceu?" Amiel anui que Lipsius conhece perfeitamente as advertências de Platão sobre a democracia. E. Amiel, op. cit., p. 164.

57. Como é o caso de Montaigne: "A peu que je n'entre en haine inconciliable contre toute domination populaire, quoique qu'elle me semble la plus naturelles et la plus équitable" (*Essais*, I, 3: Um pouco como se eu tivesse um ódio implacável contra todo dominação popular, ainda que me pareça a mais natural e a mais equitativa). O elogio, no entanto, é feito sob caução, pois Montaigne nota a "inhumaine injustice du peuple athénien, de faire mourir sans rémission et sans les vouloir seulement ouïr en leurs défenses ses braves capitaines, venant de gagner contre les Lacédémoniens la bataille navale près des îles Arginuses, la plus contestée, la plus forte bataille que les Grecs aient donnée en mer de leurs forces, parce qu'après la victoire ils avaient suivi les occasions que la loi de la guerre leur présentait, plutôt que de s'arrêter, à recueillir et inhumer leurs morts".

58. *De la sagesse*, ed. cit., p. 465.

dos povos. E a natureza dos povos, segue Charron o pensamento de Lipsius, é a de ser "leviano, inconstante, rebelde, falador, apreciador de tolices e novidades, orgulhoso e insuportável nos dias prósperos, covarde e abatido nos adversos". Mas é preciso ir ao particular, colher dados sobre as cidades e pessoas, pois os seus humores são muito diversos. Existem povos "coléricos, audaciosos, guerreiros, tímidos, borrachos, seguidores dos rabos de saia, e uns mais do que os outros *et quibus modis temperanter habeatur* (Tácito, *Anais*, IV, cap. XXXIII). É em tal sentido que devemos entender a fala dos sábios, sobre quem se diz que se não obedece não sabe comandar, *nemo bene imperat, nisi ante paruerit imperio* (Sêneca, *De ira*, II, XV)[59]. Conselho antropológico estratégico: o governante deve conhecer a natureza dos governados "como se ele fosse de seu nível e lugar". Assim ele pode "manejar o cetro, fechar ou relaxar as rédeas da dominação". Após o saber do povo, a virtude ou a reputação de virtude, porque o soberano é "visto por todos e não pode, como o Sol, se esconder. Bem ou mal, dele será falada muita coisa". Os governados devem ser virtuosos, porque os bandidos não obedecem como os cidadão retos. O exemplo do príncipe deve conduzir os dirigidos à virtude, à clemência, à piedade, à justiça "sem o que os Estados constituem apenas ladroagem", diz Charron, citando Agostinho. Em tal item, o governante deve fugir das louvações bárbaras que o aclamam desimpedido de todo dever, defendendo "que seu desejo e prazer" são tudo e que não existe lei para ele, sua equidade sendo a força, "seu dever é para com o poder". Charron cita, na passagem, trechos de Tucídides, tais como *nihil injustum quod fructuosum* (nada que é útil é injusto, *Peloponeso* VI, 14), e de Sêneca, *sanctitas, pietas, fides privata bona sunt: qua juvat reges eant* (santidade, piedade e fé são virtudes dos particulares; que os reis operem segundo sua vontade, *Thyestes*, ato II, 1, v. 216). Ele deve atenuar ao máximo os processos legais, a chicana (*concessum latrocinio*

59. A frase de Sêneca é a seguinte, para além da sua interpretação por Charron: *Nemo autem regere potest, nisi qui et regi*. Nota de Amaury Duval, *De la sagesse*, Paris: Chassériau, 1821, p. 296, nota 4.

[banditismo permitido]) e o excesso de leis que tornam uma república adoecida: *corruptissimae reipublicae plurimae leges*[60].

Segundo Lipsius, o controle da religião não é apenas "um simples dever do príncipe, mas uma vantagem, um meio de aumentar seu poderio"[61]. O governante precisa "usar sua autoridade para destruir em seu Estado as falsas religiões. Os que não aceitam que o príncipe use o rigor em matéria religiosa, porque a religião deve ser livre, erram de maneira ímpia"[62]. O dirigente movido pela cólera, e não pelo zelo, parte da indiscreta multidão e de seu falatório, o que leva à ruína do Estado. Um ponto frágil da política que se baseia na massa encontra-se na religião. A advertência encontra-se em Justus Lipsius e foi retomada por Montaigne (*Essais*, I, LVI, "Des prières")[63]. Se manter a massa na sujeição pelo freio religioso é máxima de Estado, apelar para a multidão indiscreta no exercício do mando é receita eficaz de fracionamento do poder político. É bom que se recorde: o apelo de Lipsius a Sêneca é feito no contexto da prudência a ser requerida do príncipe. Na prudência, o lado moral do ensino estoico é o preponderante, não se acentuando o aspecto materialista da doutrina. Como indica Amiel, um comentador de Lipsius, este último "percebeu um ângulo do estoicismo despercebido até ele, quando ele expõe como, para aquela doutrina, Deus nada mais é do que a natureza, e como, segundo Cleanto, obedecer aos deuses é simplesmente se conformar às suas leis". Assim, o *fatum* estoico

60. Tácito, *Annales*, III, cap. XXVII.

61. "Ad aumentum etiam imperium" *Politicorum*, IV, 2, ed. cit., p. 120.

62. Lipsius citado por E. Amiel, op. cit., p. 243.

63. "Viri, foeminae, senes, pueri, quaestiunculis ludunt et lasciviunt; eoque ventum, ut pro parum sanus sit, qui non sic insanit. Mysterium theologia erat, facta est populare obiecatamentum. [...] In publico et in populo disputationes omnes valde improbem." Justi Lipsi adversus dialogistam liber de una religione (Lugduni Batavorum ex officina planatiniana apud Franciscum Raphelengium, CIC.IC. XC.). Citado por Pierre Villey, *Les Sources & L'évolution des Essais de Montaigne*, Paris: Hachette & Cie., 1908, t. I, p. 164. "Nada mais vejo senão trevas e confusão dos tempos, tempestades sobre o mar, guerra sobre a terra pela religião ou pela autoridade; vejo apenas lutas contra os verdadeiros inimigos de fora e contra os próprios cidadãos; tudo está em tamanha desordem e desespero que a sabedoria consiste em nos manter neutros." Lipsius, *Carta aos Estados de Brabante*, citada por E. Amiel, op. cit., p. 216.

leva a um diagnóstico pessimista sobre a duração dos poderes mundanos. "É por piedade que acredito serem todas as coisas reguladas desde toda eternidade."[64] Os Estados e as sociedades, como todos os entes naturais, crescem e morrem, submetidos às leis da natureza. Não existe nadificação absoluta, apenas passagem de um estágio a outro. Como diz o filósofo judeu Mendelsohn, "não existe verdadeira destruição [*Zerstörung*] na morte, mas pura mudança de formas, passagem de uma forma a outra, a destruição é apenas aparente"[65]. A análise da prudência, em Lipsius, não chega aos detalhes do materialismo atribuído aos estoicos. O materialismo ateu, mesmo em autores inclinados à tolerância, como no caso de Thomas Moore, era considerado uma abominação, pois degradaria o homem à indignidade das bestas feras[66].

64. Lipsius, *Politicorum*, I, 4, ed. cit. p. 11. "Mihi quidem sedet (pio illo sensu) ab omnis aeternitate fataliter omnia destinata". A citação, usada por Lipsius, é de Cícero.

65. Na tradução inglesa do texto escrito por Mendelsohn: "there is no true destruction, there is only change of shape and a passage from form to form. Destruction is merely an appearance. Death and decay strike our senses as unpleasant and sometimes hideous, but they affect us this way only because human senses fail to perceive in this dissolution and destruction of the old forms the coming into being and emergence of new forms. Death and decay, from the viewpoint of a natural scientist who, at least in this role, considers them purely with his reason, are not at all so horrible, and many a researcher has his senses so much under control that the sight of them finally loses all the unpleasantness that usually attaches to them. From the viewpoint of the All-seeing one, then, death and decay are not any kind of corruption or disorder, they are no kind of destruction, but they are rather a transition from one shape to another, a metamorphosis of form into form, which in the individual parts seems to be imperfection and error, but in the whole follow the higher laws of wisdom and order." Cf. Moses Mendelssohn's *Sache Gottes, oder die gerettete Vorsehung* (*God on Trial, or Providence Acquitted,* disponível em: <www.ideals.illinois.edu/handle/2142/27714> Cf. também E. Amiel, op. cit., p. 214.

66. "Nisi quod sanctae ad seuere uetuit, ne quis usqueadeo ab humanae naturae dignitate degeneret, ut animas quoque interire cum corpore, aut mundum temere ferri, sublata prouidentia putet. Atque ideo post hanc uitam supplicia uitrijs decreta, uirtuti praemia constituta credunt. Contra sentientem, ne in hominum quidem ducunt numero, ut qui sublimem animae suae naturam ad pecuini corpusculi uilitatem deiecerit, tantum abest, ut inter ciues ponant, quorum instituta moresque (si per metum liceat) omnes floccifacturus sit". ("Ele – Utopus – promulgou uma lei severa e inviolável para proibir que ninguém diminuísse a dignidade humana até pensar que a alma é mortal como o corpo ou que o capricho preside os destinos do mundo na falta de toda Providência. Eles acreditam que depois da vida os castigos sancionam o vício e as recompensas esperam a virtude. Se alguém pensa o contrário, eles não o consideram ▸ ▹ mais entre os humanos, pois desceu da sublime natureza de sua alma à condição vil do corpo de uma besta. Com maior razão, não lhe propiciam lugar entre os cidadãos

Por semelhante inspeção nos textos antigos, do Renascimento e da Idade Moderna, podemos ver a amplitude e a profundidade apresentadas pelo ensaio diderotiano sobre Sêneca. Tanto os pensadores que antecederam o coordenador da *Encyclopédie* quanto os que o sucederam foram obrigados a tratar o problema político à luz das questões ontológicas (o materialismo é uma delas), religiosas e jurídicas na forma transfigurada pelos interesses do Estado. Quem segue o *Ensaio* de Diderot não pode deixar de reler as páginas de Lipsius e dos comentadores que acolheram os escritos estoicos. Quem reflete com Diderot, percebe a real relevância de Sêneca, pensador que se elevou acima de seu tempo, chegando até nós por intermédio de Lipsius e Diderot, dois teóricos translúcidos do Estado. Num instante em que, em plano mundial, a máquina do poder público enfrenta uma crise inédita, após o totalitarismo, vale a pena consultar oráculos como o grande Tonpla[67].Novamente, a editora Perspectiva, sob a refinada e segura maestria do professor J. Guinsburg, e com a excelente colaboração do professore Newton Cunha, realiza um trabalho de interesse especulativo, ético e político. Com mais esta publicação, os leitores brasileiros têm a oportunidade de conhecer as razões das Luzes num de seus pináculos contra todos os despotismos.

Roberto Romano

porque, não sendo retido pelo medo, ele não respeitaria as instituições e os costumes mais do que a um floco de neve"). Cf. *Utopie de Thomas More*, ed. crítica de Maurice Schumann, Paris: Mame, 1978, p. 144.

67. "Toda a filosofia é apenas uma nota de rodapé à filosofia de Platão." O dito espirituoso também vale para Diderot, o Platão invertido e materialista do século XVIII.

ENSAIO SOBRE OS REINADOS DE CLÁUDIO E NERO E SOBRE A VIDA E OS ESCRITOS DE SÊNECA

NOTA PRELIMINAR

Concedemos nesta nota um lugar de destaque a nossos predecessores de 1821. Sua nota tem um sabor apaixonado que não nos desagrada de todo, embora nos sintamos bastante frios em relação a certos pontos, e La Harpe, Geoffroy, Grosier, Royou não nos interessem mais quase nada. Diderot sobreviveu a eles, como Voltaire a Patouillet e Nonotte; e se eles se permitiram algumas sandices que por um momento enganaram o público sobre o valor do seu adversário, essas sandices voltaram-se, segundo as leis naturais, contra eles.

Eis, portanto, para começar, a nota da edição de Brière:

O barão d'Holbach havia tirado da miséria o jovem La Grange e reconhecido nele uma alma reta e um espírito honesto, e tais qualidades sempre despertaram a solicitude desse filósofo benfazejo; ele lhe serviu de pai, o guiou com seus conselhos, e lhe confiou, em seguida, a educação de seus filhos. Foi a seu pedido que La Grange empreendeu a tradução de Lucrécio, publicada em 1768, e a de Sêneca, que ele não teve tempo de rever. Consagrou oito anos a essa última tradução; mas a morte prematura não lhe permitiu ocupar-se das notas que ele se propunha a aí crescer para corrigir o texto nos lugares em que estava alterado e para esclarecer as passagens nas quais Sêneca relembra, de maneira vaga, fatos pouco conhecidos da história antiga.

Naigeon se encarregou desse trabalho e publicou a nova tradução de Sêneca em 1778.

Foi por solicitação d'Holbach que La Grange havia traduzido Lucrécio e Sêneca; foi também para responder às instâncias desse amigo das letras e da filosofia, e as de Naigeon, que Diderot escreveu a vida de Sêneca, segundo Tácito, Suetônio e o próprio Sêneca. Para bem apreciar os costumes e o caráter do filósofo romano, porém e bem avaliar as censuras que lhe fizeram, Diderot precisou penetrar na história dos imperadores romanos, sendo assim levado a traçar o quadro deveras animado dos reinados de Cláudio e Nero.

Embora este eloquente ensaio seja obra da velhice do autor, vê-se que ele reproduziu, em toda a sua força, o gênio vigoroso dos antigos historiadores.

É, sobretudo, digno de nota que, malgrado o entusiasmo que difundiu em sua apologia de Sêneca, ele não deixa passar nem seus defeitos nem seus erros mais ligeiros; ele o corrige com a coragem e a franqueza de um amigo.

O Ensaio Sobre a Vida de Sêneca, o Filósofo, Sobre os Seus Escritos e Sobre os Reinados de Cláudio e Nero *apareceu no mês de dezembro de 1778*[1].

"Esse frontispício"[2]*, diz Marmontel, "faltava na coleção de obras de Sêneca, traduzidas por La Grange. Um dos escritores mais célebres de nosso século quis muito ornarmentar a obra de seu amigo, e o mais precioso monumento que nos resta da filosofia antiga se viu dignamente coroado".*

Diderot havia falado da virtude como um homem que conhecia a doçura e a dignidade; podia ele evitar o ódio e o desprezo dos plagiários de nossa literatura?

1. Traz, entretanto, a data de 1779 (Brière).

2. Esse frontispício forma, contrariamente ao hábito dos frontispícios, o sétimo e último volume da edição de Sêneca de 1778.

Por isso o Année littéraire *(Ano Literário), que Voltaire chamava muitas vezes com razão de* Âne littéraire *(Asno Literário); o* Journal de littérature *do sr. abade Grosier; o abade Royou, no* Journal de Monsieur, *e o* Journal de Paris *lançaram-se com violência contra o eloquente apologista de Sêneca.*

Diderot havia preparado uma resposta a essas críticas; mas o tom injurioso e a má-fé dos aristarcos lhe inspiraram tanto desgosto que renunciou à ideia de publicá-la. Ele se limitou a inserir, na segunda edição[3] *publicada em 1782, sob o título* Essai sur les règnes de Claude et de Néron, et sur les moeurs et les écris de Sénèque, pour servir d'introduction à la lecture de ce philosophe, *uma parte da defesa de Sêneca e de seu apologista que Marmontel já havia publicado no* Mercure *em 15 e 25 de dezembro de 1778, e algumas réplicas aos ataques que podem se prestar aos esclarecimentos mais curiosos.*

Indicamos, por notas, os jornais dos quais tais objeções foram tiradas. Quanto às invectivas do abade Royou, no Journal de Monsieur, *nós não pudemos indicá-las. Esse jornal obteve tão pouco sucesso em seu tempo que a coletânea não pôde, de modo algum, ser conservada e, a despeito das pesquisas mais minuciosas, não pudemos encontrá-la em nenhuma biblioteca pública ou particular.*

Pode-se julgar, pelas objeções citadas por Diderot a fim de refutá-las, quanto os aristarcos punham de arrebatamento e de violência em suas invectivas. Nós obtivemos a prova de que os artigos do Année littéraire *(e são os mais imundos que foram publicados pelos nobres detratores de Sêneca e de Diderot) eram de Geoffroy.*

Com essa crítica julgava ele atacar os mais belos gênios do século passado, tratando-os por salafrários filosóficos?[4] *Esse sentimento era bem digno de um aluno dos jesuítas. Marmontel já o havia reconhecido, quando diz dele:*

> *O que significaria a reprovação ou o elogio daquele que teria intrepidamente persistido, em meio dos apupos da nação, em um imbecil encarniçamento*

3. A edição, quase dupla da primeira, apareceu em dois volumes in-8° e in-12°. Londres (Bouillon).

4. Année littéraire 1779, tomo I, p. 46, 47 (Brière).

contra Voltaire e a maior parte de nossos grandes homens? Quando acontece a um censor dessa espécie defender um Suílio[5]*, é talvez sua [própria] causa que ele defende.*

A comparação torna-se bem mais frisante quando a gente se lembra que, mesmo em nossos dias, Geoffroy persistia ainda nessa fúria imbecil contra Voltaire e que esse moderno Suílio deu mais de uma prova da venalidade que Diderot censura ao antigo detrator de Sêneca[6].

Se não nos podemos impedir de condenar o encarniçamento com o qual os Royous, os Grosieres, os Geoffroys, todos esses inimigos declarados do filósofo e da filosofia, atacaram o apologista de Sêneca, pelo menos eles tiveram o mérito de expor-se a ser refutados pelo autor que vivia então. O que se pensará, porém, do sr. De La Harpe, que, não podendo ignorar que Diderot se ocupou com toda sua força, *como ele próprio o disse,* em defender a inocência de um homem morto há dois mil anos, sem outro motivo a justificá-lo senão o vivo interesse pela virtude caluniada, *esperou que vinte anos se escoassem desde a morte*

5. Públio Suílio Rufo, cônsul romano, 47 a.C.

6. Após a representação da Assemblée de familie, o autor, para esclarecer o julgamento do jornalista, remete-lhe uma sopeira de prata cuja tampa está encimada por uma ave. Folliculus (é assim que Luce de Lancival chama Geoffroy em uma sátira inédita) dá, por sua vez, um recibo público ao autor, começando o elogio imparcial da peça, no Journal de l'Empire de 28 de fevereiro de 1808, por essas palavras: "Uma comédia em cinco atos e em verso é uma ave rara no Théâtre-Français." (Brière) – Pois que se trata aqui da biografia escandalosa do crítico do Journal de l'Empire, digamos que se exagerou talvez sua venalidade. Entretanto, a opinião será difícil de corrigir a seu respeito como a respeito de Fréron; citar-se-á sempre este epigrama que o pinta com cores bastante vivas ao mesmo tempo que bastante cruas:

Il est altéré de vin,
Il est altéré de gloire
E ne prend jamais en vain
Sa pinte ou son écritoire.
Des flots qu'il en fait couler
Abreuvant plus d'un délire,
Il écrit pour se soûler,
Et se soûle pour écrire.
(Journal de Paris, 1804)

(Ele está sedento de vinho, / Ele está sedento de glória / Ele não toma jamais em vão/Sua dose ou seu tinteiro / Das ondas que faz aí correr / Abeberam mais de um delírio, / Ele escreve para se embriagar, /E se embriaga para escrever.)

de Diderot para ousar, em um pretenso exame de seus escritos, lançar contra sua memória as mais odiosas calúnias?

"La Harpe", diz Chénier, "no seu Tableau de la littérature *(Quadro da Literatura),*

> *outrora partidário da filosofia, tornando-se o inimigo encarniçado quando seu coração foi tocado pela graça; mas a graça, prodigalizando-lhe a fé, não lhe deu nem a equidade nem a dialética. Por isso as sentenças que ele emitiu contra os filósofos célebres foram cassadas pelo tribunal da opinião pública; e quando, por exemplo, ele combate as duas ideias fundamentais dos livros de Helvétius vê-se, por seus próprios argumentos, que ele poupou o tempo e a pena de bem compreender as opiniões que acreditava refutar.*

Quando Chénier emitiu esse julgamento sobre La Harpe, ele não conhecia o libelo publicado depois sob o título: De la philosophie du dix-huitième siècle *(Da Filosofia do Século XVIII), em que La Harpe não se limita somente a julgar a filosofia de Diderot, como ele havia julgado a de Helvétius. Nessa obra, ele altera e renova as objeções já apresentadas por antigos jornalistas, e refutadas por Diderot; depois atribui ao autor do* Essai sur Sénèque *obras que se sabe não serem de modo algum dele. Ele o contrapõe assim aos escritores mais medíocres e mais desconhecidos, fingindo opor o autor a si mesmo. E nada, nesse caso, poderia justificar a ignorância do crítico apaixonado, senão a sua má-fé.*

Nós convidamos todo leitor imparcial a recorrer, antes de ler o livro de La Harpe, à refutação que lhe deu o sapiente autor do Dictionnaire des anonymes et pseudonymes[7] *(Dicionário dos Anônimos e dos Pseudônimos), no* Nouveau supplément au cours de littérature de M. de La Harpe *(Novo Suplemento ao Curso de Literatura do sr. La Harpe).*

Resta-nos pouca coisa a acrescentar ao que precede. Entretanto, devemos insistir sobre a diferença entre as edições de 1778 e 1782. A primeira é um trabalho severo e que forma um conjunto no qual

7. A.-A. Barbier, ver nossa notícia preliminar do Essai sur le mérite et la vertu (Ensaio Sobre o Mérito e a Virtude), t. I, p. 6.

não há quase nenhum outro disparate senão a nota concernente a J.-J. Rousseau. Mas foi essa nota sobretudo que deu lugar aos reproches que assaltaram então Diderot e o forçaram a se defender. Uma vez retomada a pena, ele não soube depô-la a tempo, e é isso que dá a esta segunda edição uma fisionomia indecisa e perturbada. O panegírico de Sêneca e a apologia de Diderot aí se confundem demais; e Grimm tinha razão de assinalar como um defeito essa desordem que leva o autor de Paris a Roma, de Roma a Paris; do reinado de Cláudio ao de Luís XV; e de Tácito ao abade Royou.

"Esse defeito", continua Grimm, "não torna a obra nem menos picante nem menos original". Isso é verdade, mas, de nossa parte, teríamos preferido que, em lugar de intercalar, às vezes sem cuidado, com as transições, sua defesa no texto primitivo, Diderot tivesse conservado esse texto sem rearranjos e dado à parte sua resposta aos críticos.

O livro não pôde aparecer senão sob uma permissão tácita. O autor foi mesmo por um instante ameaçado com a Bastilha. No fundo, apesar de seus defeitos, o *Essai* é uma das obras em que Diderot dá prova da mais sólida erudição; e vê-se, como diz Mme de Vandeul[8], que leu realmente tudo o que, de perto ou de longe, tocava ao seu herói.

Uma edição foi publicada em 1820 (Paris, Aug. Delalain, in-12°) sob o título de *Vie de Sénèque ou Essai* etc. É a edição de 1782 que os editores das *Oeuvres* de Diderot reproduziram, depois de Naigeon.

Há duas traduções em alemão: uma por Galieb Hanker (Dessau, 1788, in-8°); a outra, assinada com o pseudônimo F... L... Epheu (Leipzig, 1794, in-8°). Nós não as vimos e só as citamos segundo a *Bibliographie biographique* de OEttinger. Eusèbe Salverte anunciou, no ano IX, uma tradução em inglês pelo sr. Duckett.

Quanto à famosa nota sobre Rousseau, ela era pressentida. Desde 20 de julho de 1778, as *Mémoires secrets* continham esta observação traidora:

8. Marie Angelique de Vandeul (1753-1824), filha de Diderot. (N. da T.)

> O sr. Diderot é um daqueles que mais temem a publicidade das *Mémoires* de Rousseau. Diz que tendo passado quase vinte anos de sua vida na maior intimidade com ele, não duvida que esse cínico, não dissimulando nada e nomeando cada um por seu nome, haja revelado muita coisa que ele preferiria ver relegado ao esquecimento. Julgar-se-ia por seus discursos que Rousseau era, no fundo, um homem mau.

A querela a esse respeito foi muito viva e durou muito tempo, ela se reacendeu a propósito da publicação, por Ginguené, de *Lettres sur les Confessions de J.-J. Rousseau* (Cartas Sobre as Confissões de J.-J. Rousseau, 1791). Barbier respondeu a Ginguené, ao mesmo tempo que a La Harpe, no *Nouveau supplément* citado anteriormente.

> Essas *Lettres* [diz ele], malgrado uma aparência de moderação e uma profissão de imparcialidade, são, no entanto, muito parciais. A nota de Diderot [continua ele] contra o autor das *Confessions*, fez uma represália demasiado violenta; eu a condeno como o sr. Ginguené, porque quero justiça e comedimento em tudo. Rousseau é tratado nessa nota de celerado e de hipócrita; creio, quanto a mim, como *mylord Maréchal,* que ele era apenas doente. Mas o que o sr. Ginguené não quer confessar, e o que é certo, é que Jean-Jacques foi o agressor, e transgressivamente agressor, e muitas vezes. A nota inserida na *Lettre sur les spectacles* era uma injúria sangrenta da qual o sr. Ginguené não julga oportuno falar; pois há tanto de boa-fé nas suas reticências quanto em seus raciocínios. Essa nota latina, tirada do *Eclesiástico*, condena em Diderot o insulto orgulhoso, a traição do segredo de amizade e os ataques pérfidos (*Excepto improperio et supervia et mysterii revelatione et plaga dolosa*). O sr. Ginguené seria bem capaz de objetar seriamente que Diderot não é nomeado nessa nota; mas, por felicidade, o próprio Rousseau nos diz nas suas *Confessions* que ele teve o cuidado de designar Diderot de maneira que ninguém se equivoque, pois sua intenção era a de tornar, por esse meio, pública a ruptura entre eles. Ele não falhou em seu golpe, e Diderot, que tinha então um mundo de inimigos que a *Encyclopédie* lhe havia feito, ficou sem poder rechaçá-lo, visto que, graças às precauções de Rousseau, que se pode qualificar como quiser, Diderot estava apontado com o dedo, mas não nominativamente, e claro que ele não disse ao público: "Sou eu."
>
> Com respeito às brigas que deram lugar a esta nota hostil, não creio que me seja permitido contá-las, pois as duas pessoas interessadas ainda estão

vivas e uma delas é mulher[9]. Toda discussão sobre esse assunto me parece contrária às conveniências sociais, e, além disso, de nenhuma utilidade à causa que eu sustento; pois, de início, ambos são mui honrosamente tratados nas *Confessions* e ela, que atribui todo o erro a Rousseau nessa ocasião, não somente não sofre de parte dele nenhuma censura, mas até recebe os maiores elogios por sua veracidade, sua equidade, sua generosidade. Ora, a justificação de Diderot não é completa, quando o homem que, por sua posição e pela natureza das circunstâncias, é o árbitro irrecusável da querela e condena formalmente Rousseau escreve-lhe que não pode mais vê-lo após suas injustiças e suas calúnias para com Diderot e atesta a inocência deste, a cujo respeito ninguém pode prestar depoimento mais seguramente do que ele?[10]

Há mais justiça em qualificar de violento delírio a nota de Diderot da qual falei acima, em dizer que tal nota é culpada? Diderot não é mais culpado por não ter acreditado que Rousseau não era senão louco, que o é o sr. Ginguené de não pôr na conta dessa loucura, que ele confessa, todas os pretensos crimes que Jean-Jacques supõe tramados contra ele. Não há de uma parte e de outra senão erro. Ora, observai que Diderot, pintado com as cores mais negras na nota de Rousseau que precede a sua em vinte anos, nada mais fazia senão usar de um direito natural ao devolver-lhe todos os títulos injuriosos que dele recebera. Não há nisso de modo algum delírio, pois Diderot tendo recebido injustamente muitas imputações atrozes (como provei) devia considerar Rousseau um homem muito mau, uma vez que ele não o considerava um insensato.[11]

Jules Assézat

9. Mme de Houdetot. Barbier escrevia, em 1792, no *Mercure*.
10. Vide a carta de Saint-Lambert a Rousseau, de 10 de outubro de 1758, nas *Confessions*.
11. Páginas 235-237, 254-255 do *Nouveau supplément*.

AO SENHOR NAIGEON[1] (PREFÁCIO DO AUTOR)

Este ensaio, que as mesmas leituras multiplicadas levaram sucessivamente de um pequeno número de páginas à extensão deste volume, é fruto de meu trabalho ou, melhor dizendo, de meu lazer durante um dos mais doces intervalos de minha vida. Estava no campo, quase só, livre dos cuidados e das inquietações, deixando correr as horas sem outro propósito senão encontrar-me à tarde, ao fim do dia, como nos encontramos algumas vezes pela manhã após uma noite ocupada com um sonho agradável. Os anos não me haviam deixado nenhuma dessas paixões que atormentam, e nada do tédio que as sucede: havia perdido o gosto por essas frivolidades às quais a esperança de gozá-las por longo tempo dá tanta importância. Muito próximo do termo em que tudo se esvanece, só ambicionava a aprovação de minha consciência e o sufrágio de alguns amigos. Mais preocupado em deixar saudades após minha morte do que obter elogios em vida, disse-me a mim mesmo: "Quando o pouco que fiz e o pouco que me resta fazer perecerem comigo, o que o gênero humano perderia?

1. Dedicatória incluída na segunda edição francesa.

O que perderia eu mesmo?" Não queria divertir e menos ainda ser aplaudido. Tinha um objeto mais digno, o de examinar sem parcialidade a vida e as obras de Sêneca, de vingar um grande homem, se tivesse sido caluniado, ou, se me parecesse culpado, de chorar as suas fraquezas e aproveitar suas sábias e fortes lições. Tais eram as disposições nas quais escrevia e tais são as disposições com as quais seria desejável que me lessem.

Cada idade escreve e lê à sua maneira; a juventude ama os acontecimentos; a velhice, as reflexões. Uma experiência que proporia de bom grado ao homem de sessenta ou sessenta e cinco anos, que julgaria as minhas ou muito longas ou muito frequentes, ou ainda muito estranhas ao assunto[2], seria a de levar consigo para a aposentadoria Tácito, Suetônio e Sêneca; de jogar negligentemente sobre o papel as coisas que o interessassem, as ideias que despertassem em seu espírito, os pensamentos daqueles autores que gostaria de reter, os sentimentos que experimentasse, não tendo outra intenção senão instruir-se sem se cansar. Estou quase certo de que, parando nos lugares onde parei, comparando seu século com os passados, tirando das circunstâncias e dos caracteres as mesmas conjecturas sobre o que o presente nos anuncia, sobre o que se pode esperar ou temer do futuro, ele tomaria como referência esta obra mais ou menos tal como está. Não componho, não sou ator; leio ou converso, interrogo ou respondo. Se apenas me escutam, serei censurado por ser descosido, talvez mesmo obscuro, sobretudo nos lugares onde examino as obras de Sêneca; e me lerão, não digo com o mesmo prazer das *Máximas* de La Rochefoucauld e de um capítulo de La Bruyère. Mas se alguém der uma olhada alternadamente em uma página de Sêneca e na minha,

2. Sêneca Pai disse que os escritores áridos e estéreis seguem facilmente o fio dos seus próprios discursos; que nada os desvia, os distrai, os extravia do caminho, os atrapalha, nem as figuras, nem as escolhas de palavras, nem a obsessão das reflexões. Há algo neles semelhante à condição das mulheres feias: se são castas, é por falta de pretendentes e não de desejo. "Aridi declamatores fidelius quos proposuerunt colores tuentur; nihil enim eos sollicitat, nullum schema, nulla dulcedo sententiae subrepit: sic quae malam faciem habent, saepius pudicae sunt; non animus illis deest, sed corruptor." Sêneca, livro II, *Controverses*. IX. (N. de Jacques-André Naigon)

perceberá nesta aqui mais ordem, mais clareza, conforme se colocar mais fielmente em meu lugar, tendo mais ou menos analogia com a filosofia e comigo. E não tardará a perceber que é tanto a minha alma que pinto quanto aquelas das diferentes personagens que se oferecem ao meu relato. Nenhuma prova tem a mesma força, nenhuma ideia a mesma evidência e nenhuma imagem o mesmo charme para todos os espíritos. Mas serei, confesso, bem menos lisonjeado se um homem de gênio encontrar-se em alguns de meus pensamentos do que se ocorresse a um homem de bem se reconhecer em meus sentimentos.

Eu poderia recolher dos reinados de Cláudio e Nero apenas os cenários em que Sêneca estivesse em ação; mas parece-me que, colocado no centro do quadro, sentir-se-ia mais fortemente a dificuldade e a dignidade de seu papel: o gladiador antigo seria mais interessante se estivesse perante seu antagonista. Além disso, esta maneira se acomodava melhor com minha displicência. Quando se pinta apenas uma personagem na tela, é preciso pintá-la com a verdade, a força e a cor de um Van Dyck; e quem sabe fazer um Van Dick? Este livro, se for um, se parece aos meus passeios. Encontrei um belo ponto de vista? Detenho ou diminuo meus passos conforme a riqueza ou a esterilidade dos sítios: sempre conduzido por minha fantasia, não tenho outra preocupação senão prevenir o momento de lassidão.

De resto, meu amigo, talvez não tenha feito nada do que esperáveis de mim. Talvez tenhais desejado, para me servir de vossos próprios termos, "que, entregando-me ao calor de minha alma e à impetuosidade de minha imaginação, eu vos mostrasse Sêneca como em outro momento vos mostrei Richardson". Mas, para isso, em lugar de um mês, só precisaria de um dia. Ao contrário, disponde do meu trabalho como vos aprouver; sois o mestre da aprovação, da contradição, do acréscimo, do recorte. Uma obrigação que terei convosco e com o barão de Holbach, marca assinalada de vossa estima, é a de me ter proposto uma tarefa que agradava infinitamente meu coração: praza a Deus que tenha sido menos desproporcional às minhas forças e que vós fôsseis lembrado, um e outro, o *quid ferre recusent, quid valeant humeri* (Horácio, *Arte Poética*, v. 39 e 40)[3].

Bela coisa teria produzido se o talento do advogado tivesse respondido à grandeza da causa! A apologia de Sêneca, o quadro dos reinados de Cláudio e Nero! Que assuntos para tratar se eu houvesse sabido fazer pela inocência do filósofo o que vós fizestes pela inteligência de seus escritos!

Vossa tarefa, menos agradável do que a minha, não era menos difícil de ser cumprida; ela exigia um conhecimento aprofundado da língua, dos usos e costumes, do estado das ciências e das artes ao tempo de Sêneca. Como se consegue desenvolver a operação da oficina, como vós a fizestes? Eu o ignoro e, no entanto, não sou noviço nesta matéria. Há notas vossas que reclamam um lugar nos relatos eruditos de nossa Academia das Inscrições; outras mostram fineza, gosto, filosofia, argúcia; todas anunciam o amigo dos homens, o inimigos dos maus e o admirador dos gênios. Os sábios e os ignorantes de boa-fé vos fizeram justiça: os sábios, por terem apreciado a dificuldade de vossas pesquisas; os ignorantes de boa-fé, como eu, porque haveis dissipado as obscuridades de Sêneca.

Se os homens tivessem sob o túmulo alguma noção do que se passa sobre a terra, dos sentimentos de reconhecimento por vós, pelo barão de Holbach, por vossos dignos colegas, os senhores Desmarets e d'Arcet, por esta vítima prematura de Epicuro e Zenão, o honesto e laborioso La Grange, não se sentiriam sensibilizados? Todas as opiniões sobre as almas dos mortos, que me tocam ou elogiam, eu as abraço; e me parece neste momento ver a sombra de nosso caro La Grange errar à volta de vossa lâmpada, enquanto vossas noites se passam seja a completar ou a esclarecer sua obra, seja a aproximar em vários lugares sua tradução do verdadeiro sentido original. Eu o escuto e ele vos diz: "Aquele que fecha em uma urna as cinzas negligenciadas de um desconhecido, faz um ato piedoso; o que eleva um monumento a seu amigo, dá brilho à sua piedade: o que não vos devo a vós, que vos ocupais de minha glória."

3. O verso diz: *et versate diu quid ferre recusent, quid valeant humeri*, ou seja, considere por um longo tempo o que os ombros se recusam a suportar e o que podem levar.

Infelizmente, diz-me também o filósofo Sêneca, que dependeu de mim: "Há perto de dezoito séculos que meu nome permanece opresso sob a calúnia; e encontro em ti um apologista! O que sou para ti? E que ligação, poupada pelo tempo, pode subsistir entre nós? Serias tu algum de meus descendentes? E o que te importa que me creiam vicioso ou virtuoso?"

Ó Sêneca, tu és e serás para sempre, com Sócrates, com todos os ilustres infelizes, com todos os grandes homens da antiguidade, um dos mais doces elos entre mim e meus amigos, entre os homens instruídos de todas as idades e seus amigos. Tu permaneceste o objeto de nossas conversas frequentes e permanecerás assunto deles. Tu terias sido o órgão da justiça dos séculos se eu tivesse ocupado o teu lugar e tu o meu. Quantas vezes, para falar dignamente de ti, não tive a inveja da precisão e do nervo, a grandeza e a veemência de teu discurso quando falas da virtude? Se tua honra foi mais cara do que tua vida, diz-me: os fracos que aviltam tua memória não foram mais cruéis do que aquele que te fez cortar as veias? Eu me aliviarei vingando-te de um e de outros.

Por que é preciso, meu amigo, que as acusações sejam ouvidas com tanta avidez, e as apologias com tanta indiferença? A culpa, real ou suposta, se difunde com estrondo; a censura circula de boca em boca com fingida piedade; a cidade a ecoa por todas as partes. Se a calúnia desaparece com a morte de um homem obscuro, a celebridade lhe serve de veículo e a leva até os séculos mais recuados; suspensa sobre a urna do grande homem, ela continua a remoer as cinzas com seus punhos. Por fim, um defensor elevou-se? A perversidade dos acusadores e a inocência do culpado são todas elas evidentes? Sobre tal se cala; a justificativa passa sem ruído, cai no esquecimento e o inocente não é menos suspeito. Este famoso celerado Phillipe conhecia muito bem o efeito da calúnia quando dizia a seus cortesãos: Caluniai sempre; se a ferida se cura, a cicatriz permanece![4]

4. Atribui-se aqui a esse príncipe uma máxima odiosa, citada na Advertência do primeiro volume das obras de Sêneca traduzidas por La Grange, Paris, 1778 (p. 24). Tal príncipe geralmente é apontado como autor de uma Sociedade outrora célebre. Quem▸

Mas, na falta de sucesso, estar-se-á contente por nós, por mim e por alguns outros escritores que me precederam na mesma esteira e cujo trabalho não me foi inútil pela glória da tentativa. A esta vantagem, meu amigo, procuremos ajuntar uma segunda, talvez mais preciosa; que não vos seja suficiente ter esclarecido as passagens mais obscuras do filósofo; que não me seja suficiente ter lido suas obras, reconhecido a pureza de seus costumes e meditado sobre os princípios de sua filosofia. Provemos ter sabido, um e outro, aproveitar seus conselhos. Se nós interrogássemos Sêneca e ele nos pudesse responder, nos diria: "eis a verdadeira maneira de louvar meus escritos e honrar minha memória".

▹ quer que a tenha elaborado, a máxima que essa Sociedade ousou oferecer como conselho, ou antes como um preceito, e que ela própria tomou para si em todos os momentos para reger a sua própria conduta, é o resultado de uma abominável e triste verdade, cuja experiência diária, e especialmente a má opinião que muitas pessoas ainda têm de Sêneca, são infelizmente uma prova irrefutável. Essa verdade aflitiva é o tema de uma quadra composta por Pibrac, repetida com frequência pelo Grande Condé, seja porque ele próprio experimentara as consequências funestas da calúnia, seja por ter observado os efeitos dessas consequências em outras pessoas:

> Uma vez presos por esse monstro
> Ele sabe tramar tão bem seus cordames,
> Que embora possamos por fim desatá-los
> Sempre permanecem as marcas das amarras. (Naigeon)

LIVRO PRIMEIRO

I – Lucius Annaeus Seneca nasceu em Córdoba, cidade célebre da Espanha ulterior, engrandecida, senão fundada, pelo pretor Marcelo, no ano romano de 585; colônia patrícia que deu cidadãos, senadores e magistrados à República, privilégio que as províncias do império ainda gozavam sob o reinado de Augusto.

O sobrenome Annaea significa velha família ou família de velhos, de boas gentes, cuja reunião ou encontro era de bom augúrio.

Chamavam-se híbridas[1] as crianças de um pai estrangeiro ou de uma mãe estrangeira; eram espécies de cidadãos bastardos cujo vício de nascimento era reparado por méritos, serviços, alianças, pelo favor ou pela lei. A família Annaea era espanhola ou híbrida? Nós o ignoramos.

1. Híbrido, ou *ybrido*, vem do grego ὕβρις, mancha, vergonha; aquele cuja origem era manchada, vergonhosa. Assim, se dizia de um cão, de um animal engendrado por duas espécies, de um estilo mesclado de vários idiomas, de uma palavra composta por palavras emprestadas de outras línguas que eram todas elas híbridas; ou do latim *umber*, mestiço, do qual se fez *imber*, *iber*, *ibrida*. E por que não *Iberus*, espanhol? Assim, híbrida era uma criança nascida de pai espanhol e de mãe romana, ou de pai romano e mãe espanhola. (N. do A.)

O pai e mesmo o avô de Sêneca pertenceram à ordem dos cavaleiros. A primeira menção a este nome remonta para além, e os Sênecas estavam entre aqueles chamados "homens novos".

O pai distinguiu-se por suas qualidades pessoais e obras. Ele havia recolhido as arengas gregas e latinas de mais de cem oradores famosos do reino de Augusto e adicionou ao fim de cada uma um severo julgamento. Cem oradores famosos apenas sob Augusto! Que epidemia! Após a renascença das letras até nossos dias, a Europa inteira não os forneceu em mesmo número. Dos dez livros de *Controvérsias* que Sêneca pai escreveu, chegou-nos apenas a metade, com alguns fragmentos dos cinco últimos. Sua memória era prodigiosa; podia repetir até duas mil palavras na mesma ordem[2] em que as havia escutado.

Fosse por que a zombaria dos republicanos tivesse algo de duro, fosse por que Sêneca pai tivesse um humor cáustico, um dia[3] ele entrou na escola de Céstio, professor de eloquência, no momento em que este se dispunha a refutar a Miloniana[4]. Céstio, após lançar-lhe um olhar de complacência, segundo seu costume, disse: "Se eu fosse um gladiador, seria Fuscius; se pantomímico, Batyle; se cavalo, Melisson"; "E como és vaidoso" acrescentou Sêneca, "és um grande vaidoso." Houve risos. Procuram-se com os olhos o desmiolado que teve tal intenção. Os alunos se reúnem ao redor de Sêneca e lhe pedem que não atormente seu mestre. Sêneca consentiria com a condição de que Céstio declarasse juridicamente ser menos eloquente do que Cícero, confissão que não se pôde obter.

O discurso de Céstio é lamentável. Seria uma coisa instrutiva e curiosa a refutação de Cícero por um orador daquele tempo.

Nada mais sensato do que a reflexão de Sêneca pai sobre a dignidade da arte oratória, da qual o cavaleiro romano Blando dará as primeiras lições, função que até então não havia sido exercida a não ser por libertos: "Não concebo", diz ele, "como

2. Ver o prefácio do primeiro livro das *Controvérsias*, escrito pelo pai de Sêneca. (N. do A.)

3. Excertos, *Controvérsias*, livro III. (N. do A.)

4. Arenga ou discurso de Cícero em defesa de Mílon, assassino de Clodio.(N. da T.)

pode ser vergonhoso ensinar o que é honesto aprender." (*Controvérsias*, livro II, prefácio)

Era citado entre os bons declamadores. Os nomes dos declamadores e dos sofistas não tinham a aceitação desfavorável que lhes foi posta e que nós associamos. A declamação era uma espécie de aprendizado da eloquência aplicada a assuntos antigos ou fictícios; uma ginástica pela qual o atleta experimentava forças que devia empregar posteriormente nas coisas públicas. Uma introdução à arte oratória, como as *Heroides*[5], o eram para a arte dramática.

Na sequência, foi o recurso de um gosto nacional que, na ausência de objetos importantes, era exercido com frivolidades, uma necessidade de perorar que se satisfazia sem comprometimento; um primeiro passo para a corrupção da eloquência, que começou a perder a sua simplicidade, sua grandeza e a usar o tom enfático da escola e do teatro.

Hoje, damos o nome de declamadores à espécie de energúmenos contra a qual Petrônio se livra com tanta veemência no início de seu romance satírico: "essas pessoas que gritam na praça – cidadãos, é a vosso serviço que perdi este olho; vos peço um condutor que me leve de volta à minha casa, pois esses jarretes, cujos músculos estão cortados, recusam sustentar o resto do meu corpo" (*Sátiras*).

II – Hélvia ou Hélbia, mãe de Sêneca, era espanhola de origem.

O avô de Sêneca havia tido duas mulheres (Sêneca, *Consolação de Hélvia*, cap. XVII, nota 1). Hélvia foi a do primeiro parto, sua irmã, a do segundo. Seu pai residia na Espanha e elas foram educadas numa casa austera em que os costumes antigos se conservavam (ibidem, cap. XVI).

Hélvia era instruída (ibidem); seu pai lhe havia dado bons conhecimentos de belas-artes. A mãe de Cícero era da mesma família e Hélvia carregava um nome duas vezes ilustre: um pelo nascimento do primeiro dos oradores, o outro pelo nascimento do primeiro dos filósofos romanos.

5. A coleção de quinze cartas-poemas, ao mesmo tempo elegíacas e trágicas de Ovídio, escritas por heroínas da antiguidade a seus amados. (N. da T.)

A irmã de Hélvia gozava da mais intacta reputação (ibidem, cap. XVII) e obteve o máximo respeito durante sua permanência de dezesseis anos no Egito, entre um povo ligeiro e frívolo[6]. Perdeu seu esposo no mar. Em meio à tempestade, sob o horror de um naufrágio próximo em um navio sem leme, o medo da morte não a separou do cadáver, que ela trouxe das ondas menos preocupada com sua salvação do que com a preciosa carga. Sêneca fala deste fato como testemunha ocular (ibidem, cap. XVII).

III – Marcus Annaeus, esposo de Hélvia, viveu em Roma sob o reinado de Augusto, quinze ou dezesseis anos antes da morte deste príncipe. Pouco tempo depois, Hélvia mudou-se com sua irmã e seus três filhos: Marcus Novatus, o mais velho, que depois tomou o nome de Júnio Galião; Lúcio Aneu, o segundo, sobre quem escrevemos, e Lúcio Mela, o mais jovem. Todos se casaram. Júnio Galião teve uma filha chamada Novatilla. Sêneca fala a seu respeito, na *Consolação de Hélvia*, como uma criança amável.

Foi no tribunal de Galião, procônsul em Acaia, que São Paulo (ver *Atos dos Apóstolos*, cap. XVIII, versículo 12 e seguintes) foi treinado por judeus fanáticos.

> Se este homem [lhes diz] fosse culpado de uma injustiça ou de um crime, apoiaria vossa perseguição com toda a minha autoridade; mas como se trata do texto de vossa lei, de uma disputa de palavras, decidam-na vós mesmos. Tais matérias não são de minha competência, e nelas não me envolvo.

Esse discurso é um modelo a ser proposto aos magistrados em circunstâncias similares[7]. Até aí Galião falou e se conduziu como homem prudente; mas quando vê os gregos gentis, que

6. A ideia que temos do egípcio é totalmente diferente. Nós o vemos como um povo triste e severo; o que poderia ser verdadeiro do soberano, dos magistrados e sacerdotes; mas é natural do escravo, se não for contido pelo terror ou embrutecido pela miséria, caluniar seus mestres, deblaterar e deles caçoar; e é pela maior parte de uma nação que seus costumes são julgados. (N. do A.)

7. O sábio Grotius também aprova a resposta de Galião, e sua observação é a de um crítico judicioso: "Bem respondido por um homem agradável. Como se dissesse: os romanos concederam liberdade religiosa aos judeus na Grécia; havendo controvérsia entre eles, que se compusessem ou discutissem voluntariamente entre si. Os magistrados romanos nela não se imiscuiam, não mais do que nos debates entre estoicos e epicuristas." (N. do A.)

odiavam os judeus, se jogarem contra Sóstenes, grande rabino da sinagoga, e maltratá-lo sem respeito por sua autoridade, ele esquece sua função; deveria acrescentar, ao que me parece: "discuti quanto vos aprouver, mas nada de pancadas; o primeiro que bater, eu o farei calar-se e ser levado à prisão".

IV – Lúcio Aneu Sêneca era de temperamento delicado e sua mãe não o conservou senão com cuidados frequentes; foi por toda a vida acometido de congestões e, na velhice, atormentado pela asma, por palpitações e falta de ar. Pois a expressão *suspirium*, da qual se serve (cartas LIV e LXXVIII), na falta de uma palavra grega[8], convém igualmente a essas três doenças. "O *suspirium*", diz ele, "é curto; o acesso não dura mais de uma hora, mas parece um vendaval: de todas as indisposições que sofri, é a mais irritante."

Era magro, descarnado; essa ligeira desgraça da natureza salvou-lhe a vida numa idade mais avançada, e não duvido que não faça alusão a essa circunstância quando diz (carta LXXVIII) que "a doença havia prolongado algumas vezes a vida a homens que deviam sua salvação aos signos de morte que neles apareciam".

V – Calígula, inimigo da virtude e invejoso dos talentos, tinha sobretudo a pretensão à eloquência. Tentou fazer com que Sêneca morresse (Dião. *Hist. Rom.*, livro LIX) na saída de uma defesa, na qual houvera sido bastante aplaudido. Calígula teria poupado um crime a Nero sem uma cortesã a quem confiou seu atroz projeto: "Não vês", lhe disse a mulher, "que este advogado está morrendo de tuberculose? Por que tirar a vida de um moribundo?" Dentre a quantidade de criaturas que nascem para a infelicidade dos povos, para a vergonha dos reinos e que aconselharam o delito tantas vezes, eis uma que, entretanto, o previne.

8. O *suspirium* não é *asthme*, pois os gregos tinham a palavra *ἄσθμα*. O médico Antylus, que esperava muito dos passeios para amenizar as doenças da cabeça e dos olhos, nos faz saber que Sêneca usava este remédio contra a fluxão à qual estava sujeito. *Hist. de la Chirurgie*, Paris, 1774-1780, t. II, p. 335. (N. do A.)

Monstro tão inconsequente quanto insensato, tu finges desprezo pelas obras[9] de Sêneca, tu as chama de cascalho sem cimento (*arenam sine calce*), e queres fazê-lo morrer!

Pouco faltou para que o Zoilo[10] coroado, condenando ao esquecimento as obras de Homero, de Virgílio e de Tito Lívio, não fizesse retirar das bibliotecas as obras e as estátuas dos dois últimos[11].

Este príncipe, de gosto tão delicado, fazia transportar da Grécia para a Itália as mais perfeitas estátuas dos deuses, das quais se cortavam as cabeças para substituí-las pela sua.

VI – Uma excessiva frugalidade e estudos continuados acabaram por destruir a saúde de Sêneca.

Annaeus Mela foi o pai do poeta Lucano, deste menino que, sobrinho do filósofo Sêneca, um dia, diz Tácito, sustentaria tão dignamente o esplendor do nome. Ó Tácito, ó censor tão rigoroso dos talentos e das ações, é assim que deveis falar da *Farsália*, após ter lido a *Eneida*?[12] Vós tratais com desprezo os

9. *Lenius comptiusque scribendi genus adeo contemnens, ut Senecam tum maxime placentem,* commissiones meras *componere, et* arenam *esse* sine calce *diceret.* Suetônio em *Calígula*, cap. LIII. (N. do A.)

10. Calígula é aqui comparado a Zoilo, o gramático grego do século IV, excessivamente severo em seus julgamentos literários, apelidado *Homeromastix*, o açoite de Homero. (N. da T.)

11. Suetônio em *Calígula*, cap. XXXIV. Que se veja aí mesmo o julgamento absurdo que este príncipe faz daqueles autores. (N. do A.)

12. A censura que aqui se faz a Tácito não me parece fundamentada. Esse historiador não compara, em lugar algum, a *Farsália* à *Eneida*, nem Lucano a Virgílio; ele não julga nem o homem nem o poeta. Mas, ao falar de Mela, em geral ele observa que este devia ao seu filho grande parte de sua ilustração, e foi capaz de expressar isso sem deixar de ser elegante e equânime; pois a conduta de Lucano tendo sido tão covarde e ainda mais infame, quanto a *Farsália*, apesar dos inúmeros defeitos que prejudicam a obra, em si não seria menos poema, ou, se assim o querem, não deixaria de ser uma relação de versos cheios de detalhes belíssimos, de versos felizes e algumas vezes sublimes. A ação de Lucano, que, para salvar a própria vida, denuncia a sua mãe, sem dúvida é atroz; mas essa atitude não diminui a verdade de que um poeta que compôs a *Farsália* aos 25 anos não é um homem comum; e podemos julgar, por meio da passagem de Tácito, o mérito dessa obra aos olhos do historiador, ou, como se pode igualmente supor, aos dos romanos, visto que disse expressamente que só o título de pai de Lucano deu grande contribuição à glória de Mela: *Annaeum Lucanum genuerant, grande adjumentum claritudinis;* (Tácito, *Anais*, livro XVI, cap. XVII), passagem que dá grande ideia da reputação desfrutada pelo jovem poeta entre os seus concidadãos, e da particular estima que estes tinham com relação ao seu poema ainda na época de Tácito. (Naigeon)

conspiradores de Pisão, e concedeis a graça a um delator de sua mãe! Se dais o nome de monstro a Nero, que se tornou matricida por medo de perder o império, que nome daríeis a Lucano, igualmente parricida[13] com a esperança de salvar a vida? Não menosprezo Lucano como poeta, mas o detesto como homem, e persisto em crer que causou aos seus mais vergonha por seus crimes do que honra por seus versos. Quem de nós gostaria de ter sido seu pai ou seu filho?

VII – Não sei se as considerações dos mais novos pelos primogênitos eram habituais em todas as famílias, ou particulares à de Sêneca; mas se observa no filósofo um grande respeito por seu irmão Galião, a quem chama *seu mestre*. Título dado seja em reconhecimento aos cuidados que teve em sua primeira educação, seja apenas pela natumaioridade[14], tão frequentemente representativa da autoridade paterna[15] (ver a carta CIV de Sêneca).

Tácito (*Anais*, livro XVI, cap. XVII) não nos dá nem uma opinião muito vantajosa nem uma ideia muito favorável de Mela. Ele evita as honras por ambição das riquezas. Permaneceu cavaleiro romano e contou mais com o crédito da administração do príncipe do que com o exercício da magistratura, preferindo a função de intendente do palácio ou de publicano[16] do que o título consular. Muito ardor em recolher a fortuna de seu filho Lucano, após sua morte, fez com que contra ele se elevasse Fábio Romano, amigo íntimo do poeta. Romano

13. *Lucanus, Quinctianusque et Senecio diu abnuêre. Post, promissa impunitate corrupti, quo tarditatem excusarent,* Lucanus Atillam (seu Acihan) matrem suam, *Quinctianus Glicium Gallum, Senecio Annium Pollionem, amicorum praecipuos, nominavêre.* Tácito, *Anais*, livro XV, cap. LVI. (N. do A.)

14. Embora essa palavra não exista dicionarizada em português, mantivemos a tradução literal (*natumajorité*), acreditando que ela conserve sentido, de um ponto de vista semântico, além de ser eufonicamente aceitável. (N. da T.)

15. Ver Sêneca, carta 54, no começo, e observai estas palavras de Juste Lipse: *Pais e irmãos invocavam os mais velhos como Senhor, para honrá-lo e lisonjeá-lo, assim como à Senhora.* Pode-se ver ainda a nota do mesmo autor sobre Tácito, livro II, cap. LXXXVII. A passagem que acabamos de ler explica bem em que sentido Sêneca chamava Galion seu mestre. (N. do A.)

16. Coletor de impostos no período imperial. (N. da T.)

copiou ou forjou cartas nas quais pai e filho são suspeitos de cumplicidade com Pisão. Tais cartas são apresentadas a Mela por ordem de Nero, ávido de seus despojos. Mela, cuja experiência dos tempos o havia ensinado qual era o objetivo do negócio e qual seria o seu fim, fê-lo terminar da maneira mais breve: cortou-se as veias. Morreu da mesma maneira que seu irmão, com a mesma coragem, mas com menos glória, deixando em testamento grandes somas a Tigelino e a Capito, seu genro, a fim de assegurar o resto de suas riquezas a seus herdeiros legítimos (Tácito, *Anais*, livro XVI, cap. XVII). Se a ligação do poeta Lucano com um celerado tal qual Romano vos surpreende, se não podeis supor que Lucano, homem de tão grande percepção, se tenha grosseiramente enganado na escolha de um amigo, ou que a conformidade dos caracteres lhes tenha ligado, interrogai os manes de Acilia.

VIII – Aneu Mela também teria sido um homem distinguido se lhe fosse permitido crer num pai que fala a seus filhos e cujos elogios são, por vezes, conselhos habilidosamente camuflados. Sêneca pai escreve a seu filho Mela (prefácio do segundo livro das *Controvérsias*, de Sêneca Pai):

Tens grande aversão pelas funções civis e pela vilania dos procedimentos sem os quais elas não são obtidas. Tua paixão é a de não teres nenhuma para te livrares sem reserva ao estudo da eloquência, desta arte que facilita o acesso a todas as outras e que instrui até mesmo os que a ela não se dedicam. Não imagine que eu use de fineza com a intenção de irritar teu gosto por um trabalho que te proporciona êxito: satisfeito com a situação de teu pai, põe a sorte ao abrigo de ti mesmo. Tens mais elevação de espírito do que os teus irmãos; a um talento superior para os bons conhecimentos tu reúnes uma alma bela: tu poderias ser corrompido pela excelência de teu gênio. Teus irmãos se entregaram a cuidados ambiciosos, destinando-se aos tribunais; perseguiram as honras das quais é preciso ter receio mesmo das vantagens prometidas. Houve um tempo em que senti uma forte atração pela mesma carreira; era um panegirista, conhecia os perigos e, no entanto, exortava teus irmãos a segui-la, mas com honradez; eles navegam e eu te retenho no porto.

Apesar do juízo de Tácito, a candura desse discurso deixa pouca dúvida sobre a sinceridade do pai e as qualidades do filho.

IX – Sêneca chegou a Roma sob Augusto. Era adolescente no tempo em que os ritos judaicos e egípcios foram proscritos[17], o quinto ano do reinado de Tibério. Ele havia observado esta chama ou cometa (*Quaestion. Natural*, livro I, cap. I) cujo aparecimento precedeu a morte de Augusto. Assim ouviu falar a língua latina em sua maior pureza; não era um autor da baixa latinidade. Escreveu antes dos dois Plínios, Marcial, Silio Itálico, Lucano, Juvenal, Quintiliano, Suetônio e Tácito. A latinidade só começou a se alterar cem anos após[18].

X – Sêneca pai adquiriu reputação e fortuna, vivendo os últimos anos do reinado de Tibério. Havia servido como mestre de eloquência para seu filho. Ao menos é a opinião de Justus Lipsius[19]. A arte da eloquência estava então em declínio. E como essa grande arte, que exige uma alma livre, um espírito elevado, se conservaria em uma nação que pede a escravatura? A tirania imprime um caráter de baixeza a todos os gêneros de produção, e a própria língua não está protegida de sua influência. Com efeito, é indiferente para uma criança ouvir ao redor de seu berço o murmúrio pusilânime da servidão ou os acentos nobres e orgulhosos da liberdade? Eis aí os progressos necessários da degradação: ao

17. Isso se passa no ano 19 de Jesus Cristo, e durante os anos 5 e 6 do reino de Tibério. "Este ano", diz Tácito, "tratou-se de purgar a Itália da religião dos egípcios e dos judeus. Quatro mil homens libertos, infectados por tais superstições, foram enviados à Sardenha para ali reprimir os assaltos. Se o ar malsão os fizer perecer, a perda não será grande. Ordenou-se a todo o resto deixar a Itália ou renunciar a seus cultos" – *Anais*, livro II, cap. LXXXV. (N. do A.)

18. Há o estilo do século, da circunstância, da profissão, do homem: nosso idioma não é o mesmo do reinado de Luís XIV; entretanto, o francês que falamos não foi corrompido: Fontenelle escreve com elegância, sem necessariamente escrever como Bossuet ou Fénelon. Sêneca criou para si uma maneira de se expressar própria ao seu gênio, ao gosto dos seus contemporâneos, e ao uso da magistratura. (N. do A.)

19. "Praeceptorem in eloquentia habuit ipsum patrem, opinor; atque id Controversarium libri et praefationes dicunt", *Vita Seneca*, cap. III. A passagem das *Controvérsias* citada, da página 22, prova antes que não foi para Sêneca, mas para seu irmão Mela que o pai deu lições de eloquência. (Naigeon)

tom da franqueza que se comprometeria, sucede o tom da fineza que envolve, e este dá lugar à bajulação que incensa, à duplicidade que mente com impudência, à rusticidade revoltada que insulta sem respeito ou à obscuridade circunspecta que vela a indignação. A arte oratória não poderia mesmo durar entre os povos livres se não se ocupasse com coisas importantes e não conduzisse os homens de um nascimento obscuro às primeiras funções do Estado. Não procureis a verdadeira eloquência a não ser sob os governos onde ela produz grandes efeitos e obtém grandes recompensas.

XI – Sêneca, que havia feito seus primeiros estudos nos últimos anos de Augusto e advogado suas primeiras causas nos primeiros anos de Tibério e de Calígula, deixa os tribunais e se entrega à filosofia com um ardor que a prudência de seu pai não pôde conter. Digo a prudência, pois um pai afetuoso, que teme por seu filho, sempre o afastará de uma ciência que ensina a conhecer a verdade e que encoraja a dizê-la perante sacerdotes que vendem a mentira, magistrados que a protegem e soberanos que detestam a filosofia porque não têm coisas irritantes a ouvir do defensor dos direitos da humanidade. Isso numa época em que não se poderia pronunciar o nome de um vício sem ser suspeito de se dirigir a um ministro ou senhor[20]; o nome de uma virtude sem

20. Tácito faz quase a mesma reflexão, ao falar das dificuldades que encontra quando se propõe a escrever a história do seu século, ou mesmo do século que o precede. Ele nota que são raras as críticas aos antigos historiadores, pois a todo mundo é indiferente ver um historiador exaltar mais ou menos os cartagineses ou os romanos; porém ele insinua que a posição em que se encontra é extremamente crítica. "Com efeito", diz ele, "vários daqueles que, sob o reinado de Tibério, sofreram suplícios ou infâmias, deixaram descendentes; e, ao reclamar que sua posteridade seja extinta, há pessoas que, com tal má intenção, acreditam que lhes censuramos os crimes dos outros. A glória e a virtude têm em comum o seguinte: irritar os perversos, porque revelam a eles, com extrema clareza, a infinita distância que os separa das pessoas de bem." Tudo isso não passa de uma imagem bastante imperfeita acerca dos pensamentos de Tácito, que necessariamente se enfraquece todas as vezes que tentam traduzi-lo: portanto, deixemos que ele mesmo fale com suas próprias palavras: "Tum quod antiquis scripteribus rarus obtrectator; neque refert cujusquam, Punicas Romanasve acies laetius extuleris: at multorum, qui, Tiberio regente, poenam vel infamiam subiêre, posteri manent. Utque familiae ipsae jam existinctae sint, repeteries qui, ob similitudinem morum, aliena ▸

parecer rebaixar o século pelo elogio dos antigos, passando-se por satírico ou acerbo opositor; lembrar um delito sem conseguir apontar uma personagem viva, ou uma ação heroica sem dar lição e censurar. O que fazer então? Abster-se de pensar? Não, mas de falar e escrever.

XII – O pai de Sêneca fez esforços inúteis para arrancar seu filho da filosofia. Sêneca ligou-se a personagens de seu tempo as mais renomadas pela extensão dos conhecimentos e austeridade dos costumes: o estoico Átalo[21], o pitagórico Socião, o eclético Papírio Fabiano e Demétrio[22], o cínico.

Quando ouvia Átalo falar contra os vícios e os erros do gênero humano, o olhava como um ser de ordem superior. "Átalo", acrescenta Sêneca (carta CVIII) "se dizia rei e eu o achava mais do que um rei, pois que fazia os reis comparecerem ao tribunal da censura. Escutando-o, tinha pena do gênero humano." O pitgórico Socião o mandou abster-se da carne dos animais, regime ao qual sua saúde acomodava-se muito bem. Mas, com a expulsão dos cultos estrangeiros, cujos prosélitos se caraterizavam pela abstinência de certas carnes, seu pai, que odiava menos a filosofia do que uma delação, o reconduziu à vida comum e facilmente lhe persuadiu a ter uma alimentação melhor. Ele diz de Papírio Fabiano: "não são frases que saem de sua boca, são costumes" (carta C). E de Demétrio:

A natureza parece ter-lhe feito apenas para provar que este grande homem era incorruptível, e nosso século incorrigível; herói cuja sabedoria se completou, ainda que não lhe convenha; cuja constância é inquebrantável em seus projetos; e cuja eloquência, sem afetação, sem a busca de expressões, responde à inflexibilidade de seus preceitos e marcha orgulhosamente em direção ao objetivo, tendo por guia uma impetuosidade natural. Não

▷ malefacta sibi obectari putent. Etiam gloria ac virtus infensos habet, ut nimis ex propinquo diversa arguens." Tácito, *Anais*, livro IV, cap. XXXIII. (Naigeon)

21. Veja o que ele diz na Carta CVIII; a respeito de Socion, ler a Carta XLIX. Cita ainda, na Carta LXXII, uma bela comparação de Átalo. (N. do A.)

22. Ele fez grandes elogios a este último em vários trechos de suas obras. Ver, entre outras, a Carta LXII, e sobretudo o cap. VIII do livro VII, de *Benefícios*. (N. do A.)

duvido que a providência lhe tenha dado ao mesmo tempo tais virtudes e eloquência a fim de que nosso século nele encontre um censor e um modelo (*Benefícios,* livro VII, cap. VIII).

Eis como fala em outro lugar: "Não me demoro senão com gente de bem, de alguns países e de alguns séculos; digiro assim melhor meus pensamentos. O virtuoso Demétrio está constantemente comigo, e o conduzo a todos os lugares. Deixo os homens vestidos de púrpura para me entreter com um seminu. Eu o admiro, e como não o admiraria? Vejo que nada lhe falta" (carta LXII).

Foi a esse Demétrio, a quem Calígula queria ligar-se, que se ofereceram duzentos talentos e que respondeu ao negociador: "duzentos talentos é uma grande soma; mas ide dizer ao vosso senhor que, para me tentar, não seria muito a sua coroa" (*Benefícios,* livro VII, cap. XI). Propósito que seria tratado como insolente se ele saísse de um filósofo de nossos dias.

Foi esse Demétrio quem disse a um liberto orgulhoso de sua fortuna: "Eu seria tão rico quanto vós, desde que me entendiasse de ser um homem de bem".

É o mesmo a quem Vespasiano puniu as intenções indiscretas com o exílio, castigo que não lhe tornou mais reservado. O imperador, instruído de suas recentes invectivas, respondeu-lhe pelas palavras que um grande príncipe de nossos dias parodiou engenhosamente: "toda tua obra é feita para que eu te faça morrer; mas não mato cachorro que me ladra"[23].

Sêneca não se deixa aqui transportar por reconhecimento ou entusiasmo: estava velho e rival de seus mestres quando assim falava a um homem instruído, a Lucílio, que os havia pessoalmente conhecido. E se os elogios de Sêneca não tivessem sido verdadeiros, o cortesão não teria deixado de se divertir.

Mas por que não se veem mais homens dessa têmpera? A natureza deixou de produzi-los? Não, deles poderia citar os

23. Ver Dião em *Vespasian,* livro LXVI, cap. XIII, *Confer quae* Suetônio em *Vespas,* cap. XIII, *et ibi Pitisc.*

que, pobres e obscuros, cultivaram com sucesso as ciências e as artes; com frequência eu os vi esfaimados e quase nus, sem se lastimar, sem deixar seus trabalhos. Se seus semelhantes são raros, é que é mais difícil ainda resistir à educação doméstica e à influência dos costumes gerais do que à miséria: são dois moldes que alteram a forma original do caráter. Quem hoje ousaria desafiar o ridículo e o desprezo? Diógenes, entre nós, habitaria sob um telhado, mas não em um tonel; não faria em nenhuma região da Europa o papel que fez em Atenas. A alma firme e independente que havia recebido ele a teria conservado, mas jamais teria dito a um de nossos pequenos soberanos como a Alexandre Magno: *te afasta de meu sol.*

Não é sem propósito que pinto tais filósofos. No momento, me será permitido citar o velho provérbio: "diz-me quem tu frequentas e te direi quem és". O que se pensaria de um ministro que teria reunido e protegido em toda a sua vida, ao seu redor, homens dessa têmpera, um Átalo, um Socião, um Papírio Fabiano, um Demétrio? Os filósofos mais sábios, os mais rígidos e mais considerados de seu tempo – eis os amigos constantes de Sêneca. Foi o interesse, a vaidade ou a conformidade dos princípios, de caracteres e de costumes que formou e cimentou essa intimidade inalterável? O interesse? Mas a se crer nos caluniadores de Sêneca, este não o soube demonstrar; e se confiarmos na história, os outros não souberam nem pedir nem receber. A vaidade? Sua ligação começou num tempo em que Sêneca era apenas um cidadão obscuro; ou se imagina que poderia durar, apesar da baixeza e da hipocrisia deste aqui, um filósofo que rejeitou com tanto desprezo os avanços de seu soberano, mas que teria conservado alguma prudência por um falso discípulo! Isso não acontece. É preciso ou que esses ilustres personagens justifiquem Sêneca, ou que o vicioso Sêneca os acuse. Se Sêneca se lhes impôs, detratores, eles foram menos penetrantes do que vós. Se eles o houvessem desmascarado uma só vez na vida, e sem qualquer motivo, eles se mostrariam ou indulgentes ou bem vis. Mas pergunto a vós mesmos: esta indulgência, este aviltamento, pode-se imaginá-los em almas austeras e grandes, cuja inflexibilidade, altura e orgulho conduziram com frequência ao exílio e à morte?

XIII – Sêneca apreciava os estoicos rigoristas; mas era um estoico mitigado e talvez mesmo eclético[24], raciocinando com Sócrates, duvidando com Carnéades, lutando contra a natureza, como Zenão, e procurando elevar-se acima dela com Diógenes. Dos princípios da escola abraçou somente aqueles que nos desprendem da vida, da fortuna[25], da glória, de todos esses bens no centro dos quais podemos ser infelizes; que inspiram o desprezo da morte e que dão ao homem a resignação que aceita a adversidade e a força que a suporta. Doutrina que convém e que se segue instintivamente sob reinos tirânicos, como o soldado toma seu escudo no momento da ação. Mas doutrina que se evita abraçar ou professar na corte voluptuosa de um dissoluto. A filosofia do cortesão, assim como a religião do padre ambicioso é a do senhor. Trazer os livretos do zenoísmo ao lado de um Nero é tomar o hábito de Quesnel sob o ministério de Fleury[26]. Não se é tão desastrado a esse ponto.

O que as solicitações apoiadas na autoridade paterna puderam conseguir de Sêneca foi o de encaminhar-se à advocacia (Carta XLIX).

Quando o filósofo perde as esperanças de fazer o bem, ele se retrai e se afasta dos assuntos públicos. Renuncia à função inútil e perigosa de defender os interesses de seus concidadãos ou de discutir suas recíprocas pretensões para se ocupar, no silêncio

24. O editor Naigeon provou com evidência, em suas notas sobre o tratado da *Vida Feliz*, e alhures, que é preciso olhar Sêneca, de preferência, como um filósofo eclético, mais do que como um rígido estoico. A esse respeito, cita uma passagem formal em que Sêneca declara expressamente que ele não submete sua razão à obediência de qualquer mestre, e que respeita os juízos dos grandes homens, sem renunciar aos seus. Ver a nota sobre o capítulo III da *Vida Feliz*, p. 90-91, tomo V, e a nota da página 168 do mesmo volume. (N. do A.)

25. Bayle refere-se à seita dos estoicos, a seita mais nobre e augusta que houve entre os gregos. *Dictionnaire historique et critique*. (Naigeon)

26. Ou seja, fazer-se jansenista à época do cardeal Fleury, que protegia claramente os jesuítas, seus adversários. (N. do A.)

e na obscuridade do retiro, das dissensões de sua própria razão e de suas tendências; ele se exorta à virtude e aprende a enrijecer-se contra a torrente dos maus costumes que assalta e arrasta a massa da população.

Mas homens virtuosos, reconhecendo a depravação da época, fogem das relações com a multidão e do turbilhão das sociedades com tanto cuidado quanto protegeriam seu mestre de uma tempestade; e a solidão é um porto para onde se retiram. Estes sábios se esforçarão por se esconder longe da multidão dos perversos, sendo conhecidos dos deuses e dos homens que amam a virtude. Deste honorável exílio, onde vivem no conforto da paz, verão sem inveja a admiração da plebe, prodigalizada a velhacos que a seduzem, e as recompensas dos grandes dadas aos bobos da corte, que os adulam ou divertem (*Gal. do Proecog.*, cap. I).

XIV – Com o que o pai de Sêneca havia obtido da condescendência de seu filho, pressentiu o que dela ainda poderia obter e lhe persuadiu a deixar os tribunais, estragar com o laticlavo a roupa modesta do filósofo que havia retomado e mostrar-se entre os candidatos ou pretendentes às dignidades do Estado. Não é surpreendente a marcha indolente de Sêneca nesta carreira. Mas ele tinha uma madrasta ambiciosa, ativa, que se encarregou de todas as providências que repugnavam a Sêneca[27]; uma tia que havia acompanhado Hélvia, sua irmã, a Roma, que havia trazido a esta cidade o pequeno Sêneca entre os braços e cujos cuidados maternais o haviam protegido de uma doença perigosa, acrescentando seu crédito aos de Hélvia. A tia jamais tivera a ousadia de falar aos grandes e solicitar às pessoas de postos, mas sobrepujou sua timidez natural em favor do sobrinho: nem sua modéstia verdadeiramente agreste, comparada à insolência das mulheres de seu tempo, nem seu gosto pelo repouso, seus modos pacíficos ou sua vida retirada não a impediram de se misturar à multidão agitada dos clientes. Talvez a

27. Ver o que diz a esse propósito em *Consolação de Helvia*, capítulo XVII. (N. do A.)

tia não obtivesse êxito sem o mérito pessoal do sobrinho, mas uma reflexão não menos justa é que, em séculos de corrupção, uma das características é que a virtude e os talentos isolados não levam a nada, e que as mulheres honestas ou desonestas levam a tudo, estas aqui pelo vício, aquelas pela esperança de lhes corromper. É sempre o vício que as solicita, o presente ou o esperado.

XV – Após ter deixado a filosofia pelos tribunais e os tribunais pelos assuntos públicos, Sêneca abandonou a questura[28] para volver à filosofia, dando aulas públicas, servindo a mais de maneira mais útil em sua escola do que na magistratura. Pois o que podia fazer de melhor sob soberanos tais como Calígula, Cláudio e Nero senão inspirar em seus concidadãos o menosprezo pela riqueza, pelas dignidades e por todas as vantagens perigosas que os expunham a perder a vida?

Indica-se a data de sua pretura quando de seu retorno dos rochedos do mar da Córsega[29], para onde fora relegado; dizem uns como confidente, outros como cúmplice das infidelidades de Júlia, filha de Germânico e irmã de Caius, acusado de adúltero por Messalina.

– Por Messalina?

– Sim, por Messalina.

– Aquela que envolvia a cabeça com um véu ao cair do dia?

– Ela mesma.

– A mulher do imperador que teve a incrível audácia de esposar publicamente Silius, seu amante? Aquela de quem disse Juvenal: *ostenditque tuum, generose Britannice, ventrem*[30], verso sublime que inspira mais horror do que uma página inteira de eloquência, e de grande eloquência?

28. "Questura, primeiro degrau da honra". Cícero, em *Verrem, actio prima*, capítulo IV. (N. do A.)

29. Dião, *Cláudio*, livro LX, cap. VIII. *Remotus inter Corsici rupes maris*, disse o autor da tragédia *Otávio*, verso 382.

30. E desnudou o ventre que te conteve, nobre "Britânico"; *Sátiras*, VI, verso 24. (N. da T.)

– Ela mesma, eu vos dizia.

– Mas para esclarecer esse fato, vem a propósito dar uma olhada no reinado de Cláudio e no caráter desse imperador.

XVI – Longas e frequentes doenças afligiram os primeiros anos de sua vida. Foi posto sob a condução de um muleiro, que não mudou de função junto de seu aluno (Suetônio, *Claúdio*, cap. II), tratando-o como animal de carga. Lívia, sua avó, só lhe falava com desdém; sua mãe, Antônia[31], dizia ser ele um estúpido por excelência – "ele é mais besta do que meu filho Cláudio" (Ibidem, cap. III); sua irmã, Livilla, não parava de lastimar o povo romano, a quem a fortuna destinava semelhante senhor. Sua mente foi debilitada, a alma aviltada, e lhe foram inspirados o medo e a desconfiança. Desencorajado por sua família e repelido pelos homens de sua linhagem, entregou-se à canalha e aos vícios da canalha. Chamado por Caio à corte, foi-lhe seu joguete (ibidem, cap. VII): à mesa, dormia depois do repasto; atiravam-lhe no rosto sementes de azeitona e de tâmara, na presença de seus parentes, que não se ofendiam. Por pouco não se viu Caio montar um cavalo consular, quando fez de seu tio um cônsul. Cláudio foi ridicularizado até os cinquenta anos. Foi retirado à força (ibidem, cap. X. Dião, *Claúdio*, livro LX, cap. I) de uma tapeçaria sob a qual se houvera escondido enquanto seu sobrinho era assassinado. Foi levado para o meio do tumulto das facções e conduzido ao trono imperial, acreditando ir para o suplício. Quem o faria acreditar! Caio, após sua morte, encontrou vingadores[32]. Valério Asiático diz: eu queria tê-lo matado. E esta

31. Ela o chamava de monstro e de rascunho de homem: *Portentum eum hominis dictitabat, nec absolutum a natura, sed tantum inchoatum*. Suetônio, *Cláudio*, cap. III. Bayle oferece uma boa reflexão sobre essa passagem: "Mas", ele diz, "pode-se ter certeza de que ela se gabava de espírito e habilidade? Pois uma mulher comum não percebe que seus filhos são tolos; ou, se percebem, não se precipitam com tão grande despeito, para desculpar-se por ele e para referir-se a ele como uma concepção que foi negligenciada, feita pela metade." Bayle, *Dictionnaire historique et critique*, rem. *E* do artigo *Antonia*, filha mais velha de Marco Antônio. (Naigeon)

32. Dião, *Calígula*, livro LIX, cap. XXX. *Confer quae* F. Josefo, *Antiquit Judaic.* Livro XIX, cap. I, IX, XVI e XX.

palavra, pronunciada orgulhosamente, se impõe. No entanto, um soldado quer um senhor, para ter um só; o senado quer a liberdade, para ser o senhor; Cássio Querea grita (Flávio Josefo, *Antig. Judaic.*, livro XIX, cap. IV, ¶4)que não valia a pena livrar-se de um frenético para servir a um imbecil, e ordena ao centurião Lupo dar morte a Cesônia, mulher de Caio. Seus cortesãos a haviam abandonado, ela se encontrava sentada (ibidem, livro XIX, cap. II, ¶4 e Suetônio, *Calígula*, cap. LIX, *infine*) ao lado do cadáver do marido, tendo nos braços sua filha, ainda menina, deplorando o destino comum. Frente ao silêncio e ao aspecto feroz do centurião, compreendeu ter chegado sua derradeira hora, e diz: "o imperador viveria, se me tivesse escutado", e estendeu o pescoço ao centurião que, após tê-la degolado, quebrou a cabeça da menina contra a muralha. Este ato de crueldade e mais alguns outros revoltam o povo, que se afasta dos senadores; a divisão se põe entre eles, o campo permanece sem escolha e Cláudio iria ser proclamado quando os delegados do senado o conjuram a não assumir pela força uma autoridade que lhe seria conferida por livre consentimento (Flávio Josefo, *Antig. Judaic.*, livro XIX, cap. II, ¶2). "O que vós me pedis", lhes respondeu, "não depende de mim. Podia-se ter medo do poder imperial nas mãos de um príncipe que só escutasse seus caprichos; assegurai ao senado que, de semelhante, nada há a temer."

XVII – O que se passa entre o assassinato de Caio e a eleição de Cláudio é uma imagem fiel da perplexidade dos escravos, quando libertos pela revolta. Livres da infelicidade presente, não sabiam como assegurar sua felicidade futura. O cadáver ensanguentado do príncipe assassinado se apresenta à sua imaginação: duvidam se não cometeram um crime, se inquietam, se atemorizam. Estão assombrados. Sem visões, sem princípios, sem planos, ocupam-se apenas de uma coisa, de escapar aos vingadores do tirano e não de dar-lhe um sucessor digno. De onde se segue que a morte de um déspota se reduz a conduzir ao trono um outro déspota.

XVIII – Proclamado e tranquilamente assentado no trono, Cláudio anuncia o perdão das injúrias que lhe fizeram e mantém a palavra. Queima os dois registros de Caio, um intitulado *o punhal*, outro, *a espada* (Suetônio, *Calígula*, XLIX; e Dião, *Cláudio*, livro LIX, cap. XXVI e livro LX, cap. IV). Manda retirar à noite as estátuas do imperador e não sofre porque sua memória fenece.[33] Revê os diversos julgamentos feitos no último reinado; confirma alguns e anula outros. Defende a ideia de legar seus bens a César[34] e de perseguir quem quer que seja por crime de lesa-majestade. Dois éditos seus se poderiam esperar dos mais sábios príncipes: um assegurava às crianças a sucessão de seus pais; outro dava ao povo a segurança do soberano. Chama do exílio as duas irmãs de Caio (Dião, *Cláudio*, livro LX, cap. IV); Antíoco é reposto na posse de Comagene; Mitrídates, o ibérico, posto em liberdade; um outro Mitrídates é declarado príncipe do Bósforo Cimeriano; Agripa, rei da Judeia, recebe honras consulares; Herodes, seu irmão, as honras da pretura; imensas somas usurpadas retornam aos primeiros proprietários, outras, legadas aos autênticos herdeiros. Para completar tantas benfeitorias, o peso desanimador do imposto geral[35] é aliviado.

33. Cláudio não se detém aí: faz matar Cherea, com o intuito de dar exemplo aos que atentaram contra a vida dos imperadores. Ver F. Josefo, *Antiguidades Judaicas*, livro XIX, cap. III. Cláudio regozijou-se com a morte de Calígula, diz Dião Cássio; no entanto, fez com que Cherea morresse, não se crendo obrigado ao reconhecimento de quem, por meio de conspiração, o fez subir ao trono; mas irritou-se contra aquele que ousou levantar a mão contra um imperador e pensava em sua própria segurança. Ver Dião, livro LX, p. 765. Bayle faz uma reflexão justíssima a respeito desse tema, cuja aplicação é fácil de ser realizada, sobretudo nas circunstâncias presentes. A política dos príncipes, disse ele, tem algo de estranho; eles fazem tudo o que podem para corromper os subordinados uns dos outros; dão refúgio aos conspiradores, protegem os rebeldes, e não percebem tratar-se de uma bela lição de revolta que eles oferecem aos seus próprios subordinados, e uma esperança de auxílio iminente. Esse disparate decorre do que pensam apenas para o presente de suas atitudes: pois se pensassem nas consequências futuras, jamais um príncipe contribuiria sequer com um centavo ou com uma palavra em favor das rebeliões. Bayle, *Dictionnaire historique et critique*, rem. *D* do artigo *Cherea*. (Naigeon)

34. Ver em Dião, *Cláudio*, livro LX, cap. VI: *Ne quis se haeredem relinqueret , qui cognatos quoscumque haberet, prohibuit.* (N. do A.)

35. *Vectigalia Caii introducta imperio, et reliqua ejus acta quae reprehensionem merenbantur, abrogavit...* Dião, *Cláudio*, livro LX, cap. IV, *init.* (N. do A.)

As melhores medidas se fazem, algumas vezes, sob os piores reinados, e vice-versa.

E não é tudo: cava-se um porto na embocadura do Tibre, tenta-se a secagem do lago Fucin[36], os limites do império são estendidos.

Na segunda época de seu reinado, vê-se, por uma enorme quantidade de ações atrozes, o quanto a autoridade soberana é sombria, a pusilanimidade cruel e a imbecilidade, crédula. Mas nem toda virtude estava ainda extinta de seu coração. Ele declara livre o escravo cujo senhor abandonar na doença, e culpado de homicídio o senhor que matar o escravo doente[37]. Manteve-se inseguro quanto à maneira de moderar a severidade do antigo procedimento na exclusão dos senadores mal afamados: "Que cada um", diz ele, "se examine; que se peça a permissão de sair do senado e nós aceitaremos; e embaralhando em uma só lista aqueles que se retirarão livremente e os que caçaremos, a modéstia de uns reduzirá a ignomínia dos demais." É assim que sabe conciliar a clemência com a justiça, ou talvez violar uma e outra: se a saída dos inocentes perdoava os culpados, a dos culpados acusava os inocentes. Seu discurso a Meherdate, deixando Roma para dirigir-se aos partos, que lhe haviam conferido a coroa, é o de um pai ao filho: "Seja bondoso e faça justiça; sereis tanto mais reverenciado pelos bárbaros quanto mais o reino dessas virtudes lhes for menos conhecido" (apud Tácito, *Anais*, livro II, cap.

36. Plínio fala dessa magnífica empresa, projetada e iniciada por Cláudio e só concluída no reinado de Trajano, nos termos mais imponentes, e com uma admiração que compartilhamos com ele ao ler o seguinte trecho de sua *História Natural*: *Montem*, ele diz, *perfossum ad lacum Fucinum emittendum, inenarrabili profecto impendio, et operarum multitudine per tot annos... quae neque concipi animo, nisi ab iis qui vidêre, neque humano sermone enarrari possunt*. Plínio, *História Natural*, livro XXXVI, cap. XV. Conferir em Suetônio, *Cláudio*, cap. XX. (Naigeon)

37. Esta lei prova que não havia até então e que antes do VI século não houve em Roma asilos públicos para os indigentes enfermos. Não se deve presumir que um senhor fosse bastante insensato e bárbaro para sacrificar um escravo doente, se esse escravo podia ser socorrido e curado gratuitamente. É verdade que uma dama romana estabeleceu, por volta do ano 400, às suas expensas, um hospital, um hospício e uma enfermaria nos quais reunia os doentes e os servia com suas próprias mãos. Mas tal refúgio, para o qual ela não havia assegurado fundos, sustentou-se apenas até sua morte. Ver *Histoire de la chirurgie*, de M. Peyrilhe, t. II, p. 107. (N. do A.)

XI). Reprime a licenciosidade do povo no teatro e proíbe aos usurários emprestar aos jovens de família.

Conforme as ações e os discursos que precedem, o que pensar de Cláudio, cujo nome é tão caluniado? O que pensar de tantos soberanos que nada fizeram e nada disseram com a mesma sabedoria?

XIX – Infeliz na escolha de suas mulheres (Suetônio, *Cláudio*, cap. XXVI), foi forçado, por razões de Estado, a renunciar a Emília Lépida, neta de Augusto. No dia fixado para a celebração das núpcias com Lívia Camila, também descendente daquele imperador, uma doença a levou. Repudiou Pláucia Urgulanila, surpreendida nos braços de um liberto. Expulsou do palácio Petina, mulher de hábitos irrepreensíveis, mas cujo humor e orgulho nem mesmo Cláudio pôde suportar. A esta sucedeu Messalina, famosa por sua devassidão; e a Messalina, Agripina, não menos famosa por sua ambição.

Logo não se reencontrou nem o homem equitativo nem o príncipe clemente. Cláudio, subjugado por Messalina, envolvido pelo eunuco Posides, pelos libertos Felix, Harpocras, Calisto, Palas e Narciso[38], que abusam de seus terrores, de sua tendência à crápula e de sua paixão pelas mulheres, deixa passar a administração ao poder de um grupo de celerados, sob o comando dos dois últimos.

Vendem-se publicamente as magistraturas (Dião, *Cláudio*, livro LX, cap. XVII), os sacerdócios, o direito de cidadania, a justiça e a injustiça; aliados, os favoritos exercem o monopólio geral e Cláudio se lamenta da indigência de seu tesouro (Suetônio, *Cláudio*, cap. XXVIII); ouve como resposta "que seria muito rico se agradasse aos seus libertos admiti-lo como terceiro".

Sem seu conhecimento, dispõem-se das dignidades, dos comandos, dos perdões e dos castigos; revogam-se as suas

38. Suetônio, *Cláudio*, cap. XXVIII-XXIX. Dião Cássio diz que nenhum imperador se deixou tão mole e abertamente dominar por suas mulheres e libertos. Dião, *Cláudio*, livro LX, cap. II. (Naigeon)

doações e suas ordens, sem se levar em conta seus julgamentos. Suprimem-se os certificados que assinou, concedendo-se outros. É a devassidão de Messalina e a avidez ou a desconfiança dos libertos que designam os cidadãos à morte; pela devassidão de Messalina, as mulheres que inveja, os homens que recusam seus prazeres; pela avidez dos libertos, os que são opulentos; pela desconfiança, os que têm crédito.

Cláudio não é nada no trono, nada em seu palácio. Ele sabe e confessa. Teria dito de dois edifícios públicos cujos modelos lhe foram apresentados: "eis o mais belo, mas eles não o escolherão". Disse de um de seus ministros: "Ele certamente vai sucumbir; só eu o sustento..." Fraco, mas sensato, se tivesse opinado em seu conselho, teria dito: "Minha opinião é a melhor; eles não a seguirão, e creio que vão se arrepender." Afirmou ao senado: "Esta mulher, que faço conhecer como testemunha, foi uma liberta e dama de quarto de minha mãe; sempre me olhou como seu senhor. Há em minha casa pessoas que não se comportam tão bem."

A fraqueza que não sabe impedir o mal nem ordenar o bem multiplica a tirania[39].

XX – Cláudio estava como que embrutecido. Assina o contrato de casamento de Sílio com sua mulher, deserda o próprio filho por uma adoção; algumas vezes esquece quem é (Tácito, *Anais*, livro XI, cap. XXXI), onde está, em que momento, a quem fala; convida para jantar cidadãos que mandou matar na véspera; à mesa, pergunta a um dos convivas por que sua mulher não o acompanhou, e ela já houvera falecido; após a morte de Messalina, se lamenta porque ela demora a aparecer[40].

39. Suetônio, *Claudio*, capítulo XXIX. Conferir ainda Tácito, *Anais*, livro XI, capítulo XXVI-XXVII. (N. do A.)

40. *Occisa Messalina, paulo post quam in triclinio decubuit, cur Domina no veniret, requisitiv*. Suetônio, *Cláudio*, cap. XXXIX. (N. do A.) Estas duas últimas alíneas, acrescidas à segunda edição, suscitaram denúncias. Luís XV pronunciou as três palavras evocadas: a primeira, na ocasião do transporte, que ele desejava, do Hôtel-Dieu na Ilha dos Cisnes; a segunda, a propósito do seu ministro, monsieur de Monteynard; a terceira, em diversas circunstâncias. Grimm, em sua *Correspondência*, disse (março de ►

Um chicaneiro o puxa à parte e lhe diz ter sonhado, na noite anterior, que o imperador fora assassinado em sua presença; um instante depois, o hipócrita, percebendo um adversário, grita: "Eis o homem do meu sonho", e imediatamente o infeliz é arrastado para o suplício (Suetônio, *Cláudio*, cap. XXXVII). O ridículo estratagema foi empregado por Messalina e Narciso contra Ápio Silano (ibidem; conferir também Dião, *Cláudio*, livro LX, cap. XIV). Ápio perdeu a vida e o liberto Narciso se viu reconhecido como aquele que velaria por César, mesmo dormindo.

A vida privada de Cláudio mostra o que o desprezo dos parentes, acompanhado por uma má educação, pode fazer sobre o espírito e o caráter de uma criança enfermiça.

Os primeiros anos de seu reinado, marcados pelo amor à justiça e ao trabalho, pela clemência, pela liberalidade e outras raras qualidades, o teriam colocado no rol dos homens excelentes e dos bons soberanos, se a desconfiança, a fraqueza e o medo não o houvessem entregue aos infames. Os últimos nos ensinam até onde uma prostituta e dois escravos podem dispor de um monarca, o envilecer e depravar[41].

XXI – Tal era o estado das coisas na corte de Cláudio, quando Júlia, a irmã de Caio, Calígula reapareceu. Essa mulher tinha espírito e beleza e não devia seus créditos nem a Messalina nem aos libertos dos quais era necessário ser instrumento ou vítima. O brilho com o qual Sêneca se tinha mostrado nos tribunais o havia conduzido à intimidade de pessoas da mais alta posição,

▷ 1782): "A liberdade foi levada mais longe em muitos lugares desta reedição, como no paralelo entre o caráter de Cláudio e o de um rei que não é difícil de ser reconhecido, posto que são citadas suas próprias palavras conhecidas por todo mundo." A *Correspondência Secreta* (4 de agosto de 1782) afirma que Luís XVI, advertido pelo chanceler a respeito da Bastilha, teria respondido: "Ameaçam muito o autor, mas não lhe fazem mal algum." Mais adiante (10 de dezembro de 1784), a mesma *Correspondência Secreta* sustenta que ele teria engajado os denunciantes na leitura da obra do começo ao fim: "Os senhores encontrarão aí coisas excelentes que redimem totalmente o delito do autor, e eu o perdoo de bom grado." Alguns anos mais tarde Luís XVI diria, por sua vez: "Fizeram-me lembrar de Necker, e eu não queria. Não tardarão a se arrepender disso." (N. de J. Assézat)

41. Se nos lembrarmos do título deste Ensaio, e se não confundirmos o fundamental com o acessório, não ficaremos surpresos com este desatino. (Naigeon)

sobretudo do infeliz Britânico: ele não podia ser senão odiado por aqueles que seus princípios e costumes satirizavam. Quantas palavras que não estavam em sua boca, a não ser na forma de máximas abrangentes, eram facilmente envenenadas pela maldade dos cortesãos, aplicando-as a particulares. Suponho que o filósofo tenha dito que a devassidão avilta e que, sobretudo nas mulheres, altera qualquer sentimento honesto; crê-se, sem ser persuadido de que designava a mulher do imperador, que não se lhe acusavam e tratassem seu discurso como insolente pedanteria? Aliás, Messalina, invejosa da ascendência da sobrinha sobre o espírito do tio, receava o gênio penetrante de Sêneca, que podia esclarecer Cláudio sobre as desordens de sua casa e a vexação dos libertos. Por conseguinte, a perdição de Sêneca e de Júlia foi decidida. Messalina diz a Calisto, a Palas, a Narciso: "Esta mulher só se conduz pelas opiniões de um homem ligado, desde sempre, a Germânico, seu pai. Quem sabe o que este Sêneca pode aconselhar, e o que esta Júlia pode ousar. Se não se esmagam personagens tão perigosas, corre-se o risco de ser esmagado." O resultado de tais inquietações foi o de fornecer um motivo criminoso para as frequentes visitas que Sêneca fazia a Júlia. Por consequência, apresenta-se a Cláudio uma queixa jurídica: Júlia é acusada de adultério[42] e se aponta Sêneca. Cláudio, para quem sua sobrinha era menos conhecida, rejeita a acusação, irritando ainda mais Messalina e causando mais temores entre os libertos. Que partido tomarão eles? Aqueles que tinham o hábito de tomar e os quais os veremos logo utilizar uns contra os outros para reciprocamente se exterminarem. À revelia do imperador, e com a autoridade de Messalina e dos libertos, Júlia é raptada, enviada para o exílio e morta. Insistem no afastamento de Sêneca e Cláudio assina a sentença.

42. *Haec (Messalina) Juliam, fratris ejus filiam , indignata quod se non honoraret nec adularetur, formaeque ejus aemula, quod saepius sola cum Claudio ageret, extorrem egit, instructis cum aliis, tum adulterii criminibus; ob quod Annaeus etiam Seneca in exilium pulsus est. Neque multo post Juliam eadem necavit.* Dião, *Cláudio*, livro LX, cap. VIII, p. 947. (Assézat)

XXII – Como se vê, Sêneca não foi nem amante de Júlia nem o confidente de suas intrigas. Estava com quarenta anos, aproximadamente, era sábio, prudente e enfermiço; era casado, tinha filhos, amava sua mulher e era amado; gozava da estima e do respeito de sua família, de seus amigos e concidadãos, sentimentos que não se atribuem tão unanimemente a um hipócrita da virtude. Júlia estava na flor da mocidade, tinha um coração voluptuoso, cercada por jovens ambiciosos que se apressariam em agradar-lhe, se pudessem vangloriar-se de tê-lo conseguido. Júlia pereceu e seu pretenso cúmplice foi apenas exilado.

O exílio de Sêneca é obra de uma infâmia, de um estúpido e de três celerados, cujos testemunhos foram apoiados, caso se queira, pelo divertimento dos cortesãos, em rumores vagos da cidade e nos clamores de um Suílio, que não tardarei a desmascarar. Mas o que podem autoridades desse quilate contra o caráter de um homem?

Sêneca não é culpado. Mas agrada-me negligenciar o testemunho da história e crer na imputação da última das prostitutas, na credulidade do último dos imbecis e nas calúnias impudentes de um Suílio, o mais desprezível dos homens daquele tempo. Quero que Júlia tenha confiado seus amores a Sêneca, ou que este, em meio aos elegantes da corte, se tenha proposto cativar o coração de Júlia e o tenha conseguido. O que eu concluiria então? Que o filósofo teve o seu momento de vaidade, seu dia de fraqueza. Exigiria de um homem, mesmo sábio, que não tropece uma só vez no caminho da virtude? Se Sêneca pudesse me responder, não poderia me dizer o que disse Diógenes àquele que o censurou por ter diminuído a espécie humana: "É verdade, o que és hoje, eu o fui no passado; mas tu jamais te tornarás o que sou" (Diógenes Laércio, *Vida de Diógenes, o Cínico*, livro VI, segmento LVI). Sêneca, também sincero e mais modesto, nos faz a ingênua confissão de ter conhecido muito tarde o caminho da verdadeira felicidade (Epístola VIII) e que, cansado de se extraviar, ele a indica aos outros. Apressemo-nos em aproveitar suas lições; e se conhecemos por experiência o que custa para vencer suas paixões e resistir à atração das circunstâncias, sejamos indulgentes e não imitemos os homens corrompidos que, para encontrar semelhantes, são mais cruéis acusadores do que os homens de bem.

Tinha-se tudo para temer o ressentimento de Júlia enquanto ela vivesse. Sêneca era igualmente uma personagem inocente, mas menos ameaçadora; bastava reduzi-lo ao silêncio e impedir que empregasse sua eloquência para vingar a honra de Júlia.

XXIII – Enquanto Cláudio se ocupa da reforma dos costumes públicos, a dissolução passeia no interior de seu palácio, com a máscara levantada. Vinícios é envenenado (Dião, *Cláudio*, livro LX, cap. XXVII) e seu crime houvera sido o de ter desdenhado os favores de Messalina. Antes de Vinícios, Ápio Silano teve a mesma sorte (ibidem, cap. XIV)e pela mesma causa. Um famoso pantomimo, de nome Mnester, torna-se ao mesmo tempo a paixão de Messalina e de Popeia. Por medo ou política, Mnester prefere Popeia a Messalina. Popeia é logo acusada de adultério com Valério. E quem foi o acusador de Valério e Popeia, quem foi o agente de Messalina? O detrator de Sêneca, Suílio.

Cláudio dá Mnester como escravo a sua mulher e Messalina se apodera dos soberbos jardins de Valério.

Suílio segue o curso de suas delações (Tácito, *Anais*, livro XI, cap. IV); ataca e faz perder dois cavaleiros ilustres, de sobrenome Petra, suspeitos a Messalina de terem favorecido a ligação de Mnester e Popeia.

Os êxitos de Suílio provocam uma multidão de imitadores de sua audácia e vilania (ibidem, cap. V).

Sâmio se mata na presença do próprio Suílio, que havia recebido deste cliente 40 mil escudos em valor de nossa moeda, e que o trairia (ibidem, cap. V e VI).

XXIV – Os defensores da lei Cincia (Tácito, *Anais*, cap. V e VI) lembram, na ocasião deste delito, o exemplo dos antigos oradores, aos olhos dos quais o único preço digno da eloquência era a imortalidade de seus nomes[43].

Pensar de outra forma seria reduzir a rainha das belas-artes a vil escrava. A integridade do orador vacila sob um grande interesse. A defesa gratuita diminuirá o número de processos. Em nossos dias, se se fomentam os ódios, se se estimulam as delações, se se supõem injúrias ou se são elas agravadas, é porque há um frenesi de queixosos como doença epidêmica: esta aqui enriquece os médicos, aquele faz a fortuna dos advogados. Por que meios os Asínios e os Messalas, entre os antigos, e os Arúncios e Eserninos, entre nossos contemporâneos, alcançaram o topo das honras? Foi tanto pelo nobre interesse quanto pelo talento sublime.

Seus adversários respondiam:

Que homem é tão presunçoso que se promete a imortalidade? Por meio de longos estudos, preparamos para a fraqueza um apoio contra a força: não nos elevamos a essa função importante sem deteriorarmos nossa fortuna, não a exercemos sem prejudicar nossos interesses, ao passo que, quando nos ocupamos dos interesses alheios, negligenciamos os nossos. O militar tem sua paga, o agricultor sua colheita, e não há trabalho sem salário. Um generoso desdém podia convir aos Asínios e Messalas, cobertos de riquezas por seus generais Augusto e Antônio, e aos Eserninos e Arúncios, herdeiros de famílias opulentas. Mas os Clódios e os Curiões não receberam somas consideráveis de seus clientes? Quem somos nós? Senadores indigentes que a suspensão das armas reduz aos recursos únicos da paz. Como o plebeu sustentará a dignidade de sua veste. O que se tornarão os estudos se eles nos condenam à pobreza por serem cultivados?

43. Em 1602, sob o reinado de Henrique IV, o exercício da justiça foi interrompido por um movimento de *revolta* dos advogados. Após a queixa de um nobre da corte, do qual se exigiam mil e quinhentos escudos pelo serviço advocatício de uma de suas causas, o presidente da suprema corte fez aprovar um regulamento que reduzia essa classe de pessoas da lei à condição de trabalhador manual, cujo trabalho é remunerado com um salário. Por consequência, quase toda a ordem se revoltou e renunciou às suas funções em condições aviltadas. O jovem Isaac Arnaud sentiu-se de tal forma vexado que rasgou seu traje e se retirou do palácio. O discurso veemente que o senhor Signone fez naquela circunstância é muito bom de se ler. Henrique IV sorriu sem desaprová-lo; porém, mais sensível ao desespero de seus súditos do que ao desprezo de sua prerrogativa, moderou a situação toda, conforme sua costumeira prudência, ver o Journal de l'Étoile, p. 10. (N. do A.)

Quanto menos as razões contrárias à lei eram honestas, mais Cláudio as julgava ditadas pela necessidade; e permitiu aos advogados ganharem até dez mil sestércios.[44]

Com medo de que o sacerdote avilte a dignidade de sua condição pela pobreza, exige-se um patrimônio; não seria igualmente importante exigir do advogado uma fortuna honesta, com medo de que seja tentado a sacrificar a verdade, da qual é o organismo, em nome de suas necessidades, e a inocência, da qual é o defensor?

XXV – Messalina foi arrastada a uma última infâmia pela atração de sua enormidade. Foi um excesso de impudência e de loucura, diz Tácito, que passaria como fábula, não existissem ainda testemunhas[45].

Messalina esposa publicamente seu amante Sílio.

O cônsul designado[46] e a mulher do príncipe, no centro de uma cidade onde tudo se faz e tudo se diz, se dirigem, no dia marcado e na hora indicada, ao lugar convencionado, e testemunhas assinam o contrato. Messalina ouve e repete solenemente as preces dos auspícios; faz sacrifícios nos templos; celebram-se as núpcias com festa; ela ocupa seu lugar entre os convivas, se presta às carícias do novo marido; eles passam a noite juntos, entregues a todas as licenças do leito conjugal. A casa do príncipe treme de horror; os libertos compactuam como, sem se comprometer, informarão o imperador da vergonha. Duas cortesãs, seduzidas por dinheiro e promessas, se encarregam da delação. Com a notícia, Cláudio é tomado não de indignação ou furor, e sim de terror. Grita: *Ainda sou imperador? É Sílio?*[47]

44. *Ut minus decora haec, ita haud frustra dicta princeps ratus, capiendis pecuniis posuit modum, usque ad dena sestertia.* Tácito, *Anais*, livro XI, cap. VII. (N. do A.)

45. *Haud sum ignarus, fabulosum visum iri, tantum ullis mortalium securitatis fuisse, in civitate omnium gnara et nihil reticente, nedum consulem designatum, cum uxore principis, praedicta die, adhibitis qui obsignarent, velut suscipiendorum liberorum caussa, convenisse etc... Sed nihil compositum miraculi caussa, verum audita scriptaque senioribus tradam.* Ibidem, cap. XXVII. (N. do A.)

46. Tácito é ainda aqui meu garante, e apenas o abrevio. (N. do A.)

47. Tácito, *Anais*, livro XI, cap. XXXI: *An ipse imperii? An Silius privatus esset?* (N. do A.)

No partido oposto, o entusiasmo sucede o pavor: no momento em que se sabe que Cláudio foi informado, e que ele corre para vingar-se, Messalina se refugia nos jardins de Lúculus, Sílio no fórum, e o resto se dispersa. Os centuriões os alcançam na fuga ou em seus asilos, e os prendem. Messalina resolveu dirigir-se a seu esposo (Tácito, *Anais*, livro XI, cap. XXXII). Britânico e Otávio se jogarão ao pescoço de seu pai; Vibidia, a mais antiga das vestais, implorará a clemência do soberano pontífice; se precipitará aos pés de César e abraçará seus joelhos. "Tal é a solicitude da desgraça (ibidem), não tendo Messalina senão essas três pessoas por cortejo. Ela atravessa a pé toda a cidade; cansada, se joga sobre um desses carroções que transportam o lixo dos jardins." Que destino, e como é justo! Ela entra na cidade de Óstia; e não encontra piedade em nenhum lugar; a torpeza de sua vida e a lembrança de seus crimes dela se vê afastada[48].

O terror de Cláudio, no entanto, permanecia; ao seu lado só via assassinos; às vezes se descontrola contra sua mulher, às vezes se enternece com seus filhos. Nessas agitações, alguns guardam silêncio, outros afetam uma pérfida indignação e gritam: *Que crime! Que delito*! De Messalina, já ao alcance da vista (Tácito, *Anais*, livro XI, cap. XXXIV), se ouve: "É a mãe de Otávio, a mãe de Britânico. Escutai a mãe de Otávio, de Britânico." Mas a Cláudio se faziam ouvir os relatos do casamento, e a seus olhos se fazia ver a longa memória da devassidão. Ele estava na entrada da cidade e seus filhos lhe seriam apresentados; mas são afastados. Vibidia é mandada de volta a suas funções. Desvia-se Cláudio, que é conduzido à casa de Sílio (ibidem, cap. XXXV). Ali lhe é mostrado, no vestíbulo, uma estátua erguida ao pai de Sílio, mesmo contra a resistência do senado; nos aposentos, os móveis preciosos dos Neros, dos Drusos, a recompensa vergonhosa de seu desonrador. Dali fazem-no passar ao campo: Narciso arenga os soldados, aos gritos; pede os nomes dos culpados, e eles são nomeados. De volta ao palácio, o imperador

48. *Nulla cujusquam misericordia, quia flagitiorum deformitas praevalebat* (Ibidem). (N. do A.)

encontra uma mesa suntuosamente servida; ele come, bebe e se embriaga (ibidem, cap. XXXVII). No calor do vinho[49], diz: "Que amanhã me façam aparecer a infeliz, e que ela se defenda." Sua cólera se enfraquecia, e não havia um momento a perder, pois a noite se aproximava. Se Messalina fosse introduzida no quarto, o leito nupcial poderia trazer de volta a ternura. Narciso decide-se, sai bruscamente e ordena ao tribuno e aos centuriões, em nome de César, que se faça morrer Messalina. Eles vão e, para se assegurar da execução, são precedidos pelo liberto Évodo.

Évodo encontra (ibidem) a imperatriz estendida no chão nos jardins de Lúculo, para onde retornara. A seu lado estava sentada Lépida, sua mãe[50], que havia se separado de Messalina na prosperidade e dela se aproximara no desastre. "Que esperai (ibidem)? lhe dizia ela. Que um carrasco tenha a mão sobre vós? Estais no fim da vida, trata-se de morrer sem vergonha." Mas não restava nada de honesto[51] em uma alma corrompida, nenhuma força em uma alma murcha pela voluptuosidade. Mãe e filha se abandonavam à dor quando as portas foram abertas com violência. O tribuno, de pé frente a Messalina, mantém o silêncio; o liberto a cobre de invectivas grosseiras. É então que ela percebe o horror de sua situação; sua mão tremente agarra um punhal que aproxima do pescoço e do peito, sem tocá-los. O tribuno a atravessa de um só golpe e deixa o cadáver para sua mãe.

Assim morreu essa mulher que havia ensinado a Narciso a se fazer de senhor.

Cláudio ainda estava à mesa (ibidem, livro XI, cap. XXXVIII) quando lhe foi anunciado que Messalina estava morta, sem que lhe dissessem se por sua própria mão ou pela de outro; e ele não se informou a respeito. Foi-lhe dado de beber e continuou sua refeição como de costume. Nos dias seguintes, não se lhe viu o menor sinal de ódio, de satisfação, de tristeza ou de cólera; a

49. *Ubi vino incaluit, iri jubet, nunciarique* miserae (*hoc enim verbo usum ferut*) *dicendum ad caussam postera die adesset*. Ibidem. (N. do A.)

50. *Lepida, quae florenti filiae haud concors, supremis ejus necessitatibus ad miserationem evicta erat*. Ibidem. (N. do A.)

51. *Sed animo per libidines corrupto, nihil honestum inerat*. Ibidem. (N. do A.)

alegria dos acusadores de sua mulher, as lágrimas de seus filhos nele não revelaram qualquer sentimento natural. Retiradas as estátuas de Messalina, seu nome apagado dos lugares públicos e particulares por ordem do senado, apressaram o esquecimento dessa mulher. As honras da questura foram deferidas a Narciso e a vingança mais justa tornou-se a fonte de maiores males.

XXVI – Além dos vícios da administração de Cláudio, entregue a suas mulheres e libertos, há outros que é preciso imputar a seu mau julgamento.

A gratificação acordada ao soldado, após sua chegada ao trono, tornou-se uma necessidade para seus sucessores[52].

O título de cidadão romano foi aviltado pela enorme quantidade deferida. Das duas, uma: ou deixar em toda a parte este belo nome, no lugar dos deuses que se removiam, e torná-lo tão extenso quanto o império, ou circunscrevê-lo aos antigos limites, entre o mar e os Alpes.

Augusto, solicitado por Tibério e por Lívia, recusou o direito de cidadania a seus protegidos, dizendo à imperatriz, cujo cliente ficou isento do tributo, "que mais valia prejudicar o fisco do que a dignidade do nome romano".

Uma falta tão grave quanto as precedentes foi a de abrir as portas do senado aos libertos, a seus descendentes e estrangeiros: importaria mais que esse corpo fosse honrado do que numeroso.

XXVII – Cláudio não podia ficar sem esposa, e não podia tomar uma sem ser por ela governado. Daí, em meio aos libertos, vivas disputas sobre a escolha e, entre as pretendentes, um calor igual para fazer valer seus interesses.

As intrigas de Palas, as carícias de Agripina e as assiduidades que a parentela autorizava fazem com que a sobrinha do imperador (Tácito, *Anais*, livro XII, cap. II) obtenha a preferência sobre suas rivais. Ela ainda não tem o título de imperatriz, mas

52. "*Primus Caesarum fidem militis etiam praemio pigneratus*", diz Suetônio, *Cláudio*, cap. X. (N. do A.)

exerce sua autoridade. Ela tem em mente o projeto de casar seu filho com Otávia, a filha de Cláudio. Mas Otávia está noiva de Silano. E o que importa? O censor Vitélio acusará Silano[53] de incesto com Júnia Calvina, sua irmã. Licenças que só o casamento autoriza[54] e o barulho que se espalha aceleram a união de Cláudio com sua sobrinha. Mas essa união é contrária aos usos e costumes, que a declaram incestuosa: o que importa? Vitélio irá retirar o obstáculo e o senado opinará em recorrer à coação, se o imperador tiver escrúpulos.

Todas essas coisas se executam: Otávia se casa com Domício Nero, Calvina é exilada[55] e Silano se mata. Lolia, a quem não se podia censurar senão de um crime, mas um crime que não se perdoa, o de ter disputado (ibidem, cap. XXII) com Agripina a mão de Cláudio, é acusada, a respeito do casamento do imperador, de interrogar mágicos, caldeus e os sacerdotes de Apolo em Cólofon. A proteção de Cláudio lhe é inútil; ela é exilada e despojada de sua imensa fortuna. Calpúrnia (ibidem), a quem César elogiou a beleza, sem propósitos, sofreu o mesmo destino. Calpúrnia é apenas exilada; Lolia é forçada a se matar e, neste intervalo, o casamento de Cláudio e Agripina é consumado.

XXVIII – Agora, Roma muda de rosto (ibidem, cap. VII): o império é submetido a uma mulher que não deixa as rédeas soltas à sua paixão; ela sabe mantê-las com o braço vigoroso de um homem: severa em público, altaneira em seu palácio, casta, a menos que sua ambição ordene de outro modo, devorada pela

53. Ver, sobre tudo isso, Tácito, *Anais*, livro XII, cap. IV, *ad ann.* 802; e, no que toca ao caráter desse Vitélio e à sua conduta nessa circunstância, ver uma reflexão de Bayle, *Dictionnaire historique et critique*, rem. *B*, do artigo *Otávio*. (Naigeon)

54. *"Pactum inter Claudium et Agrippinam matrimonium jam fama, jam amore bonne illicito firmabatu."* Tácito, *Anais*, cap. V. (N. do A.)

55. Ver Tácito, *Anais*, livro XII, cap. VIII; e note que Diderot deveria ter acrescentado um fato curioso, que prova a que ponto Cláudio produziu a imprudência e a coragem da vergonha: é que esse imperador estúpido ordenou expiações ao suposto incesto de Calvina e Silano, e todos ridicularizavam isso, visto que aquele que os obrigara a sofrerem as expiações há pouco tempo contraíra um matrimônio incestuoso. *Addidit Claudius, "sacra ex legibus Tulli regis, piaculaque apud lucum Dianae per pontifices danda;" irridentibus cunctis, quod poenae procurationesque incesti id temporis exquirerentur.* (Naigeon)

sede do ouro e o acumulando, por todas as vias possíveis, sob o pretexto de necessidades futuras do Estado, mas, de fato, para consagrar-se às suas criaturas e insaciável avidez.

A adoção de Domício Nero, solicitada por Agripina e apressada por seu amante Palas (ibidem, cap. XXV), é então proposta ao senado e confirmada por uma concertação unânime desses magistrados vis, os quais Juvenal (*Sátiras* IV, verso 37s), não menos satírico, mas ainda mais espirituoso e divertido do que de costume, reúne os sucessores ao redor de um enorme rodovalho, para deliberar gravemente sobre os meios de prepará-lo, sem o retalhar. Tiram-se de Britânico até mesmo seus escravos (Dião, *Cláudio*, livro LX, cap. XXXII). Os centuriões e os tribunos (Tácito, *Anais*, livro XII, cap. XLI), que piedosamente se interessam por esse príncipe espoliado de seus direitos ao império, são afastados, exilados ou elevados a postos mais honrosos do que efetivos; excluem-se os libertos que podem ser corrompidos. Agripina grita (ibidem) "que a adoção não serve para nada, que no palácio se anula o que o imperador e o senado estatuíram, que se os autores desses perniciosos conselhos não forem castigados, sua maldade arruinará o Estado". Cláudio, ao condenar à morte os mais sapientes preceptores de seu filho, o livra às criaturas de uma madrasta.

Agripina, no entanto, (ibidem, cap. XLII) não ousa tudo o que ambiciona. Lúsio Geta e Rúfio Crispino, ligados por reconhecimento aos filhos de Messalina, são despojados do comando da guarda pretoriana e o posto se confere a Sexto Afrânio Burro, conhecido por seus talentos militares[56].

Não se censura a Sêneca pela adoção de Domício Nero, mas Sexto Afrânio não é inteiramente absolvido dessa injustiça.

XXIX – Desejosa de se fazer conhecer de outra maneira que por delitos, Agripina solicita o reenvio de Sêneca[57] e obtém o término

56. *Transfertur regimen cohortium ad Burrum Afranio, egregiae militares famae.* Tácito, *Anais*, livro XII, cap. XLII. (N. do A.)

57. Ibidem, cap. VIII: *At Agrippina, ne malis tantum facinoribus notesceret, veniam exilii pro Annaeio Seneca, simul praeturam impetrat, laetum in publicum rata, ob claritudinem studiorum ejus, utque Domitii pueritia tali magistro adolesceret, et consiliis* ▸

de seu exílio com a pretura. Seu intento era o de agradar ao povo, que tinha em alta conta a sabedoria e os talentos desse filósofo; pôr Domício Nero, desde sua infância, sob um tão grande mestre e escorar-se em seus conselhos para assegurar a administração dos negócios. Senhora de tudo nesta época de reinado, ocupava-se antecipadamente em permanecer senhora de todos no reinado seguinte; ela contava com o ressentimento de Sêneca contra Cláudio[58] e com o reconhecimento do serviço que acabava de lhe prestar, que lhe apoiaria contra seu esposo e que ensinaria seu aluno a esgueirar-se pelos meandros da corte.

Os grandes, uma vez corrompidos, de nada duvidam; tornados estranhos à dignidade de uma alma elevada, delas esperam o que não rejeitariam; e quando não nos aviltamos ao seu prazer, ousam acusar-nos de ingratidão. Aquele que numa corte dissoluta aceita ou solicita graças, ignora o preço que se lhe cobrará um dia. Então, encontrar-se-á entre o sacrifício de seu dever, de sua honra e o esquecimento do benefício; entre o desprezo de si mesmo e o ódio do protetor. A experiência prova o bastante não ser nem tão comum nem tão fácil imaginar sair-se com nobreza e firmeza dessa perigosa alternativa. Um ministro honesto não gratificará um mau; mas um mau não hesitará em receber as graças de um ministro, qualquer que seja; ele não corre nenhum risco, estando disposto a tudo.

XXX – Sêneca tinha sido relegado à Córsega. Seu exílio durava cerca de oito anos; como o suportava? Com coragem[59]. Feliz

▷ *ejusdem ad spem dominationis uterentur; quia Seneca fidus in Agrippinam, memoria beneficii, et infensus Claudio, dolore injuriae, credebatur.* (Naigeon)

58. Ver o final da passagem de Tácito citada na nota acima. (Naigeon)

59. Nada mais sensato do que escreveu a respeito para sua mãe: "Jamais confiei na fortuna, mesmo quando ela me parecia deixar em paz; todas as vantagens que seu favor me concedia, suas riquezas, suas honras, sua glória, eu as dispus de maneira que ela pudesse retomá-las sem que eu me abalasse. Sempre deixei entre elas e mim um grande intervalo; a fortuna mas sequestrou, sem me arrancá-las. Abatemo-nos com a má fortuna quando somos enganados pela boa." *Consolação de Hélvia*, cap. V. "Só me apercebi da ausência das minhas riquezas", diz ele em outro trecho, "quando me dei conta dos embaraços que elas me causavam." (Ibidem, cap. IX.) Essa confissão é tão mais sincera ao sabermos que, em sua entrevista com Nero, diz a este que, não ▶

com a cultura das letras e as meditações da filosofia, numa situação que teria feito talvez a vossa e a minha desesperança, sobre um rochedo que, diz ele, considerado (*Consolação de Hélvia*, cap. VI) sob o ponto de vista de produtores, era estéril; pelos habitantes, bárbaro; pelo aspecto do local, selvagem; pela natureza do clima, malsão. É dali que escreve à sua mãe: "Estou contente, como se tudo estivesse bem; e, na verdade, tudo não está bem se o homem se vê com indulgência e se a tranquilidade habita o fundo de seu coração? Tenho a paixão do conhecimento e observo a natureza: para me distrair de ocupações sérias, passo aos estudos leves" (ibidem, cap. XVII e IV).

E acrescenta uma singular observação: é que, apesar do horror do lugar (ibidem, cap. VI) encontram-se ali mais estrangeiros do que naturais. É um fenômeno comum das grandes cidades, onde, de todas as partes, vem-se procurar fortuna, e nos lugares desertos, onde se está certo de encontrar o repouso e a liberdade. O homem só é sedentário nos campos, onde está ligado à gleba, e ainda quando não está esmagado pelos impostos e que, de todo o trigo que fez crescer, não lhe reste uma gavela para se alimentar.

XXXI – Mas como conciliar o discurso de Sêneca em sua *Consolação de Hélvia*, sua mãe, com o tom pusilânime e submisso de sua *Consolação de Políbio*? Vou supor aqui, com o sábio e judicioso editor da tradução de Sêneca[60], que essa obra seja do

▷ podendo mais suportar o fardo de suas riquezas, implora por seu auxílio, e roga para que Nero administre os seus bens por meio dos seus intendentes, e cuide deles como se fossem seus: *Senex, et levissimis quoque curis impar, quum opes meas ultra sustinere non possim, praesidium peto. Jube eas per procuratores tuos aministrari, in tuam fortunam recipi*. Apud Tácito, *Anais*, livro XIV, cap. LIV. (Naigeon)

60. Não apenas justifiquei Sêneca, supondo que a *Consolação de Políbio* fosse deste filósofo; expus na Advertência impressa no cabeçalho deste tratado, e nas notas que juntei à própria obra, as razões muito fortes que creio ser essa declamação suposta e concluí, parece-me que com muita verossimilhança, ou que essa *Consolação* é obra de algum escritor obscuro, invejoso da glória de Sêneca, que teria tentado imitar seu estilo, tendo inclusive empregado vários de seus pensamentos, ou que esse escrito foi alterado, interpolado e corrompido em muitos e diversos lugares pelo infame Suílio, ou por qualquer outro caluniador igualmente desprezível. Ver *Oeuvres de Sénèque*, t. V, p. 435-436, 491s., edição de 1778. (Naigeon)

filósofo, esperando que possa expor as razões bastante fortes que tenho para acreditar no contrário[61].

Nada mais natural e mais fácil de se compreender para aquele que provou o longo infortúnio e para aquele que estudou um pouco o coração humano. A ilha e os rochedos, batidos pelo mar da Córsega, só podiam ser uma estadia ingrata para o filósofo, arrancado subitamente dos braços de sua mãe, no momento em que, após uma longa separação, gozavam do prazer de estar reunidos; retirado de sua pátria, de seus pais, de seus amigos, longe das ocupações úteis e das agradáveis distrações da cidade; reduzido a procurar em si mesmo os recursos contra tantas privações aflitivas, como se um urso tivesse que se alimentar nos invernos rigorosos. Pois bem, Sêneca, alquebrado por uma vida árdua e triste que já durava ao menos três anos, desolado pela morte de sua mulher e de um de seus filhos, teria [de um lado] atenuado sua miséria, para temperar a dor de sua mãe, e a teria [de outro] exagerado para excitar a comiseração do imperador. Como teria feito outra coisa a não ser o que a natureza inspira ao infeliz? Escutai-o e reconhecereis que a queixa aumentava sempre um pouco sua aflição.

– Mas vós defendeis Sêneca como um homem ordinário.

– É que o maior homem não é sempre admirável, e Turenne ainda é um herói após ter revelado o segredo de Estado à sua amante[62]. Quase só o entusiasmo ou a dureza dos órgãos garantem, com uma espécie de hipocrisia comum, os que sofrem.

61. Este fragmento, tão opiniaticamente censurado em Sêneca, nos chegou tal como feito? Não foi alterado? Ele mesmo o fez? Reenvio essas perguntas ao lugar onde examinarei as diferentes obras de Sêneca; observaria apenas que Justus Lipsius estava tentado a riscar este último dentre os escritos do filósofo, como sátira de um inimigo tão cruel quanto engenhoso. Eu acreditaria que a *Consolação de Políbio* é de Sêneca se não estimasse tanto Justus Lipsius. O pequeno número daqueles que se atormentam, e mesmo se impõem a obrigação de encontrar desculpas para os grandes homens, é raro, e eles me são caros! Há dois tipos de sagacidade: uma que consiste em atenuar, outra em exagerar os erros humanos. Esta aqui marca com mais frequência um espírito justo do que uma alma generosa. A rigorosa imparcialidade é pouco exercida por aqueles que mais têm necessidade de indulgência. (N. do A.)

62. Alusão às relações de Turenne e de madame de Longueville, na sequência das quais Turenne assinou o tratado que o fazia servidor dos espanhóis. (Assézat)

Saímos de uma mesa suntuosa, respiramos o perfume das flores, provamos o frescor da sombra, fechados entre biombos em apartamentos aquecidos; digerimos, displicentemente estendidos sobre almofadas enchidas com plumas, quando julgamos o filósofo Sêneca: não estamos na Córsega, ali não estamos depois de três anos, não estamos sós. Censores, não vos mostrais tão severos, pois não vos acreditaria melhores.

XXXII – Mas o reinado de Cláudio nos escapa. A cena vai mudar e nos mostrar o filósofo ao lado do pior dos príncipes, na cruel alternativa de expor-se à desconfiança de pusilanimidade, de avareza, de ambição e vaidade, se permanecer na corte; ou à censura de ter faltado ao seu aluno, ao seu príncipe, à pátria, ao dever, e ter sacrificado inutilmente sua vida, caso se afaste. Por qualquer partido que tome, será repreendido.

Palas acabava de propor uma lei contra as mulheres que se abandonassem a escravos (Tácito, *Anais*, livro XII, cap. LIII). Palas, o liberto! Palas, o amante de Agripina! O imperador e o senado fecham os olhos para esse excesso de impudência; a lei passa; concede-se a Palas os ornamentos da pretura com uma gratificação de quinze milhões de sestércios. Cláudio diz que "Palas, satisfeito com a honra, persiste em sua antiga pobreza"; e uma recomendação do senado (*senatus consultum*), gravada em bronze, afixa publicamente o elogio de uma moderação digna dos primeiros séculos de Roma, para um liberto rico de mais de trezentos milhões de sestércios.

Nero pleiteia pelos habitantes de Ílion (ibidem, cap. LVIII e XLI); ele toma a toga viril antes da idade: propõe-se conceder-lhe o consulado aos vinte anos; à espera, será cônsul designado, exercerá a autoridade proconsular fora da cidade e será nomeado príncipe da juventude.

Os jogos da juventude, ou troianos, remontam aos tempos mais recuados, à chegada de Eneias na Itália. Eram combates e corridas de cavalos, nos quais as crianças das altas e das classes baixas, divididas em grupos opostos, disputavam a vitória.

Ascânio, filho de Eneas, os introduziu em Alba, de onde passaram a Roma e ali se perpetuaram até o tempo dos imperadores. Eram celebrados no circo e aquele que presidia os exercícios militares chamava-se príncipe da juventude, título concedido apenas a um sucessor de César.

Era assim que Agripina seguia seus projetos; era assim que conduzia seu filho, passo a passo, para a autoridade soberana.

XXXIII – Cláudio dá sinais bastante claros de se arrepender de seu casamento com Agripina e da adoção de Nero (Suetônio, *Cláudio*, cap. XLIII). Ele dita um testamento e o faz ser assinado por todos os magistrados; deixa escapar, durante uma embriaguez (Tácito, *Anais*, livro XII, cap. LXIV-LXV), que é seu destino sofrer os desbordamentos de sua esposa para puni-las em seguida. A esse respeito, Agripina concebe a necessidade de agir imediatamente; mas, por um ressentimento de mulher, esquece por um momento seu perigo para ocupar-se da perda de Domícia Lépida.

Domícia era sobrinha-neta de Augusto e irmã de Domício. Havia pouca diferença de idade, de beleza e de riquezas entre ela e Agripina; eram ambas despudoradas, violentas e concorriam tanto pelos vícios quanto pelos benefícios da fortuna e do nascimento. Quem dominaria Nero, a tia ou a sobrinha? Agripina opunha ameaças às carícias e presentes de Lépida. Lépida é acusada de sortilégio e de agitações provocadas na Calábria por seus escravos; condenada e morta, apesar das admoestações e da proteção de Narciso, que começava a discernir as intenções ambiciosas de Agripina, vendo o mesmo perigo em servir sob Britânico e sob Nero.

Cláudio é envenenado com champignons pela famosa Locusta, por muito tempo um dos instrumentos necessários do Estado[63]. A força do temperamento de Cláudio superou sua arte e Agripina dirige-se ao médico Xenofonte, homem superior, que não teria se maravilhado com a distinção sutil de um famoso

63. *Diu inter instrumenta regni habita...* Tácito, *Anais*, livro XII, cap. LXVI-LXVII. (N. do A.)

arquiatro de nossos dias entre o assassinato positivo e o assassinato negativo, mas que não conhecia melhor do que o facultativo o perigo ao qual se expõe ao se começar um delito e a recompensa de que se assegura ao se consumi-lo. Xenofonte, sob pretexto de facilitar o vômito, serve-se de uma pluma embebida num veneno mais violento, e Cláudio expira. Sua morte é dissimulada até que tudo esteja disposto para a tranquila e segura proclamação de Nero (Tácito, *Anais*, Cap. LXVIII).

O senado se reúne (ibidem, cap. LXVIII-LXIX); os cônsules e os sacerdotes fazem votos para a saúde de um príncipe já morto. Agripina parece sucumbir à dor; ela aperta Britânico em seus braços; retém por artifícios semelhantes Antônia e Otávio. Todas as portas estão guardadas; de tempos em tempos faz difundir que o imperador está melhor. É assim que distrai a esperança do soldado e deixa chegar o momento predito pelos caldeus, quando, no terceiro dia de outubro, antes do meio-dia, as portas do palácio se abrem e deixam ver ao povo seu senhor.

XXXIV – Cláudio morreu com sessenta e quatro anos[64]. Não era desprovido de estudos e de letras; soube escrever e falar a língua grega. Era orador e historiador elegante na sua. Mostrou-se inicialmente justo, modesto, sábio e foi querido: alternadamente penetrante e estúpido, paciente e irritadiço, circunspecto e extravagante, eu o acho mais fraco do que mau. Para escapar de Caio, quis persuadir ter disfarçado a demência (Suetônio, *Cláudio*, cap. XXXVIII): não convenceu ninguém. Deu lugar ao provérbio segundo o qual, para ser feliz, era preciso ser louco ou rei[65]. Para ser muito feliz, o que seria necessário nascer? Seu reinado foi o que devia ser: o resultado de uma organização viciada, da má-educação, da desconfiança, da pusilanimidade, da fraqueza, de um gosto desenfreado por mulheres, da crápula, de algumas virtudes

64. Suetônio, *Cláudio*, cap. XLV-XL, susub fin. Conferir ainda Dião, *Cláudio*, livro LX, cap.II. (N. do A.)

65. Ver *Apocoloquintose* e consultar, sobre esse provérbio, os *Adages d'Erasme*, edição Wechel, 1643, p. 399s. (N. do A.)

e muitos vícios contraditórios. Sem a firmeza, as demais qualidades do príncipe são inúteis; sem a dignidade, ele desce de seu estrato e se mistura à multidão, acima da qual sua cabeça majestosa deve manter-se elevada. Há reis como mulheres, para as quais a familiaridade tem sempre alguma consequência aborrecida.

Agora, a cena vai mudar. Após a morte de um soberano, os olhos inquietos dos ministros, dos cortesãos, dos grandes, dos políticos, do país se fixam sobre o sucessor. Pesam-se suas primeiras atitudes; presta-se atenção e interpretam-se seus propósitos como os mais indiferentes; se estudam suas tendências, espreitam-se os gostos, procura-se discernir seu caráter, esperando que a máscara se retire. Como o cortesão da véspera é velho no dia seguinte! Quantos homens importantes caem de repente no nada! Os que se aproximam do novo senhor compõem um aspecto equívoco, que não é o da alegria ou da ingratidão, da tristeza ou da indecência. Dizia-se a um dentre eles: "Não o vimos na corte depois da morte do rei." Ao que ele respondeu: "É que ainda não encontrei minha fisionomia de ocasião." Por imperceptíveis que sejam as mudanças na administração, um fino tato se lhes apodera e o dia que se segue à inauguração é um dia de prognósticos.

XXXV – Nero cumpre inicialmente o papel de desolado. A oração fúnebre era uma homenagem de etiqueta entre os romanos, assim como em nossos dias. Ele pronunciou a de Cláudio (Tácito, *Anais*, livro XIII, cap. III), estendendo-se sobre a antiguidade de sua origem, os consulados e os triunfos de seus antepassados, seu gosto pelas letras e os bons estudos, a prosperidade constante do Império sob seu reinado. Até ali a atenção, a satisfação do auditório se sustenta[66]. Mas quando vem ao bom discernimento e à política profunda do príncipe, ninguém pôde impedir o riso. E, no entanto, o discurso era de Sêneca, que nele havia posto bastante arte. Aparentemente, haviam esquecido os

66. *Postquam ad providentiam sapientiamque flexit, nemo risui temeprare, quanquam oratio a Seneca composite, multum cultus praeferret etc.* Tácito, *Anais*, livro XIII, cap. III. (N. do A.)

primeiros anos de Cláudio, lembrando-se apenas dos últimos. Mas essa grande arte, da qual Tácito faz o elogio no mesmo momento em que nos faz saber que orador foi vaiado, o que era ela? Direi meu juízo de imediato.

Que minha conjectura seja falsa ou verdadeira, que tarefa a de se fazer o panegírico de um príncipe vicioso; ter de pronunciar mentiras na tribuna da verdade, louvar a continência dos costumes privados perante uma família, perante um povo cujas devassidões fizeram escândalo; a bravura, perante soldados testemunhas da fraqueza; a doçura da administração diante de pessoas que viveram o terror da tirania e que ainda gemiam sob o peso das vexações! Vejo nessas conjecturas duas espécies de covardes: o orador impudente que preconiza e o povo que escuta com paciência: se o povo tivesse um pouco de alma, poria em pedaços o orador e o mausoléu. Eis a lição, a grande lição que instruiria o sucessor. Que diferença entre tais costumes e os dos sábios epípcios, que dispunham sobre a terra o cadáver nu do príncipe morto e lhe expunham ao seu processo![67] A quem ele pertence se não é ao ministro dos deuses, a quem cabe punir, após a morte, a perversidade daquele cuja potência garantiu leis durante sua vida, e gritar, como se ouviu ao redor do corpo de Cômodo: "aos cães, que eles o dilacerem, que o arrastem! Às gemônias, às gemônias!"[68]

A primeira oração fúnebre que se ouviu em Roma foi pronunciada pelo cônsul Públio Valério Publícola a Júnio Bruto, seu colega, no ano que se seguiu à extinção da realeza. E é aos

67. Ver Diodoro de Sicília, *Biblioteca Histórica*, livro I, cap. LXXII. O mesmo hábito tinha ainda lugar no âmbito particular, como se vê por uma passagem do mesmo livro, cap. XCII. (Naigeon)

68. Ver Lamprídio, *Vita Commodus*, cap. XVII a XIX. Esta passagem, à qual reenviamos o leitor, fará conter todo homem de gosto e toda alma nobre e generosa. Seria preciso tê-la sob os olhos daqueles a quem o gênero humano foi confiado. Veem-se as aclamações de alegria e as imprecações de furor que o povo soltava tumultuosamente na morte de Cômodo, sob quem ele havia experimentado todos os males, e na eleição de Pertinax, seu sucessor, que prometia dias mais felizes. Morto o tirano, as almas libertas do terror fizeram ouvir os gritos terríveis que Lamprídio nos transmitiu. Ou me engano, ou ali está uma das mais fortes e mais terríveis imagens do entusiasmo popular. Príncipes da terra, ponde ali vossos olhares, e ouvi antes de vossa morte a voz livre dos povos, se houvestes contido o gemido no corações enquanto vivíeis. (Naigeon)

aplausos do povo, naquela circunstância, que é preciso ligar o uso introduzido de consagrar a memória de um *grande homem*, após sua morte, ao elogio que dele faria outro *grande homem*. Que me digam se ambas as condições foram reunidas com frequência; que me digam se honras igualmente prestadas aos vícios por um depravado são elogios à virtude, edificantes para o ouvinte, instrutivas para o príncipe reinante.

Sem dúvida, a virtude obteve o primeiro elogio fúnebre, assim como o primeiro monumento; mas essas homenagens, tornadas tão comuns, teriam sido bem raras se o espírito das instituições em Roma se tivessem conservado. Com o que, então! Não teria sido preferível que a oração fúnebre não tivesse sido criada do que ter sido tão frequentemente aviltada? E eu perguntaria: um bom soberano que colocasse entre suas últimas vontades a defesa de pronunciar seu panegírico após sua morte, daria uma grande prova de sua modéstia?

Se eu tivesse uma censura a fazer a Sêneca, não seria a de ter escrito a *Apocoloquintose*, ou a transformação de Cláudio em abóbora, mas a de ter composto a oração fúnebre.

XXXVI – No entanto, sabe-se que o filósofo se houvera proposto atrair o aluno aos seus deveres, senão por gosto, ao menos por pudor, pondo em sua boca discursos cheios de sabedoria, que ele talvez se enrubescesse um dia ao desmentir. O que haveria de mais consequente do que este projeto de expor o César à risada pública? Podia ele dizer a Nero de uma maneira mais enérgica: "Entendeis, Príncipe? Se governardes mal, será assim que sereis tratado quando não mais vos temerem." E o historiador não nos sugere tal suspeita, quando nos informa que Sêneca havia posto tanta arte em seu discurso? Não seria essa a arte secreta que ele louva?

"Vós sois bem engenhoso", me dirão, "quando se trata de justificar Sêneca." Eu o sou bem menos do que seus detratores ao denegri-lo.

Faço minha lição de ler a história. Ela me oferece o relato de algum fato que desonra a humanidade? Eu o examino com a mais rigorosa severidade. Tudo o que eu possa ter de sagacidade eu a emprego para descobrir certas contradições que me causem suspeita. Assim não acontece, no entanto, quando uma ação é bela, nobre, grande. Jamais ouso desentender-me com o prazer que sinto ao compartilhar o nome de homem com aquele que a fez. Diria mais: é temerária, segundo meu coração, e mais ainda segundo a justiça, uma opinião que tende a desculpar uma personagem ilustre contra autoridades que contradizem o conteúdo de sua vida, de sua doutrina e a estima geral de que gozou. Eu me faço a honra de um pirronismo que é fácil de atacar, mas que não seria tão honesto repreender.

XXXVII – Nero foi o único dos imperadores que teve necessidade da eloquência de outrem (Tácito, *Anais*, livro XIII, cap. III). César se pôs na fileira dos grandes oradores; Augusto teve o discurso pronto e fácil que convém a um soberano; ninguém conheceu como Tibério o valor das expressões: claro, quando não era obscuro por intenção. A cabeça perturbada de Calígula deixava energia à sua eloquência; Cláudio se expressava com elegância, quando preparado.

XXXVIII – Após as honras concedidas às cinzas de Cláudio[69], Nero fez sua entrada no senado. Não lhe falta nem conselho nem exemplo para bem governar; e não leva ao trono nem ódio nem ressentimento. Não tem outro plano para seguir na administração do que aquele de Augusto, pois não conhece outro melhor: os abusos recentes, dos quais há murmúrios, serão reformados. Não chamará apenas para si a decisão dos negócios. A sorte dos acusadores e dos acusados, pesada clandestinamente no interior do palácio, não dependerá mais dos interesses de um pequeno número de gentes de favor. Nada em sua corte se fará por dinheiro ou intriga; ele não confundirá as rendas do Estado com as suas. Que o senado entre nesse momento na

69. *Caeterum peractis trititiae imitamentis, curiam ingressus etc.* Tácito, *Anais*, cap. IV e V. (N. do A.)

posse de seus antigos direitos; que os povos da Itália e de suas províncias possam recorrer aos tribunais dos cônsules e que as audiências do senado sejam solicitadas por seus magistrados. Ele se limitará ao dever de seu posto, o cuidado dos exércitos: o senado será senhor dos regulamentos que julgar de alguma utilidade; os advogados não receberão no futuro nem dinheiro nem presentes, e os questores designados não mais se arruinarão com espetáculos de gladiadores.

Soberanos que sentais ao trono, vos convido a ler e a meditar sobre esse discurso.

Agripina pretende que aquela última isenção derrube as ordens de Cláudio (Tácito, *Anais*, livro XIII, cap. V); o conselho dos Pais sobrepuja o seu. No entanto, ela gozava de uma autoridade ilimitada; seu filho lhe havia dado como alcunha "a melhor das mães" (ibidem, cap. II e V; e Suetônio, *Nero*, cap. IX): estando os senadores reunidos no palácio, Agripina, com a ajuda de uma porta escondida e coberta por um véu, ouvia suas deliberações sem ser vista (Tácito, *Anais*, livro XIII, cap. V).

Se, como não se poderia duvidar, Sêneca compôs o discurso que o imperador pronunciou em sua chegada ao trono (Dião o assegura em *Nero*, livro LXI, cap. III), certamente mostrou ser um homem de Estado, não ignorando em que consiste a grandeza do príncipe, o esplendor de um reino e a felicidade de um povo.

Ordenou ao senado (ibidem, cap. V)que esse discurso fosse gravado em tábuas de bronze e lido publicamente todos os anos no mês de janeiro. As tábuas tinham correntes do mesmo metal[70], com as quais ele se apressava a carregar o tigre ainda inocente e jovem.

70. Vê-se, por outra passagem de Dião, que os elogios dados pelo senado aos imperadores, desde o começo de seus reinados, não eram o efeito da lisonja, mas uma advertência tácita que esse corpo lhes dava para jamais se afastarem de seus deveres e justificarem, por sua conduta, as louvações que naquele momento lhes dirigia. As lisonjas eram lições indiretas, oblíquas, que, sem ferir o imperador, o prendia, por assim dizer, inconscientemente. Eram uma espécie de garantia que o senado lhes solicitava para sua conduta futura. Calígula censurou numa arenga os vícios de Tibério e prometeu não imitar sua conduta; o senado, temendo com razão que ele não mantivesse sua ▸

XXXIX – Muito se louvou o pesar que Nero demonstrou por saber escrever a primeira sentença capital que teve de assinar[71]. Acho nisso um traço de hipocrisia; admiro-o mais quando, ao compartilhar o consulado com Antístio, e prestando os magistrados o juramento de obediência às ordens dos imperadores, dele dispensou seu colega[72].

XL – É preciso distinguir três épocas no transcorrer da instituição de Sêneca, assim como na alma de seu aluno. O mestre nele concebe as mais altas esperanças; ele vê seus costumes se corromperem e com isso se aflige; quando seus vícios, a crueldade, a depravação e seus furores se desenvolveram, quer retirar-se.

Trajano dizia que poucos príncipes podiam se gabar de ter igualado Nero durante os cinco primeiros anos de seu reinado; e nada é mais verdadeiro[73]. Mas como esse príncipe pôde renunciar a uma tão grande felicidade, após tê-la gozado por tanto tempo? Não ficaria surpreso com soberanos preguiçosos e imbecis para quem seus súditos foram tão estrangeiros para eles quanto eles o foram para seus súditos, porque evitaram dar-lhes professores tais como Sêneca ou Sexto Afrânio, mantendo-os numa ignorância total de seus deveres, do berço até o momento em que chegaram ao trono. Mas não concebo que aqueles que viram os transportes de um povo imenso, pelo qual eram adorados, que ouviram as aclamações ao redor de suas carruagens,

▷ palavra, fez um decreto ordenando que se leria aquele discurso publicamente todos os anos, querendo dar por esse decreto uma prova da estima que tinha por Calígula (ver Dião, livro LX). Vê-se uma prova demonstrativa do que digo aqui no panegírico de Trajano, feito por Plínio, o Jovem. Este autor diz, expressamente, que era uma ordem do senado louvar o imperador pelo bem público, a fim de que os bons príncipes fizessem ouvir o que faziam, e os maus, o que deviam fazer. (Naigeon)

71. *Quam vellem nescire litteras!* (Suetônio, *Nero*, cap. X).

72. Tácito, após ter observado que isso foi recebido com grandes elogios pelos senadores, dá uma razão que ratifica o que disse numa nota acima. O senado, diz ele, fez grandes elogios a essa ação de Nero a fim de que o espírito desse jovem, elevado pela glória que lhe atraía uma ação tão pouco importante, continuasse ao fazer as grandes: *Magnis patrum laudibus, ut juvenilis animus, levium quoque rerum gloria sublatus, majores continuaret.* Tácito, *Anais*, livro XIII, cap. XI. (Naigeon)

73. *Merito Trajanus saepius testatur, procul differre cunctos principes Neronis quinquennio.* Aurelio Victor, *De Caesaribus*, cap. V. (N. do A.)

que foram acompanhados por bençãos contínuas desde a soleira de seus palácios até suas partidas se façam odiar e desafiem as imprecações; a menos que seja numa idade avançada, quando a alma de um príncipe está enfraquecida, ou quando, após uma longa prosperidade, longas desgraças o humilharam; quando está abatido sob a infelicidade; quando, vendo-se incapaz de manter as rédeas do império, é forçado a confiá-las aos loucos, aos ignorantes, aos fanáticos que abusam dos preconceitos de sua infância, de sua caduquice, de seus terrores, para diminuir a glória de seu passado. Há exemplos e isso se concebe. Infelizmente, esses soberanos desgraçados morriam de dor, sem as cerimônias ridículas usadas para lhes impor o fantasma de uma grandeza passada.

XLI – Cláudio havia nascido bom; cortesãos perversos o tornaram mau; Nero, nascido mau, jamais pôde se tornar bom sob os melhores professores. A vida de Cláudio esteve semeada com ações louváveis; veio um momento em que a de Nero deixou de oferecê-las.

A escolha do preceptor de um príncipe deveria ser privilégio de toda a nação a ser governada.

Plauto Laterano (Tácito, *Anais*, livro XIII, cap. XI), acusado de adultério com Messalina, será cassado do senado; Nero intercederá por sua causa e o restabelecerá em sua dignidade. Sêneca, pelo discurso que compôs nessa circunstância e em muitas outras, justificará as sábias instruções que dá a seu príncipe, ao mesmo tempo que mostrará sua superioridade na arte oratória; mas falhará em seu objetivo. É em vão que se propõe, para o futuro, a ligar seu aluno[74] ao exercício da clemência e à prática das virtudes: essa inocente astúcia, capaz de dar a um jovem soberano, aos seus próprios olhos e aos do país um caráter que ele não ousaria desmentir, enquanto lhe restar algum pudor, não prevalecerá sobre uma natureza tão perversa quanto a de Nero.

74. *Clementiam suam obstringens crebris orationibus*, diz Tácito, *Anais*, livro XIII, cap. IX. (N. do A.)

XLII – O assassinato de Júnio Silano, cometido pelas intrigas de Agripina, sem conhecimento de seu filho, é o primeiro dos crimes do novo reino (ibidem, cap. I, *init.*). O povo designou para o trono Silano: seu irmão houvera sido morto e se temia um vingador.

Narciso foi jogado numa solitária (ibidem); esse celerado, que as leis deviam punir, importunado pelo rigor de sua prisão, matou-se. Nero desejava salvar este liberto[75] cuja avareza e prodigalidade coincidiam muito bem com seus vícios ainda escondidos, mas não pôde obter sucesso.

Os assassinatos iriam se multiplicar (ibidem, cap. II) sem a resistência de Sexto Afrânio e de Sêneca. Esses dois mestres do jovem príncipe reuniam para o bem, coisa rara, um crédito igualmente compartilhado por diferentes motivos[76]. Sexto Afrânio era prefeito ou governador de Roma, emprego importante que lhe fazia senhor de toda a Itália. Sêneca era encarregado dos assuntos de gabinete; era o orador do príncipe; preparava os editos, minutava as cartas circulares, nomeava os governadores de província e velava pela manutenção da boa ordem no palácio[77]. Eis aqui os retratos que Tácito nos deixou[78]. Um é o de Sexto Afrânio, de modos austeros, que formou Nero na arte militar; o outro, o de Sêneca, temperando com afabilidade a sabedoria, ensinou-lhe a eloquência. Ambos agiam de comum acordo, ao dirigir mais facilmente para os prazeres lícitos a juventude fogosa de seu aluno, se

75. *Invito principe, cujus abditis adhuc vitiis per avaritiam ac prodigentiam mire congruebat.* Ibidem, cap. I. (N. do A.)

76. "A boa inteligência em que viveram esses dois governantes", diz Bayle, "nos faz saber que possuíam um grande fundo de probidade, e que intencionavam principalmente o bem público ao educar o jovem príncipe, que, sob tais mestres, teria se tornado um imperador acabado, se uma maldade superior e natural não houvesse tornado inútil todos os esforços." Pierre Bayle, *Dictionnaire historique et critique*, art. "Sexto Afrânio" (Naigeon)

77. Ver a *Vida de Sêneca* que um autor anônimo publicou como cabeçalho a uma análise do *Tratado dos Benefícios*. Aproveitei-me várias vezes do trabalho desse autor, que teve a coragem e a honestidade de tomar publicamente a defesa de Sêneca e de refutar, com fatos bem recolhidos e exatos, as calúnias de que este grande homem foi vítima por tanto tempo. A passagem que acabo de citar encontra-se na página 46, edição de Paris, 1776. (N. do A.) O "autor anônimo" mencionado é o abade de Ponçol, Henri Simon-Joseph Ansquer de Ponçol, 1730-1783. (N. da T.)

78. Citei as próprias palavras de Tácito, em uma nota sobre o *Tratado da Clemência*, livro II, cap. II, t. IV, p. 437-438 da tradução de La Grange. (Naigeon)

a virtude lhe fosse sem atrativos. Não tinham que lutar a não ser contra a feroz Agripina[79], atormentada por delírios de um poder ilegítimo e sustentada por Palas, autor do casamento incestuoso e da funesta adoção que pusera Cláudio a perder. Mas Nero não tinha caráter para se dobrar a escravos, e começou a se aborrecer com a triste arrogância de um liberto renitente.

XLIII – Houve um momento em que, por intermédio dos propósitos da cidade, constatou-se a confiança que se tinha em ambas as personagens. Difundiu-se um rumor tumultuoso de que os partos renovavam seus empreendimentos sobre a Armênia e que Radamista, que haviam expulsado, cansado de uma soberania tão frequentemente adquirida e perdida, renunciava à guerra. E dizia-se na capital, onde se gostava de discursar (Tácito, *Anais*, livro XII, cap. VI):

> Como um príncipe, apenas saído de seus dezessete anos, poderia sustentar tal fardo? [...]Que esperança para o Estado com um adolescente tutelado por uma mulher![...] Seus instrutores dirigirão as batalhas, os cercos e as outras operações de guerra?[...]No entanto, seria pior ainda se tais cuidados caíssem em mãos de um imbecil enfraquecido pelos anos e subjugado por escravos [...] Mas uma conhecida experiência, que se estende a tantas matérias, já distingue Sêneca e Sexto Afrânio.[80]

Apresentou-se uma outra circunstância em que o filósofo, por sua presença de espírito, tirou da perplexidade o imperador e os assistentes, numa ocasião em que a dignidade de César e a honra da República pareciam comprometidas. Os embaixadores da Armênia discursariam para Nero. Agripina adiantou-se, disposta a subir à tribuna e a presidir ao lado deles. Há uma

79. *Certamen utrique unum erat contra ferociam Agrippinae, quae cunctis malae dominationis cupidinibus flagrans, habebat in partibus Pallantem; quo auctore Claudius nuptiis incestis, et adoptione exitiosa, semet perveterat. Sed neque Neroni infra servos ingenium; et Pallas tristi arrogantia modum liberti egressus, taedium sui moverat.* Tácito, *Anais*, livro XIII, cap. II. (Naigeon)

80. *Burrum tamen et Senecam multarum rerum experientia cognitos.* Tácito, *Anais*, livro XIII, cap. VI. (N. do A.)

certa imobilidade e silêncio: não se sabe que partido tomar.[81] Sêneca, então, se aproxima dos ouvidos do príncipe e lhe diz: "Ide à frente de vossa mãe." Mas uma mulher de espírito não se engana com esse sinal de respeito; uma mulher arrogante com ele se fere, uma mulher vingativa dele se lembra.

Essa cerimônia lembra-me outra, a audiência pública que Nero acordou a Tiridate. Esse príncipe põe um joelho no chão e diz a César: "Senhor, um descendente de Arsáces, o irmão dos reis Vologáse e Pácoro, se declara vosso escravo. Venho vos render, como a meu Deus, as mesmas homenagens que ao Sol. Minha classe será aquela que vós indicareis, pois me tendes em lugar da fortuna e do destino."

Só a baixeza desse discurso pode desculpar a insolência da resposta de Nero:

> Eu vos felicito por terdes vindo gozar de minha presença. Esse trono que vosso pai não vos pôde deixar, e sobre o qual os esforços de vossos irmãos não vos sustentaram, eu vos dou. Eu vos faço rei da Armênia a fim de que vós saibais, eles e vós, que eu posso, quando me apraz, tirar e conceder coroas.

Em que abjeção esses orgulhosos romanos haviam mergulhado o universo! O que seríamos se essa potência tirânica houvesse durado? Bárbaros, acorrei e rompei os ferros das futuras nações.

Um dos homens mais sábios que Roma produziu dizia: "Se os reis são animais ferozes que devoram os povos, que animal é o povo romano, que devora reis?"

XLIV – Sêneca chegou ao consulado sob Nero, caso se confie num *senatus consultum* das calendas de setembro, sob o consulado de Sêneca e de Trebélio Máximo. Pretende-se que não tenham sido, um e outro, a não ser sub-rogados dos cônsules ordinários. Mas o que importa esse fato para a glória de Sêneca, mais honrado na memória dos homens por uma página

81. *Nisi caeteris pavore defixis, Seneca admonuisset, venienti matri occurreret. Ita specie pietatis, obviam itum dedecori.* Ibidem, cap. v. (N. do A.)

escolhida de suas obras do que pelo exercício das primeiras dignidades do Império, mormente sob Tibério, Calígula, Cláudio e Nero; num tempo e numa corte onde, para os grandes postos, nos quais se confundiam a gente honesta com os escroques, os nomes mais distintos com a populaça vil, os ineptos com os instruídos, havia menos coragem para desdenhá-los do que para aceitá-los. E onde aquilo que se podia comprometer de mais vantajoso dependia de alguma circunstância que vos liberasse de um exílio honrado ou de uma morte gloriosa.

Que Sêneca tenha ou não obtido o consulado, é certo que no retorno de seu exílio apareceu com o brilho do alto favor e, logo depois, com o da grande opulência.

XLV – "Mas o que faziam Sexto Afrânio e Sêneca na corte de um Cláudio, no palácio de um Nero? Estavam em seus lugares" Infelizmente, não. Mas o tempo e a experiência ensinaram-lhes que o aluno que lhes fora confiado não era digno de seus cuidados; que o imperador de quem eram próximos não merecia sua afeição, suas lições ou serviços nem seus conselhos.

"Mas por que enfiar-se no antro da besta?"

Observaria primeiramente que Nero reinou por doze anos, tendo sido um excelente imperador durante os primeiros cinco anos. Em seguida, perguntaria se o filósofo não teria méritos do povo romano, poupando-o de cinco anos de calamidades e se um prodígio tão espantoso não seria suficiente para sustentar sua esperança e prolongar sua paciência. Depois, convidaria o pequeno número de leitores que tem a pretensão da imparcialidade a pesar maduramente a resposta que me resta fazer a essa censura e a algumas outras tantas vezes repetida.

XLVI – Sêneca foi chamado à corte de Nero pelo brilho de seus talentos e virtudes por uma mulher ambiciosa que buscava reconciliar-se com a nação e que, ou desconhecia a rigidez dos princípios do filósofo, ou prometeu quebrá-la. Quando ele deixou de ser preceptor do soberano, tornou-se seu ministro. São dois papéis importantes a distinguir. Não se desesperou logo com um jovem príncipe que ele havia conduzido e que prometera levar ao posto dos grandes soberanos. Quem ignora que o verdadeiro apego tem sua fonte nos cuidados que tomou e nos serviços que rendeu?[82] Quem não conhece a longa perseverança com a qual um pai espera o retorno de um filho extraviado? O coração de um preceptor virtuoso para o seu aluno é o mesmo de um pai para o seu filho, e se o aluno é imperador, se ele tem em mãos a felicidade e a infelicidade do universo, um crime, ouso fazer a pergunta, o maior dos crimes, levado por um fatal encadeamento de circunstâncias, entre as quais é preciso que uma mãe pereça por seu filho, ou o filho por sua mãe, bastará para exonerar o preceptor de suas funções, ou o ministro de seus deveres? Vejo o homem honesto e sensível desolar-se, afastar-se, voltar os olhos para trás, deter-se, voltar em seus passos e temer retirar-se muito cedo. O homem perspicaz sente o inoportuno de sua presença e de seus conselhos: o homem firme mantém sua posição, vê aproximar-se sua perda e a desafia; não recobra sua liberdade senão no momento de uma desgraça evidente, a véspera da morte. É o que fez Sêneca. Colocai-vos no lugar do filósofo, do professor e do ministro, e procurai vos conduzir melhor do que ele.

Como é fácil para aqueles que estão na margem, de onde contemplam ociosamente algum piloto combatendo o furor dos ventos e das ondas, dizer: aquele homem lá deveria dirigir seu barco de outra maneira; ao passo que, se estivessem com o timão, se encontrariam ainda em mais dificuldades ou até mesmo naufragariam. Assim acontece que muitos pensam que Sêneca só filosofou por livros. Quanto a mim, o estimo mais como filósofo por seus efeitos do que pelo nome.

E não é Montaigne que assim se exprime, como se poderia supor.

"O retiro ou a verdade poderia custar-lhe certamente a vida; mas para que serve a filosofia senão nos momentos de perigo?"

82. "Não é a mais bela árvore de meu jardim, é aquela que cultivei e que me agrada visitar todos os dias." Essa frase se encontra neste lugar no extrato da *Resposta* de Diderot a algumas objeções, dada na *Correspondência a Grimm*, setembro de 1779. (Assézat.)

Ela serve para subtrair-se ao perigo, conforme o bem geral, o bem particular e mesmo, algumas vezes, o próprio bem o exijam; e é aí que se distingue o sábio do insensato. "A filosofia consiste em pregar aos outros a inflexibilidade da virtude, o menosprezo da vida, e a dispensar-se a si mesmo?"

A filosofia que dá o preceito sem o exemplo não preenche a metade de sua tarefa. Sêneca escreveu, viveu e morreu como um sábio. Não é o sentimento de Suílio e de seus discípulos, mas o de Tácito.

"Não se deve pregar aos outros o que se é incapaz de fazer."

Eu disse muitos absurdos em minha vida para conhecer-me, e teria perdido o único fruto que dela podia tirar se esta máxima não me parecesse por demais condicionada. É preciso exortar os outros a tudo o que é bom e louvável, sendo ou não disso capaz.

Não nos exortam a sermos grande pensadores, grandes escritores, homens excelentes? E nossos predicadores possuem tais qualidades? Se por acaso não as tivessem, seria preciso fechar-lhes a boca? Instruímos pelo preceito e instruímos pelo exemplo, e cada uma dessas lições tem sua vantagem. Feliz aquele que nos pode dar ambas e que, dotado do talento de Horácio, ajunta com modéstia: "Se não sou o instrumento que corta, serei ao menos a pedra que afia" (*Arte Poética*, v. 348).

O homem sensato teria dito a Sêneca:

> Quando tiverdes perdido a esperança de corrigir Nero, vivei e ficai para a felicidade das regiões as quais ele vos confiou a administração. Quanto mais um príncipe é desaplicado, ignorante, dissoluto, fraco ou feroz, mais o sábio que ocupa um dos postos é um homem precioso. Porque correis o risco de ser apenas um monitor incômodo, é preciso que deixeis de ser um ministro útil?.

Disse e continuarei a dizer aos homens públicos, quando estiverem cansados de desgostos: "não é preciso ir-se embora; é preciso ser expulso".

Não se podia logo abandonar Nero à sua perversidade, sem cometer uma falta grave; não haveria nenhuma ao abandoná-lo muito tarde, ao dizer-lhe no derradeiro momento: "Canso de fazer esforços supérfluos. Sede mau se assim quiserdes; não me oporei mais." Sim, se Sêneca houvesse esperado a morte ao lado de seu aluno, perto de seu soberano; se seu sangue tivesse molhado os pés de Tigelino e de Popeia, mais ainda o admiraria. O homem de bem jamais é inútil, e morre sempre muito cedo.

"Mas os amigos de Sêneca lhe teriam aconselhado a permanecer, apesar do perigo?"

Não duvido de modo algum que o houvessem e que Sêneca tivesse acreditado serem bastante generosos para dar-lhe esse conselho. O que acontece depois? Precisamente o contrário do que se infere: que eles seriam mais dignos se ele se conservasse por eles: "Sêneca, tu não obterás nada de Nero, nem para outros nem para ti."

Para fazer o bem, um ministro das províncias tem mil ocasiões por dia nas quais o consentimento de César é inútil, tanto para prevenir quanto para reparar o mal; é a prerrogativa inseparável de seu posto. Os amigos, os parentes, os bons cidadãos que se haviam ligado ao filósofo só foram perseguidos após sua morte.

E se dirá: "Como Sêneca é feliz; seus olhos não viram este crime." E por que não se teria dito: "Que infelicidade Sêneca não estar mais aqui; talvez o crime não tivesse sido cometido"? Caso se cometa um crime, dir-se-á: "Sêneca não o teria aprovado"?

Sêneca, um homem célebre por seus talentos, seus hábitos, sua família, suas dignidades e laços de amizade! De resto, o que lhe importariam as intenções do vulgo? Cabia à sua consciência aconselhá-lo, acusá-lo ou absolvê-lo.

"Mas jamais foi permitido desprezar uma acusação ignominiosa."

Houve uma vez em Tarento um pequeno gênio, uma espécie de filósofo, chamado Pitágoras; em Útica, um certo Catão; na Igreja, não sei que apóstolo, chamado Paulo, que afirmaram exatamente o contrário.

Coloquemo-nos por um momento no lugar de Nóvio Prisco, de Paulina, de Mela, de Galião, de um parente, de um amigo, de um cliente ou de alguns daqueles que o ministro punha em risco com sua morte ou seu afastamento, e perguntemos se nos aconteceria chamar de baixeza a firme resolução de manter seu posto e de pensar em nosso bem-estar. Qualquer que seja a nossa resposta, eis aqui o pensamento de Sêneca, ao qual não empresto sentimentos que ele não teve. Diz ele: "Creio ter feito mais por meus amigos ao prolongar minha vida do que se morresse por eles. Não considerei quão resolutamente podia morrer, mas quão irresolutamente eles poderiam sofrer. Eu me obriguei a viver, e algumas vezes é magnânimo viver."

Aqui está a linguagem de sua filosofia e de seu coração; assim foi sua regra de conduta.

Quando, por meio dos artifícios de alguns sinais de virtude, Sêneca e Sexto Afrânio discerniram em Nero, prestes a eclodir, o germe de crueldade e outros vícios, ocuparam-se, se não em sufocá-los, ao menos em retardar seu desenvolvimento.

Mas essa funesta descoberta não tardaram em fazê-la. Lê-se no *Velho Escoliasta,* de Juvenal[83], que Sêneca dizia confidencialmente a seus amigos que "o leão logo retornaria à sua ferocidade natural se lhe acontecesse uma vez molhar sua língua com sangue. Portanto, decidiram permanecer ao lado de um animal feroz".

O que prova essa passagem? É que no momento do prognóstico a língua do tigre ainda não estava ensanguentada. Seria portanto uma censura a se fazer a Sêneca e a Sexto Afrânio se o acorrentaram durante cinco anos? Interroguemos o filósofo antes de julgá-lo: Sêneca, o que fizeste com Nero?

– Fiz tudo o que era possível fazê-lo. Amordacei o animal feroz; sem mim, teria devorado cinco anos antes.

Mas quem seria bastante ousado para demarcar aos professores de um soberano, para o ministro de um grande império, para um

83. As palavras deste velho comentador são notáveis e merecem ser relatadas. Elas provam que Sêneca conhecia bem o caráter feroz do príncipe de quem lhe haviam confiado a educação, e que nada poupava para corrigir, com seus preceitos e exemplos, as disposições viciosas que tinha por natureza. Vetus Scholiast. Em Juvenal, Sátiras V, verso 109. (Naigeon)

Sêneca, um Sexto Afrânio, o momento em que lhes conviria deixar o posto; ou ao sábio, o momento que lhe convinha morrer?[84]

Pelópidas dizia a seus amigos e soldados, desolados ao redor de seu leito de morte: "A verdadeira glória não consiste em morrer nem em viver, mas em fazer bem um e outro."

"Mas dado que Sêneca permaneceu na corte após os belos dias de Nero, logo teve alguma complacência pelo vício e pelo crime?"

Como Sexto Afrânio permaneceu na corte após os belos dias de Nero, então foi complacente com o vício e o crime. Como Traseias tomou e manteve a toga senatorial durante a longa degradação da magistratura, logo compartilhou da baixeza e dos vícios. Fénelon, Montausier e Bossuet passaram uma longa temporada numa corte voluptuosa e dissoluta; portanto, aprovaram os maus costumes; por conseguinte, tiveram complacência com a depravação. Com essa lógica, como seriam ultrajados os homens virtuosos e as mulheres honestas que habitavam as cortes sob tais reinados.

Após ter lido o que precede, um cidadão justamente reverenciado tanto por seus talentos, que o conduziram a grandes postos, quanto pelas virtudes que o caracterizavam, me dizia: "Com tudo isso, não vos prometa justificar Sêneca aos olhos de todo o mundo."[85] Estou bem longe dessa pretensão, lhe respondi. Quando exumava o filósofo, ouvia os gritos que iria provocar. Só daqui a cinquenta anos, quando aqui não mais estiver, é que se renderá justiça a Sêneca, se minha apologia servir.

Sêneca e Sexto Afrânio são dois soldados em sentinela que devem guardar seus lugares até que a morte os venha colher, o que, aliás, fizeram. E o que me confunde é a celeridade com que homens frívolos prescrevem regras de conduta a personagens de uma consumada prudência, postos nas mais tempestuosas

84. Trata-se de monsieur Sautereau de Marsy, editor do *Almanach des Muses*; é autor de *Affiches pour la province*. Diderot, na *Correspondência* de Grimm. (Assézat.)

85. Trata-se de Anne Robert Jacques Turgot, o economista e ministro francês, colaborador da *Enciclopédia*. (Naigeon)

cortes; e isso sem conhecer as intrigas secretas, as maquinações, os movimentos, os caracteres, os interesses, os temores, as esperanças, os projetos que mudam com as circunstâncias e as circunstâncias que mudam de um dia para outro; sem que suas falsas conjecturas sobre o que se passa a duas léguas do Sena lhes inspire a menor incerteza sobre o que ocorreu há dois mil anos, às margens do Tibre. Falam não como se estivessem no vestíbulo da casa dourada, mas no quarto de Popeia. Que falem então, já que encontram ouvintes bastante pacientes para escutá-los, e um apologista bastante imbecil para lhes responder[86].

XLVII – Na impossibilidade de inspirar no príncipe dissoluto a austeridade de hábitos que professavam, seus professores tentaram[87] substituir o furor das volúpias ilícitas e grosseiras pelo gosto de prazeres mais delicados e permitidos. Mas quais poderiam ser os frutos de seus exemplos e o efeito de suas palavras sobre um príncipe mal nascido e cercado por escravos corrompidos e mulheres prostituídas, que lhe aplaudiam as tendências e pintavam Sêneca e Sexto Afrânio como pedagogos importunos? Um deles feito mais para perorar à sombra, nas escolas; o outro, para comandar a soldadesca no campo de batalha, e não para representações em palácio.

Plínio, o Velho, diz que teria sido menos aflitivo ver Nero consultar os espíritos infernais do que suas favoritas. Os homens perversos de uma corte se acotovelam à sua volta, ajoelham-se diante delas, e elas aviltam tudo o que delas se aproxima. São as protetoras geradas pelos celerados, perseguidoras infatigáveis

86. Todo esse parágrafo XLVI não existia na primeira edição; são passagens intercaladas que dão a este *Ensaio* a aparência de uma obra em que as digressões destroem a regularidade das proporções. Sentiríamos muito profundamente esse efeito se nos demorássemos mais; porém, o leitor é advertido e, quando não encontrar mais a simples narrativa do historiador, saberá em que se apoiar em relação à sua mudança de atitude. O excerto publicado por Grimm, em 1779, da *Réponse*, encontra-se disseminado um pouco por toda parte, na edição de 1782, com pouquíssima alterações. Falta somente, dirigida ao abade Grosier, uma réplica assaz vivaz que nos situará no tempo e no espaço. (Assézat)

87. *Juvantes invicem, quo facilius lubricam principis aetatem, si virtutem aspernaretur, voluptatibus concessis retinerent.* Tácito, *Anais*, livro XIII, cap. II. (N. do A.)

das pessoas honestas. Há duas autoridades sentadas no trono, ao lado do senhor: elas têm seu partido, seu conselho, suas audiências, e o império do soberano pode ser menos tirânico e caprichoso do que o delas. Dobram a seu gosto a vontade do amante, depõem ministros, dão generais às armadas, traçam caminhos sobre os mapas com seus punhos de tafetá e com isso degolam vinte mil homens.

Num Estado puramente monárquico, tal como na França, uma amante avara ou dissipadora arruína um povo. Numa monarquia limitada, em que a autoridade do povo tempera a do rei, uma amante avara ou dissipadora que o arruína, o torna escravo de seus súditos.

Em todos os tempos, seja por curiosidade, por espírito de intriga, por interesse ou vaidade, as mulheres procuram cativar os chefes dos partidos. O cardeal de Retz não era bonito e, no entanto, não houve mulher que não quisesse agradá-lo, e até mesmo a rainha dizia que nunca se era feio quando se possuíam bons dentes.

XLVIII – Otávia, com todas as suas qualidades estimáveis, os conselhos de Sêneca, de Sexto Afrânio e o apoio de Agripina não pôde deter a inconstância ou vencer a repugnância e escapar à aversão de Nero. Ele empresta sua confiança a dois jovens infames, de rara beleza (Tácito, *Anais*, livro XIII, cap. XII), Otho e Senecio, ligados entre si por uma amizade suspeita. Deixa-se levar fantasiosamente por uma liberta chamada Actea. Agripina toma conhecimento dessa intriga: ela explode, grita que uma criatura vil se tornou uma igual, que uma escrava é sua nora. Com esses furores, aliena o espírito de seu filho. E Sêneca, a quem o príncipe parece ter-se entregado nessa conjuntura, goza de uma confiança e de uma autoridade que partilha com ela. Sua posição se torna até mais difícil: reaproximar o imperador de Otávia. A tentativa era honesta, mas inútil. Aprovar sua paixão por Actea, isso não convinha nem a seu caráter nem às suas funções. O professor, no entanto, mais prudente do que a mãe, a via como um freio que moderaria, ao menos por um tempo, a fogosa intemperança do rapaz, e salvaria da agitação e da ignomínia as mais ilustres famílias[88].

Mas era preciso disfarçar, fosse de Agripina, de Otávia, fosse do povo, essa baixa inclinação; por conseguinte, Aneu Sereno (ibidem, cap. XIII) se prestou a um papel singular, o de fingir gostar de Actea e de tomar para si a prodigalidade do soberano. "Sereno, amigo de Sêneca!"

Sim, amigo de Sêneca. O que concluis? Que Sêneca tinha ligações de amizade com um homem da corte. Concordo. Mas aprovaria o filósofo a condescendência do cortesão? Tácito o acusa? Não. "Sereno, amigo íntimo de Sêneca!"

Sim, amigo íntimo de Sêneca. Seria usar de uma dialética bastante cômoda implicar-nos em todas as falsas providências de nossos amigos e desonrar os homens, uns pelos outros, ao se acusar Sêneca por meio de Sereno.

"E como supor que Sêneca não tenha aprovado a paixão do príncipe?" E por que juntar duas condutas sociais que podem ser separadas? Em tais circunstâncias, cada um fez o que era seu: o cortesão enganando a visão ciumenta de Agripina e o olhar do povo romano; o filósofo, prevenindo um incesto pela intercessão de uma favorita.

Há circunstâncias nas quais a conduta do cortesão e do filósofo pode ser a mesma; então, o cortesão é sábio e o filósofo, prudente; somente o motivo distingue seus procedimentos. Como quer que seja, o cortesão não se torna filósofo, assim como este aqui não se torna cortesão. Mas vejamos se seria tão difícil justificar Sereno.

XLIX – É por nossos costumes ou pelos do tempo que convém apreciar as ações? Não há nenhuma diferença entre a virtude de um século e a de outro, entre a virtude da corte e a de um claustro?

88. *Metuebaturque, ne in stupra feminarum illustrium prorumperet, si illa libidine prohiberetur.* Ibidem, cap. XII. (N. do A.)

A filosofia se ressente mais ou menos das circunstâncias. O duelo, que não é senão um assassinato atroz, tem, aos olhos de nossos moralistas mais severos, esse caráter abominável numa região em que, por um gesto, por uma palavra, ideias bizarras de honra ordenam degolar ou ser degolado, sem pena ou ignomínia?

Um homem instruído e verdadeiro contava que um piedoso fundador de ordem, uma santa personagem que a Igreja canonizou, consultada por seu irmão, homem de espada, sobre a conduta que devia manter com um inimigo violento que o havia gravemente insultado, não lhe diz: "tu não matarás; se te batem numa face, dá-lhe a outra", mas põe-se de joelhos e, estendendo as mãos aos céus, dirige a Deus esta prece: "Deus misericordioso, rendo-te graças por me haver conduzido a este asilo onde não tenho injúria a temer ou vingar; sem isso, o insolente que me teria ultrajado já estaria morto."

Leitor, eu vos entendo condenar o monge a tomar os hábitos do militar e o militar, os hábitos do monge; mas criticais este aqui?

E como a filosofia não se curvaria um pouco, quando a religião e a lei relaxam sua rigidez? A disciplina eclesiástica não detém mais a mulher adúltera, de cabelos desgrenhados, o rosto colado ao chão, na porta do templo, e um ministro da justiça ousa atenuar a severidade da lei contra os duelistas.

Se o espírito de galanteria se torna nacional e se a superficialidade forma o caráter de um povo, a constância de certos compromissos igualmente proscritos pela moral austera, pela leis civil e religiosa os tornam respeitáveis, e o delito se enfraquece pela influência dos costumes gerais.

Meus raciocínios e a conduta de Sereno desagradarão, sem dúvida, as personagens severas ou as que, afetando severidade, pesam as ações com a balança do claustro, confundindo o vício com o crime e imaginando que os professores governam um aluno imperador da mesma maneira como um guardião dos capuchinhos dispõe de um frade secular.

Num tempo em que, sem escândalo, o soberano podia fechar num serralho setecentas concubinas, duvido que tivéssemos as ideias que temos sobre adultério e fornicação. Vós não sois um padre cristão, mas um brâmane, e eu vos digo:

Credes talvez que vos enrubesceríeis ao passear pelas ruas com um sininho suspenso, que repeliríeis a mulher devota que se ajoelharia para beijá-lo, e que se fôsseis convidado por alguma jovem e piedosa indiana a entrar em sua casa, ficaríeis em dúvida sobre deixar as sandálias à porta? Engano, senhor abade[89]. Vós as deixaríeis, assim como qualquer outro, e assim predicaríeis como virtude a moda do país, como predicais aqui, à moda do vosso.

Não é mais na França, mas em Cochin que vos coloco[90], e vos digo: "Neste país, os sacerdotes persuadiram o povo e o soberano de que uma de suas prerrogativas é a de fazer provar às jovens casadas os primeiros prazeres dolorosos do hímen, e vós estais persuadido de que vos recusaríeis de fazer tal obra pia. Engano, senhor abade. Em Cochin, como em Paris, vós teríeis todo o fervor de vosso estado."

Em Atenas não me faria sacerdote eumólpida[91] porque jamais me senti atraído pelos altares, mas teria tomado a toga de Aristóteles, a de Platão ou vestido os hábitos de Diógenes.

É forçoso convir que ao lado de um Tibério, uma aprazível personagem a se supor, eu seria um casuista da Sorbone.

Ignoro qual seja vossa idade, e não tenho repugnância para com os costumes puros. Mas se vós fôsseis jovem e um pouco libertino, e um de nossos graves cidadãos vos surpreendesse, ao cair da noite, entrando em ou saindo de um lugar suspeito, com a cabeça coberta por um manto, ele vos endereçaria as palavras divinas de Catão: "Foi bem-feito, meu rapaz; mantende a sabedoria, *macte virtute esto*[92]. Em lugar de vos precipitar sobre a mulher do próximo, é aí que é necessário apagar o calor que vos atormenta."

89. Diderot se refere ao abade Grosier, que então escrevia no *Journal de littérature, des sciences et des arts*. (Assézat.)

90. Cidade indiana do estado de Kerala, ex-colônia holandesa e inglesa. (N. da T.)

91. Eumólpida, família de sacerdortes atenienses dedicados ao culto de Ceres. (N. da T.)

92. Que seja para glorificar a virtude. (N. da T.)

Nam simul ac venas inflavit tetra libido / Huc juvenes aequum est descendere, non alienas / Permolere uxores.

Hoje, em Roma, uma jovem vai à igreja, se confessa, ouve a missa, comunga e, ao sair da sagrada mesa, sua mãe a acompanha ao ateliê de um artista de vinte e dois anos, a quem ela serve de modelo. *Inteiramente nua!* Sim, senhor abade, toda nua.

"Sêneca e Sexto Afrânio não são antes duas pessoas honestas do que dois filósofos virtuosos quando se prestam ao vício, quando os condenam sem ousar impedi-los?"

Eles não se prestam ao vício; Sêneca não deu a Nero a cortesã Actea, mas contrapôs o ciúme dessa mulher à paixão de um filho por sua mãe; é um fato que não se permite nem ignorar nem falsificar. E se fosse diferente, que mal haveria em se prevenir um delito de indulgência por uma fraqueza? Se Sêneca e Sexto Afrânio não impediram Nero de repudiar Otávio, é que não tiveram tal poder; não se ordena a sabedoria a um soberano como a uma criança.

Parece-me ver um de nossos pudicos censores arrancar a jovem escrava do leito de seu senhor; parece-me ouvir a mãe deste aqui o aplaudir e dizer-lhe: "Muito bem, levem essa cortesã e me tragam meu filho, a quem amo ternamente, como sabeis, a fim de que eu o console e lhe perdoe um gosto que me chocava e que impedia minhas nobres intenções."

L – Mas suponho que, pelo uso mais absurdo de sua eloquência, Sêneca tenha mandado embora a cortesã e jogado o filho nos braços de sua mãe. Agora, o que não se havia dito? Pergunto qual seria o homem de espantosa penetração capaz de supor que, prevenindo um incesto, aceleraria um parricídio? Se fosse preciso que Nero dormisse com sua mãe, ou que a matasse, pergunto qual desses dois crimes seria preciso escolher. Mas não vos atormenteis, senhores censores, com casos de consciência: foram as impudências de Agripina, sua ambição, e não o desgosto de Nero que a perderam.

O fruto do inocente artifício de Sêneca é evidente, e ainda ignoro, confesso, o que teria sido uma conduta oposta, se não foi talvez após ter dormido com a mulher impudica que Nero assassinou a mãe ambiciosa: aquele que passeia os olhos lascivos sobre o cadáver de Agripina era capaz de ambos os crimes.

Em tais circunstâncias, se houvesse algumas censuras a se fazer a Sêneca e a Sexto Afrânio, a furibunda Agripina lhas teria poupado?

Mas de onde nascem essas dificuldades pueris? *Do fato de o censor não crer facilmente nas virtudes filosóficas.* É a desconfiança interessada de um áugure. Um outro dirá: nem eu acredito facilmente nas virtudes sacerdotais, e será a desconfiança de um filósofo. Para mim, que não tenho a honra de ser nem filósofo nem áugure, creio facilmente nas virtudes, e preciso de provas bem claras para me fazer acreditar nos crimes. Que o censor seja bom ou mau, aposto que ele concordaria com esse modo de pensar: ele convém ao homem virtuoso que procura seu semelhante, e ao hipócrita, que busca enganar.

Talvez ele acrescente que *a insolência seja o apanágio de uma certa profissão, e Sêneca era filósofo.*

Demócrito, Sócrates, Platão, Cícero e Marco Aurélio o eram, o que, segundo a reflexão do crítico, presume-se que ele não o fosse.

Aquele que almoça e janta mentira não gosta de quem prega a verdade.

Ele gravaria com prazer, sobre o túmulo de Sêneca, as linhas enérgicas com as quais o historiador Tácito pinta um estoico hipócrita: "Ele afetava a gravidade da seita estoica, tinha a capa e a fisionomia de uma escola honesta, mas era pérfido e trapaceiro; o imponente aspecto exterior mascarava a avareza e o deboche."

E eis o homem que se vai reconhecer como o heroi de Tácito. Jamais se disse expressamente que esse historiador era um impostor ou um tolo? Eis a personagem que Tertuliano e os antigos Padres da Igreja puseram na classe dos cristãos, de preferência à dos filósofos, tratada como hipócrita, alma insidiosa, usuário vil e libertino voluptuoso; e isso com uma intrepidez mais injuriosa ainda para Tertuliano e antigos doutores do que para Sêneca e Tácito. Isso seria apropriado para se fazer pensar que as pessoas desse magistrado detestam com mais cordialidade ainda aqueles que contam entre os seus inimigos, que eles não se estimam nem se respeitam entre eles, e que são menos propícios a honrar seus chefes que a desonrar um filósofo. Tinha razão, o honesto incrédulo, que respondia ao seu prelado que lhe dizia: "Eu lhe daria de bom grado vinte mil escudos para vê-lo aos pés do nosso altar". Respostas: "O monsenhor daria de bom grado quarenta mil para ver-me em um lugar tão ruim."

Se algumas vezes o vício se cobriu em Roma com o hábito do filósofo, ele foi mais frequentemente envolto nas vestimentas sacerdotais. Na França, não foi na magistratura nem na arte militar nem nas academias ou entre o povo que Molière foi procurar o modelo de hipócrita. Em seu tempo, o jansenista reconhecia o jesuíta no *Tartufo*, e o jesuíta o reconhecia no jansenista; mas o mostrando em cena com o pescoço em ângulo oblíquo, os olhos adocicados, de colete e casaco, o poeta não deixava dúvida sobre o estado da personagem.

Se o epitáfio que o crítico destina a Sêneca não lhe convém, ainda assim encontraríamos um lugar para ele. A hipocrisia pertence a todas as condições, mas onde esse vício deve ser mais comumente encontrado senão naquela em que os maus costumes são os mais escandalosos? Se se perguntasse quais são as vestimentas daquele que dizia que *a hipocrisia era um vício do qual não seria difícil fazer a apologia*, nos enganaríamos a respeito? Quais eram as funções daqueles que o Cristo chamava de *sepulcros limpos*? Nomearíamos outras, além da de certos doutores da lei?

Semelhantes aos seminários dos áugures, entre todas as escolas de filosofia, a de Zenão devia ser a melhor provida de hipócritas; e ainda semelhante aos nossos seminários, é de lá que deviam sair os homens da mais alta virtude e da maldade a mais refinada.

A hipocrisia é o atributo distintivo da classe, sem ser o vício comum de todos os indivíduos que a compõem. Sócrates era filósofo, Carlos Borromeu era padre; Sócrates não foi um impudente, nem Carlos Borromeu um hipócrita.

Mas quereis expor Sócrates a invectivas atrozes, a imputações mil vezes refutadas, ressuscitar Anitas e Melitas? Escrevei a apologia de Sócrates. Isso não é uma conjectura, é um fato. Um piedoso e sapiente eclesiástico prussiano publicou, há alguns anos, a vida desse filósofo; logo, muitos gritos se alçaram, se convenceu o povo que o pastor era um pagão e o pobre cura não teve mais qualquer outra criança para batizar.

O que concluir de tudo o que precede? Que seria preciso ter existido em Roma, viver na corte de Nero, conhecer e compartilhar dos preconceitos populares e estar metido nas intrigas palacianas para julgar de modo correto uma ação da qual se trata. Um filósofo pagão não pôde ver a conduta de Sereno com o olho de um padre cristão.

"Mas eu não existia em Roma e não morava no palácio dos imperadores."

É verdade, mas eu não sou um acusador, e sim um apologista. "Acusador ou apologista, estou dispensado da verdade?"

Não, mas igualando-se tudo, veem-se os mesmos inconvenientes tanto para se defender um acusado quanto para se condenar um inocente?

Essa circunstância da vida de Sêneca não é a única pela qual percebi que, qualquer partido que o filósofo, o professor ou o ministro houvesse tomado, não teria escapado à censura da malignidade. Para mim, que não me considero nem mais virtuoso nem melhor instruído ou circunspecto do que Sêneca e Sexto Afrânio, presumo que eles fizeram o que havia de melhor para ser feito e deixo aos detratores a coragem e o cuidado de lhes dar lições de prudência.

"Mas a pretexto de salvar a honra das famílias, desonraram-se a si mesmos".

Lede Tácito e estareis convencido de que não foi um pretexto, mas um terror que o futuro justificou à exaustão. Lede Tácito e vereis uma mulher honesta levada à morte por não ter querido aceitar a mão e compartilhar o leito de Nero.

"Mas Sêneca é o herói de Tácito."

Eis aí uma censura singular. Sim, herói de Tácito, seu contemporâneo; de Tácito, o mais severo dos juízes.

É preciso ser amigo de Tácito; é por um Tácito que se necessita ser louvado. Não é preciso ser louvado por caluniadores de grandes homens, e é ao menos indiferente ser por eles repreendido.

Por conseguinte, não dependeu desta orgulhosa Agripina, melhor aconselhada, descer a complacências, receber Actea e fazer de seu palácio o asilo obscuro dos vícios de seu filho.

LI – Entre as vestes mais suntuosas das mães e das mulheres dos imperadores, entre os mais ricos ornamentos, Nero (Tácito, Anais, livro XIII, cap. XIII-XIV) ordena a escolha de um adereço que será dado, em seu nome, a Agripina. O presente é mal recebido por essa mulher cuja posse do cetro não teria compensado a ambição de governar. Atribui-se aos maus conselhos de Palas o pequeno sucesso do ornamento, e Nero diz sobre esse liberto desgraçado: *Palas demitiu-se* (Ibidem: *Non absurde dixisse: Ire Pallantem, ut ejuraret.*).

Palas era o amante e confidente de Agripina[93]. Então, essa mulher se transforma; espalha invectivas e ameaças que ecoam até os ouvidos do príncipe: "Britânico está em idade de reinar; é o verdadeiro sangue de Cláudio, é o herdeiro legítimo do trono, ocupado por um intruso em favor de uma adoção, e ali sentado só para ultrajar sua mãe." Ela acrescenta,

Quero que se divulguem todos os desastres de uma casa infortunada e meu casamento incestuoso, e meus envenenamentos. Graças à justiça dos imortais e à minha prudência, me resta um recurso: o filho de Cláudio está vivo; eu o mostrarei aos exércitos. De um lado se ouvirá a filha de Germânico; de outro, o estropiado Sexto Afrânio e o exilado Sêneca; aquele com seu braço mutilado; este aqui com seu tom de reitor, ambicionando o governo do universo.[94]

93. Ver Dião, *Nero*, livro LXI, cap. III; e Tácito, *Anais*, livro XIV, cap. II. (N. do A.)

94. Ver Tácito, *Anais*, livro XIII, cap. XIV, de onde tudo isso foi tirado. Quase sempre Diderot só faz a tradução de determinado trecho; ele deveria dar a referência com mais frequência. (Naigeon)

Assim falando, ela ameaça com gestos, acumula imprecações, confirma Cláudio entre os deuses, invoca os manes infernais de Silanus, tira das trevas os crimes cometidos, clama por vingança.

Com esse discurso, a agitação toma conta de Nero. Britânico chegava aos quatorze anos; nomeá-lo o verdadeiro sucessor de Cláudio seria proscrevê-lo; e logo é envenenado à mesa (Tácito, *Anais*, livro XIII, cap. XVI), em meio aos jovens convivas de sua idade, que se dispersam aterrorizados, sob os olhos espantados de Agripina e de Otávio, sob os olhos imóveis das cortesãs, que os mantêm fixos em Nero[95].

Sob Cláudio, os delatores possuem um salário estipulado pela lei Pápia.

Quando se fez algo publicamente, e isso foi ratificado pela delação, como pode o senhor estar em segurança frente ao escravo, o nobre, face ao soberano? Há funções infames, infelizmente necessárias à boa ordem da sociedade: elas devem entrar nos planos da polícia, mas não nos da legislação; e a polícia, bem entendido, não preencherá as ruas e as casas com celerados, a fim de garantir os cidadãos contra alguns.

Sob Nero, uma envenenadora, Locusta, é protegida, recompensada, mantém uma escola e faz alunos em sua arte (Suetônio, *Nero*, cap. XXXIII).

LII – Mas como os detratores de Sêneca o implicarão nesse horrível acontecimento? Dirão que ele foi o conselheiro? Não. Que o aprovou? Não. Mas sim que ele compôs com frieza estoica o édito hipócrita em que se pediam desculpas pela precipitação nas exéquias do príncipe, como se esse édito não fosse antes função do ministro do departamento da cidade, e não do ministro das províncias. Como se se tratasse de uma peça de eloquência, e como se Nero, que logo ouviremos responder a Sêneca com tanta fineza, não soubesse o bastante para ditar ele mesmo algumas linhas simples. Mas que se leia Tácito (*Anais*, livro XIII, cap. XVII) e que então se o julgue.

95. *At quibus altior intellectus, resitunt defixi et Neronem intuentes.* (N. do A.)

Para se desculpar da precipitação nos funerais de Britânico, o imperador declarou por um édito que, "seguindo as regras de nossos ancestrais, é preciso subtrair os jovens mortos dos olhos do povo, em lugar de atrair uma multidão de espectadores a uma pompa e aos elogios fúnebres"; que para ele, "agora privado da ajuda de um irmão, só havia esperança na República, e que o senado e o povo romanos deviam redobrar as atenções em favor de um príncipe que restara sozinho numa casa destinada a governar o universo".

Uma coisa que sempre me surpreende é a infatigável obstinação em se atormentar Tácito para se provar os erros de Sêneca.

LIII – A morte de Britânico anuncia a Agripina que contra ela se pode atentar.

Nessa deplorável conjectura, não faltavam censores às personagens que afetavam uma escrupulosa probidade (ibidem, cap. XVIII), dividindo entre si palácios e mansões nos campos. Talvez Sexto Afrânio e Sêneca estivessem entre os agraciados. E me admiro que os inimigos do filósofo, em meio a tantas reprovações, tenham omitido esta aqui. Mas o historiador o havia previsto, desvendando-nos a política de Nero, que desviava de sua pessoa os olhares públicos, pondo os olhos da inveja sobre aqueles que expunha decorados com os espólios odiosos com os quais ele os forçava a vestir-se.[96]

Mas talvez Sêneca fizesse alusão a essa triste circunstância ao dizer: nunca me é permitido recusar; algumas vezes era forçado a receber um benefício; um tirano cruel, sombrio, pronto a se irritar, olharia minha recusa como afronta. Não, Sêneca, não; o filósofo deveria recusar as doações do tirano. Quanto mais as doações são ilegítimas, mais a recusa deve ser tenaz: não há força maior contra a probidade.[97]

96. *Alii necessitatem credebant a principe, sceleris sibi conscio, et veniam sperante, si largitionibus validissimum quemque obstrinxisset.* Tácito, *Anais*, livro XIII, cap. XVIII. (Naigeon)

97. "Eu sou um magistrado, um ministro, um general do exército, um homem essencial ao Estado; e, de repente, me torno um homem desonesto se não me deixo degolar por um ladrão que, com um punhal, me força a aceitar a bolsa que ele acaba de roubar de um passante". Eis o que é a moral, a grande moral e, sobretudo, deblaterada a propósito. Mas quem é o delicado escrupuloso que grita a Sêneca: "Não aceiteis! Vale mais a pena que vós vos façais degolar? É um áugure, e esse áugure vivia onde? Numa ▸

LIV – Agripina permanece inflexível[98]. Ela aperta Otávio em seus braços, mantém assembleias secretas com seus confidentes, empilha somas sobre somas que sua avareza havia acumulado, acolhe os tribunos e os centuriões, gaba as virtudes dos nobres, os chama por seus nomes e parece formar um partido e encontrar um chefe. Nero é informado e retira a guarda militar ligada, como de hábito, à mulher do imperador, e a guarda da Germânia que havia acrescido em honra à sua mãe. Ele a envia para longe, afastando-a das cortesãs; a relega a um palácio precedentemente ocupado por Antônia, a visita cercado por centuriões, a abraça friamente e a deixa.

Quais eram, portanto, os projetos de Agripina? Não queria senão intimidar o filho? Mas então, por que manter esses procedimentos secretos e se conduzir precisamente como se houvesse proposto tirar-lhe o trono e a vida?

LV – Após a desgraça da imperatriz[99], sua casa está deserta; só é visitada por algumas mulheres conduzidas pela piedade, pela curiosidade, pelo cruel prazer de sua humilhação, pelo ódio. Júlia Silana está entre o número dessas últimas (Tácito, *Anais*, livro XIII, cap. XIX).

Era uma mulher célebre por sua beleza, seu nascimento e galanteria. Havia antes vivido a intimidade de Agripina, mas separou-se, levando consigo um ressentimento profundo de uma injúria sempre grave entre as mulheres[100].

▹ região onde podia ouvir todos os dias os áugures mentirem ao pé dos altares, recusando uma riqueza solicitada, honras ambicionadas e perseguido por todo tipo de intrigas; e onde estava cercado por áugures encarregados das rendas ilegítimas. Era ali que invocava a torto e a direito as leis rigorosas da parcimônia contra um filósofo pagão, ao lado de áugures que exibiam, sob uma multidão de títulos, o mais perfeito desprezo pelo colégio augural e seus cânones sagrados. Esses áugures aparentemente faziam de sua opulência um melhor emprego do que a filosofia; não há dúvida sobre isso. (N. do A.)

98. Diderot continua a apenas traduzir e abreviar passagens de Tácito, *Anais*, livro XIII, cap. XVIII. (Naigeon)

99. *Statim relictum Agrippinae limen: nemo solari, nemo adire praeter paucas feminas, amore an odio, incertum etc.* Tácito, *Anais*, livro XIII, cap. XIX. (N. do A.)

100. *Mox occultis inter eas offensionibus, quia Sextium Africanum, nobilem juvenem, a nuptiis Silanae deterruerat Agrippina, impudicam et vergentem annis dictitans.* Ibidem. (N. do A.)

Silana poderia, quem sabe, perdoar a Agripina a ruptura de seu casamento com Sexto Africano, mas não o ter incessantemente repetido ao jovem pretendente que ela era apenas uma velha dissoluta.

Ela suscita contra Agripina (ibidem, cap. XIX-XX) duas delações: às acusações já passadas ajunta uma nova – o projeto de uma revolução em favor de Rubélio Plauto, do tronco de Augusto. Essa impostura é misteriosamente confiada a um liberto de Domícia, tia do imperador e inimiga de Agripina. Um outro liberto corre à noite ao palácio, que lhe era franqueado na qualidade de bufão[101], e dá o alarme. O tirano, cuja inquietação está açulada pelo calor do vinho, grita: "Que ela morra e que seu Sexto Afrânio seja despojado imediatamente do comando da guarda pretoriana." Sexto Afrânio devia esse posto a Agripina: quanto menos seu reconhecimento fosse duvidoso, mais sua pessoa seria suspeita. Sêneca não hesita em tomar a defesa de seu colega, e salva-lhe do insulto dessa desgraça[102].

Essa é a infeliz condição dos tiranos: não podem nem confiar nas pessoas de bem, que eles próprios afastam, nem nas más que lhes sobram.

LVI – Trêmulo e apressado para livrar-se da mãe, Nero não concede sua graça a Sexto Afrânio (Tácito, *Anais*, livro XIII, cap. XX) e só consente um prazo em sua vingança sob a condição de que se fará justiça imediatamente se o crime for constatado; eles irão ao nascer do dia para informá-la e interrogá-la, tendo os libertos por testemunhas. Que ela se justifique ou morra.

Não se pode igualmente louvar ou censurar ambas as personagens nesta circunstância, quando obedecem às ordens do soberano, assim como não se poderia louvar ou censurar os comissários do rei num caso de alta traição. Sêneca e Sexto

101. *Quam increditur Paris, solitus alioquin id temporis lusus principis intendere.* Ibidem, livro XIII, cap. XX. (N. do A.)

102. *Fabius Risticus auctor est... ope Senecae dignationem Burro retentam.* Plínio e Cluvius asseguram, ao contrário, que a fidelidade de Sexto Afrânio não parecia suspeita. Ver ibidem. (Naigeon)

Afrânio teriam posto a cabeça de Agripina em perigo se houvessem recusado. Seria horrível dizer a Sêneca que *se ele não fosse o carrasco de sua soberana, seria seu juiz*; seria de uma gritante injustiça não endereçar o mesmo insulto a Sexto Afrânio; e, no entanto, uma e outra coisa foram feitas.

Se há algo do que se admirar, não é o fato de que aceitaram a missão que César lhes deu; é que entre tantos celerados que o cercavam, que conheciam os desejos de seu amo sanguinário e que não teriam melhor pedido do que servido à sua vontade, ele tenha escolhido duas personagens íntegras cuja lembrança dos benefícios recebidos não podia deixar de incliná-lo à indulgência.

A recusa, em semelhante caso, não pode nascer senão da certeza do crime de um amigo que se repugnaria a condenar, ou do medo político de prejudicar seu progresso, seu destino, caso se decidisse a tomar sua defesa.

Sêneca e Sexto Afrânio aparecem diante de Agripina (Tácito, *Anais*, livro XIII, cap. XXI). Essa mulher, conservando toda sua altivez, responde:

> Não me espanto que a ternura maternal seja desconhecida de Silana, que jamais teve um filho; aquela que é mãe nunca muda de filho como uma criatura vil e sem hábitos troca de amantes; que um Itúrio, um Calvísio não tenham outro recurso senão se venderem a uma mulher decrépita para salvar a dissipação de suas fortunas, disso não se segue que se possa me difamar, nem a mim nem a meu filho, de um execrável projeto de parricídio. Se Domícia não disputasse comigo a não ser a ternura por Nero, eu a agradeceria; mas é um plano de tragédia o que ela combina com seu amante Atimeto e seu histrião Paris. Enquanto por minha política Nero foi adotado, revestido da autoridade consular, designado cônsul e conduzido ao trono, o que fazia esta mulher em Baia?[103] Aquários para o divertimento de meu filho. Que me convençam de ter suscitado as centúrias da cidade, abalado a fidelidade das províncias, corrompido escravos, proposto a morte de libertos; poderia viver, então, e Britânico reinar? Que Plauto, que qualquer outro se torne o senhor, me faltariam inimigos que me acusassem não das palavras coléricas de uma mãe, no delírio de sua ternura, mas de crimes dos quais não se obtém o perdão senão de um filho?

103. Cidade e balneário famoso da Itália, ao norte do golfo de Nápoles. (N. da T.)

Esse discurso comoveu todos os assistentes (ibidem): procura-se acalmá-la; ela pede para ver o filho e o vê. Não se trata, nessa entrevista, nem de sua inocência, que uma apologia indecente poderia tornar suspeita, nem de seus favores, dos quais ela não poderia falar sem parecer reprová-los: seus delatores são castigados e seus amigos recompensados.

LVII – Sexto Afrânio e Palas são acusados de conspiração. Pensar em Sexto Afrânio conspirando com o liberto Palas! E eles são absolvidos (Tácito, *Anais*, livro XIII, cap. XXIII). Ficou-se menos satisfeito com a inocência de Palas do que ferido por seu orgulho; faz-se a objeção do testemunho de outros libertos, seus cúmplices. Ele responde: "Jamais fiz ouvir minhas vontades em casa, senão por olhos e gestos. Se for preciso que me explique, não converso com minha gente, apenas escrevo."(Ibidem)

LVIII – Nero erra pelas ruas da cidade, à noite, percorre os lugares de luxúria, penetra à força nos estabelecimentos comerciais, bate, insulta, é insultado e batido. O exemplo do soberano faz crescer a licenciosidade: desconhecidos se agrupam e pilham Roma. Nero é vigorosamente empurrado por um jovem senador, bastante atordoado ao reconhecer seu imperador, e bastante covarde para em seguida matá-lo[104]. Era noite, não havia testemunhas, e a bela ocasião se perde!

LIX – Eis aqui o momento de fazer conhecer o único detrator de Sêneca, o homem de quem seus inimigos, tanto antigos quanto modernos, foram apenas ecos.

Um delator venal e formidável, um celerado justamente execrado pela multidão dos cidadãos, um prevaricador, um concussionário que não perdoaria a Sêneca o castigo de suas extorsões: Suílio[105],

104. *Congressus forte per tenebras cum principe, quia vi attentantem acriter repulerat; deinde agnitum oraverat, quasi exprobrasset, mori adactus est.* Tácito, *Anais*, livro XIII, cap. XXV. (Naigeon)

105. Eis as próprias palavras de Tácito: a ideia abominável que dão desse infame caluniador de Sêneca basta para fazer a apologia desse filósofo. Quando por acusadores e inimigos se tem apenas homens desse temperamento, pode-se estar certo de encontrar ▸

antes questor de Germânico, perseguido na Itália pelo senado e relegado a uma ilha por ordem de Tibério, punição que pareceu severa no momento, mas que se viu como um traço de sabedoria do imperador, após o retorno do culpado; um homem que o século seguinte também enxergou como venal, poderoso e gozando da amizade do príncipe do qual fez, sem revés, um longo e mau uso.

Suílio havia sido humilhado, mas não no mesmo grau de seus inimigos[106]. Para terminar com sua exclusão, renovou-se o *senatus-consultum* e a lei Cincia contra a rapacidade dos advogados. Ele apresentou-se perante os juízes, exibindo uma audácia natural que a idade avançada liberava de toda discrição e manifestou-se contra Sêneca (Tácito, *Anais*, livro XIII, cap. XLII):

> Ele odeia os amigos de Cláudio, sob o qual sofreu um exílio bem-merecido; autor de escritos frívolos que se fazem admiráveis para jovens ignorantes, é invejoso de quem quer que empregue uma eloquência saudável e verdadeira em defesa dos cidadãos. Eu fui questor de Germânico, Sêneca, corruptor da casa do príncipe. Receber como gratidão de um cliente a recompensa de um serviço honrado seria um crime maior do que seduzir as filhas de nossos imperadores? Por que espécie de filosofia, segundo que máximas de sapiência ele obteve trezentos milhões de sestércios em quatro anos? Em Roma, ele recolhe em sua rede os testamentos e os bens daqueles que não têm herdeiros; suas usuras exorbitantes esgotam a Itália e suas províncias. Suílio goza de um bem módico, conquistado com seu trabalho; ele enfrentará tudo, o acusador, o perigo, de preferência a dobrar uma glória antiga e legítima aos pés deste arrivista.

Quem é este que assim fala? Quem nele acreditaria? Um impudente enriquecido pela delação[107], o mais infame dos ser-

▷ sua reabilitação no fundo do coração de todas as pessoas de bem. *At P. Suilium, quaestrorem quondam Germanici, quum Italia arceretur, convictus pecuniam ob rem judicandam cepisse, amovendum in insulam censuit (Tiberius); tanta contentione animi, ut et jurando obstringeret, e republica id esse. Quod aspere acceptum ad praesens, mox in laudem vertit regresso Suilio: quem vidit sequens aetas praepotentem, venalem, et Claudii principis amicitia deiu prospere, nunquam bene usum*. Ibidem, livro IV, cap. XXXI. (Naigeon)

106. *Variis deinde casibus jactatus, et multorum odia meritus reus, haud tamem sine invidia Senecae damnatur. Is fuit P. Suilius, imperitante Claudio terribilis ac venalis, et mutatione temporum, non quantum inimici cuperent, demissus etc.* Ibidem, livro XIII, cap. XLII. (Naigeon)

107. Ver ibidem, livro XI, cap. IV, V, VI, e livro XIII, cap. XLIII.

viços, o autor da morte violenta de uma multidão de cidadãos de ambos os sexos; um celerado cujos crimes pediria o machado ou que o enviassem à rocha Tarpeia, e que leis muito indulgentes relegaram às ilhas Baleares.

Além de suas prevaricações no tribunal, era ainda acusado de concussão e de peculato em seu governo na Ásia. Tais delitos, como exigiam informações demoradas de regiões afastadas, recaíam sobre crimes cujas testemunhas estivessem presentes[108].

É esse mesmo Suílio que Messalina, sob o reinado de Cláudio, excitava contra Valério[109] e Popeia.

É o discurso que precede os de Dião Cássio, os da família Xifilin e o bando dos detratores de Sêneca, que, entre aqueles séculos e o nosso, foram sucessivamente parafraseados[110]. Parece-me ser preciso estar atormentado por uma cruel repugnância face às pessoas de bem para se confiar nas imputações de Suílio, de um delator do Estado, um sujo e furioso punido por mil delitos.

LX – Mas instruamos ordenadamente o processo de Suílio.

Suílio é acusado de concussão e de peculato durante seu governo na Ásia. O que ele responde? Nada.

Por suas delações, Suílio forçou Pompônio a se comprometer com uma rebelião civil; Júlia, filha de Druso, e Popeia Sabina a se matarem; fez perecer Valério Asiático, Lúcio Satúrnio, Cornélio Lupo e uma centena de cavaleiros romanos. A ele são imputadas todas as atrocidades do reinado de Cláudio. O que ele responde? Que nada fez senão obedecer à vontade do imperador.

Nero lhe corta a palavra e lhe replica que Cláudio jamais fez com que alguém fosse acusado.

108. *Brevius visum, suburbana crimina incipi, quorum abvii testes erant.* Ibidem, livro XIII, cap. XVIII. Ver a sequência. (N. do A.)

109. *Suilium accusandis utrisque immittit.* Ibidem, livro XI, cap. I e II. (N. do A.)

110. Ver o que eu disse a respeito desse assunto na Advertência publicada no início do primeiro volume das *Obras de Sêneca*, p. 23-25 (Naigeon) – Nessas páginas Naigeon disse exatamente a mesma coisa que Diderot, e quase nos mesmos termos. (Assézat.)

Suílio abandonou-se às ordens de Messalina e se lhe pergunta por que somente sua voz foi usada para servir aos furores de uma mulher impudente, e se não é justo que o ministro dessas crueldades seja punido por crimes pelos quais recebeu salários.

De um lado, um Suílio, um delator de Estado, um furioso corrompido, acusado, punido por mil crimes; um malfeitor cujo testemunho não seria admitido num tribunal de leis! De outro, Sêneca. Quê? As ações, o caráter, o modo de vida de um celerado deixariam sua acusação com toda a força? E as ações, o caráter, o modo de vida de um homem de bem, infelizmente acusado, não formariam nenhuma presunção em favor de sua inocência? A maldade notória e a probidade reconhecida pesariam igualmente na balança da justiça e nas nossas? Isso não estará e não está em nosso poder: é preciso que uma preponderância legítima e necessária se torne a primeira recompensa da virtude e o primeiro castigo do vício.

"Mas articulando na presença do príncipe, do senado e do povo fatos caluniosos, não seria Suílio o mais louco dos homens?"

E por que não o seria? Era um dos piores. Ninguém duvidava da inocência das ligações do filósofo com Júlia; no entanto, quando Suílio o interpretava como corruptor da família imperial, o povo, o senado e o príncipe entenderam como acusação falsa, que difamava igualmente César e o filósofo. Se a falta de Sêneca se houvesse patenteado, o acusador não teria sido menos impudente; e nos surpreenderemos que aquele que mais tenha ousado, tenha ousado menos![111]

111. Os críticos se deixam levar por uma tal mania de absolver ou de acusar, que a face das coisas que se prestam aos seus propósitos é a única que lhes toca. "Dião não teria sido o mais impudente dos historiadores se provássemos que o que escreveu a respeito de Sêneca é falso?" Teria Dião, de modo desmedido, difamado Pompeu, Brutus, Cassio, as mais ilustres personagens de Roma, e ruborizado ao atacar Sêneca? Não estaríamos expressando a mesma coisa se dele disséssemos: esse censor desafiaria de frente a indignação da cidade, da corte, de toda a Europa, destruiria ou Voltaire, ou D'Alembert, ou Montesquieu, e teria tido vergonha de maltratar um filósofo obscuro menor e medíocre! "O testemunho de Dião, posterior a Sêneca de mais de um século, é imponente e positivo." E o testemunho de ▸

LXI – É aqui que digo na primeira edição desse ensaio[112]:

Se um dia, por uma bizarrice não sem exemplo, aparecesse uma obra em que pessoas honestas fossem impiedosamente dilaceradas por um celerado astucioso que, para dar alguma verossimilhança a suas injustas e

▷ Tácito, quase contemporâneo de Sêneca, será menos imponente e positivo? E o julgamento de Crevier sobre Dião, o que dirão os censores? "A amizade é suspeita em seus elogios..." E o ódio, não o é em suas invectivas? Tudo o que se percebe bem claramente aqui é que agrada aos inimigos de Sêneca fazer causa comum com um Suílio, que agrada a Tácito pintar como um celerado; com Dião, que agrada a Crevier pintar como um caluniador eterno da grandeza e da virtude; com o abreviador Xifilin, que agrada a La Mothe-le-Vayer, a Justus Lipsius e a Bayle pintar como um obstinado. A propósito: o julgamento que fazemos do semelhante segue de perto a opinião que temos de nós mesmos. Deve-se observar que Dião Cássio é apenas o parafraseador de Suílio, que Xifilin é um eco incompleto de Dião Cássio, e que essas três personagens, que importa apreciar, se reduzem à de Suílio, do qual nos diz Tácito que foi um delator venal e formidável, um infame justamente execrado pelos cidadãos, um ladrão, um concussionário e um criminoso expulso da ordem dos advogados e exilado da Itália. "Mas esse castigo de Suílio parece severo no momento, e ele lança um pouco de ódio contra Sêneca." Cláudio exila Suílio e então se murmura contra Cláudio e contra Sêneca; Cláudio chama de volta Suílio e todas as vozes se reúnem para louvar a justiça de Cláudio quando o exilou. Eis aí o povo: sempre violento ao extremo no momento do crime; sempre tolamente misericordioso no momento da punição. Suílio voltava para se apoderar do favor do príncipe. E por que não deixar o infame em seu exílio, onde estava tão bem? Eis os grandes. Mas em que lugar do mundo um criminoso de fama, tenha ele sido tão malvado, tão detestado, tão geralmente abandonado, não tenha encontrado uma pessoa, seja na corte, seja na cidade, que não o chorasse, que o desculpasse, que o defendesse? Quantos exemplos deste fenômeno, que nunca foi raro em tempo algum! A desonra de um particular foi anunciada em cartazes? Logo a sua casa fica deserta. Mas ele é rico, tem bons vinhos, uma mesa excelente, frequenta concertos deliciosos, tem espírito, é polido, é-se bem recebido em sua casa, recebe os parasitas; dia após dia, o número de seus convivas cresce; ele é menos culpado do que se crê, interpretaram mal os seus negócios, seus juízes estavam desconfiados, ele é inocente e só lhe basta aumentar um pouco o dote de suas filhas para casá-las. Suílio, um desses infelizes joguetes das circunstâncias e do azar, era advogado; havia roubado um de seus clientes que não era de fato seu amigo; ele se reacomoda em Roma, goza do favor dos grandes contra os quais não havia, creio, publicado libelos. Hoje, em nosso entendimento, nada se passou de extraordinário? Desde sempre o rico foi invejado. Quantos vícios são necessários para denegrir uma grande fortuna! Quantas virtudes para desculpá-la! Sede modesto ou vos taxarão de avaro; escondei vossas beneficências e passareis por um homem duro. Veio ela a transpirar? Incorrereis em orgulho. Abreviai ou multiplicai vossos prazeres e não estareis ao abrigo da malignidade. E a sabedoria está menos sujeita aos ódios secretos? Infelizmente, não. Sede opulento e sábio se quereis ouvir a sabedoria caluniada pela opulência. (N. do A.)

112. Em uma nota que se reportava ao fim do parágrafo LX acima (XXXIX da primeira edição), e que começava assim: "É nessa ocasião e depois de várias reflexões bastante sensíveis sobre a necessidade de determinar os diferentes graus de probabilidade ou de certeza, de inverossimilhança ou de falsidade de uma acusação, conforme o caráter, os discursos e o teor da vida de um acusador; é nessa ocasião, digo eu, que um homem conhecido por sua probidade e brilhantismo fazia a seguinte observação: ..." (Assézat.)

cruéis imputações, se pintasse a si próprio com cores odiosas, antecipai por um momento e vos perguntais se um impudente, um Cardano, que se confessasse culpado de maldades, seria uma garantia digna de fé; o que a calúnia deveria custar-lhe e o que um delito a mais ou a menos acrescentaria à torpeza secreta de uma vida escondida durante mais de cinquenta anos sob a máscara mais espessa da hipocrisia? Atirai para longe de vós seu libelo infame e tende receio de que, seduzidos por uma eloquência pérfida e arrastados pelas exclamações tão pueris quanto insensatas de seus entusiasmos, vós terminareis por se converter em cúmplices. Detestai o ingrato que diz mal de seus benfeitores; detestai o homem atroz que não hesita em caluniar seus amigos; detestai o covarde que deixa em seu túmulo a revelação dos segredos que lhe foram confiados, ou que surpreendeu quando vivo. Por mim, digo que meus olhos jamais serão poluídos pela leitura de seus escritos. Preferiria suas invectivas aos seus elogios[113]. Mas esse monstro jamais existiu? Não penso assim.

Esse parágrafo de minha obra fez muito barulho, e espero que me perdoem ao abandonar por um momento meu assunto para me entregar a uma justificação que se há direito de me pedir.

"Disseram-me que meu ataque era dirigido a Jean-Jacques Rousseau."

Este Jean-Jacques fez uma obra tal como aquela que designo? Ele caluniou seus antigos amigos? Mostrou a mais negra ingratidão para com seus benfeitores? Depositou sobre o túmulo a revelação de segredos confiados ou surpreendidos? Essa cruel e covarde indiscrição pode semear perturbações nas famílias unidas e acender longos ódios entre pessoas que se amam? Eu direi ou escreverei sobre seu monumento: *Este Jean-Jacques que vós vedes foi um perverso*. Censores, peço a vós mesmos interrogar os que vos cercam: bons ou maus, não recuso qualquer um. Jean-Jacques não fez nada de parecido? Não é dele que falei.

Já houve ou existe um malvado tão astucioso que dê consistência aos horrores que ele brada de outro pelos horrores que confessa de si próprio? Eu disse que não acreditava. Censores, a quem vós

113. As últimas palavras dessa nota eram: "Alguém lhe respondeu: Eu também; mas não acho que já existiu ou que existe semelhante homem." (Assézat.)

quereis? Se há alguém a ser censurado sois vós; eu esbocei uma mente hedionda e vós haveis escrito o nome do modelo embaixo.

Aqueles que no mundo julgaram sem parcialidade disseram: as memórias secretas não existem? A querela é infinita. Existem? É preciso convir ser loucura ou atrocidade imolar seus amigos e inimigos ao morrer para que eles sirvam de cortejo à sua sombra; sacrificar o reconhecimento, a discrição, a fidelidade, a decência, a tranquilidade doméstica à raiva orgulhosa de fazer falar de si no futuro; numa palavra, querer arrastar todo o seu século para o túmulo e aumentar sua poeira.

Eles acrescentaram: se é a ele dirigido, esse trecho do autor sobre Jean-Jacques é violento. Mas o que pensar de um homem que deixa, após sua morte, memórias em que várias pessoas são maltratadas e que a elas junta a precaução odiosa de não permitir sua publicidade senão após ter-se ido? Que Jean-Jacques desdenhe quanto queira o julgamento da posteridade, mas que não suponha esse desprezo nos outros. Quer-se deixar uma memória honrada; quer-se pelos seus, por seus amigos e talvez até mesmo pelos indiferentes. Jean-Jacques escreve bem; mas por seu caráter sombrio, estava sujeito a ver mal: testemunha seu ódio a D'Alembert, a Voltaire e seus procedimentos contra o marechal Dusaulx e a uma infinidade de outros, entre os quais se poderia citar o autor do *Ensaio Sobre a Vida e os Escritos de Sêneca*. Foi assim que perdeu vinte respeitáveis amigos. Muita gente honesta estaria errada se ele tivesse razão... Desejaríamos que se fixasse nossa opinião sobre um homem de quem seus mais ardentes defensores não o absolveriam de maldade a não ser acusando-o de loucura... Que as *Confissões* de Jean-Jacques pareçam ou não, o autor não empregou um tempo menos considerável de sua vida a compor com sangue frio uma obra difamatória, que a honestidade de um confidente ou a vergonha tardia do autor teria dilacerado; e não teria atraído menos a maldição do céu sobre o temerário que ousasse suprimi-la. Louvaremos seu arrependimento, mas sua falta será apenas mais evidente e com mais força irá contrapor-se ao caráter moral do libelista...

Se tivesse sido impresso nos papéis públicos: Jean-Jacques, ao morrer, reconheceu a injustiça cruel que havia cometido contra um amigo que lhe escrevera – "e vós crede em Deus, e levareis este crime ao seu tribunal"; se se tivesse publicado que em presença de várias testemunhas ele houvesse convertido em cinzas as suas *Confissões* indignas, seus inimigos se teriam calado, os admiradores de seu talento o teriam posto entre os primeiros escritores do país e os fanáticos de suas virtudes o colocado entre os santos, sem que ninguém reclamasse, a não ser, talvez, os invejosos das virtudes e os detratores profissionais de todos os méritos... Se o autor do *Ensaio Sobre a Vida e os Escritos de Sêneca* teve pouca clemência de Jean-Jacques, se empregou veemência em sua apóstrofe, ao menos não se notará ali uma presunção mais revoltante do que a severidade, nem mais insultante do que a injúria.

Não, censores, não. Não foi o medo de ser maltratado no escrito póstumo de Jean-Jacques que me fez falar. Eu sabia por um dos homens mais verdadeiros, o senhor Dusaulx, da Academia das Inscrições, e por outras pessoas, a quem Rousseau não havia desprezado de ler suas *Confissões*, que eu havia sido, infelizmente, poupado dentre tantas pessoas que ele havia dilacerado. Dessa feita, não era senão o vingador de outros.

Para me assegurar da sublime virtude de Jean-Jacques, volto aos seus escritos; e volto aos sermões de um predicador a fim de me assegurar de seus costumes e de sua crença. Mas sob a condição de que, para assegurar-se da virtude de Sêneca, os censores me permitam devolver o fervoroso Jean-Jacques aos escritos de Sêneca e aos *Anais* de Tácito. Parece-me que não sou tão exigente.

Cada um de nós tem o seu santo. Jean-Jacques é o dos censores. Sêneca, o meu. Com essa diferença entre nossos santos: o dos censores mais de uma vez se prosternou secretamente aos pés do meu. E com uma diferença entre mim e o censor: que este aqui não viveu ao lado de São Sêneca, e que após ter frequentado dezessetes anos a célula de São Jean-Jacques, com igualdade de sentidos, eu devo conhecê-lo um pouco melhor do que ele.

Talvez sejamos dois fanáticos; mas o mais ridículo, se não me engano, é aquele que zomba de seu semelhante.

LXII – Um homem que com Jean-Jacques só viveu por um instante[114] tornou-se o garante público tanto da censura quanto do elogio que a eloquência atrabiliária distribuiu sobre uma classe de cidadãos que esse homem também não frequentou com mais assiduidade; se esse procedimento não fosse uma perfídia, seria ao menos uma ligeireza de miolos, uma intemperança de língua dificilmente perdoável.

LXIII – Se um outro[115], dominado de entusiasmo, rende uma homenagem pomposa às cinzas de um morto, sem perceber que sua oração fúnebre se converte em sátira de seus próprios amigos ainda vivos, de cidadãos que ele estima e entre os quais há alguns que o honram, sua falha, sem dúvida, seria grande; mas a nobreza do sentimento que o animava solicitará a indulgência que se lhe deve conceder.

LXIV – "É covardia atacar Rousseau, porque ele está morto." A esse respeito, perguntar-se-á o quanto Sêneca está menos morto do que Rousseau, e se é mais fácil ao primeiro responder. "Insultaram-se falsamente os manes de Rousseau." Não se fez um insulto aos manes de Rousseau, apenas os vivos puderam padecer os insultos dos manes de Rousseau. Jamais me censurarei por ter prevenido os efeitos de uma grande calúnia, no momento em que o rumor geral anunciava o próximo estrondo.

"Jean-Jacques foi o mais eloquente de nossos escritores."

Eu preferiria um pequeno volume que contivesse *O Elogio de Descartes*, o de *Marco Aurélio*[116] e algumas páginas da *História Natural* a todas as obras de Rousseau. Se ele foi eloquente, é preciso confessar que ninguém fez tão péssimo uso da eloquência.

114. Trata-se de Claude Joseph Dorat, poeta francês inimigo dos enciclopedistas. (N. da T.)

115. Monsieur Alexandre Deleyre, político, escritor e colaborador dos enciclopedistas. (Naigeon)

116. Esses dois *Elogios* são de Antoine Léornard Thomas. (Assézat)

"Ele foi o mais virtuoso."

Há pouquíssimos entre eles que eu não acreditaria insultar assim pensando.

LXV – Peço desculpas ao meu primeiro editor, pois faço muito caso das obras do cidadão de Genebra. Ele me responderá aqui o que me disse muitas vezes: não haver uma só ideia principal, sábia ou estúpida, que lhe pertença; que a preferência pelo estado selvagem é apenas uma velha querela reaquecida; que antes dele, cem vezes se fez a apologia da ignorância contra os progressos das ciências e das artes; que em todos os lugares se encontram a base e os detalhes de seu *Contrato Social*; que um homem com um pouco de gosto jamais pensaria em comparar sua *Heloísa* aos romances de Richardson, de quem tomou o modelo[117]; que seu *Adivinho da Aldeia* é hoje apenas música pequena; que se houvesse uma criança para educar, se abandonariam as ideias falsas ou exageradas do *Emílio* para se conformar com os sábios preceitos de Locke; que jamais se duvide que as fraldas nas quais aprisionamos os recém-nascidos os fazem sofrer e os deformem; que se leia na maioria dos moralistas e dos médicos[118] que as

117. Referência ao escritor e editor inglês Samuel Richardson (1689-1761), a quem Diderot dedicou o seu *Éloge de Richardson* (1762), As obras *Pamela: Or Virtue Rewarded* (Pamela: Ou A Virtude Recompensada, 1740); *Clarissa: Or the History of a Young Lady* (Clarissa: ou A História de uma Jovem, 1748); e *The History of Sir Charles Grandison* (A História de Sir Charles Grandison, 1753) fizeram com que fosse reverenciado como um mestre dos romances epistolares. (N. da T.)

118. Ver em *Noites Áticas*, de Aulo Gélio, o discurso de Favorin, que exercia a medicina sob o reinado de Adriano, a uma nova parturiente, mulher de um senador amigo seu. Na presença de uma mãe alarmada com a saúde de sua filha, e sem dar atenção às suas reclamações, ele a exorta a alimentar sua criança. Gente das artes, entre os antigos e os modernos, pretenderam que o dever conjugal era nada menos do que incompatível com as funções maternas, e que muito faltava para que o estado de gravidez fosse prejudicial à abundância ou à qualidade do leite. Seriam experiências reiteradas que destruiriam o preconceito contrário; e esta pesquisa tão importante para a população e os bons costumes bem mereciam ser propostas por algumas de nossas sociedades de sábios. Entre as diferentes espécies animais, é certo haver muitas fêmeas que solicitam a aproximação do macho poucos dias depois de parir, concebem e alimentam ao mesmo tempo, sem o menor inconveniente nem para as crias que carregam nem para os pequenos que amamentam. Lê-se em Martinianus, comendador de Hipócrates, sect. CCL: *Quae si vera sunt, non recte sentire videntur illi qui coitum nutricibusprohibent, lac inde vitiari existimantes. Coitu enim mediante, motus concitatur in utero, a quo lactis* ►

mães expõem sua saúde e faltam ao dever se recusam a seus filhos o alimento que incha suas tetas. Que tais observações sejam falsas ou verdadeiras, Jean-Jacques terá sempre entre os literatos o mérito dos grandes coloristas em pintura, cujas produções não são menos procuradas pelos amadores, apesar das incorreções do desenho e da negligência dos costumes.

Jean-Jacques teria sido o chefe de uma seita religiosa há duzentos anos; em qualquer tempo, um demagogo em sua pátria. A temporada e a solidão das florestas o fizeram perder-se; não se melhora nos bosques com o caráter que possuía nem com o motivo que o guiava. O que lhe aconteceu, eu o havia predito.

LXVI – Mas por que prodígio aquele que escreveu a *Profissão de Fé do Vigário Saboiano*, que converteu o deus do país em derrisão, pintando-o como amante do bom vinho, que não odiava as cortesãs e que frequentava de bom grado os coletores de impostos; aquele que tratava os mistérios da religião como logogrifos absurdos e pueris e seus milagres como coisas de prostitutas, teve, após sua morte, tantos zelosos partidários entre cidadãos de interesses os mais opostos, tantos sentimentos e caráter?

A resposta é fácil: é que ele se fez antifilósofo; é que seus fanáticos seguidores, aqueles que arrastariam à fogueira o indiscreto que houvesse proferido a metade de suas blasfêmias, odeiam mais seus inimigos do que amam a Deus; é que seus fanáticos, os que não outorgam às opiniões religiosas nem certeza nem importância, odeiam menos os religiosos do que os filósofos; é que muitas velhas devotas adotaram a mesma opinião de seus confessores; é que muitas jovens foram seduzidas pelo calor de suas pinturas voluptuosas; é que, entre muitas pessoas, a maioria esqueceu

▷ *generatio dependet; et ex coitu alacritas inducitur mulieri, unde venulae laxantur (ut dicebat Hippocrates,* Mulierum Morbis, *lib. I), quae ad lactisubertatem ac bonitatem plurimum conferre indubitatum est: imo, si veneri assuetas abstinentia tantopere laedit, quod viro orbatae quotidie experientur, quae variis morborum generibus fiunt subjectae, nutrices a próprio viro penitus segregare non tutum est...* Ramazzini, De *Morbis Artificum* tem a mesma impressão. Ver a *Histoire de la medecine et de la chirurgie anciennes,* do monsieur doutor Peyrilhe, t. II. (N. do A.)

seu tratado *Da Desigualdade das Condições*[119], ou lho perdoaram, considerando sua aversão por moralistas severos que também temem e por insolentes e tristes pensadores que ousam preferir os talentos e a virtude à opulência e às dignidades; é que entre homens de letras, alguns por espírito de religião política, outros por adulação, fizeram causa comum com protetores poderosos dos quais esperam favores, e aqueles para quem o caráter e a moral prática de Jean-Jacques eram mais conhecidas, não estimavam menos seu talento e se confundiam com seus admiradores.

"Mas após ter vivido vinte anos com os filósofos, como Jean-Jacques se tornou antifilósofo?"

Precisamente da mesma maneira como se fez católico entre protestantes, protestante entre os católicos e que entre católicos e protestantes professou o deísmo ou o socinianismo.

Como escrevia na mesma semana duas cartas para Genebra, numa das quais exortava seus concidadãos à paz e, na outra, insuflava em seus espíritos a vingança e a revolta.

Como pregava a causa dos iroqueses em Paris e pregaria a nossa nas florestas do Canadá. Como escrevia contra os espetáculos, após ter feito comédias. Como pretendia que não tínhamos e que nunca teríamos música, quando acreditávamos ter uma, e que teríamos uma quando já estávamos quase decididos a nunca ter nenhuma.

Como quando se rebelava contra as letras, as mesmas que havia cultivado durante toda a vida.

Da mesma maneira que caluniou o homem que mais estimava, após ter confessado sua inocência, e como o procurou após o ter caluniado.

Assim como, pregando contra a licenciosidade dos costumes, compôs um romance licencioso.

Como, após ter colocado os jesuítas à frente dos monges mais perigosos, chegou ao ponto de tomar-lhes a defesa quando

119. Refere-se muito provavelmente a um dos títulos do *Discurso Sobre a Origem e os Fundamentos da Desigualde Entre os Homens*, publicado também como *De l'Inégalité parmi les hommes*. (N. da T.)

as autoridades civis os baniram do reino e as eclesiásticas do corpo religioso.

Um dia me confessou ser cristão: "Eu acreditaria de boa vontade", respondi-lhe; "vós sois cristão como Jesus Cristo era judeu".

– Quão pouco foi necessário para que acreditasse na ressurreição.

– Nela acreditais como Pilatos, quando perguntou se Cristo já estava morto.

Quando o programa da Academia de Dijon apareceu, ele veio me consultar sobre que partido tomaria. "O partido que tomareis", lhe disse, "é aquele que ninguém tomará"; "Tendes razão", replicou-me.

O que escreveu a Malesherbes, me disse vinte vezes: "Eu me sinto ingrato de coração; detesto os benfeitores porque o benefício exige o reconhecimento, e o reconhecimento é um dever; e o dever me é insuportável."

"Mas por que esse costume de dezessete anos na célula de um monge que se despreza?"

Perguntai a um amante enganado a razão de seu apego obstinado por uma infiel e aprendereis o motivo do apego obstinado de um homem de letras por um homem de letras com distintivo talento.

Perguntai a um benfeitor a razão de seu apego ou de sua mágoa por um ingrato e aprendereis que entre todos os elos que prendem os homens, um dos mais difíceis de romper é aquele do benefício cujo amor-próprio é bajulado.

"Mas é bom esperar a morte de um ingrato, de um maldoso, para explicar sua maldade?"

Sem dúvida, quando a maldade lhe sobrevive, quando *morto il serpente, non è morto il veleno*[120].

Sem dúvida, quando a queixa tenha arrastado, ainda em vida, esclarecimentos prejudiciais à reputação e ao repouso de muitos homens de bem.

"E quem nos garantirá o que vós antecipais agora, que o verdadeiro contraditor não mais subsiste?"

120. Em italiano, no original – *morta a serpente, o veneno não está morto.* (N. da T.)

Vinte, trinta testemunhas honestas, cujas vozes se elevaram no momento em que puderam se fazer ouvir sem consequências desagradáveis; no momento em que era preciso opor-se à maldade refinada, caso não se quisesse compartilhar essa tristeza.

LXVII – Rousseau não está mais aqui. Embora tenha aceitado da maioria de nós, e durante longos anos, todos os auxílios da benevolência e da amizade, e após ter reconhecido e confessado minha inocência, insultou-me pérfida e covardemente, e eu não o persegui nem odiei. Estimava o escritor, não o homem; e o desprezo é um sentimento frio que não estimula qualquer procedimento violento. Todo meu ressentimento reduziu-se a repelir as reiteradas tentativas que fez para se reaproximar; já não existia mais confiança.

Não me interessa sua memória, mas se Jean-Jacques foi um homem de bem, poder-se-ia concluir, como fizeram os maldosos, que ele esteve por longo tempo cercado de perversos. Ele mesmo, em vários lugares de suas obras, sugeriu essa consequência para a astúcia de seus leitores. E quanto mais se tornava célebre por seu talento e a pretensa austeridade de seus costumes, mais me parecia importante que rompesse o silêncio.

Não é uma sátira que escrevo, é minha apologia, é aquela de um grande homem entre cidadãos que me são caros. É um dever sagrado que cumpro. Se não o saldei mais cedo, e aqui não entro em detalhes sem réplicas, muitos de seus defensores conhecem minhas razões, as aprovam e eu os nomearia sem hesitação, se lhes fosse permitido se explicarem sem cair numa indiscrição criminosa. Mas o próprio Rousseau, numa obra póstuma, na qual se declara louco, orgulhoso, hipócrita e mentiroso, levantou uma ponta do véu; o tempo se cumprirá e a justiça será feita do morto, quando se puder fazê-la sem afligir os vivos. Quanto a mim, disse tudo o que podia dizer sem me expor a reprovações, e a isso não retornarei. Volto a Roma e retomo o jornal dos *meus leitores*[121].

121. Não daremos início aqui nem aprofundaremos a exposição dos motivos da ruptura entre Jean-Jacques e Diderot; nos limitaremos a uma única palavra. Rousseau, ▸

LXVIII – A paz reina entre o imperador e sua mãe, até o momento da intriga entre Nero e Popeia.

De todas as vantagens que uma mulher pode ter[122], só lhe faltava a virtude[123]. Sua mãe, a mais bela das romanas de seu tempo, lhe havia transmitido seus atrativos com nobreza. Sua fortuna estava abastecida desde o nascimento, sua conversação era amável, polida, seu espírito agradável e até mesmo justo: escondia sob uma fronte modesta o gosto desenfreado do prazer. Raramente se mostrava em público, mas com o rosto semiencoberto, deixando um aguilhão à curiosidade do desejo. Sem qualquer distinção entre pessoas, o único interesse era dispor de favores (Tácito, *Anais*, livro XIII, cap. XLV).

Eu não teria falado dessa mulher, nascida para a infelicidade de seu século, a única amante amada por Nero e a mais temível inimiga de Agripina, sem os excessos a que esta aqui chegava

▷ que não poupou nenhum dos seus velhos amigos, poupou Diderot. Por quê? Por conservar um resto de simpatia por Diderot? É no que ele gostaria de fazê-lo acreditar; mas não se trata disso. No estado de desequilíbrio em que caiu Rousseau, seu melhor amigo devia, patologicamente, ter se tornado seu grande inimigo. A única causa da reserva de Jean-Jacques é o medo. Ele sabia que Diderot o conhecia muito bem e a fundo; sua franqueza consigo mesmo veio dessa ameaça sempre presente de um depositário da verdade que poderia falar depois dele. Sua reserva com relação a esse depositário é o cálculo do alienado cara a cara com o seu vigia do qual ele tinha o maior desejo de se desembaraçar, mas que sabia estar fortemente armado. Antes de ser uma obra-prima de estilo, as *Confissões* são uma obra-prima de cálculo... desse cálculo que se revela nos casos do *delírio lúcido*. Em sua réplica, Diderot nos parece generoso.(Assézat.)

122. *Huic mulieri cuncta alia fuere, praeter honestum animum etc.* Tácito, *Anais*, livro XIII, cap. XLV. Ver a sequência. (N. do A.)

123. Mariana disse a mesma coisa de Maria de Padilha, amante de Pedro, o Cruel, rei de Castela: *Praeter injuriam pellicatus magnis animi et corporis dotibus, dignaete imperio.* (*História*, livro XVII, cap. V.) Encontra-se ainda, em outros aspectos, vários pontos de conformidade entre a história de Padilha e de Popeia, e até mesmo talvez entre o destino de Blanche de Bourbon, mulher de Pedro, o Cruel, o de Otávia, mulher de Nero. Ver o *Dictionnaire historique et critique*, de Bayle, artigo *Padilla*, no texto e na rem. *E* desse artigo. Bayle sustenta aí, com razão, que todas as espécies de desregramentos são comuns a todos os séculos e a todas as nações em maior ou menor quantidade, e que a dominação das concubinas dos príncipes não é motivo de indignação para aqueles que leem a história com atenção: nessas leituras tomam conhecimento de muitos exemplos desse tipo. Ele prova, em outros trechos, por meio de fatos, que trata-se de um erro acreditar que o mundo sempre vai de mal a pior: "pois não há dúvida", diz ele, "que o século em que vivemos (isto é, o XVII) não nos oferece a visão, no Ocidente, de uma sequência de atrocidades em poucos anos semelhantes àquelas que encontramos de 1345 até 1390". *Dictionnaire historique et critique*, art. *Naples, Jeanne Ire*, rem. *O.* (Naigeon)

para sustentar seu prestígio e arruinar o de sua rival, e sem o papel difícil de Sêneca em tais conjunturas críticas.

Jamais serei persuadido de que nem Sexto Afrânio nem Sêneca hajam aprovado a exclusão de Otávia[124], mas uma desconfiança de que sinto dificuldade em me esquivar é que não tenham sentido uma satisfação secreta em encontrar no favor de Popeia um contrapeso à autoridade de Agripina[125]. Quando se possui todo o desprezo possível pelo vício, a indignação mais verdadeira contra o crime, não se dissimulam as vantagens passageiras.

Popeia era casada com um cavaleiro romano, Rufo Crispino. Otão, cansando por não possuí-la, a não ser por um comércio de galanterias, roubou-a de Crispino e tornou-se seu marido. Fosse por imprudência, fosse por ambição, ele exalta para Nero as graças e o espírito de sua mulher (Ibidem, cap. XLVI). Se teve o projeto de torná-lo enamorado, não teria se saído melhor. O imperador é introduzido a Popeia: ela finge estar possuída pelos charmes do príncipe[126] e não lhe saberia resistir. Quando está segura da conquista, torna-se caprichosa: põe em jogo todas as artimanhas, toda a coqueteria de uma consumada cortesã. Após uma ou duas noites[127], se Nero a quer reter, ela se expande em elogios a seu marido, lembra-se de estar casada. É Otão que sabe aliar a elevação dos sentimentos à magnificência; é com Otão que se é tocado pela dignidade de um soberano. Nero, apaixonado por uma escrava e na familiaridade de uma Actea, adquiriu um espírito tacanho, os sentimentos vis e interessados de uma criatura dessa condição.

Seu projeto era o de chegar ao divórcio de Otávia e casar-se com Nero: mas que esperança de sucesso com Agripina em

124. Uma prova demonstrativa do contrário, quero dizer, da equidade de Sexto Afrânio nessa circunstância, é que quando Nero quis repudiar Otávia, Sexto Afrânio tentou demovê-lo, dizendo-lhe que, se a repudiasse, seria preciso entregar-lhe o império – *Burro illi quidem resistente, et prohibente illam repudiari, et illi dicente: Dotem igitur ei, hoc est, principatum redde*, Xifilin, em *Nero*. Marco Aurélio serviu-se da mesma máxima. Quando lhe disseram que, como não queria matar sua mulher, cujas imoralidades públicas o desonravam, deveria então repudiá-la, ele respondeu: "Mas se a repudio, será preciso que lhe restitua seu dote, quer dizer, que me despoje do império". *Vid.* Jul. Capitol, em *Marco Aurelio*, cap. XIX. (Naigeon)

125. Parece que esse era o desejo geral. *Cupientibus cunctis infringi matris potentiam*, diz Tácito, *Anais*, livro XIV, cap. I. (Naigeon)

126. *Imparem cupidini se, et forma Neronis captam simulans*. Ibidem. (Naigeon)

127. Aqui Diderot não faz mais do que traduzir Tácito. Ibidem. (Naigeon)

vida? Ela se ocupa em tornar a mãe do imperador odiosa e suspeita; junta a zombaria às acusações (Ibidem, livro XIV, cap. I): "Sois um imperador, vós? Vós sois apenas uma criança que se leva sob tutela. Se Agripina não quer por nora senão uma inimiga de seu filho, que Popeia retorne a seu esposo, que ambos sejam exilados. Para mim será menos desagradável conhecer no fim do universo a vergonha com que se cobre um soberano do que ser disso testemunha."[128] Esse discurso artificioso é seguido de lágrimas ainda mais artificiais.

LXIX – As extorsões e a avidez dos publicanos excitam protestos (Tácito, *Anais*, livro XIII, cap. L e LI). Nero é tentado a suprimir todos os impostos. Em Roma, apenas esse ato teria compensado muitos crimes aos olhos dos súditos e mesmo da posteridade: as enormes rendas das províncias, sabiamente economizadas, teriam satisfeito as despesas públicas.

Mas no momento em que se propõe a aliviar o povo esmagado, declara por lei que bastará ser o imperador acusado por palavras ou por ações para ser perseguido por crime de lesa-majestade (Suetônio, *Nero*, cap. XXXII): e na vida das pessoas não se tem mais segurança, não há fortuna que não possa ser invadida.

Já se disse não haver um grande gênio sem uma nuança de loucura[129]. Isso me parece igualmente verdadeiro de todo grande crime; e sem alguns exemplos subsistentes do contrário, eu diria o mesmo da potência ilimitada.

Se não há governo em que circunstâncias urgentes não exijam a violação das leis naturais, dos direitos do homem e o esquecimento das prerrogativas dos súditos, não há nenhum em que as circunstâncias não permitam a resistência destes últimos: de onde nasce a extrema dificuldade de definir e circunscrever exatamente o crime de alta traição. Quem se tornava culpado do crime de lesa-majestade? Os romanos ou Nero?

128. *Haec atque talia lacrymis et arte adulterae penetrantia, nemo prohibebat etc.* Ibidem, livro, XII, cap. I. (Naigeon)

129. *Nullum magnum ingenium sine mixtura dementiae fuit.* Aristóteles apud Sêneca, *De tranquilitate anima*, cap. XV. (Naigeon)

A cada linha de suas sábias instruções aos deputados para a confecção das leis, a grande e hábil soberana do Norte diz, do crime de lesa-majestade, que nele não crê. É preciso mostrar segurança quando dela se goza; e seria preciso mostrar mais ainda se dela não gozasse. É a consciência do déspota que lhe inspira, é seu terror que proclama esses éditos que ensinam ao país uma só coisa: que seu opressor conhece a sorte que ele merece, e que tem medo. Se o príncipe é bom, seus éditos são inúteis; se é mau, são perigosos: a verdadeira couraça do tirano é a audácia.

LXX – Lê-se em Suetônio (*Nero*, cap. XXVIII, conferir em Tácito, *Anais*, livro XIV, cap. II) que Nero concebeu uma paixão por sua mãe e que não ia na liteira com ela sem que seus desejos incestuosos não deixassem traços indiscretos nas roupas: *quoties lectica cum mater veheretur, libidinatum inceste, ac maculis vestis proditum affirmant*. Ali também se lê que admitia entre suas cortesãs uma mulher cujo mérito era o de se parecer com a imperatriz. Se tais fatos são revelados, concebe-se o procedimento de Agripina.

Esta mulher, cuja ambição e o hábito do crime[130] haviam afogado qualquer resto de pudor – o último sacrifício das mulheres perdidas, e quase sempre a consumação de sua perversidade – tem como projeto cativar o coração de seu filho (ver Tácito, *Anais*, livro XIV, cap. I): ela se paramenta e sai à noite de seu palácio; mostra-se em meio à alegria tumultuosa de um festim e da embriaguez do príncipe e de seus convivas. Joga-se nos braços de Nero, chegam aos beijos lascivos e a outras carícias, prelúdios do crime[131]. Sêneca é informado desta cena escandalosa: aos artifícios de uma mulher ele opõe o ciúme e os pavores de outra. Actea, em seu primeiro encontro com o imperador, lhe dirá: "Vos preocupais com isso? E vossa mãe se preocupa? Sabei, senhor, que ela mostra como um troféu sua paixão? Tomai

130. *Quae puellaribus annis stuprum cum Lepido, spe dominationis, admiserat, pari cupidine usque ad libita Pallantis provoluta, et exercita ad omne flagitium patrui nuptiis.* Tácito, *Anais*, livro XIV, cap. II. (Naigeon)

131. *Jamque lasciva oscula, et praenuntias flagitii blanditias, adnotantibus proximis.* Tácito, *Anais*, livro XIV, cap. II. (Naigeon)

cuidado; ireis passar por um incestuoso e é de se recear que os exércitos se recusem a obedecer a um sacrílego detestado pelos deuses."

LXXI – Esse discurso, sugerido por Sêneca e apoiado em suas advertências, teve seu efeito. Desde esse dia, Nero evitou todo encontro secreto com sua mãe (Tácito, *Anais*, livro XIV, cap. III); e aquilo que Sêneca não havia previsto[132], o projeto de livrar-se dela, permaneceu em seu espírito. Tratou-se apenas de saber se seria por veneno, pela espada ou de alguma outra maneira. O veneno era incerto, a espada, evidente. O liberto Aniceto, prefeito da frota de Miseno, odiando Agripina, que por sua vez o detestava, propôs a construção de um navio em que o teto do quarto da imperatriz, carregado com chumbo, cairia sobre sua cabeça, ao mesmo tempo que o fundo se abriria sob seus pés. O expediente foi aprovado e a circunstância era favorável: a corte deveria passar em Baia os cinco dias consagrados a Ceres. Para atrair Agripina, Nero escreve-lhe cartas afetuosas e sedutoras; diz, com uma franqueza que se impõe mesmo aos cortesãos, "que os pais e as mães possuem direitos, que os filhos devem suportar suas vivacidades e que lhes é preciso sufocar os ressentimentos"[133]. As cartas são entregues a Agripina. Ela esquece os assuntos desagradáveis que seu filho lhe proporcionou após o seu exílio da corte e os insultos dos transeuntes, antes que se afastasse; ela volta (Ibidem). Nero adianta-se para a margem, na descida de Anzio, estende-lhe a mão, a abraça e a conduz a Baule, casa de campo banhada pelas águas que formam um cotovelo entre o promontório de Miseno e o lago de Baia. Mas o projeto do navio havia transpirado e Agripina se faz conduzir na liteira até Baia, onde janta. À mesa, Nero se põe abaixo dela, a entretém às vezes com familiaridade, às vezes com dignidade, junta carícias a confidências importantes, prolonga a refeição, a conduz até o prédio fatal que deve recebê-la,

132. *Credente nullo usque ad caedem ejus duratura filii odia*. Ibidem, cap. I (Naigeon).
133. *Ferendas parentum iracundias et placandum animum*. Ibidem, cap. IV. (Naigeon)

beija-lhe os olhos e parece separar-se dela a contragosto[134]; fosse, diz Tácito, para que nada faltasse à sua dissimulação, fosse para que os últimos olhares sobre a mãe suspendessem sua ferocidade. Esse último sentimento atribui muita honra a Nero, mas não muito à perspicácia de Tácito.

Reassegurada (e como não estaria?), Agripina entra no navio, seguida por apenas duas pessoas de sua corte: Crepereio Gallo e Acerônia, uma de suas mulheres. O mar estava calmo e a noite brilhante, como se os deuses quisessem tornar o delito evidente[135]. Crepereio permaneceu em pé, ao lado do leme; Acerônia, junto ao leito de Agripina, comovia sua senhora com o arrependimento de Nero e a felicitava por seu retorno e favorecimento, quando o teto do quarto onde estava Agripina caiu. Agripina foi salva pelo sólido dossel de sua cama; o mecanismo inferior falhou. Tenta-se fazer com que o navio afunde, mas a inabilidade, a confusão e os desentendimentos deixam a Agripina e Acerônia o tempo de se jogarem ao mar. Seja por imprudência, segundo Tácito[136], seja por generosidade, a serva grita em meio às águas: "Salvem-me, eu sou a mãe do imperador"; logo depois, é espancada por remos. Mais circunspecta, Agripina apenas se fere levemente no ombro: enquanto nada, barcos vão ao seu encontro, a recebem e a levam à sua casa de campo, pelo lago Lucrino (Tácito, *Anais*, livro XIV, cap. V).

Ali ela reflete. O horrível projeto de seu filho manisfestou: ela dissimula, faz com que Nero fique sabendo do perigo que correu e de sua salvação; ela o deve, sem dúvida, à bondade dos deuses e à fortuna do príncipe; que ele se tranquilize e não venha visitar-lhe, seu estado atual exige repouso (ibidem, cap. VI).

LXXII – Com a inesperada notícia, o terror se apodera de Nero (ibidem, cap. VII): vê Agripina, transportada de furor, amotinar

134. *Prosequitur abeuntem arctius oculis et pectori haerens, sive explenda simulatione, seu periturae matris supremus aspectus, quamvis ferum animum retinebat.* Ibidem. (Naigeon)

135. Esta reflexão é de Tácito. Ibidem, cap. v. (Naigeon)

136. *Verum Acerronia imprudens, dum, se Agrippinam esse, utque subveniretur matri principis, clamitat, contis et remis... conficitur.* Ibidem. (Naigeon)

seus escravos, estimular o povo, sublevar as tropas, fazer ressoar seus gritos no senado, nas praças públicas, contar seu naufrágio, mostrar seu ferimento e revelar os assassinatos de seus amigos. Se ela aparecesse em sua presença, o que lhe responderia?

É preciso chamar Sêneca e Sexto Afrânio[137]. Eles estariam ou não cientes do projeto da noite anterior? Após o atentado, julgariam o assunto de tal modo comprometedor, que Nero estaria em perigo, se não se prevenisse Agripina? O que há de certo é que o monstro explicou-se claramente a seus mentores. O horror tomou-lhes conta. "Falai", lhes diz Nero, e "imaginai o que pesará sobre vós os acontecimentos." Sêneca olha para Sexto Afrânio e lhe pergunta se será preciso ordenar aos soldados degolar a mãe do imperador. Sexto Afrânio responde que os pretorianos, devotados à família dos césares, e para os quais a memória de Germânico continua presente, jamais levantarão a mão assassina sobre sua filha; depois, dirigindo-se a Nero, acrescenta: "Eu comando bravos soldados; se haveis necessidade de assassinos, procurai-vos em outro lugar. Por que Aniceto não completa o que vos prometeu?"[138] Aniceto consente e Nero, indignado, diz: A partir de hoje, eu reino, e é a um liberto que o devo."[139]

E é a um liberto que o devo. Detenho-me nessas palavras: elas possuem mais força do que tudo o que poderia ajuntar para a justificação de Sêneca e de Sexto Afrânio, e sinto ser preciso abandonar aqueles que não se convencerão de sua inocência, a essa invencível e bárbara obstinação com a qual procuram crimes.

137. *Quos statim acciverat, incertum an et ante ignaros. Igitur longum utrusquesilentium, ne irriti dissuaderent; an eu descensum credebant, ut nisi praeveniretur Agrippina, percundum Neroni esset.* Ibidem, cap. VII. (Naigeon)

138. *Perpetraret Anicetus promissa.* Ibidem. Diderot acrescenta ao texto de Tácito. (Naigeon)

139. *Ad eam vocem, Nero, illo sibi die dari imperium, auctoremque tanti muneris libertum profitetur. Iret propere, ducereque promptissimos ad jussa.* Esta passagem é muito importante: ela prova claramente duas coisas às quais não se deu importância: a primeira, que Sêneca e Sexto Afrânio se recusaram a se converter em cúmplices de um crime meditado por Nero; a segunda, que esta recusa excitou no coração do matricida um movimento de cólera e de raiva que não pôde conter, e que explodiu até mesmo vivamente, como se vê pelo espírito da citação de Tácito. (Naigeon)

LXXIII – O único partido que restava tomar nessas circunstâncias horríveis é, diz um homem de grande discernimento, aquele que se toma mais tarde, o de livrar o mundo de um monstro; mas, acrescenta ele, os únicos homens da Terra aos quais não era permitido matar Nero eram Sêneca e Sexto Afrânio.

Com efeito, esbocemos o rumor popular sobre esse assassinato, se ele houvesse ocorrido:

– Eles o mataram, como sua própria segurança e nossos males aconselhavam.

– De quem falais?

– Falo de Sêneca, de Sexto Afrânio e de Nero.

– O quê? Nero não vive mais? É verdade?

– Não. Graças sejam dadas aos deuses e aos dois homens corajosos que dele nos livraram.

– Mas eram seus professores, seus ministros.

– Sim, mas personagens virtuosas às quais teve a coragem de consultar para um matricídio. Fizeram bem, vos digo.

– Seu aluno!

– Um filho desnaturado.

– Seu soberano!

– Uma besta-fera!

– Para salvar quem? Uma Agripina!

– Uma mulher que poderia reinar, uma mãe a quem ele devia o trono que ocupava.

– Um trono usurpado a um herdeiro legítimo por uma longa série de crimes!

– E como recompensa por esses crimes, dos quais recolheu o fruto, o exílio em um velho palácio, e onde centuriões a podiam apunhalar.

– Mas um filho ameaçado por sua mãe não deve saber morrer?

– Mãe, dizeis? Uma assassina que já havia rompido o elo que poderia deter a mão vingadora do filho. A conservação pessoal não é a primeira das leis na ordem da natureza? Por acaso esse grito deixa de ecoar por um momento no fundo do coração de cada ser vivente? Quando uma mãe nos dá à luz, não recebemos dela o amor pela vida e o horror por nossa destruição? Existe ou já existiu sobre o trono um príncipe que tenha hesitado em tal conjuntura?

– Vós não me convenceis.

– Pior para vós, se o bem geral vos diz tão pouco.

Um soberano posto no trono por conjurados ou rebeldes se encontra sempre entre a injustiça, se lhes concede tudo, e a ingratidão, se algo lhes recusa. Cansado deste longo e doloroso constrangimento, dele não se liberta comumente senão pela desgraça, pelo exílio ou mesmo pela morte daqueles que parecem não tê-lo servido a não ser com a condição de subjugá-lo, e cujo descontentamento e poder o ameaçariam com o mesmo destino de seu predecessor. E assim se expõe à censura do país, que ignora o preço da segurança de um príncipe, e às reprovações do historiador, que outra coisa não é senão o eco longínquo do rumor popular.

Haveria três grandes petições a se fazer; uma por Sêneca e Sexto Afrânio, uma por Nero e uma terceira por Agripina. Homens sensatos, imaginai tudo o que vos seria possível alegar a favor e contra os acusados, e dizei-me qual seria o vosso pensamento. Vós vos apressaríeis em absolver ou condenar o destino das pessoas de bem jogadas em meio a celerados poderosos?

Se Sêneca e Sexto Afrânio houvessem matado Nero, estaríamos seguros de que uma Agripina não teria enviado ao suplício dois homens que teriam cometido a temeridade de vingá-la sem seu consentimento?

LXXIV – "Mas as coisas teriam chegado ao ponto de ser preciso que o filho morresse por sua mãe, ou a mãe por seu filho? É algo inverossímil."

Para vós, censores, não para Tácito. Se nós nos permitirmos ajuntar ou suprimir o relato de um historiador, não haverá nada que seja falso ou verdadeiro.

O discurso de Sexto Afrânio parece provar que o atentado ao navio lhe era conhecido; soube-o antecipadamente ou após a execução? O espanto, que retira de Sêneca sua vivacidade, prova sua ignorância.

Como quer que seja, não se pode acusar Sexto Afrânio nem Sêneca de uma resistência débil, sobretudo ao se reconhecer que a resposta brusca de Sexto Afrânio conduziu ao seu fim trágico.

Julgar-se-á mal a posição e a conduta das pessoas honestas que o mau destino havia aproximado de Nero, caso se esqueça com que príncipe elas mantinham relações. Não se demonstra seu pensamento a um príncipe como a um amigo, nem a um Nero como a um outro príncipe.

Sêneca e Sexto Afrânio disseram o bastante para revelar seu profundo horror, excitar a fúria e as censuras de Nero e expor suas vidas.

Há circunstâncias, tais como essas aqui, em que o discurso perderá toda a sua força se não se pintar o tom, o olhar, a atitude daquele que fala. Seria preciso ver a consternação no rosto de Sêneca, a indignação no de Sexto Afrânio.

Há um silêncio que pode desconcertar o mais determinado celerado quando é preso pelo olhar impositivo de um pai, de um amigo, de um professor ou ministro, por uma personagem de grande autoridade, sob cujo aspecto o coração tem o hábito de estremecer. Mas esse mudo sintoma da mais forte indignação teria algum efeito? Ignora-se e nele não se pensa.

Não é para desculpar essas duas personagens virtuosas que Tácito disse que suas reprovações teriam sido inúteis; ele me faz entender terem sido elas tão enérgicas quanto poderiam ser e que, mais fortemente pronunciadas, teriam ocasionado três mortes, em vez de uma.

"Mas é triste ver Sêneca ao lado de Nero, após a morte de Agripina." E Sexto Afrânio, que jamais foi acusado, também não se retirou. "É triste vê-lo ocupado em acalmar os remorsos de um matricida." Foi o que fez Sexto Afrânio; não o que Sêneca fez. "Talvez não esteja seguro de sair do palácio."

Mas era-lhe útil ali permanecer pelo império, por sua família, por seus amigos, por muitos bons cidadãos. Como não? Após o assassinato de Agripina, nada de bom havia para um homem esclarecido, firme e justo, encarregado de uma enorme quantidade de assuntos e capaz, por sua autoridade, suas luzes e coragem, de levar auxílio, conceder benefícios, reparar desgraças, sustar ou prevenir humilhações, impedir depredações, afastar os ineptos e conceder postos a homens distintos por seus conhecimentos e virtudes? Os muros do palácio não circunscrevia o distrito do filósofo. Não era um preceptor que tomara seu aluno das mãos das mulheres, e que se mantém por reconhecimento; era um professor que se tornara ministro.

Sêneca diz a si mesmo: a providência pôs-me nessa função; eu a guardarei, apesar do ódio de Popeia, da intriga dos libertos, da inoportunidade de minha presença para César. Se tiverem que me degolar, que o façam aqui no palácio.

LXXV – Sexto Afrânio morre, ficando a virtude privada de um de seus chefes. Nero entrega-se aos partidários dos vícios e os auxílios, diz o historiador, diminuem na medida em que crescem os males. Convido o leitor a meditar sobre essas linhas e a nos revelar se, consultado pelo filósofo ainda inseguro sobre ir-se ou permanecer, não diríeis: "Vos afastar após a morte de vosso colega! É para que a virtude reste sem protetor e a perfídia seja exercida sem obstáculo."

"Mas Sêneca fez algum bem, impediu algum mal?"

Fez algum bem? A ele era atribuído todo o bem que se fazia no império e foi assim que o ciúme de César assanhou-se: pois tinha salvo a honra de uma mulher honesta, conservado um filho com seu pai, uma filha com sua mãe, a vida ou a fortuna de um bom cidadão; tranquilizado as províncias, protegido um inocente, mostrado a fronte severa aos celerados dos quais estava o imperador rodeado, cruzado o olhar sanguinário de uma favorita ou o de um escravo; detido a desgraça de um liberto, auxiliado os esforços de Sexto Afrânio e previsto as censuras que não lhe deixariam de ser feitas se dele se houvesse separado, se houvesse abandonado seu colega numa conjectura semelhante (críticas que ouvimos em nossos dias[140], tanto essa enorme besta, chamada povo, sempre se parece); Sêneca e Sexto Afrânio teriam sido acusados de haver deixado a corte ou renunciado à vida. Não duvido que não tivessem perseverado em suas funções por tanto tempo um pelo outro, e que Sexto Afrânio não tenha muitas vezes retido Sêneca e este a Sexto Afrânio.

Qualquer partido que tome Sêneca, dá-se o mesmo agravo. Fica? É pelo medo de morrer. Afasta-se? É ainda pelo medo de morrer.

"De acordo; eles teriam ocasionado dois homicídios e não teriam impedido o primeiro deles; mas a virtude pensa no dever e esquece a vida."

A virtude pensa na vida quando o dever lhe ordena.

Sim, convenho que Sêneca e Sexto Afrânio muitas vezes se encontraram entre uma morte próxima e uma obediência desonrosa.

"Quê! A obediência é desonrosa; e vós consentis que se obedeça?"

Seguramente, a desonra está na opinião dos homens, e a inocência está em nós. Farei o mal que se aprovará ou o bem que será reprovado? Será a voz do povo ou a da minha consciência aquela que escutarei? Sábios Catões, aconselhai-me.

Os homens ordinários podem impor-se sobre o motivo que os determina? Mas Sêneca foi um homem ordinário? Temia perder a vida? Dela o estoico fazia pouco caso! A riqueza? Não era a seus olhos senão a vã decoração de sua dignidade. Afastando-se, escondendo-se num retiro, seria possível que o tirano o esquecesse; ficando na corte, onde sua presença incomodava, onde seus discursos feriam, onde deixava escapar um soberano desprezo pelas cortesãs, o perigo era iminente.

"Mas o preceptor não devia a verdade a seu pupilo?"

Sêneca já não era um preceptor. Talvez ainda haja príncipes maus e dissolutos: eu bem que gostaria de saber quem dentre

140. O afastamento de Malesherbes após a exoneração de Turgot, em 1776. (Assézat.)

os ministros do Altíssimo ousaria dar-lhe repreensões; como é que este zelo deslocado, esta indiscreta audácia seriam recebidas pelo soberano e julgadas pelo povo? Como é que esses sábios e respeitáveis personagens se conduziriam em tais circunstâncias? Apesar da imponente autoridade de seu caráter, eles pedem, gemem e se calam. Exigir-se-á mais do filósofo pagão do que do prelado cristão? E ousará impunemente como um pastor que repreendesse a ovelha de seu rebanho?

LXXVI – Sêneca e Sexto Afrânio falaram, e fortemente, e isso custou-lhes a vida. Mas eu suporia que eles se mataram. Entre o conselho, a aprovação e o silêncio não há distinção a se fazer? Quando me calasse sobre a indigna arte de denegrir, de caluniar, de difamar os grandes homens por dúvidas engenhosas, por suspeições mal fundadas, por um bizarro comentário de historiadores, estaria menos profundamente aflito? Deus me livre de ter a meu lado intérpretes tão perigosos de nossos sentimentos secretos!

Comparemos Sêneca a Papiniano, encarregado pelo imperador Severo da educação de seus dois filhos[141]. Um de seus alunos, Caracala, apunhalou seu irmão no próprio colo de sua mãe, Júlia. Esse monstro, já revestido de todo o poder de um imperador, atormenta Papiniano para persuadir o povo de que Geta, seu irmão, era culpado e havia merecido a morte. Papiniano lhe responde: – Acusar uma vítima inocente é ajuntar um segundo fratricídio ao primeiro. – Indignado com essa resistência, Caracala faz com que Papiniano seja cercado por soldados, com as achas levantadas, e lhe diz: – Se não queres acusar meu irmão, ao menos me justifique, encontre uma escusa para minha ação; PAPINIANO – E tu crês que me seja tão fácil disfarçar um crime que tu cometeste? CARACALA – Então, morra; PAPINIANO – Eis-me pronto; golpeia, soldado.

A cabeça de Papiniano cai, e o censor acrescenta: – Eis a coragem da virtude, e Sêneca tem por ela apenas o amor; ele se parece, nesse instante, com o comum dos homens.

141. Aemilius Papinianus, jurista romano, 142-212 d.C. (N. da T.)

Censores, adaptai essa cena ao teatro e estareis seguro de um grande efeito; mas se tivésseis lido as observações de meu editor sobre esse evento, vós vos guardaríeis de fazer dela uma página histórica, e nós não teríamos ouvido Papiniano falar tão eloquentemente alguns anos após sua morte. Mas se conviesse à verdade o diálogo de Caracala e Papiniano, sempre restaria examinar se a resolução desse último conviria igualmente a Sexto Afrânio, ministro da cidade, e a Sêneca, ministro das províncias.

"Pretende-se que Sêneca tenha composto a apologia da morte de Agripina? Se a escreveu com o punhal no pescoço, ou com a mordaça nos lábios, poder-se-á desculpá-lo; mas não perdoá-lo, pois a virtude que afronta a morte talvez não seja um dever do homem."

E como se ornamentaria com este nome sagrado, cuja verdadeira noção está fundamentada na utilidade pública, um entusiasmo indiscreto que só arrastaria consigo uma longa sequência de crimes?

"Temia-se que o povo romano se revoltasse e depusesse do trono o assassino de sua mãe? E quando essa revolução houvesse chegado, teria sido um grande mal?"

Muito grande, se a revolução só pudesse ser feita com o correr de sangue. O mais detestável dos tiranos sempre tem um poderoso partido; e não foi sem motivo que Pisão hesitou tanto tempo, que tenha tomado tantas precauções funestas e se tenha assegurado de um grande número de conjurados, ele que tinha todos os dias sua vítima em suas mãos, ele que foi tentado a imolá-la em pleno teatro.

"Se esse acontecimento pudesse destruir o Estado, não seria mais certo que Nero o destruísse?"

Não creio. O senado, aviltado, permanecia sem autoridade, as tropas pretorianas, sem disciplina, o povo, sem energia. A concorrência de dois pretendentes ao trono imperial podia, assim como a experiência o confirmou posteriormente, acender uma guerra civil. Faltou pouco para que todos os magistrados fossem massacrados por suas coortes, e as coortes pelo povo, após a morte de Calígula. Era muito importante que o príncipe que mantinha o cetro o conservasse, sobretudo com a incerteza de depositá-lo em mãos cruéis, e com a esperança, baseada em cinco anos de prosperidade, de que o cansaço do crime e o desgosto da dissolução conduzissem a dias mais felizes.

Na verdade, nada prova melhor o ódio geral que se tinha por Nero do que os gritos que se elevaram no momento de sua queda; mas esse acordo de vontades desapareceria mais prontamente do que foi formado se o mais maldoso dos príncipes não tivesse sido, ao mesmo tempo, o mais covarde dos homens. Tratava-se, naquele momento, de fazer rolar uma ou duas cabeças para se ver esse rebanho de escravos rebeldes se dispersar, os magistrados se prosternarem, os sacerdotes acenderem incenso e fazerem correr o sangue dos sacrifícios nos templos, ficando o resto do povo trêmulo e fechado em suas casas.

Sêneca e Sexto Afrânio eram dois homens que os favores de Agripina tornaram suspeitos a um tirano sombrio e cujas virtudes os tornavam odiosos a um príncipe dissoluto.

Quando se ajunta a pergunta – "E por que não persuadiram Nero a exilar ou prender Agripina?"[142] –, perde-se de vista o caráter violento do filho, a ambição e o poderio da mãe, o ódio que os cidadãos possuíam, o vivo interesse que tinham pelo perigo representado pelo outro, assim como a política de príncipes menos ferozes que sacrificaram seu próprio sangue por sua segurança, em circunstâncias menos críticas. Lede o que se segue e acusai ainda Sêneca e Sexto Afrânio, se tiverdes ousadia.

Os olhos do tigre brilhavam de furor quando Agerino apresentou-se da parte de Agripina. Furtivamente, Aniceto joga um punhal aos seus pés, grita que é um assassino despachado por Agripina e o faz acorrentar (Tácito, *Anais*, livro XIV, cap. VII).

142. Essa objeção é feita pelo abade de Ponçol em uma *Vida de Sêneca* publicada em Paris em 1776, e impressa em Barbou. Ver as páginas 56 e 57, nota 3, da obra citada acima. (Naigeon)

LXXVII – No entanto, o rumor sobre o perigo pelo qual passara Agripina se havia difundido (ibidem, cap. VIII); era atribuído ao azar; o povo acorre tumultuosamente à beira-mar. Aqui se sobe ao cais, acolá sobre barcos; alguns avançam nas águas, tanto quanto a profundidade lhes permita; outros têm os braços estendidos para o mar; a costa ecoa as lamentações, os votos, as respostas vagas; ela brilha com archotes em toda a sua extensão. Sabe-se que a imperatriz foi salva, e se dispunha a ir felicitá-la quando, à vista de um batalhão armado e ameaçador, a multidão se dispersa. Aniceto investe sobre a casa e as portas são quebradas; apoderam-se dos escravos que se apresentam, penetra-se nos aposentos da imperatriz; havia pouca gente, pois o terror da irrupção havia afastado os que ali estavam; o aposento estava fracamente iluminado. Agripina só tinha ao seu lado uma de suas mulheres; como ninguém se apresentava da parte de seu filho, nem mesmo Agerino, seu pavor aumenta a cada instante. A beira-mar havia mudado de aspecto, ficara deserta. Gritos súbitos ali se ouviam, em breves intervalos, como a anunciar a infelicidade extrema. A seguidora de Agripina se afasta: "E tu também me abandonas!" lhe diz sua senhora[143]. No mesmo instante, percebe Aniceto, acompanhado do trierarca Herculeo e do centurião Oloarito: "Se me visitais da parte de Nero", lhes diz, "ide informar-lhe que estou curada; se vindes me assassinar, não acreditaria que meu filho tenha ordenado um matricídio."

Os assassinos a envolvem, o trierarca dá-lhe um golpe de bastão na cabeça. Agripina, com o corpo lançado em direção ao centurião, que sacava seu punhal, lhe diz: "Me apunhale o ventre...", e ela expira atingida por vários golpes[144]. Diz-se que certos caldeus que ela havia consultado sobre seu filho lhe haviam predito que ele reinaria e que mataria sua mãe. "Que ele me mate", lhes havia respondido, "desde que reine."[145]

143. *Tu quoque me deseris.* Apud Tácito, *Anais*, livro XIV, cap. VIII. Ver esse capítulo inteiro. (Naigeon)

144. *Protendens uterum,* Ventrem feri, *exclamavit.* Ibidem, cap. VII; cf. o capítulo inteiro. (N. do A.)

145. *Occidat, inquit, dum imperet.* Ibidem, cap. XIX. (N. do A.)

Seria possível haver uma circunstância capaz de acrescentar o horror a esse crime? Quem acreditaria, se a história não tivesse sido transmitida? É que, tão logo assassinada, Nero corre[146] para seu cadáver, a fim de acalmar sua curiosidade impura: ele a contempla, põe-lhe as mãos, elogia certas partes, recrimina outras e pede para beber.

LXXVIII – O crime, porém, mergulha o celerado e supersticioso Nero num silêncio estúpido; o terror o assalta, sua consciência se revolta; ao mesmo tempo que faz correr o boato de que sua mãe, convencida de um atentado contra sua sagrada pessoa, desembaraçou-se de si mesma, vê sua imagem e ela o persegue (Suetônio, *Nero*, cap. XXXIV e Tácito, *Anais*, livro XIV, cap. X), vê as eumênides com suas serpentes e suas tochas; tenta em vão acalmar seus manes por um sacrifício mágico. Seu suplício ainda durou quando de sua viagem à Grécia; ele não ousa apresentar-se na iniciação dos mistérios de Elêusis, apavorado e retido pela voz do pregador, que ordenava aos ímpios e celerados de se afastarem.

Desde os primeiros dias, ele se agita, se levanta (Tácito, *Anais*, livro XIV, cap. X) à noite, crendo que o dia trará seu castigo e o fim de sua vida. Os centuriões e os tribunos são os primeiros que, pela lisonja, o tornam mais seguro. Convidados por Sexto Afrânio, eles tomam sua mão e o felicitam. Convidados por Sexto Afrânio!... Seus amigos vão aos templos render graças aos deuses. Durante toda sua vida, tantos crimes, tantos sacrifícios: as casas regurgitavam com o sangue dos homens; o sangue dos animais corria pelos altares dos deuses. As vilas da Campânia revelavam sua alegria pelas deputações e sacrifícios: e, no entanto, ele se afligia; lamentava o perigo ao qual se havia entregue; e chorava.

146. Ver Suetônio, *Nero*, cap. XXXIV. Tácito não revela este último horror; ele relata apenas um fato sobre o qual os autores não entram em acordo entre si, isto é, o fato de que Nero curiosamente considera o corpo de Agripina depois que ela já está morta, e que louva sua beleza: *Aspexeritne matrem examinem Nero, et formam corporis ejus laudaverit, sunt qui abnuant.* Tácito, *Anais*, livro XIV, cap. IX. (Naigeon)

LXXIX – O senado e os grandes de Roma tinham dado o exemplo aos povos da Campânia (Tácito, *Anais*, livro XIV, cap. XII). Imolavam-se vítimas em todos os cantos, ordenavam-se jogos anuais nas festas de Ceres, dias em que a pretendida conspiração de Agripina fora descoberta. Decretou-se a instalação de uma estátua de ouro de Minerva no palácio, frente à do matricida. O dia de nascimento de Agripina foi inscrito nos fastos, entre os dias funestos.

Mas os lugares não mudam[147] como as feições. O crime estava fixo diante dos olhos do matricida pelo perigoso aspecto do mar e das colinas. Ele se retira para Nápoles, de onde escreve ao senado (apud Tácito, *Anais*, livro XIV, cap. X):

> Que o assassino Agerino, liberto de Agripina, e seu mais íntimo confidente, foi surpreendido com um punhal [...] Que Agripina foi morta pelo mesmo furor que lhe havia inspirado o crime [...] Que ela pretendia associar-se ao império, exigir o sermão dos pretorianos e submeter o povo e o senado às ordens de uma mulher [...] Que, falho o projeto, seus ressentimentos contra os soldados, os senadores e o povo, fizeram-na opor-se a todas as gratificações e a suscitar delatores contra as pessoas mais distintas [...] Com que dificuldade foi impedida de forçar as portas do senado e ditar suas vontades às nações estrangeiras [...] Que Agripina havia causado todas as desordens do reino de Cláudio [...] Sua morte é um golpe afortunado para Roma; seu naufrágio o comprova.

Essa carta, tornada pública, desvia os olhos do cruel Nero; e não se cuida mais senão da indiscrição de Sêneca, que a havia ditado[148].

"A carta endereçada ao senado, uma indiscrição."

É a expressão de Tácito. Não se trata para o historiador a não ser de um rumor popular que ele não aprova nem desaprova, e pelo qual Sêneca é tachado de uma culpa que não cometeu. Pois não há nenhuma indiscrição na carta de Sêneca, e o boato não o acusa nem de crime nem de covardia ou baixeza. Por que será preciso nos mostrarmos piores do que a canalha, cujo caráter é de tudo envenenar?

147. *Quia tamen non, ut hominum vultus, ita locorum facies mutantur, obversabaturque maris illius et littorum gravis aspectus etc.* Tácito, *Anais*, livro XIV, cap. X. (N. do A.)

148. *Sed adverso rumore Seneca erat, quod oratione tali confessionem scripsisset.* Ibidem, cap. XI até o fim. Christophe de Thou perdoa, sob o reinado de Carlos IX, o massacre de São Bartolomeu. (Naigeon)

Parece-me que não damos nem à conduta de Sêneca nem à morte de Agripina a importância que damos a elas, e disso não estou surpreso.

Avançai ou recuai a data de um acontecimento que causou a alegria pública e vós produzireis a consternação. Quereis escutar os gemidos da França? Abreviai de quatro ou cinco lustros o reino de Luís XIV. Que me seja permitido mostrar, com exemplos menos afastados, o quanto os espíritos são diversamente afetados pelos momentos! Nero morre execrado; com alguns anos menos, morreria lamentado.

Agripina era odiosa aos romanos, mas a presença do perigo suspendia o ódio. Sêneca não coloriu um crime, ele o negou. É de se presumir que o povo não tenha lido o escrito de que se fala; e quando afetamos tanta severidade, vamos além do relato histórico e do julgamento dos contemporâneos. Os detratores do filósofo lhe reprovam, segundo o testemunho de Dião Cássio (ver *Nero*, livro LXI, cap. XII), ter aconselhado a Nero o assassinato de sua mãe, calúnia tão inverossímil quanto atroz e, de resto, refutada pelo silêncio de Tácito, historiador de mais peso que Dião, mais enfronhado que ele nos fatos e muito próximo do tempo em que ocorreram, para saber até mesmo daqueles que lhe foram testemunhas. É igualmente falso que Sêneca tenha consentido na morte de Agripina: a pergunta que logo se faz a Sexto Afrânio[149] teria inspirado horror a qualquer outro, salvo Nero[150]. Quanto a esta carta que o matricida

149. *Post Seneca hactenus promptior, respicere Burrum, ac sciscitari, an militia imperanda caedes esset.* Tácito, *Anais*, livro XIV, cap. VII. (Naigeon)

150. Para fazer sentir o absurdo dessas imputações tão injuriosas à memória de Sêneca, é suficiente reenviar o leitor à passagem de Tácito na nota 57 da página 132. Trata-se de uma resposta sem réplica à calunia de Dião, e me surpreende que Diderot, que cita, em algumas páginas acima, essa passagem tão decisiva, não a tenha destacado com maior ênfase. Adicionarei apenas uma palavra ao que já disse sobre o mesmo tema na nota da página 132: é que essas duas únicas linhas de Tácito se mostram mais a favor de Sêneca contra Dião e seus copistas, tanto antigos quanto modernos, do que tudo o que se poderia dizer, mesmo com bastante eloquência, para refutar em detalhe as invectivas e as imposturas desses inimigos declarados de toda virtude, e ouso acreditar que as pessoas sensatas, que julgam, como Tácito escreveu, *sine ira et* "*sine ira et studio*" (sem ódio e "sem ódio e sem preconceito"), não terão a esse respeito uma outra maneira de ver e de pensar. (Naigeon)

escreveu a um senado desprezível, que se divertia com mascaradas, penso não ter sido a este corpo sem autoridade, sem alma, sem pudor ou dignidade, que já havia apresentado ao assassino suas felicitações e aos imortais suas ações de graça, mas que aos cidadãos, entre os quais havia ainda algumas bravas pessoas a serem temidas, que esse escrito foi endereçado, tendo o povo sabido de sua existência, mas não do conteúdo. Após um delito execrável, não havia mais remédio: o que restava fazer senão prevenir outros, se fosse possível, de novas agitações que pudessem se dar? Sêneca acusou Agripina de uma só ação de que não tivesse sido capaz? Após o atentado ao barco, não se devia temer o ressentimento dessa mulher? Tal questão não é minha, é de Tácito[151].

LXXX – De resto, as acusações precedentes são tão graves que me proponho revê-las. Na espera, vou repetir uma passagem de Montaigne[152] e que prefiro para aqui deslocar do que omitir. O que o autor dos *Ensaios* diz de Dião é aplicável, indistintamente, a todos os censores de Sêneca:

> Não creio de modo algum no testemunho de Dião, pois, além de ser inconstante, quem, após ter chamado Sêneca às vezes de muito sábio, às vezes de inimigo mortal dos vícios de Nero, o faz em outro lugar avarento, usurário, ambicioso, covarde, voluptuoso, falsificando o filósofo com falsos ensinamentos; sua virtude parece tão viva e vigorosa em seus escritos e a defesa é ali tão clara contra qualquer dessas imputações, como a de sua riqueza e gastos excessivos, que não creio em qualquer testemunho contrário; e além disso, é mais razoável crer sobre tais coisas nos historiadores romanos do que em gregos e estrangeiros; ora, Tácito e os demais falam muito honradamente de sua vida e de sua morte e no-lo pintam em todas as coisas como personagem muito excelente e muito virtuosa; e não quero alegar outra censura contra o julgamento de Dião a não ser este aqui, o que é inevitável: é que ele tem

151. Ou, antes, de Nero, pois quando lhe foi anunciado que o evento do barco não deixaria qualquer dúvida sobre o autor do atentado, gritou, transportado de pavor, "que sua mãe voltaria ardente para se vingar, armar os escravos, sublevar as tropas, ou lhe reprovar, diante do senado e do povo, seu naufrágio, sua mágoa e a morte dos seus amigos". (Naigeon)

152. *Ensaios*, livro II, cap. XXXII: "Defesa de Sêneca e de Polutarco". (Brière)

um sentimento tão doentio a respeito dos assuntos romanos que ousa sustentar a causa de Júlio César contra Pompeu, e a de Antônio contra Cícero.

LXXXI – Nero, porém, se inquieta (Tácito, *Anais*, livro XIV, cap. XII) sobre seu acolhimento em Roma, em seu retorno da Campânia. Restará ainda alguma afeição do povo por ele? Reencontrará alguma submissão do senado? Os celerados que o rodeiam, e jamais houve tantos, lhe respondem: "O nome de Agripina é detestado; sua morte faz com que se redobre o zelo por vós; vinde, reconhecei o quanto sois adorado." Pedem para preceder sua marcha e, com efeito, as homenagens do povo vão sobrepujar suas promessas. Os senadores estão vestidos com seda, eles fendem as ondas da multidão que lhes fecham a passagem; mulheres e crianças estão distribuídas em grupos, segundo o sexo; erigiram-se estrados no anfiteatro, como se encontram nos espetáculos e nas festas triunfais, e os estrados estão repletos de cidadãos e cidadãs. Assim foi a entrada de Nero, coberto e fumegante do sangue de sua mãe (ibidem).

Soberanos, vós conheceis presentemente o valor dessas aclamações que vos acompanham em vossas capitais, desses concursos de homens que rodeiam vossas soberbas equipagens: só há vossa consciência para garantir a sinceridade dessas demonstrações. O que hoje se faz por vós, fez-se um dia para um matricida: pensai o quanto é preciso para que sejais desprezado ou odiado quando vossos súditos são raros e guardam silêncio em vossa passagem. E vós, censores, apreciais a indignação dos romanos pela morte de Agripina.

LXXXII – Nero estava atormentado (Tácito, *Anais*, livro XIV, cap. XIV) pela fantasia de, após um longo tempo, conduzir um carro e tocar harpa, dois exercícios pouco conveniente à majestade de um César. Sêneca e Sexto Afrânio[153] julgaram apropriado prestar-se a um desses desejos, com medo de condescender em

153. *Nec jam sisti poterat, quum Senecae ac Burro visum, ne utraque pervinceret, alterum concedere etc.* Tácito, *Anais*, livro XIV, cap. XIV. (Naigeon)

ambos. Fez-se então construir no vale do Vaticano um cercado onde Nero pôde satisfazer-se sem dar espetáculo (ibidem).

Na sequência, orgulhando-se de corrigi-lo pela vergonha[154], quebraram o cercado e mostraram ao povo seu imperador cocheiro. Esse recurso produziu o efeito contrário ao que esperavam: os aplausos de uma capital onde não restava nenhum sentimento de honra, uma ideia de dignidade, atiçaram e fizeram crescer o mal. Quando um povo não é um crítico perigoso, é o mais sedutor dos cortesãos. Sábio Sêneca e prudente Sexto Afrânio, vós vos havíeis prometido que o povo vaiaria o matricida em seu carro, diante do qual veio prosternar-se. O que de mais indecente ou ridículo inspiraria deprezo àqueles para quem o mais execrável dos crimes não encheu de horror?

Ele não tarda em instituir os jogos da juventude (ibidem, cap. XV), a subir ao palco, a cantar, a tocar harpa em público. Chama o músico Terpno (Suetônio, *Nero*, cap. XX, XXI, XXIII e XXIV), o ouve, toma lições, sujeita-se a todos os preceitos da arte e se mete entre os concorrentes ao prêmio; conforma-se às regras prescritas aos músicos profissionais de não se sentar apesar do cansaço, de não enxugar o suor do rosto a não ser com o pano de sua roupa, de não cuspir, de não se assoar em presença do público. Capta a benevolência dos ouvintes, dobra os joelhos perante eles, junta as mãos e pede suas indulgências. Está orgulhoso dessa preeminência, a ponto de fazer atirar nos esgotos as estátuas erigidas aos grandes mestres que o haviam precedido. Corrompe pelas dissipações, arrasta com seu exemplo os descendentes das famílias mais ilustres (Tácito, *Anais*, livro XIV, cap. XV): nem a idade, nem a dignidade ou o nascimento o dispensam de aprender e exercer a arte dos histriões.

Está rodeado de poetas, faz hemistíquios e eles gritam: Belo! Maravilhoso! Sublime! E se cansam (ibidem, cap. XVI) de inserir as palavras do imperador em versos despidos de natural, vazios de entusiasmo e sarapintado de estilos diferentes.

154. *Mox ultro vocari populus Romanus… Caeterum evulgatus pudor non satietatem, ut rebantur, sed incitamentum attulit.* Ibidem. (Naigeon)

A baixeza ganha até mesmo os filósofos: homens de barba longa, de moral austera e feições tristes se mostram, sem pudor, em meio às festas licenciosas da corte. Nero lhes concede alguns instantes após o repasto: como tinham opiniões diversas, ele se diverte em fazer-lhes se disputarem. E enquanto o fazem, ele digere (ibidem).

Ouso pensar que Tibério, por sua política, Calígula, por suas extravagâncias, Cláudio, por sua imbecilidade, e Nero, por sua crueldade, foram menos funestos à República ao verter em grandes vagas o sangue das famílias mais ilustres do que infectando as que pouparam. Nero, por seus assassinatos, sem dúvida arrebata grandes homens ao Estado; mas, pela corrupção, o povoa com homens sem caráter. Seus predecessores haviam começado a ruína dos costumes, ele a completou. Se concordarmos com a verdade dessa reflexão, quantos príncipes, menos ferozes, foram também culpados, foram tão desprezíveis quanto ele! O massacre dos particulares podia reparar-se com o tempo, mas o mal feito ao país inteiro permaneceu, apesar dos exemplos, dos preceitos e dos éditos de Tito, de Trajano, de Marco Aurélio e dos Julianos.

As proscrições de Sila e as de Augusto fazem tremer as almas sensíveis. Os que pensam, veem consequências totalmente infelizes à doce tirania deste último. Um padre católico[155], tão piedoso quanto instruído, disse, a esse respeito, "que os letrados haviam posto seus benfeitores na classe dos grandes homens, muito tempo antes que a Igreja pusesse os seus na classe dos santos, e que uma dessas apoteoses não era menos vil do que a outra"[156].

155. Achava-se que essa observação era de monsieur de Fleury; na verdade, ela é do estudioso Baillet. (Naigeon)

156. Esta reflexão me lembra a resposta dada por um cartuxo a Phillipe de Comines. "O corpo de Jehan Galeas, um grande e maldoso tirano..., está entre os cartuxos de Pávia, próximo ao parque, mais alto do que o grande altar, e me mostraram os cartuxos... E um nativo de Bourges o chamou *Santo*; e eu lhe perguntei por que o chamava de *Santo*, e que ele podia ver pintadas ao seu redor as armas de muitas cidades que ele havia usurpado, sem qualquer direito. E ele me respondeu baixinho: Neste país, nós chamamos de *Santo* todos aqueles que nos fazem o bem" – *Mémoires de Phillipe de Comines*, livro VIII, cap. VII, edições Elzévir, 1648. [E cap. X do tomo XIII da *Collection des Mémoires relatifs à l'Histoire de France*. Paris: Foucault, 1820.] (Brière) [Eis um outro ▸

LXXXIII – Dião (*Nero*, livro LXI, cap. XX) conta Sêneca e Sexto Afrânio entre os espectadores e dá ao primeiro um papel indigno, não digo para um filósofo, mas para um homem honesto. "Eles estavam ali", diz ele, "como dois mestres, sugerindo não sei quê a seu aluno; e quando [Nero] já havia tocado e cantado, eles aplaudem, agitam suas roupas e arrastam a multidão com seu exemplo.[157]"

O que é sobretudo notável nesta última calúnia de Dião é a impudência e a inabilidade com as quais esse homem perverso, cego pelo ódio que carregava contra todas as pessoas de bem, avança um fato desmentido até mesmo pelos infames cortesãos do mais infame dos príncipes que, para fazer com que Sêneca se perdesse, o acusava do papel oposto: "Ele troça de vós, diziam a Nero; ele parodia vossos versos e vosso canto."[158] E a quem falavam assim? A um homem cruel, ciumento de seu talento. Quando esse historiador procura difamar Sêneca, é um

▷ fato que prova a verdade da confissão ingênua desse bom monge. Éléonore de Guienne, mulher de Luís VII, de uma impudicidade e perversidade excessivas, quis ser enterrada em Fontevrault; ela até mesmo recebeu o manto da Ordem. Ela fizera muitos benefícios a essa casa: por esse motivo é representada, no necrológio de Fontevrault, como uma das mais virtuosas princesas do mundo. "Tanto é assim", Bayle diz sobre esse assunto, "que, para obter dos senhores monges um atestado de vida caridosa, em meio a uma conduta tão escandalosa, que a história mais aduladora não ousaria se calar a respeito, bastou enriquecê-los." Bayle, *Dictionnaire historique et critique*, rem. G, do art. *Louis VII*. Ver aí mesmo os propósitos do padre de La Mainferme, *in Clypeo nascentis ordinis Fontis Ebrald*, dissertat., III, p. 158. Acrescente a esse exemplo os louvores exagerados e escandalosos que o papa são Gregório dedicava à rainha Brunehaut em todas as cartas que escritas a ela. Ele não se envergonhava em dizer que a nação francesa é a mais feliz de todas, visto que mereceu ter semelhante rainha, dotada de todas as espécies de virtudes e boas qualidades: *Prae aliis gentibus gentem Francorum asserimus felicem, quae sic bonis omnibus praeditam meruit habere reginam.* (Livro XI, carta VIII.) Ver, sobre esse assunto, as *Nouvelles de la République des Lettres*, de Bayle, do mês de fevereiro de 1686. De resto, essa maneira de raciocinar é mais antiga que se crê, visto que é possível encontrá-la reduzida a forma proverbial nos gregos: "Considero Deus", diziam, "tudo o que me alimenta." Ver tambémem *Fureteri na*, p. 118, edit. De Hollande, a resposta de um cirurgião a um monge de Saint-Denis. (Naigeon)

157. Esse mesmo Dião, que não ignorava o que se passara um século antes de si, nos teria podido também ensinar se Sexto Afrânio e Sêneca imitavam a *telha*, o *pote de barro* ou o *zumbido*. (N. do A.) [Assim eram designadas as maneiras de aplaudir nos teatros; sem dúvida, como observa monsieur de La Harpe, por semelhança com os ruídos dos materiais ou dos insetos. Ver Suetônio, *Nero*, cap. XX. (Naigeon)]

158. *Nam oblectamentis principis palam iniquum, detrectare vim ejus équos regentis; indulere vocês, quoties caneret.* Tácito, *Anais*, livro XIV, cap. II. (Naigeon)

cúmplice dos cortesãos, porém mais cruel ainda; eles queriam sua vida, Dião, sua memória.

Tácito nomeia apenas Sexto Afrânio (*Anais*, livro XIV, cap. XV). O filósofo não descia da dignidade de seu caráter e de suas funções, embora não dissimulasse o perigo ao qual sua austeridade o expunha. Se Sexto Afrânio dobrando-se e Sêneca se enrijecendo não obtiveram sucesso, é porque existe uma perversidade natural mais forte do que todas as lições de sabedoria. O preceptor pode afastar-se quando o aluno se esconde; o ministro está perdido se seu senhor se envergonha ou empalidece quando o vê, se o evita, se receia ouvi-lo. Logo encontra almas inferiores que lhe persuadem de livrar-se dele pelo exílio; e almas sanguinárias, pela morte. O príncipe, quando não é uma besta-fera, toma o primeiro partido; um Nero, encontra no segundo um caminho mais curto.

O militar não teve a inflexibilidade do filósofo: no teatro, onde o senhor do mundo, histrião e tocador de flauta se prosternava diante dos juízes[159], Sexto Afrânio depunha seu voto com os deles, aflito, mas aplaudente: *moerens, ac laudans* (ibidem).

Infeliz a condição das gentes de bem que vivem ao lado de um príncipe depravado! Quantas vezes são obrigadas a violentar seu caráter! No entanto, há essa diferença entre o cortesão e o filósofo – um espreita a ocasião de bajular, o outro foge dela; um sofre com sua dissimulação, se envergonha e se repreende; o outro, consigo se congratula.

Os vícios dos reis encorajam os viciosos e tornam pusilânimes as pessoas de bem que deles se aproximam. Estes aqui temem ofender, e aqueles redobram a torpeza para agradar. A conduta de uns faz a apologia, a dos outros, a sátira dos costumes do soberano. Assim é, a seus olhos, a importância do adulador, como a importunidade dos discursos e dos silêncios do homem verdadeiro. O primeiro alcança um poder às vezes ilimitado; o segundo, sempre uma desgraça mais ou menos rápida. Não é

159. *Domini mei, inquit, audite me aequo animoi* Dião, *Nero*, livro LXI, cap. XX. Ver a sequência.(Assézat)

apenas sob Tibério ou Nero. É sempre, em todos os tempos e em todas as cortes, tenha-se mais o favor da profissão do proxeneta ou as funções do grande ministro. E pode-se sem consequências desonrar uma nação pela perda de uma batalha, mas não dirigir uma palavra ou um gesto de desprezo a uma favorita.

Talvez se pergunte por que não há muita opinião sobre o caráter e a conduta de Sexto Afrânio e que as opiniões sobre Sêneca se dividem. É que, aparentemente, se exige menos de um militar do que de um sábio; é que o filósofo não se ocupa em denegrir um homem virtuoso de corte, mas um homem de corte se diverte frequentemente em denegrir um filósofo.

LXXXIV – Sexto Afrânio morre (Tácito, *Anais*, livro XIV, cap. LI-LII)sem que se possa assegurar se foi por veneno, doença ou por ambos. A lembrança de suas qualidades eminentes fez com que fosse lamentado durante um longo tempo.

O crédito de Sêneca acabou com a morte de Sexto Afrânio[160]. Aconteceu com o filósofo, após a morte do militar, o que teria ocorrido ao militar após a morte do filósofo. Perdeu sua autoridade e o imperador voltou-se para os partidários do vício.

Tigellin estuda as desconfianças de seu senhor e gere suas acusações em conformidade com suas descobertas: "Plauto", diz ele a Nero, "é opulento, ativo e está entre aqueles que reúnem à afetação dos modos antigos a arrogância dos estoicos, pessoas intrigantes e embrulhonas."[161] E eis como um cortesão artificioso prepara com antecedência a perda de um filósofo.

Mas quer-se um exemplo terrível do caráter celerado de um outro cortesão? Sob o reinado de Cláudio, Messalina, enciumada de Popeia, a quem o pantomimo Mnester, objeto da paixão de ambas essas mulheres, tinha preferido, e desejosa de se apossar dos soberbos jardins de Valério, medita sua perda e a de sua rival. Popeia é acusada de adultério com Valério, e o poder deste aqui

160. *Mors Burri infregit Senecae potentiam.* Tácito, *Anais*, livro XIV, cap. LIV. (N. do A.)
161. *Assumpta etiam Stoicorum arrogantia, sectaque, quae turbidos, et negotiorum appetentes faciat.* Ibidem, cap. LVII. (Naigeon)

tornado suspeito ao imperador. Valério se apresenta a Cláudio e se defende. Cláudio se inclina ante o absurdo. Messalina empalidece e chora; sob o pretexto de ir banhar os olhos, sai e recomenda a Vitélio não largar sua presa. Vitélio se joga aos pés de Cláudio, se desola, lembra ao imperador sua intimidade antiga com Valério, sua educação comum na corte de Antônia, sua mãe, os serviços do acusado, seus êxitos recentes e conclui... Interrompo-me horrorizado: quem acreditaria que Vitélio se aproveitaria da ausência de Messalina para salvar a vida de um homem de bem, sem se comprometer? Vitélio conclui solicitando que a clemência do imperador deixe a Valério a escolha do gênero de morte que lhe convenha. Graça que lhe foi concedida[162].

LXXXV – É difícil decidir se Nero foi mais cruel que despudorado, ou mais despudorado do que cruel. Ele se casa com o eunuco Sporus (Suetônio, *Nero*, cap. XXVIII-XXIX) e é esposado pelo liberto Doríforo. Após um de seus festins monstruosos, nos quais se viam reunidas e confundidas a profusão, a crápula e a alegria tumultuosa (Tácito, *Anais*, livro XV, cap. XXXVII), ele cobre o rosto com o véu nupcial; os arúspices são chamados; o dote é estipulado e a cama preparada; as tochas do himeneu são acesas e ele se casa com Pitágoras, um dos infames atores da festa, submetendo-se, sob a claridade das luzes, ao que a noite cobre com sombras, na união legítima dos dois sexos[163].

Sua crueldade se distrai no deboche. Agripina não está mais ali: por que se demoraria a repudiar Otávia? O que importam suas virtudes[164] se o nome de seu pai e o valor que o povo lhe dá a tornam suspeita? Otávia é acusada de adultério (ibidem,

162. *Liberum ei mortis arbitrium permisit: et secuta sunt Claudii verba, in eamdem clemetiam*. Tacito, *Anais*, livro XI, cap. I, II e III. (N. do A.)

163. *Cuncta denique spectata, quae etiam in femina nox operit*. Ibidem, livro XV, cap. XXXVII, in fine. (N. do A.)

164. São as próprias palavras de Nero que Tácito nos conservou. Quando lhe foi apresentada a cabeça de Plauto, gritou: *Quin, inquit, Nero deposito metu, nuptias Popaeae, ob ejusmodi terrores dilatas, maturare parat, Octaviamque conjugem amoliri; quamvis modeste agat, et nomine patris, et studis Populi gravem?* – Apud Tácito, *Anais*, livro XIV, cap. LIX. (Naigeon)

livro XIX, cap. LX-LXI) e exilada. O respeito e a piedade elevam suas vozes. Nero se intimida; Otávia é chamada de volta[165]; as estátuas de Popeia são derrubadas; o povo reunido carrega nos ombros as imagens de Otávia; elas são coroadas com flores e postas nos templos. Corre-se ao palácio; a multidão enche os apartamentos do imperador, gritando que ele se mostre; mas os soldados ameaçam-na e a dispersam a golpes de chicote. E é assim que o zelo indiscreto do povo serviu em todos os tempos ao mérito e perdeu a inocência.

Popeia, no entanto, está aos pés de Nero (ibidem, cap. LXI):

> Vossa mão [diz ela] me é mais cara do que a vida; mas não a disputo. De-a a Otávia. Pensai apenas no perigo que vós correis se se pode atentar impunemente contra minha pessoa. Os clientes e os escravos de Otávia ousaram durante a paz o que, no máximo, se temeria na guerra; armaram-se. Dessa vez, faltou-lhe um chefe, mas eles o encontrarão num segundo motim. O que faz essa mulher na Campânia? Por que essa que pode, mesmo ausente, dispor do povo a seu grado, não marcharia contra Roma? Que mal fiz eu? Sou culpada de ter dado nascimento a um herdeiro legítimo dos Césares? O filho de um tocador de flauta egípcia lhes parece mais digno do poder imperial? Suportai o jugo de Otávia se vossa segurança o exige, mas que seja de bom grado, não pela força. Quando não se sabe livrar-se e vingar-se, é preciso ao menos salvar a conveniência.

Após esse discurso astucioso, a acusação de adultério é retomada (ibidem, cap. LXII-LXIX). O facínora por caráter e costume, Aniceto[166], se confessa ele mesmo culpado do crime. E a isso se

165. Não parece que a ordem para chamá-la de volta tenha sido executada, e que ela tenha retornado a Roma depois do seu divórcio. É o que se pode conjecturar das palavras de Popeia, que, ao falar de Otávia, diz a Nero: *Omitteret modo Campaniam, et in urbem ipsam pergeret ad cujus nutum absentis tumultus cierentur.* (Apud Tácito, *Anais*, livro XIV, cap. LXI.) Visto que esse discurso endereçado a Nero após as manifestações de regozijo do povo em relação à mobilização de chamar Otávia de volta havia determinado Popeia a rogar a Nero para anular essa decisão, é uma boa prova, me parece, de que a ordem para chamar Otávia de volta não teve pleno e total efeito, e que Popeia teve a arte de mandar assassinar sua rival antes do seu retorno a Roma. Assim, Otávia de fato foi chamada de volta; quero dizer que a ordem de fazê-la retornar com efeito foi dada, mas não foi executada, como ocorre com tantas ordens dadas pelos soberanos. (Naigeon)

166. Depois da morte de Agripina, cujo principal instrumento fora esse monstro, Nero tratou-o, no início, um pouco friamente, e, por fim, nutriu por ele um ódio profundo: ►

junta o da revolta. Declara-se por um édito que aquela que se havia repudiado por causa da esterilidade entregou-se ao prefeito da frota e se fez abortar; e imediatamente é relegada à ilha de Pandataria, abandonada, com a idade de vinte anos, a soldados e centuriões. E alguns dias após o exílio, é condenada à morte. As veias lhe são abertas, enquanto expira afogada pelo vapor de um banho quente; sua cabeça é arrancada e apresentada à sua rival.

O deboche e o artifício são as faltas menores de Popeia. A doçura de seus charmes mascarava uma alma atroz; era uma Fúria sob o rosto das Graças.

LXXXVI – Nessas circunstâncias, Sêneca é acusado de imiscuir-se numa conspiração que ainda não existe, mas à qual a acusação dará lugar. Romano o citará clandestinamente como cúmplice de Pisão. Sêneca se justifica e faz recair a acusação sobre o acusador (Tácito, *Anais*, livro XIV, cap. LXV).

Traseias, que se prestou às primeiras adulações do senado (ibidem, cap. XII e livro XVI, cap. XXI), retira-se de suas assembleias após a morte de Agripina. Em meio a tanta gente honesta caída em desgraça e levada à morte, envergonhou-se por Traseias manter os favores e escapar à crueldade do tirano. No intervalo entre sua desgraça e morte, Nero se vangloriou[167], na presença de

▷ pois a vista daqueles a quem se ordenou executar grandes crimes é sempre odiosa; imagina-se consigo mesmo que eles fazem contínuos reproches. Tácito narra tudo isso com muito mais brilhantismo do que eu saberia me exprimir: *Levi post admissum scelus gratia, dein graviore odio; quia malorum facinorum ministri quasi exprobrantes aspiciuntur. Anais*, livro XIV, cap. LXII. Nada é mais curioso que o discurso de Nero para persuadir Aniceto a se encarregar desse novo crime. Ele o trata com carinho, recorda-lhe o primeiro serviço que lhe prestou, diz a ele que lhe devia a vida, já que Aniceto o livrara de sua mãe que não parava de conspirar contra ele; que se apresentava uma nova ocasião de lhe prestar um serviço não menos importante, e que não exigia dele nada além que a simples confissão de ter deitado com Otávia. Promete a Aniceto uma boa recompensa, ainda que não devesse sentir de início os efeitos do seu reconhecimento, e finaliza ameaçando-o de morte em caso de recusa. Aniceto promete tudo o que Nero deseja; fez até mesmo mais do que se exigia dele. Serviço feito, o imperador o exila na Sardenha pró-forma. Aniceto viveu ali tranquilo, sem preocupações, e morreu de morte natural. É preciso ler todos esses detalhes em Tácito, detalhes que tornei menos vigorosos ao querer traduzi-lo. Ver *Anais*, livro XIV, cap. LXII. (Naigeon)

167. *Secutam dehinc vocem Caesaris ferunt, qua reconciliatum se Thraseae, apud Senecam jactaverit, ac Senecam Caesari gratulatum.* Unde gloria egregiis viris, et pericula gliscebant. Ibidem, livro XV, cap. XXIII. (Naigeon)

Sêneca, de se ter reconciliado com Traseias. O filósofo não hesitou em felicitá-lo, embora veja decidida nos propósitos de Nero a proscrição de Traseias e que, por sua franqueza, ele corria o risco de assinar a sua. Há muitos cortesãos para quem a perfídia de seu senhor, sendo bastante conhecida, ousaram lhe falar como Sêneca a Nero? Em tal circunstância, eu o vejo apresentar-se ao agressor, e não mostra menos coragem quando derrama seu sangue no banho. No último momento, ele aceita a morte que lhe vem pelo centurião; aqui, ele se adianta audaciosamente diante dela.

Sêneca teve todos os gêneros de coragem: a dos princípios, a do caráter e a do dever.

As reflexões seguintes me causam repugnância; muitas vezes tomei a pena para riscá-las, mas elas revelam de maneira tão forte a parcialidade dos detratores de Sêneca e atacam tão debilmente o grande caráter de Traseias que as deixei. Tem-se prazer em opor o papel do militar ao do filósofo, e se esquece que o primeiro ouviu censuras sobre o vivo interesse que dava à organização do teatro de Siracusa, enquanto os objetos da paz, da guerra, das leis, dos impostos e dos costumes solicitavam inutilmente sua atenção. E respondeu que "ocupando-se de pequenas coisas mostrava, para a honra do senado, que as grandes não seriam negligenciadas". Pergunto se essa resposta frívola é digna de um magistrado cujas prerrogativas o autorizavam a falar, a fazer um julgamento, a requerer que se deliberasse. Traseias resta inútil dentro de um senado desonrado e ninguém o condena! Sêneca ocupa um lugar penoso e de perigo, no qual pode servir ao príncipe e à pátria, e não lhe perdoam! Que censores de nossas ações, que juízes!

LXXXVII – Sêneca vivia ainda na corte de Nero durante um desastre que alguns atribuem ao acaso (Tácito, *Anais*, livro XV, cap. XXXVIII), outros à maldade do príncipe; mas, certamente, o mais extenso e terrível que a violência das chamas tinha causado a Roma. Foi a partir do circo adossado a um lado do monte Palatino, e, de outro, ao monte Célio, que o incêndio se propagou. Num mesmo instante o fogo ganha combustível nas lojas de mercadorias e as queima todas de uma vez; rápido em seu nascimento, o vento o ajuda em sua atividade e a ausência de casas revestidas de paredes grossas ou de templos revestidos por muralhas favorece seu progresso; ele arrasa os espaços planos, ele sobe e desce com mais força. Sua rapidez torna o socorro impraticável numa cidade como a velha Roma, recortada de ruas tortuosas, estreitas e de longo comprimento. Os gemidos das mulheres assustadas, a lentidão dos velhos, a fraqueza das crianças, um concurso tumultuoso de homens que pensam em salvar-se, que se ocupam com a salvação dos outros, que arrastam ou esperam pelos impotentes, que se precipitam, que param, embaraçando tudo. Quando se olha atrás de si, é-se envolvido pela frente ou pelos lados; ao se escapar do incêndio do próximo quarteirão, cai-se inopinadamente no incêndio do quarteirão mais distante. Incerto sobre o que fazer, sobre o que evitar, ou se é atropelado nas ruas ou se vai aos campos, refugiando-se nos cemitérios; muitos se precipitam nas chamas, desesperados com a perda dos que lhe eram caros. Ninguém ousa garantir sua própria casa; de todas as partes há pessoas que ameaçam se se tenta deter o fogo, e outros que lançam, à vista do povo, tochas inflamadas, gritando que estão autorizados por ordens reais, ou com a intenção de estender a pilhagem.

Seria difícil enumerar as casas, os palacetes e os templos destruídos (ibidem, cap. XLI), os antigos monumentos da religião, tais como o templo consagrado por Sérvio Túlio, o grande altar e a basílica dedicados pelo árcade Evandro a Hércules, a capela que Rômulo dedicou a Júpiter, o palácio de Numa, o templo de Vesta. Os penates do povo romano, os despojos de tantos vencidos, as obras-primas de arte dos gregos, os exemplares autênticos das primeiras produções do gênio, tudo pereceu. E em meio ao esplendor da Roma nova, os velhos deploram a perda irreparável de uma infinidade de coisas preciosas.

O incêndio durou seis dias e sete noites. Nero, espectador do alto da torre de Mecenas, em hábitos teatrais, canta o incêndio de Troia. Proíbe escavar os escombros e para seu proveito se retiram os restos da fortuna dos incêndios; e para a reparação do desastre, exige contribuições que arruínam a cidade e as províncias[168]. Diz: "Façamos de maneira que tudo me pertença.[169]" A indiscrição de um soberano deixa às vezes escapar o pensamento secreto de outros; eles se calam, mas suas humilhações falam.

LXXXVIII – Enfim, revoltado com tantos crimes e sacrilégios, Sêneca pediu seu afastamento[170].

Tinha invejosos, teve caluniadores, e qual é o homem de mediocridade tão segura para gozar sem problemas da intimidade do príncipe?

Contra ele intentaram-se diferentes acusações. O crescimento de uma enorme fortuna, e levada além do que é conveniente a um homem privado, o ocupava sem cessar; tinha o favor dos cidadãos. Faltou pouco para que não sobrepujasse o príncipe pelas delícias de seus jardins e a magnificência de seus campos; reconhecia em si apenas o talento da eloquência. Depois que Nero havia tomado o gosto pela poesia, se exercitava com mais frequência nesse gênero de literatura; seu desprezo pelos divertimentos do imperador não se constrangia nem mesmo em público. Rebaixava a habilidade de César em dominar um cavalo e caçoava de sua voz, quando cantava. *Até quando se fará com que acredite ser o autor de todo o bem no Estado?* César não é mais uma criança, está na flor da idade. Já é tempo de César se desembaraçar de seus mestres. Para instruir-se, César não tem exemplos suficientes em seus antepassados? (Tácito, *Anais*, livro XIV, cap. LII).

LXXXIX – Essas imputações não eram ignoradas por Sêneca[171]; delas era informado por aqueles a quem a virtude tinha algum

168. Suetônio, *Nero*, cap. XXXVIII: *Collationibus non receptis modo, verum et afflagitatis, provinciais privatorumque censos prope exhausit.* (Naigeon)

169. Ibidem, cap. XXXII. *Nulli denegavit officium, ut non adjiceret: Scis, quid mihi opus sit; et hoc agamus, ne quis quidquam habeat.* (Naigeon)

170. Tácito, *Anais*, livro XV, cap. XLV. *Ferebatur Seneca, quo individiam sacrilegii a semet averteret, longinqui ruris secessum oravisse; et postquam non concedebatur, ficta valetudine, quasi aeger nervis, cubiculum non egressus.* (Naigeon)

171. *Providentibus iis, quibus aliqua honesti cura.* Tácito, *Anais*, livro XIV, cap. LIII, init. (N. do A.)

interesse. Ao imperador, que o afastava de sua intimidade com crescente desdém, pediu uma audiência, que lhe foi concedida, e na qual observou o discurso que se segue:

Senhor, há quatorze anos que me fizeram aproximar-me de vossa pessoa, e que a esperança do império me foi confiada; há oito vós reinais. Nesse ínterim vós me cobristes de muitas honras e riquezas, faltando à minha felicidade apenas moderar seus excessos. Os grandes exemplos de que me servirei não pertencem à minha classe, mas à vossa. Vosso avô, Augusto, permitiu a Agripa retirar-se para Mitilene; a Mecenas, de gozar, na própria cidade, da ociosidade de um retiro afastado. Um o seguiu nos campos, o outro havia exercido, sob suas ordens, várias funções penosas; ambos foram magnificamente recompensados por serviços importantes. Lições dadas, por assim dizer, na sombra, mas ilustradas pela honra de ter concorrido aos primeiros cuidados de vossa juventude, foram-me bem pagas. E no entanto, senhor, vós haveis novamente reunido para mim um favor sem limites, uma riqueza imensa, que frequentemente disse a mim mesmo: nascido na província, e na ordem dos cavaleiros, hoje te contam entre os grandes dessa cidade! Homem novo, tu brilhas entre os nobres, entre os cidadãos engalanados por uma longa ilustração. Esta alma, para a qual a modicidade seria suficiente, o que se tornou? Aquele que planta belos jardins, que passeia em suas casas de campo, que possui tantas terras, que goza de uma enorme renda – eis Sêneca!

Minha única defesa é que não me foi permitido opor-me à vossa liberalidade: mas nós preenchemos as medidas; vós, concedendo-me tudo o que um príncipe pode conceder a seu amigo; eu, recebendo tudo o que um amigo pode aceitar de um príncipe. O excesso instiga o ciúme: na altura que vós vos colocais, acima dela e de todas as coisas da terra, dela escapais; mas sobre mim ela pesa, e tenho necessidade de um apoio. Na guerra, em viagem, se estivesse caindo de fadiga, solicitaria um auxílio. É assim que o utilizo no caminho da vida. Sou velho, incapaz dos menores cuidados e, na impossibilidade de conduzir mais adiante o fardo de minha opulência, peço ser dele aliviado. Ordenai, senhor, aos vossos intendentes de tomar a administração dos meus bens e de reuni-los aos vossos, Não caio na indigência; e despojado dessas coisas cujo brilho me ofusca, a porção de tempo que me era encantadora no cuidado dos campos e dos jardins, retornará à cultura do meu espírito. Vós estais no vigor da idade e uma já longa experiência a vós tornou familiar a arte de governar; suportai que vossos amigos repousem numa idade avançada; vos será mesmo glorioso ter elevado à grandeza aquele que podia tolerar a mediocridade (Tácito, *Anais*, livro XIV, cap. LIII-LIV).

Eis a resposta de Nero, tal como foi, mais ou menos, feita:

Se vos replico imediatamente a esse discurso premeditado, é por se tratar de uma das primeiras obrigações que vos tenho; vós me haveis ensinado a resolver facilmente as dificuldades previstas e as inopinadas. Agripa e Mecenas obtiveram de meu ancestral o repouso após os trabalhos; mas Augusto tinha uma idade na qual sua autoridade remediava a variedade de suas instruções, e ele não os despojou do que possuíam por sua munificência. Eles bem a tinham merecido por seus serviços durante a guerra e nos perigos que houvera passado na juventude. E creio que em semelhantes circunstâncias nem vosso braço nem vossas armas me teriam faltado. Vós haveis sustentado minha infância, emprestado vossa razão à minha juventude, vossos conselhos e preceitos. Era tudo o que minha posição exigia e a memória de tais serviços ficará comigo enquanto viver. Esses jardins e campos que tendes de mim são coisas casuais; e qualquer que seja o preço que se lhes dê, homens cujo mérito não seria comparável ao vosso, terão sido melhor gratificados. Eu me envergonharia de nomear os libertos que são mais ricos do que vós; é vergonha minha se aquele que ocupa o primeiro lugar em meu coração não é o mais opulento dos romanos. Vós tendes uma saúde firme; vossa idade, apropriada à administração dos negócios, ainda é aquela dos prazeres. E eu só comecei a reinar. Vós vos creríeis assim mais elevado por mim do que Vitélio, três vezes cônsul, o foi por Cláudio? E minha liberalidade não pode acumular sobre vós o que Volúsio soube reunir por longas economias?[172] Se vos parece que, nas sendas escorregadias, eu cedo à inclinação da juventude, vós não me impedis? Este vigor de uma alma bem exercida, não se desdobrará inteira em meu auxílio? Se vós me restituis as doações, não será a modéstia, e se deixardes o vosso príncipe, não será o repouso; serão a minha avareza e o medo de minha crueldade que entreterão o povo. O elogio de vossa

172. *Verum et tibi valida aetas, rebusque, et fructui rerum sufficiens; et nos prima imperii spatia ingredimur: nisi forte aut te Vitellio ter consuli, aut me Claudio postponis; vel quantum Volusio longa parcimonia quaesivit, tantum in te mea liberalitas explere non potest.* Tácito, *Anais*, livro XIV, cap. LVI. É dessa forma que se deve ler e pontuar essa passagem, tão difícil de entender, e mais ainda de traduzir. A lição da edição *Variorum* é um pouco diferente; mas prefiro a de Ernesti, que no lugar de *sed quantum*, presente nas melhores edições, propõe que se leia, com o padre Brotier, *vel quantum*, ou *et quantum*, removendo o ponto-final depois de *postponis*, como a clareza e a conexão das ideias o exigem. (Naigeon)

modéstia, com a qual deveria particularmente ocupar-se, seria conveniente ao homem sábio ilustrar-se, se aviltasse um amigo? (ibidem, cap. LV-LVI).

A dignidade, a presença de espírito, e mesmo o sentimento e o ar de verdade que reinam nesse discurso fazem arrepiar. Tenho dificuldade em crer que Nero se tenha assim francamente confessado avaro e cruel, a menos que tenha sido engenhosamente conveniente a um vício ainda desconhecido para disfarçar aquele que se lhe reprovava, a crueldade. Em seguida, esse príncipe, disposto por seu caráter[173] e habilidoso, por costume, em velar seu ódio sob falsas carícias, aproxima sua face da de Sêneca e o abraça.

XC – O discurso afetuoso de Nero não se impôs a Sêneca. Certo de sua desgraça, ele persistiu em pedir seu afastamento, o obteve com dificuldade e mudou repentinamente seu gênero de vida (Tácito, *Anais*, livro XIV, cap. LVI). Despojou-se das prerrogativas de um poder que o eclipsava. Os visitantes políticos e curiosos que vinham oficiosamente espreitar sua conduta, surpreender seus discursos, e que continuavam a obsedá-lo porque não estavam convencidos de sua perda, foram afastados. Sua porta fechou-se e ele não sofreu mais com o cortejo dos clientes que o envolvia ao sair de sua casa. Era pouco visto na cidade; sua saúde precária e seu gosto pelos estudos lhe serviam de pretexto ao soberano, que se felicitava, e que talvez tivesse como crime sua ausência. Sua morte seguiu-se em breve a essa reforma. A desgraça, confirmada, encontrou o filósofo separado dessas importantes frivolidades cuja privação torna os homens ordinários tão aborrecidos em seus momentos de repouso e liberdade, e a vida privada tão tediosa. A pureza de sua consciência e a lembrança de suas ações adoçavam o amargor das jornadas que passava à espera da proscrição.

Primeiramente se propôs desfazer-se dele pela via secreta do veneno (ibidem, livro XV, cap. XLV). Sem dúvida, Nero teria preferido o recurso de imputar ao próprio Sêneca a sua morte, acusá-lo

173. *His adjicit complexum et oscula, factus natura, et consuetudine exercitus, velare odium fallacibus blanditiis.* Ibidem. (Naigeon)

de fraqueza ou mesmo rejeitar essa grande perda pela necessidade do castigo. Mas seja porque Cleônico, um dos libertos de Sêneca, que havia sido corrompido, ressentiu-se do horror que um parricida não deveria experimentar por seu preceptor, seja porque o filósofo tenha desconfiado do atentado, este não foi executado.

Depois desse momento, não se alimentava senão de frutos selvagens e matava a sede apenas com água corrente dos riachos[174].

Que espetáculo, para a imaginação, o possuidor de uma imensa fortuna atormentado pela sede, pela fome e pelo terror, o que é pior do que a necessidade; errando em seus magníficos jardins, e reduzido à condição indigente dos animais. Diga-nos tu mesmo, grande filósofo, homem verídico, quais foram então tua consolação e tua força? A virtude, a virtude que te restava, e da qual o tirano não podia te despojar; o tirano talvez te pudesse deixar a vida, se tivesse em seu poder retirar-te a virtude.

XCI – Enquanto isso, Nero segue o curso de seus crimes, fazendo morrer sua tia (Suetônio, *Nero*, cap. XXXIV) e se apossando de seus bens; para esposar Estatília, ordena a morte de seu marido; a de Antônia (ibidem, cap. XXXV), filha de Cláudia, que se recusa a tomar o lugar de Popeia em sua cama; todos seus amigos ou parentes padecem a mesma sorte, entre outros o jovem Áulio Plátio, que ele viola antes de enviá-lo ao suplício; afoga Rufino Crispino, filho de Otão e de Popeia, por ter se divertido se fazendo de imperador; Tusco, seu irmão de leite, por se ter banhado, durante seu governo no Egito, nos banhos preparados para o imperador; os libertos ricos que haviam trabalhado para sua adoção, à época de Cláudio; o velho Palas[175], que lhe fazia esperar muito tempo pelo espólio; e, segundo a resposta de um astrólogo (ibidem, cap. XXXVI), consultado quando da aparição de um cometa, tais

174. *Dum persimplici victu, et agrestibus pomis, ac, si sitis admoncret, profluente aqua vitam tolerat.* Ibidem, livro XV, cap. XLV, *in fine*. O mesmo historiador, em outro trecho diz o seguinte: *Seneca quoniam senile corpus, et parco victu tenuatum, lenta effugia sanguini praebebat.* Ibidem, cap.LXIII. (Naigeon)

175. *Pallantem, quod immensam pecuniam longa senecta detineret.* Tácito, *Anais*, livro XIV, cap. LXV. (N. do A.)

espécies de presságios não são desviados senão por mortes expiatórias; daí a proscrição de quem permanece o mais ilustre em Roma é decidida; formam-se duas conjurações – uma de Pisão, em Roma; outra de Vinícios, em Benevento.

XCII – Senadores (Tácito, *Anais*, livroXV, cap. XLVIII), cavaleiros, homens de todas as condições, e até mesmo mulheres se rivalizam naquela de Pisão; uns por ambição, outros por amor ao bem público e Lucano por um pequeno ressentimento de poeta[176].

Ela fracassou por indiscrição de Epícaris e pelos desprezíveis conselhos da mulher de um liberto (ibidem, cap. LI, LIV e LV).

Logo os conjurados são presos e confrontados (ibidem). Coisa incrível, morrem quase todos corajosamente, após se terem entreacusado covardemente; só um instante separa papéis tão opostos. Se menosprezavam a vida, por que não morreram em silêncio? Se temiam a morte, por que morreram sem se lamentar?

Nero, para conservar o império, fez massacrar sua mãe; a ação de Lucano é mais revoltante; para conservar sua vida, denuncia Acília, sua mãe (ibidem). Ó Lucano! Tu poderias ser superior a Homero, mas tua obra estará para mim sempre fechada. Odeio-te e te desprezo; não mais te lerei.

Súbrio responde a Nero, que lhe pergunta como pôde trair seu juramento (ibidem, cap. LXVII): "Eu te odiava. Nenhum soldado te foi mais fiel, enquanto merecias ser amado; comecei detestar-te quando te tornastes assassino, envenenador, parricida e cocheiro, e ator e incendiário."

E tu, Sulpício, por que conjurastes? (ibidem, cap. LXVIII) "Por quê? Porque tua morte era o único remédio para teus vícios."

Como se cavava o fosso de Súbrio, e como não era cavado nem comprido nem largo o suficiente, disse ele ironicamente: "não têm instrução nem mesmo para isso".[177]

176. *Lucanum propriae causae accendebant, quod famam carminum ejus premebat Nero prohibueratque ostentare, vanus assimulatione* – Ibidem, livro XV, cap. XLIX. (Naigeon)

177. *Ne hoc quidem, inquit, ex disciplina*. Ibidem, cap. LXVII. (N. do A.)

Ao tribuno Niger, que lhe recomenda apresentar sua cabeça com coragem, diz: "Que tu possas também mostrá-la ao golpear."[178]

Parece que a crueldade do senhor havia feito crescer a dos carrascos. Niger, que não tinha podido decapitar Súbrio com dois golpes, disse alegremente ao imperador que o havia matado uma vez e meia[179].

Roma estava então cheia de astrólogos e de quiromantes de boa fortuna. As artes mentirosas do futuro, que se ligam igualmente bem ao ateísmo e à superstição, são igualmente interrogadas, seja pela felicidade que se espera, seja pela infelicidade que se experimenta. O papel dos falaciosos que as professam é o de tornar suspeitos os que se quer perder, divulgar segredos que se quer trair, sem se comprometer, fazer fracassar projetos e sugeri-los; o de prevenir ou pressagiar ao povo; inspirar ou acalmar os terrores: quanto mais o povo é infeliz, mais o tirano sombrio e os grandes se inquietam, mais se teme o futuro, mais se suporta com impaciência o presente e menos energia se tem em si; quanto mais se recorre aos deuses, mais as artes divinatórias possuem crédito. É-se piedoso e crédulo nos alarmes, têm-se pressentimentos, e é às vezes difícil discernir o pressentimento do instinto da razão, da intuição das verossimilhanças. Então o homem forte se exorta e se decide; a mulher e o homem fraco correm para o adivinho. É perigoso dirigir-se a esses impostores, que aliás vendem suas mentiras a preço caro; custou à filha de Sorano seu colar, seus presentes de noiva e a vida de seu pai (Tácito, *Anais*, livro XVI, cap. XXX).

XCIII – À morte de Pláutio Laterano, designado cônsul, sucedeu a morte de Sêneca[180], a mais agradável a Nero; não que ele tenha adquirido alguma prova que o implicasse manifestamente na conjuração de Pisão; mas era preciso executar pelo ferro o que

178. *Utinam, ait, tu tam fortiter ferias*. Ibidem. (N. do A.)

179. *Saevitiam apud Neronem jactavit, sesquiplaga interfectum a se dicendo*. Ibidem, *in fine*. (Naigeon)

180. *Sequitur caedes Annaei Senecae, laetissima principi, non quia conjurationis manifestum compererat, sed ut ferro grassaretur, quando venenum non processerat*. Ibidem, cap. LX. (Naigeon)

se havia inutilmente tentado pelo veneno. Até aquele momento, apenas Natalis havia deposto que, durante a enfermidade de Sêneca, ele havia sido enviado para junto do filósofo, a fim de lamentar não lhe ser possível estar com Pisão e dizer-lhe que seria melhor cultivar sua amizade por meio de entrevistas familiares; ao que Sêneca teria respondido que visitas recíprocas e conversas frequentes não convinham nem a um nem a outro, e que, de resto, sua saúde estava ligada à de Pisão.

Natalis, que conhecia o ódio secreto do imperador contra Sêneca[181], prometeu salvar-se fazendo-o perder-se.

Grânio Silvano, tribuno de coorte, teve a incumbência de apresentar a Sêneca essa delação e de saber se ele reconhecia o discurso de Natalis e sua resposta. Por acaso ou intencionalmente, nesse dia Sêneca havia deixado a Campânia e se detido, com sua mulher, em um de seus domínios agrícolas, a quatro milhas de Roma.

O tribuno chegou, era noite. Cercou a casa de soldados e comunicou suas ordens ao filósofo, que tomava uma refeição com sua mulher Paulina.

Sêneca respondeu que Natalis tinha vindo à sua casa e havia deplorado, em nome de Pisão, que sua casa houvera sido fechada, e que havia se desculpado por sua má saúde e seu gosto pelo repouso; de resto, que ele não tinha nenhum motivo para preferir o bem-estar de um homem privado à sua própria segurança, que seu caráter não se inclinava à dissimulação e que ninguém sabia, melhor do que Nero, que ele havia com mais frequência experimentado sua franqueza do que sua complacência[182].

181. *Adjicit Annaeum Senecam, sive internuncius inter eum Pisonemque fuit, sive ut Neronis gratiam pararet, qui infensus Senecae, omnes ad eum opprimendum artes conquirebat.* Ibidem, cap. LVI. (Naigeon)

182. *Nec sibi promptum in adulatione ingenium;* idque nulli magis gnarum, quam Neroni, saepius libertatem Senecae quam servitium expertus esset. Apud ibidem, cap. LXI. Ver, acerca desse assunto, o que eu disse em uma longa nota dobre o *Tratado da Clemência*, livro II, cap. II, t. IV, p. 436s., da edição de La grange das *Obras* de Sêneca. (Naigeon)

XCIV – O tribunal sanguinário do príncipe, no entanto, os conselheiros íntimos de seus furores, Popeia e Tigelino, estão reunidos[183]: o tribuno faz seu relatório. Nero pergunta se Sêneca se dispõe a morrer. O tribuno responde[184] que não lhe notou qualquer signo de medo, nada de triste em seu rosto, nada alterado em suas palavras. Imediatamente lhe é ordenado voltar e anunciar a Sêneca sua proscrição.

Por que o tirano teria ficado tão satisfeito e tão apressado em mergulhar suas mãos no sangue de seu preceptor e ministro, se este aqui houvesse sido complacente com seus vícios e aprovado seus crimes? Nero jamais houvera ordenado um assassinato com maior alegria: *laetissima coedes*.

Fábio Rústico diz que o tribuno tomou outro caminho, deteve-se na casa do prefeito Fênio, confiou-lhe a ordem de César e perguntou-lhe se obedeceria; Fênio o aconselhou a não falhar. Assim era o servilismo de todos. O tribuno, porém, poupa Sêneca do horror de vê-lo e de ouvi-lo, introduzindo um dos centuriões que declara ao filósofo que seu último instante é chegado.

Este, sem se emocionar, pede as tábuas de seu testamento. Com a recusa do centurião, volta-se para seus amigos e lhes diz que "considerando que não lhe era permitido reconhecer seus bons ofícios, restava-lhe, porém, um legado, e de todos aqueles que tinha a fazer-lhes, o mais precioso[185], a imagem de sua vida, da qual não conservariam a lembrança sem ser reconhecidos por seu amor aos conhecimentos honestos e sua constância na amizade". Ao mesmo tempo, impede suas lágrimas ou por simples discursos ou por uma maneira mais enérgica, e os conduz à firmeza, pedindo-lhes: "E esses preceitos de sabedoria, onde estão

183. *Ubi haec a tribuno relata sunt Poppaea et Togellino coram, quod erat saevienti principi intimum consiliorum etc.* Tácito, *Anais*, livro XV, cap. LXI. (Naigeon)

184. *Tum tribunus, nulla pavoris signa, nihil triste in verbis ejus aut vultu deprehensum, confirmavit.* Ibidem. (Naigeon)

185. *Imaginem vitae suae relinquere, testatur: cujus si memores essent bonarum artium, famam tam constantis amicitiae laturos.* Tácito, *Anais*, livro XV, cap. LXII. (N. da E.Fr.). Prefiro ler com o escritor filósofo ao qual devemos essa obra: *Cujus si memores essent; bonarum artium famam, tum constantis, amicitiae laturos.* Essa lição é muito boa, e tem um sentido belíssimo. (Naigeon)

eles? E essas meditações assíduas sobre os perigos da vida, para que servem elas? Para quem a ferocidade de Nero não é conhecida? Após a morte de sua mãe[186] e de seu irmão, não lhe restava mais senão impregnar suas mãos no sangue de um homem que se havia ocupado a formar-lhe o coração e o espírito."

O silêncio de Sêneca a respeito de Sexto Afrânio, nesse momento, me inclina a acreditar que este aqui não morreu de morte violenta, ou que ao menos Sêneca o ignorava ou não pensava nela. Nada seria mais natural, em tal circunstância, do que associar-se àquele com quem tinha dividido as mesmas funções, se houvesse recebido a mesma recompensa.

Após esses discursos e alguns outros que pareciam dirigidos a todos, ele abraça sua mulher e, enternecido[187], apesar da resistência de sua firmeza, ele pede, lhe suplica para moderar sua aflição, de não eternizá-la, de permitir que diversões honestas[188]

186. Esta passagem em Tácito prova o horror que a morte de Agripina inspirara em Sêneca, e o justifica sobretudo por ter sido o seu apologista, como alguns modernos o repetem todos os dias a respeito da fé de Dião, ou antes do monge Xifilim. Sem dúvida não encontramos nessa passagem a manifestação de um homem que aprova o matricídio: trata-se da manifestação de um filósofo virtuoso, que tem coragem de reprovar publicamente esse execrável assassinato àquele que o cometeu, e de acusá-lo diante de uma assembleia de pessoas sérias que estavam tão informadas e indignadas quanto ele. Se Sêneca tivesse merecido alguma repreensão a esse respeito, teria ousado se exprimir desse modo no momento em que Roma inteira mantinha os olhos sobre ele, e imputar unicamente a Nero a culpa do crime do qual ele próprio teria sido cúmplice, confidente ou apologista? Não teria temido com razão a perseguição, ou pelo menos o murmúrio das mesmas pessoas que o escutavam; e deve-se supor, sem nenhuma prova, em um homem que, em todos os séculos, foi objeto da veneração de todas as pessoas de bem, uma audácia, uma impudência e uma afronta que os mais vis celerados nunca tiveram? Tácito mesmo não teria deixado de sublinhar aqui a contradição chocante entre os discursos de Sêneca e suas próprias ações: e seu silêncio sobre esse ponto, associado ao teor da vida inteira do filósofo, bastaria, não digo apenas para desculpá-lo por ter tido menor participação na morte de Agripina, mas mesmo para fazer presumir que ele se manifestou desde então abertamente, e sem temer excitar contra si a fúria e o ressentimento do imperador sobre um crime do qual só a ideia já faz estremecer qualquer homem que ainda conserva alguma centelha de virtude. Ver, acima, o que foi dito a respeito do mesmo tema, na nota 135 da p. 148, e nota 146 da p. 159. (Naigeon)

187. *Et paululum adversus praesentem fortitudinem mollitus*, me pareceu mais exato que *adversus praesentem formidinem*, que seria uma injúria a Sêneca. Ver Tácito, *Anais*, livro XV, cap. LXIII. (Naigeon)

188. *Sed in contemplatione vitae per virtutem actae, desiderium mariti solatiishonestis toleraret.* Ibidem. (Naigeon)

e a contemplação de uma vida consagrada à virtude suavizem a nostalgia pela perda de seu esposo. Paulina protesta que a sentença de morte lhes é comum e apela à mão do percussor. Sêneca não se opõe a tão nobre resolução, tanto por ternura a uma mulher unicamente querida quanto por medo das injúrias às quais ficaria exposta. "Eu vos indiquei", lhe diz[189], "as consolações da vida; vós preferis uma morte gloriosa e não vos invejarei o exemplo. Numa separação que exige tanta força, que nossa constância seja igual e vosso fim mais glorioso..." No mesmo instante, e de um só golpe, o ferro abre-lhe as veias dos braços. Sendo avançado em idade, e extenuado pelos excessos da dieta, seu sangue escapa lentamente. Ele corta as veias das pernas e das coxas. Mas com medo de que a visão de angústias cruéis que o excedessem rompesse a alma de sua esposa, e que o espetáculo do tormento dessa mulher lhe arrancasse um movimento de impaciência, persuadiu-lhe de retirar-se para um outro aposento. Chama então secretários e, inspirado por sua eloquência até o último momento, dita várias coisas que se publicaram em seus próprios termos, e às quais me abstenho de tocar, diz Tácito[190].

189. *Vitae, inquit, delinimenta monstraveram tibi, tu mortis decus mavis: non invidebo exemplo. Sit hujus tam fortis exitus constantia penes utrosque par, claritudinis plus in tuo fine*. Ibidem. (Naigeon)

190. *Et novíssimo quoque momento, suppeditante eloquentia, advocatis scriptoribus pleraque tradidit, quae in vulgus edita ejus verbis, invertere supersedeo*". Ibidem, cap. LXIII, *in fine*. Essa passagem é uma pelas quais se pode inferir, com bastante verossimilhança, que Tácito, assim como os melhores autores da antiguidade, esquecendo a posteridade e, por assim dizer, concentrando o universo unicamente em Roma ou Atenas, escreviam apenas para seus amigos contemporâneos, não prevendo que suas obras, rompendo o intervalo dos tempos e dos lugares, um dia fariam a delícia dos homens mais instruídos entre as nações esclarecidas. É verdade que, por uma dessas estranhas contradições, e bem difíceis de explicar, do espírito humano, é possível vê-los, em outros lugares, fortemente animados pelo desejo da glória, é possível ouvir ao longe, no meio dos seus ingratos concidadãos, a voz livre e imparcial dos séculos por vir, e se consolar da injustiça do seu próprio século por meio da esperança tão doce de não morrer totalmente. Porém não sei se essa ideia da posteridade, que, alhures, parece jamais ter sido compreendida tanto pela mente deles quando pela nossa, não era menos uma opinião pela qual estavam realmente convencidos do que uma dessas ilusões sedutoras sobre as quais a imaginação exaltada e o amor-próprio deles se deleitava algumas vezes ao nelas se repousar. Parece, com efeito, que quando eles escreviam a sangue-frio, e conforme sua própria e íntima convicção, se ocupavam muito pouco com ▸

A morte natural por hemorragia das veias é rara; é lenta, elas se dobram à medida que se esvaziam e a efusão de sangue é suspensa. Por que os tiranos não ordenam a ferida no coração ou a secção das artérias, com as quais se morre tão rapidamente? Por que as vítimas não fazem a escolha? Por que não enfiam ou se fazem enfiar o punhal sob a clavícula esquerda, como já se viu cem vezes ser praticada por gladiadores? O homem teme morrer muito rapidamente e cobra tanto preço por um instante a mais?

O relato que precede é traduzido dos *Anais* de Tácito. Intérprete fiel desse autor sublime e profundo, não podíamos, sem temeridade, e quase digo sem sacrilégio, ali acrescentar ou dali cortar uma só palavra. Se retiramos alguma coisa, foi seu laconismo e sua energia; e que se imagine, apesar de nós[191].

▹ o futuro. Vemos a prova disso em passagens de Tácito que nos motivaram a desenvolver o assunto desta nota, sobretudo naquela em que, ao se desculpar, por assim dizer, por ter conservado a resposta audaciosa de Flavius a Nero, continua a insistir sobre a causa do seu silêncio em relação às últimas palavras de Sêneca. Ele diz: "Expus os próprios termos de Flavius, porque o seu discurso não é tão público quanto o de Sêneca, e porque a eloquência um pouco selvagem, mas enérgica e precisa, desse guerreiro, da mesma forma merece ser conhecida de todos." *Ipsa retuli verba, quia, non ut Senecae vulgata erant: nec minus nosci decebat militaris viri sensus incomptos, et validos.* Tácito, *Anais*, livro XV, cap. LXVII. Essas duas passagens revelam evidentemente um homem que não conduz suas observações para além do momento. Se, ao compor essa parte dos seus *Anais*, Tácito tivesse pensado na posteridade, teria sentido a impossibilidade absoluta de fatos ou discursos, puramente tradicionais, chegarem sem se corromperem, e através das diversas revoluções que o tempo prepara, a épocas longínquas; e o mesmo motivo que o determinou a expôr, em favor dos seus contemporâneos, a resposta pouco conhecida de Flavius, o teria engajado mais fortemente ainda a consagrar, da mesma forma, de uma maneira mais durável, por interesse pela posteridade, e por respeito pela memória de Sêneca, o discurso desse filósofo. Pois não se pode acusar razoavelmente o historiador mais profundo, mais judicioso e mais ponderado da antiguidade de não ter previsto, conforme o curso ordinário das coisas e a experiência cotidiana da incerteza da tradição, que se, no momento em que ele escrevia, todos os romanos ainda sabiam de cor as palavras que Sêneca moribundo ditara aos seus secretários, elas seriam necessariamente alteradas de mil maneiras diferentes, e talvez até mesmo inteiramente destituídas do seu espírito, antes que essa geração desaparecesse. De resto, é sobretudo nos historiadores que se pode, com frequência, observar esse esquecimento com relação à posteridade. Qualquer que seja a causa disso, o fato não é nem menos evidente, nem menos curioso, e não será, penso, nem um pouco surpreendente, que ninguém ainda o tenha notado. (Naigeon)

191. É aqui que toda a raiva antifilosófica se revela. Ela diz: "Sêneca quer morrer teatralmente." Censores, vós não vos escutais, e Suílio é apenas uma criança tímida comparado a vós. Não acabais de ler que Sêneca fazia uma refeição em uma de suas casas de campo quando foi interrogado; que não lhe foi notado qualquer sinal de temor, nada ▸

A morte de Sêneca seguiu de perto a conspiração de Pisão. Seus cúmplices eram homens distintos em todos os estados da República, e não observam nem Traseias nem Sexto Afrânio; não perdoam a seu chefe ter-se mostrado algumas vezes em cena com o imperador e alguns deles não reprovam em Sêneca seus vícios particulares, sua avareza, sua ambição nem o édito após a morte de Britânico nem a carta ao senado após a morte de Agripina, seu comércio com Júlia ou sua complacência com a lubricidade do

▷ de triste nas feições, qualquer alteração na voz, nenhuma perturbação nas ideias e na fala; que respondia com verdades, firmemente e sem arrogância; que quando recebe a sentença de morte, não chama ninguém; que está cercado pelos seus, por seus amigos e alguns escravos, e que não se tira a vida com menos preparativos? Sua hora derradeira é calma, estoica, religiosa, e os discursos que endereça à sua mulher e aos outros assistentes estão plenos de sensibilidade, de razão e de coragem. "Ele arenga sentenças frias." Essas sentenças frias, aprouvesse a Deus que as conhecêssemos e nos fossem reveladas! Não se encontra uma na conversa que Tácito nos transmitiu. Quanto àquelas que uma eloquência jamais abandonada inspirou nos momentos que precederam sua morte, que o povo romano teria retido e as quais o historiador romano não ousou tocar por respeito ao filósofo, elas não chegaram até nós e ignoramos se eram frias. Que coisa, nenhuma palavra deixa de extravasar o ódio, a parcialidade e a má fé! "Ele lega aos amigos o quadro de sua vida." Eh, ele o teria feito, se eles não estivessem, assim como ele, e as personagens importantes às quais se dirigia, convencidos da pureza de seus costumes? Alguma vez um malévolo, atormentado pelos remorsos, se propôs nos seus últimos instantes como modelo de vida? Censores, eu teria a mais elevada opinião sobre a vossa constância se não duvidasse que vós ousaríeis propor a herança de Sêneca àqueles que estivessem ao lado de vossa cama funerária. "Sua morte não provocou qualquer sensação em Roma." O que se sabe a esse respeito? De que historiador se retirou essa narrativa? E por qual bizarrice a morte obscura de um filósofo ocupa tão longo espaço nos anais do império? Não acontece a um mal ministro, a nenhuma personagem medíocre da corte cair em desgraça ou morrer naturalmente sem que dele se fale. E Sêneca, estimado, e talvez demasiadamente estimado como escritor, segundo o julgamento de Quintiliano; Sêneca que brilhou na advocacia e na escola, que se elevou da condição de filósofo e de advogado à pretura, da pretura ao consulado, à educação do príncipe, da educação do príncipe à administração das províncias; Sêneca, que seus inimigos acusavam, tentando perdê-lo, de todo o bem que se fazia no Estado, e que os conspiradores de Pisão projetaram, num momento de crise, de colocá-lo no trono dos césares, que era digno de ocupar por suas luzes e virtudes: *insonti claritudine ad virtutum fastigium evecto* (inocente claridade conduzida ao fastígio da virtude), teria sido degolado pelas ordens de seu aluno e soberano, sem se conversarem, tanto mais que o murmúrio geral estava contido pelo terror que Nero, Tigelino e Popeia não deixavam de inspirar num tempo em que ainda não se havia esquecido que uma mãe tinha perdido a vida por chorar a morte de seu filho e que a inquietação sombria do príncipe havia proscrito por um édito os testemunhos usuais de amizade entre os cidadãos (Tibério proibira o beijo entre os cidadãos. *Quotidiana oscula prohibuit edicto.* [Suetônio]. Eu interpretara tal édito como mais um atentado contra a liberdade pública, quando o historiador da cirurgia [Peyrilhe] alertou-me informando que tratava-se apenas de uma ▶

tirano: todos o veem como um homem que se elevou ao cimo da virtude e cuja celebridade não é corrompida por qualquer mancha.

Escritores sem pudor e talento faltarão com as personagens que honraram seu século e das quais respeitamos a memória; farão pior; eles insultarão o país, insultarão os homens célebres. Suas invectivas, não digo toleradas, mas autorizadas, se dirigirão àqueles que ocupam os primeiros lugares; e, no entanto, será preciso impor-se uma moderação que se teria dificuldade de manter em sua própria causa. Infelizmente, sim!

O número daqueles que o público despreza o bastante para conceder-lhes a liberdade de fala é muito pequeno, e ouço murmurar ao meu redor que seria faltar consigo mesmo colocar-se em consonância com eles.

XCV – Sêneca, nascido pouco tempo depois da morte de Augusto, no oitavo ano da era cristã, morreu no oitavo ano do

▹ ordem muito sábia da polícia, que tinha por finalidade prevenir a disseminação de uma doença contagiosa). "Talvez se julgue ter merecido sua desgraça." Com esse *talvez* não há mais nada de sagrado, não há criminoso que não seja justificado, nenhum inocente que não se acuse. Como é possível servir-se de uma arma tão mortal contra si mesmo e contra os outros? O que diria o censor se nós nos entregássemos, por nossa conta, a cruéis *talvez*? Se perguntássemos por que ele se volta contra Sêneca, Voltaire, Raynal e nos fosse respondido: *talvez* porque ele não saiba o bastante para perceber o mérito de tais homens. Se não for imbecil, *talvez* seja hipócrita, e ele calunia por algum interesse secreto a virtude que, no fundo do coração, ele honra; *talvez* seja por que imaginou fazer a corte a personagens importantes que estas o desprezem; *talvez* ele seja intolerante e não reconheça grandes qualidades a não ser em seu rebanho. Entre todos esses *talvez*, talvez não haja um só verdadeiro, mas sua falsidade fará sentir melhor o censor em toda a sua virulência. Entre as vítimas inocentes da ferocidade de Nero, qual é aquela contra a qual não se pôde levantar dúvidas semelhantes? Se Sêneca, o filósofo, o sábio Sêneca, merecesse sua desgraça e suplício, a sensação de um acontecimento tão imprevisto teria sido ainda mais forte. Não é da maldade que persevera que a malignidade pública gosta de se entreter, mas da virtude desmentida. Assim, não creio que o *talvez* do censor faça pensar bem de sua alma, e que atribuindo a uma causa quimérica um efeito contrário à experiência, ele dê uma ideia melhor de seu julgamento. Eu disse em algum lugar que só havia pouca gente de bem. Por isso, acrescentou-se, é preciso ser a vítima daqueles que delas usurpam o título. Parece-me haver uma consequência mais honesta e mais cristã a ser tirada do meu princípio, ei-la aqui. Já existe pouca gente de bem; logo, não se pode ser muito circunspecto quando se trata de diminuir o número. Permito que se graceje o quanto se queira, mas preferiria ser uma vítima de cem hipócritas do que acusador de um só homem de bem. Preferiria poupar tolamente vinte culpados do que, inocentemente, envilecer um inocente. Mais de uma vez experimentei os inconvenientes dessa moral e a experimentarei outras cem, mas nem por isso a mudarei. (N. do A.)

reinado de Nero, por volta do ano 64 de J.C. Assim, após ter consumado um tempo considerável e tomado cuidados infinitos para fazer de seu aluno um grande imperador, esperou sua volta à virtude por apenas três ou quatro anos.

Teve duas mulheres. A primeira chamava-se Hélvia, sua mãe, e eis como a ela se refere:

> À noite, quando minha lâmpada se apaga e me separo desta censora de meus pensamentos, desta testemunha de minhas ações, deste apoio de minha conduta, me suplemento com um exame escrupuloso. Lembro-me do que disse, do que fiz. Nada dissimulo, nada deixo passar. E por que temeria ver-me tal como sou, quando posso endereçar a mim mesmo aquilo que teria ouvido de sua boca? Sêneca, tu disseste mal, Sêneca tu fizeste mal: não volte a fazê-lo, e eu te perdoo.[192]

A segunda, aquela que acaba de assistir à sua morte, e de misturar seu sangue ao de seu esposo, chamava-se Paulina; era bela e jovem, e Sêneca, velho. Nada se perdoa a um homem de certa ordem ou condição: se pesam suas mais indiferentes ações numa balança rigorosa. E esta balança, quem a sustenta? Nós o sabemos. Tudo se paga neste mundo mesmo, e assim o nascimento, as riquezas, os homens e os talentos: a própria possessão da virtude não é gratuita, e tanto melhor.

Fez-se um crime ao velho filósofo por ter tomado uma jovem por mulher. E o que importa se esta jovem mulher é honesta? Vós que entreabris as cortinas do leito nupcial para deleitar vossos olhos e vos divertir com uma cena indecente ou ridícula, julgai presentemente se entrava na santa união de Sêneca e de Paulina alguma dessas vistas desonestas e tão comuns que compensam, aos olhos dos parentes e dos esposos interessados, a extrema diferença de idade, e que a natureza enganada se vinga com a perda dos costumes, a incerteza dos nascimentos e as brigas domésticas.

XCVI – Nero não tinha nenhum motivo para odiar Paulina; conservou sua vida com medo de que sua morte tornasse sua

192. Sêneca, *De ira*, livro III, cap. XXXVI. (Naigeon)

crueldade ainda mais odiosa. Os soldados, seus libertos e escravos fecharam suas feridas e estancaram o sangue. Não se sabe ao certo se ela consentiu[193], mas como o vulgo está sempre pronto para ver em tudo o lado mau, não se deixou de disseminar que, como temia o implacável Nero, havia ambicionado acabar como seu marido; mas que tão logo se viu satisfeita com uma sorte melhor, cedeu à doçura de viver. Dela gozou poucos anos, guardando de Sêneca uma lembrança digna de elogios, e mostrando, pela palidez de seu rosto e magreza de seus membros, o quanto o princípio de vida estava nela enfraquecido.

XCVII – Sêneca, porém, cuja morte era retardada pela lentidão da efusão, pediu a Estácio Aneu, que conhecia de longa data como médico hábil e amigo seguro, administrar-lhe o veneno que os atenienses preparavam para aqueles que as leis condenavam publicamente à morte. Foi-lhe dado, ele bebeu, mas sem efeito; seus membros estavam frios e seu corpo como que fechado à atividade do veneno. Enfim, ele entra num banho quente; toma um pouco da água que joga sobre os escravos mais próximos, acrescentando: *A Júpiter libertador*. À saída desse banho, cujo vapor o havia sufocado, é conduzido a uma pira funerária não ornamentada, assim como havia recomendado em testamento, no qual havia previsto seus funerais, tendo-o escrito nos dias de seu grande poder e de sua extrema riqueza[194].

Não é difícil discernir o motivo do historiador quando ele insiste sobre a modéstia das últimas disposições de um homem rico como Sêneca. Os mármores que não cobrem senão poeira, atestam a veneração dos povos, o respeito dos parentes, o reconhecimento dos amigos, ou não são senão monumentos duráveis da vaidade dos vivos e dos mortos.

193. *Incertum an ignarae...* Tácito, *Anais*, livro XV, cap. LXIV. (N. do A.)

194. *Sine ullo funeris solemni crematur. Ita codicilius praescripserat, quum etiam tum praedives et praepotens, supremis suis consuleret.* Tácito, *Anais*, livro XV, cap. LXIV. (Naigeon)

XCVIII – A riqueza de Sêneca, prodigiosa para um simples particular, era exorbitante para um filósofo; alcançava cerca de quarenta milhões em nossa moeda[195]; ele não foi procurá-la; recebeu-a quando veio a si.

A sucessão que seu pai lhe deixara era considerável. Na *Consolação* que escreveu na Córsega a Hélvia, sua mãe, ele lhe diz: "Tendo pais, vós haveis dotado vossos filhos já ricos; jamais usastes nosso crédito; não vos custou de nossas honras senão a alegria de recolher e as despesas a serem feitas. Quando a morte de nosso pai vos tornou depositária de nossa fortuna, vós tomastes os mesmos cuidados do que com a vossa, não negligenciando nenhum meio de aumentá-la."[196] Ela ainda cresceu com investimentos vantajosos, e as generosidades de seu aluno se refletem na adição. Já o ouvimos sobre os inconvenientes dessa doação, disse ele a Nero:

> Senhor, eu dou graças por vossas bondades; mas não saberia dissimular os propósitos aflitivos que vão excitar. Dir-se-á: eis aí esse estoico tão frugal, esse modesto filósofo a quem pouca coisa basta. Vede seus jardins e suas terras em Nomentano, em Albina e em Baia, e os enormes capitais que investiu, e suas mesas[197] de cedro com pés de marfim; ele não tem menos de cinquenta[198], e a mais simples pagaria uma grande propriedade; se me for assegurada a centésima parte de sua renda, amanhã deixo crescer a barba e me visto com a roupa de Zenão. Senhor, retomai vossos benefícios, os rumores se calarão e eu serei melhor conhecido.

195. Ver Tácito, *Anais*, livro XIV, caps. LII e LIII e livro XIII, cap. XLII. Ajuntai a essas passagens o que o próprio Sêneca diz em seu tratado *Vida Feliz* para justificar suas riquezas e forçar ao silêncio seus infames caluniadores. Ele parece não ter escrito esse pequeno tratado senão para fazer, a esse respeito, sua apologia e refutar todas as acusações intentadas então contra si. (Naigeon)

196. *Tu filia famílias, locupletibus filiis ultro contulisti; tu patrimonia mostra sic administrasti etc.* Sêneca, *Consolação de Hélvia*, cap. XIV. (Assézat)

197. Uma parte dessas acusações encontra-se em Dião, *Nero*, livro LXI, cap. X. *Confer quae Suilius*, apud Tácito, *Anais*, livro XIII, cao. XLII, e livro XIV, cap. LII (Naigeon)

198. *Harum mensarummultitudinem ne mireris*, disse o sábio editor de Dião Cassio, *recogita, in majoribus conviviis, singulos hospites propriam habuisse mensam*. Reimar. *Not. In Dion*, livro LXI, cap. X, § LXXII. Acrescente a essa passagem o que Sêneca disse dessas mesas, *Os Benefícios*, livro VII, cap. IX e *A Tranquilidade da Alma*, cap. I. (Naigeon)

XCIX – Dião acusa Sêneca de ter emprestado com usura[199]; ele atribui a guerra britânica à duração com a qual exigia dos bretões[200] o reembolso inteiro de seus capitais, sem ser divididos em vários pagamentos.

Quem é esse Dião? Dião que Jean Baptiste Louis Crevier chama de *o eterno caluniador de todos os romanos virtuosos*[201]; que ousou, sem apoio de qualquer autoridade, acusar Cícero de comércio incestuoso com sua filha Túlia e que se livrou violentamente de Cássio, Brutus e dos homens mais renomados por suas virtudes, sem que se possa encontrar para esse estranho furor outras razões, diz Justus Lipsius[202], senão uma incurável perversidade de julgamento e de costumes? Dião era de Niceia, na Bitínia; ocupou toda a sua vida a desacreditar o mérito que o ofuscava; prendeu-se particularmente a Sêneca, o que é uma distinção elogiosa. Suas mentiras grosseiras, à força de exageradas, deixavam de ter efeito mesmo sobre a credulidade. Foi governador de província e duas vezes cônsul; recompensa ao ofício vil de intrigante, de cortesão e adulador que exerceu em três reinados.

E eis aí o testemunho que se alega contra Sêneca, o homem que se opõe a Tácito, que o precedeu de mais de um século[203], ao censor o mais severo dos homens, que foi contemporâneo e admirador de nosso filósofo!

199. Aqui Dião faz eco a Suílio, de quem ele repete as calúnias. Apud Tácito, *Anais*, livro XIII, cap. XLII. (N. do A.)

200. Ver Dião, *Hist. Rom.*, livro LXII, cap. II (Naigeon)

201. *História dos Imperadores*, livro X. Ver a nota seguinte. (Assézat)

202. Justus Lipsius, espantado com a estranha fúria de Dião ao caluniar Sêneca, coloca a si mesmo a seguinte questão: *Quibus odii caussis, aut quo mendaciipretio?* Credo judicii quaedam morumque perversitas fuit *quae eumdem illum in Ciceronem exacuit, quae in Cassium, Brutum,* omnesque bonos. *Caveat ab his, moneo, juventus etc. Excerpt. ex not. Lips. ad* Tácito, *Anais*, livro XIII, cap. XLII. (Naigeon)

203. Dião Cassio nasceu em Niceia, na Bitínia, por volta do ano 155 d.C. Foi feito senador no ano 180, pretor sob o imperador Pertinax, em 193; cônsul de Roma por favor de Alexandre Severo, por volta do ano 223 e, em 229, dividiu sua história em oitenta livros. Deles não nos restam senão vinte e cinco inteiros, do trigésimo-sexto até o sexagésimo, com muitos fragmentos de livros precedentes e seguintes. Os fragmentos são extraídos de Xifilino, sobrinho do patriarca de Constantinopla, escritos no começo do século XII. (Naigeon)

C – Mas não é a Dião que devemos responder, e sim ao crédulo abreviador de Dião, a João Xifilino, espécie de louco, homem maldoso e espírito bizarro; pois são duas observações bastante judiciosas: uma de François de La Mothe-le-Vayer[204], "é incrível que Dião, após ter louvado tão elevadamente a sabedoria de Sêneca em seu quinquagésimo nono livro, se contradiga grosseiramente, difamando-o como faz, segundo o texto de Xifilino"; o outro, de Justus Lipsius, "que é preciso que um tal feitor de epítomes tenha tomado as acusações de Suílio, ou de qualquer outro tão maldoso, pelos verdadeiros sentimentos de Dião".[205]

Lê-se em Dião: "Lúcio Aneu Sêneca ultrapassou em sabedoria todos os romanos de seu tempo e muitas outras personagens de renome. Não foi por uma falta cometida, ou que dela se suspeitasse, que correu o risco da proscrição."[206]

Como quer que seja, os detratores de Sêneca procuraram os meios pelos quais sua fortuna foi acumulada? De modo algum. Informaram-se do uso que fez? Disseram que seu cofre-forte foi fechado aos parentes, a seus amigos indigentes? Mentira. Censuram-lhe alguns desses vícios que nascem da opulência sórdida ou irracional, da avareza ou da dissipação, como a dureza, o desregramento dos costumes, a insolência, o amor desordenado pelo fausto, o gosto pelos prazeres sensuais, essa magnificência exterior que humilha os grandes, que confunde os diferentes estados[207] da sociedade, que eleva o milionário ao nível dos homens dignificados e que insulta a miséria pública? Ainda mentira. Colocar-se-á o preceptor do príncipe, seu amigo e alma de seus conselhos, no mesmo balaio de um Palas, de um Narciso, de um Tigelino, ministros de sua crueldade e deboche? Do tirano não

204. Ver seu tratado *De la vertue des payens*, parte II, p. 250, t. V, Paris, 1684. (Assézat.)

205. *Ne ipsum quidem Dionem sic scripsisse putat ex sua affirmatione, sed alicujus forte Suillii, quae bônus Xiphilinus ut asserta habuerit. – Lips. Manuduct. ad Philos. Stoic.*, livro I, dissertação XVIII, t. IV, p. 456, A. (Naigeon)

206. *L. vero Annaeus Seneca, omnes sui temporis Romanos, multosque alios sapietia superans, pene interiit, neque ullo suo peccato, neque opinione peccati.* Dião, *Calígula*, livro LIX, cap. XIX. (Naigeon)

207. Estado no sentido de classe ou de condição social. (N. da T.)

se pode, sem consequências, se aproximar ou afastar-se. Se é difícil aceitar seus favores, não é menos perigoso rejeitá-los[208]. Bem gostaria de saber o que os censores de Sêneca teriam feito em seu lugar. Ousaria dizer que o desprezo do filósofo por sua própria riqueza era mais verdadeiro do que aquele de um Suílio, de um Dião, de um Xifilino e de todos os seus ecos, antigos e modernos.

CI – "Sêneca, predicador da pobreza, gozava de quarenta milhões: isso se sabe, vós o concedeis, mas ignoram-se as boas ações QUE fez, os infelizes a quem deu alívio."

Se o execrável Suílio alcança o ápice de sua infâmia pelas imputações que experimenta contra Sêneca; se Dião Cássio desonrou seu tempo e a posteridade apoiando-se nas calúnias de um Suílio; se o monge Xifilino não desconfiou, sem motivo e sem crítica, da infidelidade de seu epítome de Dião Cássio, pergunto o que seria preciso pensar de um moderno que se atormentaria, após dois mil anos passados, em encontrar em Sêneca defeitos que o pior de seus contemporâneos, um audacioso celerado que havia tido a felicidade de escapar ao último suplício, não teria a impudência de lhe reprovar?

208. É mais ou menos o que Sêneca diz em seu *Tratado dos Benefícios*: "Não me é sempre possível recusar. Algumas vezes sou forçado a receber um benefício contra minha vontade. Um tirano cruel, prestes a se irritar, veria minha recusa como um insulto. Ponho na mesma classe os bandidos, os piratas e um rei que tenha os mesmos sentimentos de um pirata e de um bandido" – Livro II, cap. XVIII. Essa passagem é igualmente aplicável a Nero, e explica tão naturalmente os verdadeiros motivos da conduta de Sêneca em relação aos benefícios que ele consentiu em receber desse príncipe sanguinário, que não se pode duvidar muito de que Sêneca a escreveu com a intenção de um dia servir-se dela em sua própria defesa. Ver ainda o que ele disse acerca de Sócrates, que recusou-se a ir à corte de Arquelau porque não queria, dizia ele, visitar a casa de um homem do qual ele recebia benefícios sem poder retribuí-los. *Os Benefícios*, livro V, cap. II. Parece, se tomarmos uma passagem de Tá cito, que os benefícios de Nero pesavam muito para Sêneca; vê-se claramente, em tudo o que o príncipe lhe diz, o quanto o filósofo estava embaraçado. Ele até mesmo tentou, com bastante sutileza, fazê-lo compreender, mas sem ofendê-lo, que ele só os recebia porque não podia recusá-los decentemente: *Ego quid aliud munificentiae tuae adhibere potui, quam studia, ut sic dixerim, in umbra educata"...At tu gratiam immeensam, innumeram pecuniam circumdedisti; adeo ut plerumque intra me ipse volvam... Ubi est animus ille modicis contentus? Tales hortos instruit, et per haec suburbana incedit, et tantis agrorum spatiis, tam lato fenore exuberat?* Una defensio occurrit, quod muneribus tuis obniti non debui. Senêca apud Tácito, *Anais*, livro XIV, cap. LIII. (Naigeon)

Não se alcançam as primeiras noções de justiça caso se ignore que bastam conjecturas para absolver, e que são precisos fatos positivos para inculpar. Censores, que diferença entre o vosso papel e o meu! Eu procuro um inocente e vós, semelhantes a criminalistas atrozes que se apartam do tribunal, aflitos por não encontrar um culpado para enviar ao suplício, vos cansais de procurar um culpado, sofrendo por não encontrá-lo.

Suílio fez da imensa fortuna de Sêneca um crime; um discípulo moderno de Suílio não hesita em envilecer o emprego que dela fez. O que se pode concluir? Que se este moderno houvesse possuído a riqueza do filósofo, ninguém poderia ignorar o uso excelente que, sem dúvida, teria feito, e talvez houvesse esquecido que as generosidades da mão direita devem ser secretas para a mão esquerda.

É uma lógica estranha a de incluir no número dos viciosos os homens raros, cujas grandes ações causaram invejosa admiração a seus concidadãos. Quanto a mim, são meus heróis. Gosto de me persuadir de que uma multidão de boas obras estão escondidas sob a tumba e atribuirei sem pejo aos nossos aristarcos motivos pessoais por terem uma opinião contrária. O homem virtuoso e o maldoso podem igualmente procurar as sombras.

"Tem-se o direito de ser severo sobre os costumes daquele que dá lições de sabedoria."

Mas esse direito, quem o tem? Ainda que seja um Traseias entre os antigos, um Montausier entre os modernos a julgar o filósofo, teríamos que ter paciência com o rigor.

Mas juntemo-nos por um momento aos inimigos do filósofo opulento e interroguemo-nos sobre a utilização de sua riqueza... – Sêneca, que fazes com tanto dinheiro? – "O que faço com ele, se sabe. Evito o mal de um, pago a outro; socorro este aqui, me apiedo daquele lá; provejo a necessidade de um terceiro. Algumas vezes me obrigo a receber; jamais disponho melhor o meu dinheiro do que quando o dou."

Eis o testemunho que Sêneca foi forçado a dar de si mesmo por seus detratores, e isso à face de Roma, onde ninguém o contradiz, nem mesmo Suílio.

O que me confunde é que em meio a essas declarações violentas contra Sêneca por aceitar os favores de Nero, apesar de si, não encontro uma só palavra contra os homens da República os mais distintos por nascimento e dignidades, e que os solicitaram. De onde nasce essa parcialidade? Bem sei: é que eles não eram senão grandes, e Sêneca era um sábio.

Com o que, então, esse título impõe-lhe uma força, uma tal elevação de alma que todas as demais condições estão dispensadas? O que se proíbe ao filósofo, o nobre o fará sem desonrar-se! Se assim é a opinião dos grandes e do povo, não se poderia pensar mais dignamente da filosofia nem de maneira mais vil de todas as demais espécies de ilustração.

CII – Insisto. Que importância tem essa enorme fortuna que não excedia, porém, nem a classe de um ministro nem o cansaço de suas funções, o mérito de seus serviços nem a de muitos libertos; que importância poderia ter essa riqueza tão censurada, e talvez mais ainda invejada, aos olhos de um homem nascido de pais sapientes e modestos, cuja virtude não sofria o menor ataque do ar empestado da corte dissoluta e que ousava endereçar verdades duras a um príncipe cuja sobrancelha arqueada e olho sereno eram apenas duas sanções de morte diferentes?

Pois bem, a opulência de Sêneca era, portanto, bem conhecida, e as boas ações que fez, e os infelizes que socorreu, bem ignorados? Sim, por aqueles que falam de suas obras sem tê-las lido, e que julgam sua vida sem estar dela instruídos; por aqueles que talvez exigiram mais crença em seus propósitos do que nos discursos públicos que endereça, sobre o uso da riqueza, a si mesmo, à sua mãe, à sua mulher, a seus irmãos e conhecidos, a todos os cidadãos e ao soberano.

Um autor não familiarizado com Sêneca diz de sua opulência:

> Uma parte era empregada em magníficos jardins, casas de campo, terras e possessões longe de Roma; mais ainda, num palácio na cidade, cheio de

todos os tipos de móveis preciosos. Mas disso tudo Sêneca não se orgulhava; temia a fortuna e se lembrava de sua antiga condição.

Sêneca dissertou mui habilmente sobre os benefícios e favores; se, por exemplo, fosse assinalado por sua beneficência nos lugares que ocupou, não se a teria conhecido?

Eis o raciocínio dos censores. Eis o meu, que creio ser um pouco mais sólido. Em meio aos invejosos de sua riqueza, aos detratores de sua vida, homens enciumados de seus talentos e dignidades: culpado de desumanidade, de rudeza, de avarícia, assim como pelos postos que ocupou, tais vícios não lhe foram imputados por Tácito e por alguns de seus contemporâneos verídicos?

Há virtudes das quais não se louvam os particulares: são aquelas que, comuns à pluralidade dos cidadãos, formam os costumes nacionais; são qualidades do século, não do homem. Tal era a fidelidade de seu juramento, antes e depois das guerras púnicas. Se for preciso admirar Regulus, é por que ele se opõe à troca dos cativos, e não quando retorna de Cartago, onde um tonel guarnecido de pregos o esperava. Tal era ainda a benevolência entre os antigos romanos, cujo espírito se conservou na família de Sêneca. Mas os censores não são gente que se contenta com presunções, quando se trata de acreditar no bem. Como lhes faltam garantias da munificência de Sêneca, vou citar-lhes uma: é o mais veemente dos poetas satíricos, Juvenal, que vivia em Roma no começo do reinado de Nero, sob o ministério de Sêneca, e que dizia, cerca de trinta anos após a morte do filósofo, ao avaro e crápula Virrão:

Não vos pedimos aquelas oferendas tais como um Sêneca enviava a simples conhecidos, aos amigos em penúria; não se exigem de vós nem as larguezas de Cotta nem as do bom Pisão. Não estamos mais nos tempos em que títulos e fasces[209] ilustravam menos do que a liberalidade: não espero vos propor esses modelos[210].

209. Símbolo de autoridade na república romana. (N. da T.)

210. *Nemo petit, modicis quae mittebantur amicis a Seneca, quae Piso bonus quae Cotta solebat largiri; namque et titulis et fascibus olim Maior habebatur donandi gloria.*

Censores, estais satisfeitos? É assim que Juvenal escrevia sobre este homem cuja riqueza foi bem conhecida, e a benevolência, ignorada.

Esses versos não são os únicos com os quais o poeta faz o elogio de Sêneca; em outro lugar, escreve: "Quem hesitará preferir o filósofo que expira no banho, ao imperador que lhe faz cortar as veias?"

"Renunciando a seus bens, Sêneca insinua a Nero que seria sua glória conservá-los."

Li e reli o discurso do filósofo a César e confesso minha pouca sagacidade; não reparei ali este artifício. Dever-se-ia nos esclarecer sobre esse ponto e não se prender a uma só asserção.

"Apesar do *Tratado Sobre os Benefícios*, obra delicada e sentida, não se vê em que Sêneca se tenha tornado mais liberal".

Se não se vê em que Sêneca se tenha tornado mais liberal, a falha é dos censores, não do filósofo, a quem seus concidadãos pedem e aos quais presta contas de sua opulência.

Mas se o silêncio de um povo durante a vida de um homem e a dos historiadores após sua morte nos autorizam a reprová-lo, censuraremos com frequência os homens mais virtuosos. Quantos ilustres personagens há cuja ousadia não foi preconizada? Então, foram covardes. E a humanidade? Então eram impiedosos. E a sensibilidade? Então tinham coração de bronze. E generosidade? Então foram avaros. Força de alma? Eram então pusilânimes.

Os olhares do povo e os relatos da história se detêm apenas nas funções principais; é o geral que se considera em César, o republicano em Catão de Útica, a austeridade dos costumes em Catão, o Censor. Quanto às virtudes domésticas, elas fazem a manutenção privada dos parentes, dos amigos, dos comensais, de outras famílias que dela fruem. Não se sabe se a liberalidade foi uma das virtudes de Sexto Afrânio e de Traseias, e é de se presumir que Sêneca não teria escrito sua própria sátira numa obra delicada e sentida se lhe faltasse benevolência e sensibilidade.

Juvenal, *Parasiti*, Sat. v, versos 100s. (N. do A.)

Se me for permitido citar meus contemporâneos, sem talvez ofendê-los por uma associação de nomes incompatíveis, eu perguntaria aos críticos se eles conhecem, de uma dessas personagens, outra qualidade além de sua eloquência e seu menosprezo pelos grandes postos quando está seguro da impossibilidade de servir a pátria de modo útil. De seu colega, algo além da universalidade de suas luzes e a sabedoria de suas visões sobre a administração pública, o amor inflexível pela felicidade nacional, com uma força pouco comum e constantemente dirigida contra os obstáculos que a ele se opõe; do último de seus sucessores, algo além de seu desinteresse, a ambição da glória verdadeira e o sacrifício de seu repouso às árduas funções, aos ódios e calúnias que se multiplicam a cada dia? Sem dúvida, eis as qualidades das quais falamos hoje e que o futuro conservará. Mas são apenas essas?[211]

O homem de gênio é conhecido pela posteridade, o homem em si é ignorado. O que se sabe de Homero, de Arquimedes, de Demóstenes, de Eurípedes ou de Sófocles? O que se sabe de Descartes? Que foi um geômetra, um grande pensador, perseguido por fanáticos. De Newton? Que fez três descobertas, das quais uma só o haveria imortalizado. A vida de seu célebre antagonista não é menos obscura.

As personagens de alguma importância na corte, no senado, no exército, sob os reinados de Cláudio e de Nero, foram todas bem conhecidas; apenas Sêneca se teria imposto sobre seus contemporâneos, e estava reservado aos censores de nosso tempo arrancar-lhe a máscara! Sobre isso sabem mais do que Tácito, a quem acusarão de parcialidade, caluniando assim dois grandes homens de uma só vez: mas o que se torna a certeza da história se se pode contestar o testemunho de Tácito?

Devemos a Plutarco e a alguns outros biógrafos antigos, e nossos descendentes o deverão a Moréri, a Bayle, a Chaufepié, a Marchand, a Fontenelle, a D'Alembert, a Condorcet, à Academia Francesa o conhecimento útil das virtudes sociais ou os

211. Trata-se, sucessivamente, de Malesherbes, Turgot e Necker. (Assézat.)

defeitos domésticos que tornaram agradáveis, ou deploráveis o comércio dos homens célebres cujas obras irão admirar[212].

A mania de imputar vícios sobre o silêncio dos contemporâneos não pode nascer, em minha opinião, senão de uma perversidade original de caráter, ou de uma inveja inerente ao estado que se professa.

CIII – Cansado do espetáculo do deboche e do crime, Sêneca quer afastar-se; Nero o retém e eis o que Sêneca lhe faz compreender, se não lhe diz diretamente: "Sei que minha presença e minhas censuras vos importunam; mas é vossa falta, não a minha. Não espereis de mim senão a verdade; eu vos respeito, mas a respeito mais do que a vós; e me consolarei mais facilmente por vos ter desgostado do que ofendido."[213] Certamente, não está aí o discurso de um homem apegado ao favor, às honras, às riquezas, à vida. Atestam-no as pessoas da corte.

Na conduta, nos discursos e escritos de Sêneca vê-se um homem, um filósofo que, fortificado pelo testemunho de sua consciência, caminha com desdenhoso orgulho em meio aos ruídos caluniadores de alguns cidadãos que atacam sua virtude e seus talentos com uma inveja baixa, sofrendo com sua riqueza, com as honras com as quais é galardoado e a consideração geral de que usufrui: em que tempo isso não acontece?

212. Os senhores D'Alembert e Condorcet são dois grandes pintores, cada qual à sua maneira. O senhor D'Alembert é delicado, engenhoso, agradável, irônico e ousado. O senhor Condorcet se faz distinguir pela força e a arte da qual apresenta as virtudes e os defeitos; ele reúne uns e outros em seus quadros, mas as virtudes são expostas à grande luz, enquanto os defeitos se escondem nas meias-tintas. O amor à verdade, ao bom e ao belo lhes é comum; e vê-se não apenas em seus escritos que são pessoas hábeis, mas ainda gente honesta. (N. do A.)

213. *Nec sibi promptum in adulationes ingenium. Idque nulli magis gnarum quam Neroni, qui saepius libertatem Senecae, quam servitium expertus esset.* Tácito, *Anais*, livro XV, cap. LXI. Acrescentemos a essa passagem o que ele disse a Nero no segundo livro de *A Clemência*, cap. II. – Depois de ter a esse príncipe, jovem ainda, um quadro tocante da prosperidade do seu reino, tão logo continua a dar a esses assuntos o exemplo das boas maneiras, ele acrescenta: "Permita que eu me detenha um momento nesse quadro, não para bajular seus ouvidos, isso não é do meu costume; prefiro ofendê-los com a verdade que agradá-los pela adulação." Veja o que digo sobre essa passagem, em uma nota em que refuto, e por meio de fatos precisos, tudo o que os detratores de Sêneca disseram contra ele, *Oeuvres*, de Sêneca, t. IV, p. 436, 437 e seguintes. (Naigeon)

Que se associe o discurso precedente que teve com o tribuno Silvano antes de morrer e admirar-se-á, pela firmeza sustentada, aquele de quem disse Plínio, o naturalista[214], ter conhecido o nada e a futilidade dos grandes homens, o sábio a quem elas não se impuseram, o filósofo que havia passado os dias e as noites a conversar consigo mesmo e a se convencer da vaidade das riquezas, e a quem se quer persuadir que a posse o havia embriagado.

Para entrar no palácio de Nero, mais poderoso do que nunca, não lhe custaria senão uma palavra de adulação; mas morreu, de preferência a dizer-lhe.

"Todos esses belos axiomas de moral que Sêneca ditou", ajuntam alguns de seus detratores, "é uma estupidez acreditar que os tenha praticado; é um homem como nós, talvez um pouco menos subjugado pelas opiniões vulgares."

Quer dizer, esse heroísmo está acima de mim; ele está acima de um outro; logo, não há herói semelhante. Que lógica singular.

CIV – Sei que não se pode concluir a pureza dos costumes da sabedoria dos discursos, e que pode ocorrer que um perverso escreva e fale tão elegantemente da virtude quanto um homem virtuoso; mas tal perverso não é um Sêneca, não consumou sua vida em meditar sobre os deveres do sábio e a dar lições de estoicismo aos amigos, à sua mãe, a seus parentes, a quase todos os cidadãos e se tenha deixado cortar as veias em vez de se desmentir. A vida pública de Sêneca não era ignorada de ninguém: e como teria feito para escamotear de sua vizinhança o conhecimento de sua vida privada? Vicioso, com que cara teria pregado a virtude a seu aluno? A menor contradição entre seus hábitos e seus preceitos não o teria exposto ao riso dos cortesãos? É preciso confessar ou que Sêneca foi um homem dos mais virtuosos ou, de todos os predicadores,

214. *Novissime Annaeo Seneca, príncipe tum eruditionis, ac potentiae, quae postremo nímia ruit super ipsum, minime utique miratore inanium – Nat. Hist.*, livro XIV, cap. IV. (Naigeon)

o mais impudente. Um vicioso que perseguiu o vício com a constância e a alacridade de Sêneca! Um filósofo que passa seu dia a escrever, e não escreve uma só linha que não seja uma sátira de si mesmo! Um maligno cuja função habitual é fazer pessoas de bem! Tal se concebe? Essa hipocrisia é o papel exclusivo, o privilégio de uma certa condição; mas Sêneca não é um áugure; o que se disse de Epicuro, dele se pode dizer: quem não fosse por ele corrigido era um celerado a ser mandado aos tribunais dos infernos.

CV – Jovem senhor, tu que não adquires nenhum vício da corte, ali para aonde teu nascimento e condição te chamavam; tu, feito para crer nas virtudes, porque tua alma delas está cheia; tu não permitirás que esse frontispício, onde se viu a máscara sedutora da virtude sobre o rosto do vício, repareça no cabeçalho da obra engenhosa e profunda de teu antepassado: tu quebrarás esse busto injurioso sob o qual se lê *Sêneca*; e tu não admitirás que ele insulte para sempre o mais digno dos mortais[215].

Confesso ser difícil que o grande detrator das virtudes humanas fizesse uma escolha melhor. Se Sêneca é um hipócrita, o sábio não é senão uma quimera.

Mas a virtude é algo bem aflitivo, uma coisa preciosa, mesmo aos olhos dos maldosos, a julgar por sua precipitação de despojar-nos dela? Ainda lhes perdoaríamos sua indigência caso se enriquecessem trabalhando para nos empobrecer, se a malignidade fosse o único vício do qual estivessem poluídos. Mas quais foram e quais serão, em todos os tempos, os caluniadores de Sêneca? Cortesãos pérfidos, aduladores por natureza, a raça mais abjeta; Tibérios, Calígulas, os opressores dos homens dos quais deviam

215. Há muito tempo não se vê mais esse frontispício no cabeçalho das *Máximas do Duque de La Rochefoucauld*. Não se o encontra nem mesmo em qualquer das edições que se seguiram à terceira, como me assegurei consultando quase todas aquelas que foram publicadas daquela época até a última, impressa neste ano (1796), no Louvre, com exatidão e elegância. Assim, o autor das *Máximas* reparou por si próprio a injúria que havia feito a Sêneca; e essa espécie de retratação pública, a única que convém quando a ofensa também o foi, faz a apologia de um e o elogio e a candura do outro. (Naigeon)

ser os pais, com o numeroso cortejo dos mentirosos subalternos que servem a seus ódios e que incensam suas loucuras[216].

Haverá sempre, em todos os tempos, celerados mercenários, a quem não faltarão talento e circunstâncias para serem Anito ou Tigelino. Se a hipocrisia ou a perversidade do homem do momento lhes fizer um sinal, eles acorrerão para dizer: "Senhor, falai, que homem de bem vos é preciso imolar? Eis-nos aqui, prontos!" Eles se dizem: "O que nos importa a desonra, desde que estejamos protegidos, desde que nos gratifiquem?"

CVI – Após a descoberta da inconfidência de Pisão, Nero torna-se um tigre enlouquecido. Se o tirano não morre de imediato, seu poder e sua ferocidade crescem com seu medo. Os filhos dos conjurados são expulsos de Roma, exterminados pela fome ou envenenados; outros, massacrados em um banquete com seus preceptores e escravos (Suetônio, *Nero*, cap. XXXVI).

Que sequência de assassinatos![217] Salvidieno alugou a estrangeiros os armazéns dependentes de sua propriedade (ibidem, cap. XXXVII), próxima de uma praça pública: morreu. Caio Longino pôs a

216. "Em verdade, posso dizer", assevera La Mothe-le-Vayer, "jamais ter ouvido falar mal de Sêneca a não ser aqueles que antes estavam no vício, como, ao contrário, jamais vi homens virtuosos que não amassem Sêneca muito ardentemente, e como poderia acontecer que aquele cujos escritos não se lê sem ser tocado por uma secreta paixão pela virtude, tenha sido, ele mesmo, seu principal adversário? Sem dúvida, é preciso não ter qualquer conhecimento de suas obras para ter essa opinião; quanto a mim, confesso que me fariam acreditar em qualquer outra coisa, antes do que na má vida de Sêneca". *De la vertu des payens*, parte II, p. 253, t. V. (Naigeon)

217. Fânio, amigo de Plínio, o Jovem, havia escrito um relato das crueldades de Nero, do qual Bayle fez um comentário fortemente judicioso: "Não havia nada", diz ele, "mais apropriado do que essa obra para tornar odiosa a memória de Nero": tratava-se de uma espécie de martirológio. Sabe-se que as sátiras escritas com a maior sagacidade causam incomparavelmente menos danos a um tirano que um martirológico compilado de forma grosseira. As derradeiras horas dos perseguidos os recomendam por duas razões fortíssimas: uma é o estado de miséria ao qual eles ordinariamente são reduzidos; a outra é a paciência e os belos discursos que comumente acompanham seu combate, pelo menos nas relações. Isso leva ao esquecimento de todos os momentos de suas vidas que poderiam impedir os efeitos da compaixão e da veneração. Julguem que brasas do fogo todas essas coisas reúnem na mente do perseguidor e do tirano. Eu os deixo, portanto, a pensar e avaliar se essa obra de Fânio era ou não era bem própria para inspirar o horror na memória de Nero; pois viamos nela as últimas horas de uma infinidade de ilustres perseguidos escritas com grande lucidez. Ver Plínio, *Cartas*, livro V, carta V, citado em Pierre Bayle, *Dictionnaire historique et critique*, artigo "Fânio (Caio)". (Naigeon)

imagem de Cássio entre aquelas de seus ancestrais: morreu. Silanus fingiu a dignidade imperial: morreu. Petus Traseias tinha a fronte severa de um censor: morreu. Orgulhoso de haver ousado tanto e impunemente, Nero se vangloria de que, antes dele, nenhum soberano soube o que pode o trono. Ele planeja a extinção da ordem senatorial, que ainda não é suficientemente vil para seu grado.

Diante dele se pronuncia o provérbio grego: que tudo pereça após minha morte – Εμου θανόντος γαία μιχθητω πυρί (ibidem, cap. XXXVIII); e ele retruca: estando vivo. Nada mais tocante do que a morte de Vetus, de Sentia, sua madrasta, e de Pollutia, sua filha (Tácito, *Anais*, livro XVI, cap. X e XI). Pollutia acabara de receber numa de suas roupas a cabeça ensanguentada de seu esposo. Vetus abandona tudo a seus escravos, exceto três leitos funerários, sobre os quais as três vítimas se fazem cortar as veias com o mesmo ferro, no mesmo aposento, tendo por vestes apenas o que exige o pudor. São mergulhadas no banho, onde expiram. O pai, com os olhos pregados na filha; a avó, sobre a neta; esta, sobre ambos, todos invocando ao mesmo tempo os deuses, conjurando-os a apressar suas mortes e a poupá-los da dor de sobreviver ao que lhes era mais querido. A natureza seguiu a ordem da idade: Sentia morreu primeiro e Pollutia, por último.

Nóvio Prisco foi exilado como amigo de Sêneca (ibidem, livro XV, cap. LXXI).

Júnio Caio, irmão de Sêneca, apavorado, pede graças (ibidem, cap. LXXIII-LXXIV) ao imperador.

Aneu Mela, irmão de Sêneca e de Galião, se faz abrir as veias.

E enquanto o sangue dos bons cidadãos escorre, se continua a agradecer aos deuses.

CVII – Difunde-se, porém, que Súbrio Flávio, em concerto com centuriões, numa assembleia, não tão secreta que Sêneca não tivesse conhecimento, assassinaria Pisão, após esse ter assassinado Nero, e que o império seria conferido ao filósofo[218], homem de

218. *Quasi, insont iclaritudine virtutum, ad summum fastigium delecto*. Tácito, *Anais*, livro XV, cap. LXV. (Assézat)

reputação sem mácula e eminentemente dotado de todas as virtudes. Fazia-se dizer a Flávio: "Cassar um tocador de harpa para pegar um cantor, seria desonrar menos o Estado?" Que mortal teria ocupado mais dignamente o trono? E que felicidade para os romanos!

É raro que a opressão, quando extrema, não inspire aos povos alguma resolução salutar; mas, conforme as circunstâncias, ou é uma verdadeira crise que termina com o mal, ou o gemido de um agonizante, um derradeiro movimento convulsivo que cai rapidamente e sem efeito. O nervo necessário para a execução é cortado, e se continua a sofrer e a lamentar-se se a tirania o permite, pois ela vai algumas vezes até exigir uma fronte serena do escravo que traz o desespero no fundo do coração. Um suspiro, uma lágrima secreta seria punida com a morte: assim foi sob Tibério a sorte daquela mãe acusada de ter chorado seu filho[219].

Mas se os romanos, em concerto unânime e reunidos num só corpo, tivessem vindo apresentar a coroa imperial a Sêneca, a teria ele aceito? O médico se afasta, quando o doente está desesperado. Há um tempo em que não é preciso nem comandar nem obedecer. O que fazer, então? Fugir.

"Dião não é contrário a Tácito nos detalhes da conjuração de Pisão."

Logo, Sêneca aspirava ao império. Este Sêneca a quem se reprova por tanto espírito, e de quem Messalina temia a perspicácia, tem a condução de um imbecil: é visto ocupado em esconder do senado, do povo, do país os ridículos e os delitos do soberano que se propõe destronar. A imputação dos censores ou a marcha dos facciosos dá pena.

CVIII – Era preciso, entretanto, justificar a desgraça e a morte de uma personagem conhecida e reverenciada em toda a extensão

219. Não me lembro mais em que lugar dos *Anais* de Tácito li sobre esse fato. Mas estou seguro de que se encontra ali (Naigeon). [Eis a passagem: *Ne feminae quidem exortes particuli. Qua occupandae reipublicae argui non poterant, ob lacrymas incusabantur: necataque est anus Vitia, Fufii Gemini mater, quod filii necem flevisset*. Tácito, *Anais*, livro VI, cap. X. (Brière)]

do império. Os cortesãos, se espera, não faltarão com seu dever. O que não deveriam dizer? No que o público não acreditaria? Inimigo dos homens de gênio e dos homens virtuosos, que o ferem mais ainda, Nero não discutiu as imputações feitas a Sêneca. Será que o povo as discute? Ele acredita no mal, como hoje nele acreditaria; ele é mau, porém é mais tolo ainda.

Essa credulidade popular, eu a concebo. Mas de onde nasce, nos homens instruídos, uma indigna pequenez de espírito que existia antes de Sêneca e que se perpetua até os nossos tempos? De onde nos vem, a nós, que não temos qualquer interesse em discutir com os grandes homens da antiguidade, a estranha mania de desacreditar suas virtudes? E então, a justiça, a benevolência, a humanidade, a paciência, a moderação, o heroísmo não são dignos de nossa admiração e de nossos elogios em quaisquer lugares que se mostrem, em Constantinopla, Pequim, Londres, na antiga Atenas ou na Roma moderna? O que temos de melhor a desejar senão reencontrá-las? O que de mais consequente para a nossa segurança e felicidade do que encorajá-las? E me será censurado se me indigno ou me aflijo quando vejo um homem de bem[220] fazer causa comum com um perverso como Suílio ou Dião Cássio? Um homem de juízo preferir o testemunho do monge Xifilino ao de Tácito; um homem distinto por suas virtudes, seus conhecimentos e trabalhos, apoiar com seu sufrágio delatores vis; esquecer que não é preciso caluniar nem vivos nem mortos, e que se a injúria feita aos vivos é mais prejudicial, a que se faz aos mortos é mais covarde; falar da vida pública e

220. Esse homem de bem é o senhor De Sacy que, em seu *Tratado da Glória*, obra medíocre e cheia de ideias quase sempre falsas ou exageradas, quando não comuns, parece ter assumido a missão de caluniar Sêneca e embaçar a reputação de um filósofo que honra a natureza humana por seus talentos e virtudes. O senhor De Sacy faz covardemente eco aos Suílios, aos Dions e Xifilinos; e os mesmos gritos de indignação que esses infames caluniadores excitaram em todos os tempos entre pessoas de bem ressoam sobre o túmulo do senhor De Sacy. Ele deveria lembrar-se desta bela máxima de Tácito, aplicável a todos os escritores e, sobretudo, aos homens de Estado: "aqueles que fazem profissão de uma veracidade incorruptível, a de dizer a verdade, devem estar surdos à amizade, assim como ao ódio". *Incorruptam fidem professis, nec amore quisquam, et sine odio, dicendus est.* Tácito, *Hist.*, livro I, cap. I –Vere o *Traité de la glorie*, p. 246s, édit. Paris, 1745. (Naigeon)

privada de um filósofo morto há quase dois mil anos, numa região afastada, com uma superficialidade que não se permitiria a um cidadão que viveu ontem, e cuja moradia não se distancia da nossa senão pela largura da rua; atestar, com uma segurança espantosa, fatos contraditos por historiadores contemporâneos, mais graves e severos, e decidir, com tom magistral, que *Sêneca não soube melhor sustentar sua glória do que aquela de seu discípulo Nero*! Onde, quando, em que ocasião? Sustentar a glória de um Nero, *que foi avarento*, que prova deu ele desse vício, e qual ele nos trouxe? Esse censor sabe mais do que Juvenal, *que Tácito se esforçou em vão para justificá-lo*? Tácito o justifica, mas sem esforço: conta-nos fatos dos quais estava mais a par do que nós. E os relata com simplicidade, como convinha a um grande historiador, e com a circunspecção que devia a uma personagem como Sêneca. *Que ele preconizou a morte de Agripina*! Vimos, em alguns parágrafos anteriores, o pouco de fundamento que possui essa calúnia. Assim, é inútil insistir mais sobre o assunto. Acrescentarei aqui apenas que Sêneca não preconizava a morte de Agripina; preconizar é fazer o elogio. Em Roma, ninguém ignorava que Nero havia assassinado sua mãe, e teria sido a última indecência convir-lhe. Do que se tratava então depois do crime cometido? Evitar as prossecuções. Sêneca obedecia a um senhor feroz, endereçando ao senado, ao povo, em nome do imperador, alguns motivos que pudessem enfraquecer a atrocidade. Tais ações não podem ser julgadas sensatamente do fundo de um retiro tranquilo, em que a segurança nos envolve, de uma biblioteca, diante de um púlpito. Mas no antro da besta-fera que é preciso estar ou imaginá-las; diante dela, sob seus olhos luzidios e garras estiradas, sua goela entreaberta e da qual goteja o sangue de sua mãe. É ali que é preciso dizer à fera: "Tu vais me retalhar, não duvido; mas não farei nada do que me ordenas." Como é confortável afrontar o perigo de outro, prescrever-lhe a intrepidez e dispor de sua vida! E ainda, qual teria sido o fruto desse sacrifício? Um novo crime. Que grande vantagem havia para a República se Sêneca fosse degolado mais cedo? De resto, quem estava presente quando Nero impôs a tarefa ao filósofo? Quem sabe o que ele disse ao tirano? Quem será um justo apreciador das circunstâncias em que se encontrava o império para condenar a condescendência de Sêneca? Não diminuemos o número das pessoas honestas, já existem muitas poucas[221]; não descoremos a memória dos homens virtuosos, já que são raros. Muitos outros exemplos consolarão a maldade, sem aí ajuntar o de um sábio… *que perdeu de maneira vergonhosa uma vida que conservou covardemente*. Eis o que faz o furor de estender uma frase. Será preciso que, para adular meus ouvidos, firas a verdade? Que para ser harmônico tu te tornes caluniador? Chamarei contra essa acusação o relato que Tácito nos deixou da vida e da morte de Sêneca… *que teve necessidade das exortações de sua mulher para decidir-se a morrer*. Uma nova mentira tão impudente quanto a primeira. Homem algum jamais morreu com tanta firmeza e sangue frio. Li que exortou sua mulher à vida; mas não que ela o exortou a morrer. Li que ele consolou Paulina e seus amigos, mas não li que se desolava… *que teve necessidade de seu exemplo*. Traduzir a passagem do historiador por *eu consinto que vós me deis o exemplo*, em lugar de: "o grande exemplo que vós ireis dar, preferindo livremente a morte gloriosa a uma vida divertida, é uma glória que não posso ter, e que não vos invejarei" é conhecer tão mal a língua de Tácito quanto a alma de Sêneca. Muitos e bravos romanos, antes de nosso filósofo, souberam morrer dignamente; não me lembro de nenhuma romana desse tempo que tenha se recusado a sobreviver ao esposo. Eis aqui, portanto, um homem mais instruído do que Tácito. Mas quem é ele, em que região tão feliz viveu para jamais ter visto inocentes ilustres caluniados e perseguidos, por não ter jamais ouvido falar de ações criminosas imputadas a grandes homens, mesmo a personagens santas, e o público imbecil – que digo, algumas vezes gente esclarecida – juntar a elas suas vozes e repetir seus discursos?

221. *Rari quippe boni; numerus vix est totidem quot / Thebarum portae, vel divitis ostia Nili*. Juvenal, *Sátiras*, XIII, versos 26, 27. (Naigeon)

Nesses tempos vizinhos ao nascimento do cristianismo, e na época do furor dos tiranos desencadeado contra essa doutrina, não se acusavam os cristãos de degolar crianças em suas assembleias noturnas e comer seus membros ainda ensanguentados? Nero não lhes incriminou, não lhes castigou com os mais horríveis suplícios, como autores do incêndio de Roma? (Tácito, *Anais*, livro XV, cap. XLIV). Se a Providência não houvesse fixado com seus decretos que a religião de Jesus Cristo, apesar dos esforços dos perseguidores, ou graças a eles, abraçaria toda a Terra, e duraria tanto quanto os séculos, os sacerdotes do paganismo, os historiadores idólatras não nos teriam transmitido essas atrocidades? E se acontecesse a um homem de bem examinar os princípios e os costumes dos apóstolos, dos discípulos e fiéis, e rejeitá-las [as perseguições e as atrocidades] como calúnias impudentes, como coisas absurdas e inacreditáveis, talvez isso lhe custasse a liberdade, ou mesmo a vida. Mas teria sido menos sensato, menos corajoso ou menos justo? O que esse pagão honesto teria ousado pelos cristãos, eu o faço por um honesto pagão[222].

CIX – Mas a que se inclinam todas essas disputas contra e a favor dos hábitos de um filósofo? O que nos importa a contradição verdadeira ou falsa da conduta de Sêneca com sua moral? Quaisquer que tenham sido suas ações, seus princípios são menos certos? O que escreveu sobre o caráter e as consequências da ambição, da avareza, da dissipação, da injustiça, da cólera, da perfídia, da covardia, de todas as paixões, de todos os vícios e virtudes, da verdadeira felicidade, da infelicidade real, das dignidades, da fortuna, da dor, da vida e da morte, está em contradição com a experiência e a razão? De modo algum. Não temos necessidade do exemplo de Sêneca para saber que é mais fácil dar um bom conselho do que segui-lo. Procuremos utilizá-lo então, sob essa perspectiva,

222. Leitor, quem quer que sejas, conto com tua estima: mau, tu a deves a um homem que não acreditará, a não ser como último recursos, que tu jamais foste bom, ou que, tendo sido, tu pudeste deixar de sê-lo; bom, tu a deves a um homem que não acreditará, sem provas claras como o dia, enquanto fores vivo ou após a tua morte, que tu te tornaste mau. (N. do A.)

como o fazemos com todos os preceptores do gênero humano: façamos o que eles nos dizem sem nos preocuparmos com o que fazem. Pior para eles se dizem o que não pensam; pior para eles se fazem o contrário do que pensam.

CX – Mas vimos morrer o preceptor; vejamos morrer o discípulo: oponhamos os últimos momentos do homem virtuoso aos últimos do celerado.

Roma, o sangue das nações foi bem vingado em teus próprios muros. Às proscrições de Sila se sucedem as proscrições dos triúnviros; ao opressor de tua liberdade, um tirano adulador; a este aqui, um tirano sombrio e pérfido; a este, um insensato; a este, um tirano imbecil; e, a este último, um feroz. A peste segue-se ao incêndio. Tuas casas se enchem de cadáveres (Tácito, *Anais*, livro XVI, cap. XIII), e tuas ruas de féretros. Escravos e senhores expiram em meio aos gemidos das crianças e dos cônjuges; estes aqui, após terem assistido aos moribundos, chorado seus mortos, são depostos ao lado, sobre a mesma fogueira. Felizes os senadores, os cavaleiros, os grandes, os homens virtuosos que uma calamidade geral ocultará aos furores de Nero.

Foi então que se publicaram prodígios de toda sorte: pássaros fúnebres foram abatidos sobre o Capitólio; a terra foi sacudida por terremotos; o fogo do céu havia abrasado as insígnias militares; uma porca deu à luz um filhote que tinha garras de gavião; uma mulher pariu uma serpente; uma grande figueira[223] perdeu todos os seus galhos.

Esses rumores foram e serão, em todos os lugares, os precursores de grandes revoluções. Quando um povo as deseja, a imaginação, agitada pela infelicidade e se apegando a tudo o que parece lhe prometer seu fim, inventa e liga acontecimentos que não possuem qualquer relação entre si. É o efeito de um mal-estar semelhante àquele que precede a crise das doenças; eleva-se um movimento de fermentação secreta dentro da cidade;

223. Ver, sobre essa árvore, o verbete *Figuier de Navius*, no *Dicionário Enciclopédico*. (Brière)

o terror realiza o que ela teme, a credulidade desnatura o que ouve; há queixas surdas, palavras escapam; nota-se a inquietação nos rostos, a desordem na conduta habitual das pessoas importantes; os amigos se separam, os inimigos se aproximam; o comércio, mais reservado durante o dia, torna-se mais frequente à noite; nas ruas vagueiam homens que se cobrem, que se apressam, que se esquivam; cabeças exaltadas que nada explicam, mas em que tudo tocam, têm visões, asseveram discursos proféticos e vendem delírios que contêm, passando de boca em boca, mil interpretações, entre as quais é difícil não se encontrar algumas simbólicas da catástrofe que se segue.

Os prodígios são raros em reinados felizes; ali há menos medo.

CXI – O desejo de impunidade não é o único obstáculo aos empreendimentos perigosos; mas quer-se tudo prever e se receia abandonar alguma coisa ao azar. O momento de sucesso escapa, enquanto se cuida de assegurá-lo. E é assim que um Nero continua a reinar e que um Guise perde a coroa. Se Súbrio Flávio tivesse escutado sua coragem e apunhalado o tirano em pleno teatro, à vista de todo um povo testemunha de tão nobre crime, assim como o havia concebido, nada restaria para ser feito por Vindex. Enquanto os conjurados de Pisão temporizam entre a esperança e o medo, a conjuração é descoberta e todos perecem.

CXII – Havia cerca de nove anos[224] que a terra gemia sob o monstro, quando o céu lhe fez justiça. Vindex subleva a província da Gália, que comandava na qualidade de propretor, e Galba, as Espanhas. Então, o tirano perde a razão; ele se rola no chão, rasga as roupas e se bate. Em seu delírio projeta massacrar os governadores de províncias e os comandantes dos exércitos: abandonará às legiões a pilhagem da Gália e queimará Roma; em meio ao fogo, soltará animais selvagens sobre o povo. Logo depois, quer

224. *Talem principem paulo minus quatuordecim annos perpessus terrarum orbis, tandem destituit etc.* Suetônio, *Nero*, cap. XL, XLII e XLIII. Diderot subtrai do cálculo de Suetônio os cinco bons anos do reinado de Nero. (Naigeon)

se apresentar diante dos rebeldes empunhando os feixes; não se vingará, versará lágrimas e será tocado por seu arrependimento: a paz vai trazer de volta a alegria e ele medita com tais cantos. Ele ordena sua equipagem (Suetônio, *Nero*, cap. XLIV) e, sobretudo, que seus instrumentos de música não sejam esquecidos. Suas concubinas têm os cabelos cortados e serão armadas com achas e escudos, à maneira das amazonas. As tribos de Roma são convocadas sob as bandeiras, mas ninguém se apresenta; ele arranca os escravos dos senhores, exige o tributo de todas as ordens do Estado, o imposto anual das locações. O fisco só receberá moedas em ouro ou em prata pura, recentemente cunhada. Apavora-se com prognósticos: os exércitos abraçaram a causa de Vindex (ibidem, cap. XLVII) e ele toma conhecimento à mesa; rasga a carta, derruba a mesa, quebra dois vasos preciosos e pede veneno a Locusto; retira-se para os jardins de Servílio enquanto se preparam naus em Óstia para sua fuga. Os tribunos e os centuriões das guardas pretorianas se recusavam a segui-lo. Um deles lhe diz (ibidem): é tão difícil então morrer? Seus pensamentos mudam: ele não se retirará entre os partos, não irá se prosternar aos pés de Galba; subirá nas tribunas, pedirá graça e se restringirá ao governo do Egito. É dito a ele que será feito em pedaços antes de chegar à praça pública. Ele se deita, acorda em meio à noite; seus guardas o abandonaram; ele sai do leito, faz chamar seus amigos e não existem mais. Corre às suas portas e elas estão trancadas. Volta ao palácio que os sentinelas pilharão; ele apresenta sua garganta a um gladiador, que lhe recusa seu braço; corre ao Tibre, mas é muito covarde para ali se precipitar. Ele retorna. Um liberto (ibidem, cap. XLVIII) lhe oferece asilo em sua pequena propriedade de campo; ele aceita, veste-se com túnica, as pernas nuas: sente a terra tremer sob seus passos, seus olhos se iluminam com um raio; ele ouve as imprecações dos passantes contra si, os votos em favor de Galba. Ele desce do cavalo, chega aos muros do jardim do liberto, os pés machucados, as vestes rasgadas por espinhos. Entra ali por uma abertura cavada na terra e que conduz a uma sala estreita, na qual se estende um colchão coberto com um velho manto. Ele ordena que se cave seu túmulo na medida de seu corpo; ele chora e grita: "Que fim para tão grande músico!"[225] Infeliz! Aí não estarias se soubesses governar como sabias cantar. O senado o declara inimigo da pátria e é procurado para ser levado ao suplício. Ele se apropria de dois punhais e se diz: "Tu prolongas uma vida infame de maneira vergonhosa; o que tu fazes não é digno de um imperador; toma teu partido, vamos Nero, exorta-te."[226] Os cavaleiros, que têm ordem de pegá-lo vivo, estão à porta; ele os ouve. Com a ajuda de Epafrodite, seu secretário, enterra um dos punhais na garganta; expirava quando o centurião entrou; seus olhos, saltados e fixos, inspiravam horror.

CXIII – O monstro não existe mais. Eu permaneço imóvel diante de seu cadáver; de cada crime que me lembro, sinto minha indignação redobrar; mas o que lhe importa? Ele não me vê. É em vão que lhe condeno as mortes de Agripina, de Sexto Afrânio, de Sêneca, de Traseias, de Vetus e de sua família. Ele não me ouve; as Fúrias se afastaram e suas cinzas repousam como a de um homem virtuoso. Quem absolverá os deuses de sua vida e da morte de seus preceptores? Tantos crimes são suficientemente expiados pelo suplício de um momento? É verdade que o céu fez o bastante por um Sêneca ao criá-lo bom, e que um Nero foi bastante castigado ao ser criado mau? Eu o creio, sim, o creio. E se fosse preciso optar entre o destino de um celerado afortunado e aquele de um homem de bem infeliz, certamente não hesitaria. Qual o motivo de uma escolha tão decidida? Estar persuadido de que não há mau que não tenha desejado com frequência ter sido bom; e que o bom jamais desejou ser mau.

CXIV – Mas Tibério, Calígula, Cláudio e Nero foram culpados de todas as perversidades de que lhes acusam? Sobretudo a pintura

225. *Qualis artifex pereo*. Suetônio, *Nero*, cap. XLIX. (N. do A.).

226. Poderíamos indagar aqui sobre Nero, prestes a se matar para não entregar sua própria cabeça ao justo furor de todos os seus súditos, que se dispunham a rivalizar para ter a honra e o prazer de lhe arrancar a vida, se ele pensou nesse momento que o soberano sempre pode ter impunemente tudo o que deseja. (Naigeon)

das infâmias clandestinas de seus palácios não foi sobrecarregada? Quem, hoje em dia, não ouviu os relatos escandalosos com os quais se diverte a inépcia popular, dos quais se alimenta com avidez e que lhe agrada difundir? A história dos peixes de Tibério[227] não tem nada de mais ridículo, nem talvez de mais verdadeiro. Mas o que nos importa? Os crimes imputados são uma parte do castigo legítimo aos crimes cometidos.

CXV – Uma singularidade tão notável quanto surpreendente no caráter de Tibério e de Nero é a paciência[228] com a qual suportaram a injúria e a sátira. Tibério lia os libelos, os respondia no senado e não buscava os autores. Nero nunca se mostrou tão indulgente em qualquer circunstância senão com aqueles que o atacavam por palavras ou versos epigramáticos. Entregava o imperador à ironia, mas não o músico.

O pretor Lúcio Antístio, sem nenhum motivo de descontentamento, compôs versos ultrajantes contra Nero (Tácito, *Anais*, livro XIV, cap. XLVIII e XLIX) e os leu à mesa, em meio a uma assembleia numerosa. É levado ao tribunal e o senado se divide nas opiniões; o julgamento é reenviado a Nero, que responde: "Como me propusera moderar vosso vigor, estou bem longe de me opor a vossa clemência; ordenai a Antístio o que vos prouver, vós sois mestres do absurdo."[229]

227. *Quasi pueros primae teneritudinis, quos pisciculos vocabat, instituerat, ut natandi sibi inter femina versarentur, ac luderent: lingua...* Suetônio, *Tibério*, cap. XLIV. Diderot protesta aqui contra os exageros que ocorreram a propósito das depravações de Luís XV. (Assézat)

228. Suetônio destaca isso como um fato bastnate singular: *Mirum, et vel praecipue notabile inter haec fuit etc.* Ele não sabia nisso mais indolência do que política; pois, ao testemunhar o seu ressentimento, Nero ficara com medo de irritar os difamadores: *Vel contemptu omnis infamiae, vel ne fatendo dolorem, irritaret ingenia.* Suetônio, *Nero*, cap. XXXIX. (Naigeon)

229. Quase ao mesmo tempo, Fabrício Vejento, autor de numerosos libelos contra os senadores e o clero romano (ver Tácito, *Anais*, livro XIV, cap. L), tendo sido julgado pelo próprio Nero, foi apenas banido da Itália. Seus livros foram condenados ao fogo; mais tarde foram procurados e lidos com avidez, embora havendo perigo em procurá-los. Mas tão logo permitidos, ninguém mais se preocupou com isso. *Convictum Veientonem Italia depulit, et libros exuri jussit, conquisitos lectitatosque,donec cum periculo parabantur: mox licentia habendi oblivionem attulit.* Ibidem. (Naigeon)

Em meio às adulações, o cônsul designado Cerialis Anísio disse uma palavra em destaque que Nero sem dúvida entendeu e com a qual não se ofendeu. Opinou que se erguia um templo ao divino Nero, honra que apenas se rendia aos soberanos após sua morte[230].

Contra ele foram publicados numerosos epigramas gregos e latinos, bastante ruins, a julgar por aqueles que Suetônio nos transmitiu (Suetônio, *Nero*, cap. XXXIX). Ele conhecia os autores e, longe de puni-los, obteve do senado o perdão para aqueles que foram denunciados.

Um autor de farsas atelanas, chamado Dato, cantava uma ária que começava com essas palavras: *Bom-dia, meu pai, bom-dia, minha mãe* e que terminava por essas: *vós logo ireis para o reino de Plutão*. Com o gesto de alguém que bebe, indicava a morte de Cláudio; pelo de alguém que nada, a morte de Agripina; e por um terceiro gesto, que se estendia ao redor, o aniquilamento do senado (ibidem). Foi exilado. Semelhante insolência seria mais severamente castigada em nossos dias.

Nada lhe chocava mais nos libelos de Vindex do que o desdém por seu talento musical[231]. Ele tinha sobre essa arte uma ideia bastante justa: é que ela não produzia seus grandes efeitos senão em plateias numerosas[232].

CXVI – Sêneca lhe ensinara a língua grega, história, eloquência e poesia. Ele fez versos medíocres com muita facilidade (Suetônio, *Nero*, cap. LII) e nenhum progresso na arte oratória.

Recusou inteiramente o estudo da filosofia, seguindo o conselho de sua mãe Agripina, que lhe persuadiu ser esta ciência prejudicial a um soberano[233], quer dizer, a um tirano; era o valor da palavra na boca de uma mulher igualmente imperiosa.

230. *Nam deum honor principi non ante habetur, quam agere inter homines desierit.* Ibidem, livro XV, cap. LXXIV. (Naigeon)

231. *Nihil autem aeque doluit, quam ut citharaedum malum se increpitum.* Suetônio, *Nero*, cap. XLI. (N. do A.)

232. *Subinde inter familiares Graecum proverbium jactans, occultae musicae nullum esse respectum.* Ibidem, cap. XX. (N. do A.)

233. *Sed a philosophia eum mater avertit, mones imperaturo contrariam esse.* Ibidem. (N. do A.)

Com o quê! A arte de moderar suas paixões, de conhecer seus deveres e de cumpri-los, de exercer a clemência e a justiça, de conhecer os limites do poder e respeitá-los; esta arte, digo, é prejudicial a um soberano e não deve entrar no plano de educação de um príncipe!

Esse conselho de Agripina é aquele que sempre darão às crianças dos reis aqueles que se proporão a embrutecê-los para governar: e é importante que sejam viciosos e indolentes. Mas Agripina aprendeu com o tempo que não se trabalha impunemente a tornar seu senhor estúpido e mau. Possam os imitadores de sua política receber a mesma recompensa que ela obteve!

Agripina difundiu que seu filho Nero, no berço, havia sido guardado por duas serpentes; Nero só precisava de uma.

Reprova-se Sêneca por haver interdito a seu aluno a leitura dos antigos oradores[234]; e isso para fixar apenas sobre si toda sua admiração. Que inépcia! Sem dúvida Sêneca permitia a Nero a leitura de suas próprias obras, onde diz de Cícero: "Este orador cuja majestade responde à do império."[235]

234. Ver Suetônio, *Nero*, cap. LII; Quintiliano, *Instituições Oratórias*, livro X, cap. I. (N. do A.)

235. O autor se engana. Essa passagem não é do Sêneca, o Filósofo, mas do Sêneca pai, cujos próprios termos são os seguintes: *Potui illud ingenium, quod solum populus romanus par imperio suo habuit, cognoscere; et quod vulgo de alio dici solet, sed de illo proprie debet, potui vivam vocem audire.* (*Controvérsias I*, livro I, *praefat.*) De resto, seria fácil encontrar nas obras do filho várias passagens em que ele endereça louvores menos vagos, menos gerais e especialmente lisonjeiros a Cícero, se bem que estes louvores, que são méritos nos quais ele particularmente insiste e qualidades que ele elogia, escapam à maioria dos leitores, e quase não são percebidos a não ser por aqueles em que o estudo série dos grandes modelos aperfeiçoou o seu gosto, o tato e o sentimento requintado pelo belo, fonte fecunda de prazeres e de uma multidão de deliciosos instantes que homens frios ignoram, e que são perdidos por eles. Quintiliano que, por sua confissão, em geral era suspeito de ódio contra Sêneca, acusou-lhe, com tanta injustiça quanto má-fé, por ter denegrido oradores que o haviam precedido; e todo mundo repetiu tal acusação, e ainda hoje repete, sem examinar se essa denúncia tão grave tem fundamento ou não. Teria sido mais simples, me parece, e acima de tudo mais honesto, acreditar, sobre esse ponto, no próprio Sêneca – que em milhares de trechos de sua obra faz o elogio de todos aqueles que se distinguem na carreira da eloquência – antes de dar crédito ao autor das *Instituições Oratórias*, cuja acusação, ditada pelo ódio ou pela prevenção, de qualquer forma não se apoia em nenhuma prova. No entanto, para absolver Sêneca e revelar a injustiça, a parcialidade, digamos mais, a baixeza da inveja de Quintiliano, seria necessário ler as obras do primeiro; porém, acharam mais breve e mais fácil reportarem-se cegamente ao julgamento desse rétor, e repetirem o que ele disse em vinte linhas, do que pesquisar em seis ▸

CXVII – Até aqui vimos o homem de corte, o preceptor de Nero, seu ministro; resta-nos conhecer o filósofo, o preceptor do gênero humano.

Mas antes de entrar nessa nova carreira, temos primeiro de responder a algumas outras reflexões desfavoráveis sobre o caráter e os costumes de Sêneca; em seguida, mostrar, pelas autoridades, o que personagens célebres falarão do filósofo com mais dignidade e força do que eu. Encontrar-se-á em meio a essas obras o que os escritores costumam pôr na cabeça dos outros; será apenas uma ligeira bizarria a mais.

CXVIII – Um jovem autor de quem gosto, que até estimo algumas vezes, e que não tratarei mais com considerações, pois tenho o hábito de lhe falar com sinceridade, publicou a mais lacônica, mas a sátira mais violenta que já se fez de Sêneca e de Sexto Afrânio. Os inimigos precedentes de Sêneca parecem ter disposto num grande número de páginas o que ele concentrou em uma só. Diz ele:

Sêneca, encarregado pelo Estado de afrontar a morte, apresentando ao seu discípulo as advertências da virtude (o que ele fez e lhe custou a vida), o sábio Sêneca, mais atento ao acúmulo das riquezas do que ao

▷ volumes as provas formais da falsidade de suas imputações, e se assegurar, por meio do seu próprio exame, que esse escritor, cuja leitura é, contudo, utilíssima, não é, mesmo em matéria de gosto e de crítica, um juiz mais infalível que qualquer outro. Para nós, sempre sinceros conosco mesmos, e guiados pelo único interesse da verdade, nos reportaremos aqui a duas ou três passagens de Sêneca, em que ele se manifesta a respeito de Cícero de uma maneira clara e precisa. O leitor terá então as peças instrutivas do processo, e poderá julgar. Disse ele a Lucílio: *Lege Ciceronem: compositio ejus una est, pedem servat, curata, lenta, et sine infamia mollis etc. Denique apud Ciceronem ominia desinunt, apud nPollionem cadunt.* (Leia Cícero; você encontrará, em seu estilo, unidade, harmonia, elegância, leveza, delicadeza, sem, contudo, falta de vigor etc.) *Cartas a Lucílio*, Carta C.

Cite para mim", acrescenta ele um pouco depois, "um escritor que você prefere se comparado a Fabiano. Cícero? Muito bem; mas não é pequeno para ter a estatura de um gigante?" [*Affer quem Fabiano possis praeponere. Diz Ciceronem… Cedam: sed non statim pusillum est, si quid maximo minus est.*] Ele critica, em uma outra carta, a elocução precipitada de certos oradores, e dá como exemplo oposto a lentidão majestosa com a qual Cícero pronuncia os seus discursos. *Cicero quoque noster, a quo romana eloquentia exstiti, gradarius* fuit. [Esse fundador da eloquência romana tinha uma cadência regular.] Ibidem, Carta XL. Por fim, ele observa, ao falar de Cécinna, que *Qui habuisset aliquod in eloquntia nomen, nisi illum Ciceronis umbra pressisset.* [esse autor teria feito seu nome no campo da eloquência, se a glória de Cícero não tivesse eclipsado a sua.] *Natur. Quest.* livro II, cap. LVI. (Naigeon)

cumprimento desse dever, se contenta em fazer divertimentos com a crueldade do tirano, favorecendo sua luxúria.

Vós vos enganais, jovem. Sêneca teve riquezas, mas não lhes teve paixão. Vós confessareis a falsidade de vossa segunda imputação, dela se envergonhando, se vos derdes ao trabalho de ler o historiador, agora que estais em condições de entendê-lo.

"Ele subscreve, por um silêncio vergonhoso, a morte de alguns bravos cidadãos que teria de defender."

Onde haveis aprendido isso? Quais são vossos garantes? Fugido da escola após quatro ou cinco anos e, graças à educação que haveis recebido, pouco instruído para ler Tácito correntemente, sem luzes, sem a menor experiência da vida nem das pessoas ou das alternativas angustiantes nas quais a perfídia de nosso destino nos conduz, nem da dificuldade de caminhar a passos seguros sobre a linha reta que separa o bem do mal, vós escutais apenas vossa imaginação efervescente, julgando o homem conforme um modelo fantástico que o funcionamento do mundo e vosso próprio perigo não tardarão em vos desiludir. Quando estiverdes em luta convosco, tendo experimentado a agonia do sábio e sentindo-se desolado pelas injúrias atrozes que haveis dirigido aos mais virtuosos, e acrescentarei, aos mais infelizes dos homens, como se a virtude sempre pudesse ser profundamente infeliz. Eu vos conheço há bastante tempo: sois naturalmente indulgente, tendes a alma honesta e sensível; vinte vezes o vimos pôr-se na defesa do culpado com mais interesse e calor do que ele ousaria dar-se em sua própria causa. Como haveis subitamente perdido essa feliz e rara disposição? Que pena! É menos a vós mesmo que é preciso imputar vossa indiscrição do que aos gramáticos que vos educaram e que, sob o pretexto de garantir vosso gosto pela corrupção, afastaram de vossos olhos as lições mais graves de filosofia. Se se houvesse exercitado vosso espírito na meditação dos conselhos de Sêneca, tanto quanto exercitaram vossos ouvidos a medir e sentir o número encantador de um período da oratória romana, vós teríeis ao menos suspendido vosso julgamento.

Ele próprio, pressagiando sua queda próxima por aquela de seus amigos, menos intrépido com todo o seu estoicismo, alimentando-se dos frutos de seu jardim e matando a sede nas correntes de um riacho, vai miseravelmente propor a troca de suas riquezas por uma vida da qual pregara o nada, que não teria sido triste conservar, e que não pôde comprar a esse preço: castigo digno dos cuidados com os quais ele as havia acumulado.

Jovem, vós confundis a ordem dos fatos. O atentado do envenenamento e a vida inquieta do filósofo em seus jardins são posteriores à sua retirada da corte. Mas se trata de inexatidões pueris! O que queria que vós me dissésseis, agora que vosso juízo se aperfeiçoou com o estudo, a reflexão e a experiência, que sabeis como Sêneca viveu, como morreu e que suas obras e princípios vos são familiares: é se, voltando com sangue frio a essas linhas irascíveis, não estais também envergonhado, também indignado e sinceramente aflito como eu?

Antigamente, condenava-se o mau poeta a apagar com a língua seus versos insípidos. Diga-me, qual deveria ser o castigo do autor de um libelo contra um sábio?

"Dir-se-á que trato este filósofo um pouco duramente".

E vós, jovem, o que pensais disso?

"É pouco possível, sobre o relato de Tácito, julgá-lo mais favoravelmente."

E vós vos acreditastes em condições de ler Tácito, de entendê-lo, de apreciá-lo, mal iniciado em sua língua, e não tendo por medida das ações senão os miseráveis cadernos de moral aristotélica que vos ditaram nos bancos escolares, com alguns capítulos de Nicole que um professor jansenista vos comentava no último dia da semana!

"E para dizer todo o meu pensamento em duas palavras, nem Sêneca nem Sexto Afrânio são pessoas tão honestas quanto nos pintam."

E quem é esse que se pronuncia em tom de suficiência sobre duass personagens cujos talentos e virtudes conduziram às primeiras funções do império romano? Que fizeram do príncipe o mais infeliz nascido, durante cinco de um reinado de catorze, um dos melhores soberanos; que usufruíram de consideração geral durante a vida; que selaram com sangue sua fidelidade no cumprimento dos seus deveres e que deixaram, após uma morte violenta, lamentos duradouros em todos os bons cidadãos de Roma? Uma criança, um desmiolado em quem, infelizmente, alguma facilidade para escrever havia sobrepujado o senso comum. E quem é esse desmiolado, essa criança? Sou eu, sou eu com a idade de trinta anos; e sou eu quem lhe dirige esta lição, idoso de mais de sessenta[236].

236. Foi há muito tempo que, seduzido pela confiança natural da juventude, e arrastado pelo sufrágio impositivo da multidão, quando fazia causa comum com os maldosos para deprimir um filósofo virtuoso, uni-me a loucos para elevar um pedestal ao homem hipócrita. Permanecia o defensor opiniático deste aqui contra amigos esclarecidos, que sempre me preveniam sobre as consequências de uma intimidade perigosa. Essa predição não tardou a se cumprir. Infelizmente, foi em meio a uma embriaguez que me era cara que o véu se rasgou e que vi com dor e surpresa que, durante longos anos, havia apertado e enlaçado em meus braços um monstro. [É de 1741 que data a ligação com Rousseau. A ruptura ocorreu em 1758.]

Após ter feito acima a crítica tão severa quanto justa de uma nota que escrevi há mais de 36 anos, após ter expiado esse erro de minha juventude, por uma retratação pública e sincera, vou examinar com a mesma imparcialidade um paralelo entre Plutarco e Sêneca escrito pelo poeta Dryden e que alguns censores tão inconsiderados e pouco instruídos como eu era então, citaram contra Sêneca. *Discurso de Dryden* – "A conversação de Plutarco era franca e aberta; Sêneca, sempre com reserva, não era melhor com outros do que com ele mesmo... Plutarco se mostra sempre verdadeiro; o outro sempre tem humor... O primeiro, mesmo saindo de seu caráter, era indulgente; o caráter de Sêneca o conduzia frequentemente à censura; espreitava com prazer a menor ocasião para repreender... Plutarco apreciava os elogios que fazia à virtude, tanto quanto Sêneca gozava de satisfação declamando contra os vícios; Plutarco, instruindo, buscava instruir-se, enquanto Sêneca só tinha em vista fazer adotar suas opiniões. Ele não podia sofrer a contradição... Os escritos de Plutarco inspiram a honestidade e a virtude; os de Sêneca denotam um homem que não lhes é apegado... Enquanto Sêneca ataca e critica imperiosamente os vícios, o outro parece buscar apenas deles se defender... Também o estilo de Plutarco é fácil e escorreito, enquanto o de Sêneca é áspero e desigual... Plutarco seduz e conversa com vós, Sêneca comanda e tiraniza... As provas de Plutarco, sempre com o aval da razão, se apresentam com clareza e deixam atrás de si uma impressão profunda e durável; é o espírito que fala em Sêneca; ele ofusca a imaginação e só brilha por um instante... Sempre satisfeito com um, não se encontra senão fineza e sutilidade no outro... A diferença de gênero de vida que levaram se pinta também em suas obras. Plutarco viveu docemente e se mantém sempre igual; Sêneca, ao contrário, sempre foi agitado; seus hábitos não concordam com seus princípios. Creio ser impossível justificar seus galanteios a Agripina. Ele fez uma sátira amarga de Mecenas e de Cláudio. Nós o achamos frouxo, descosido, sem força e sem harmonia, julgando pelo conjunto, ainda que, em detalhes, ele seja algumas vezes fascinante. Sua latinidade nada tem de elegante nem da pureza do século de Augusto. ▸

CXIX – É preciso convir que os inimigos de nossos filósofos se parecem algumas vezes maravilhosamente com os detratores de Sêneca. Se essa gloriosa conformidade não é a única, e se não se pudesse mostrar respeito pelos antigos sem ser penetrado

▷ Petrônio o designa como um rétor que havia substituído a verdadeira eloquência das sentenças epigramáticas por um amontoado de palavras pomposas e vazias de sentido."

Resposta ao discurso de Dryden – "Onde esse poeta conversou com Plutarco e com Sêneca? Os escritos são imagens infiéis dos caracteres. Plutarco, à vontade em suas dissertações, podia ser duro e rígido em sociedade; reciprocamente, Sêneca, muito austero escrevendo, podia ser bastante agradável na conversação. Mas que seja justa a conjectura de Dryden. É muito espantoso que se seja franco e aberto sob Trajano, e preocupado e reservado sob Nero? Se Sêneca não era melhor consigo do que com os outros é porque os demais eram, na maioria, celerados, e com o extremo rigor com que o modesto filósofo se apreciava, era impossível que estivesse contente consigo mesmo... Quem sabe o que seria Sêneca na corte de Trajano, e Plutarco na de Nero? Sêneca se mostra sempre indulgente e não tem humor; chamo a atenção para suas *Cartas*, suas *Consolações*, seu *Tratado dos Benefícios*, e até mesmo para o da *Cólera*... O misantropo Montausier era com frequência censurado por seu caráter, e os costumes ao tempo de Nero eram muito mais corrompidos do que ao tempo de Luis XIV... Sêneca não espreitava as oportunidades de censurar, elas é que se apresentavam em demasia... e ele as observava com prazer. Quem sabe? Ouvindo Dryden, nós o tomaríamos por um comensal de Sêneca... Sem dúvida, Sêneca perseguia os vícios com veemência. Quintiliano o louva, e parece-me que a consequência a ser retirada é que ele era mais sensível ao espetáculo da virtude, da qual fala melhor e sobre a qual se exprime com mais dignidade e entusiasmo do que Plutarco jamais o fez... Ele apenas se instruía para expor suas opiniões. Onde se vê tal coisa? Ele não podia suportar a contradição. Estoico, com frequência refuta os estoicos; estoico, não deixa de citar Epicuro; estoico, faz a apologia desse filósofo. Sêneca não possui o tom pedantesco do orgulho; se ele se humilha, é porque comumente se é incapaz de fazê-lo. Os escritos de Sêneca revelam um homem não apegado ao caminho da virtude. Sim, no julgamento de um leitor mal-intencionado ou estúpido que admite a modéstia contra o sábio que a praticou. Quando Sêneca ataca e censura o vício, e Plutarco procura apenas defender-se dele, é preciso louvar o primeiro, sem reprovar o segundo... Se eu dissesse que o estilo de Sêneca é harmonioso e doce, não se deixaria de me acusar de ignorar o latim; por mim, eu diria a Dryden que o estilo de Plutarco não é nem fácil nem escorreito, sem acusá-lo de ignorar o grego. De resto, o bom Plutarco tem seu estilo, e o eloquente Sêneca, o seu, como ambos têm seus caracteres e fisionomias... Sêneca comanda a virtude e tiraniza o vício. E Sêneca faz bem... É o espírito que fala em Sêneca e, na opinião de Justus Lipsius, é a força e a impetuosidade que falam em Demóstenes. Ele toca fortemente a imaginação; sua frase, como o relâmpago, arrasa. Ele só tem fineza e sutilidade. Sobre isso, Dryden não sabe mais do que Quintiliano; este aqui encontrava páginas dignas de elogios e páginas dignas de admiração. Se Sêneca vivia antes agitado, é uma infelicidade, não um vício. Seus hábitos não estiveram em conformidade com sua doutrina? O poeta confundiu Júlia com Agripina. A *Apocolonquitose* contra Cláudio é a mais meritória vingança pelo crime, a lição mais forte que um professor poderia dar a seu aluno, a sátira mais engenhosa e a mais viva das honras que a baixeza dos povos concedia a seus tiranos mortos, e o sal mais acre da ironia jogado com mãos cheias sobre a canalha, cuja superstição reinante havia povoado os céus.▸

pelos modernos, por que não se encontrariam, dentro de alguns séculos, imitadores dos Pais da Igreja que os inscreveriam também no catálogo dos santos, espera com as quais estariam, sem dúvida, infinitamente satisfeitos. O que quer que aconteça no futuro, que bendito seja para sempre entre eles aquele a quem devemos a *Moral Universal*[237]. Possam os pais e as mães reco-

▷ Pode-se fazer justiça aos reis depois de sua morte. Por outro lado, tem-se conhecimento de que Cláudio ordenava tão lestamente a morte de um homem quanto a de um cão, e que mandou envenenar, estrangular ou decapitar – Caio Silano, designado consul; Junio, chefe da guarda pretoriana; Sexto Trallo; Helvio Trogo; os cavaleiros romanos Cotta, Valério e Fabio; os dois prefeitos do pretório, Junio Catonio e Rufo, filhos de Pompeia e seus amigos pessoais; Saturnio Lucio; seus escravos e alforriados; os consulares Pedo Pomponio, Lupo e Celer Asinio; a filha do seu irmão, a filha da sua irmã, seu genro, sua sogra, sua mulher, seus parentes próximos, trinta senadores, mais de trezentos e vinte cavaleiros, e mais uma multidão? Eis o príncipe do qual ele devia respeitar a memória! Não era em estúpido, mas na mais cruel das bestas-feras que ele precisava metamorfosear esse homem de sangue... Se Mecenas forneceu a Sêneca um exemplo admirável da influência do caráter e dos costumes no estilo, por que ele não se utilizaria disso?

Mesmo ao dar grande importância a Cícero, um homem de letras, com relação a Sêneca e Plutarco, não via amiúde tanto um quanto o outro desses dois últimos autores como fogos de palha; neles, via a chama ardente da madeira da videira, e no velho, cinzas frias que, remexidas, revelavam enormes brasas que aqueciam suavemente; mas, em sua opinião, cada um desses autores alternavam intervalos em que ora qualidades ora defeitos os distinguiam separadamente. A latinidade de Sêneca, de Tácito, de Plínio, de Quintiliano, não era mais a do século de Augusto assim como o grego de Plutarco não era mais o mesmo que o da época de Péricles, e Erasmo não o achava pior por esse motivo... Já se deveria ter citado a nós o lugar de Petrônio em que Sêneca é designado, e se teria feito melhor ainda nos indicar algumas dessas sentenças epigramáticas imersas numa massa de palavras pomposas e vazias de sentido. O *tour* epigramático é incompatível com a pompa e o fausto da expressão, e Dryden liga ideias e expressões contraditórias.

Mas se por acaso o opúsculo de Dryden não fosse senão uma sátira ou, menos curioso por ser verdadeiro do que por seduzir usando contrastes picantes, o autor se tivesse proposto a pintar dois concidadãos, um sob o nome de Sêneca, outro de Plutarco; leitor, não seríeis tentado a rir do menosprezo do crítico que me teria retorquido apenas com uma ficção e do tom sério que pus em minha resposta? Pois bem, ria então, pois a coisa é da maneira como eu suspeitara.

Poderiam me esclarecer, sem qualquer espécie de reservas, o que seria preciso pensar daquele que duvidasse da malevolência de um Suílio e que não tivesse qualquer dúvida sobre a perversidade de Sêneca?

Jamais se deixa de insistir sobre o testemunho de Xifilin, de Dião e de Suílio, que *talvez* seja um celerado, contra Sêneca, que é, *decididamente*, um hipócrita.

Censores, será em vão exaltar o seu Suílio, pois não fareis dele senão um homem da rocha Tarpeia; citai Dião sempre que vos aprouver, e ele não será senão o detrator de toda virtude; e vos atormentareis também inutilmente em querer mudar o mau julgamento de Xifilin. (N. do A.)

237. Trata-se de obra do Barão d'Holbach, também chamado *Deveres do Homem Fundados Sobre a Natureza*, Amsterdã, 1776. (Assézat)

mendar sua leitura diária aos filhos! Possam os meus ser fiéis à promessa que me fizeram de refletir durante suas vidas sobre as lições úteis e sábias. Há alguns anos que apareceu com esse título e com ele se conhecerão a regra de nossos deveres e o código ao qual estamos submetidos de coração e espírito.

CXX – "O homem se fere na filosofia de Sêneca."

A filosofia não aniquila o homem. Há muitos exemplos de que a própria religião não opera esse prodígio.

"O espírito de Sêneca está em contradição com seu caráter." Não farei esse reproche aos críticos; estou disposto a crer no caráter de seus espíritos e no espírito de seus carácteres. De todos os atenienses, o mais sábio não nasceu assim com tamanha felicidade: praticava a virtude apesar da tendência natural que o conduzia ao vício. Quando se mistura o louvor e a repreensão, ainda seria preciso ter alguma noção precisa do que merece ser louvado e repreendido. Que Sêneca tenha sustentado sua fraqueza natural com os princípios da mais rígida filosofia, muito o admitiria. Todos os dias um magistrado sensível deixa sufocada, pelo grito da justiça, a voz interior da comiseração que o solicita. É uma espécie de luta perfeitamente estranha ao censor.

"Não é ridículo ver uma personagem grave falar de virtude, zombando?"

Bastante ridículo, seguramente. Mas é precisamente quando Sêneca fala de virtude que é entusiasta, deixando de ser sutil.

Sêneca, que conhecia o espírito da corte, da cidade e da canalha, previa as calúnias às quais sua riqueza, seu poder, o favor e a munificência de César o expunham. Não as dissimula nem a si nem ao aluno. O que fazem os inimigos do filósofo? Associam-se aos detratores que o filósofo põe em cena, ajuntando: "Eis portanto as censuras que vos serão feitas, e bem-feitas, pois vós as tereis merecido."

De boa-fé, crê-se que um homem de espírito (nisso estamos de acordo sobre Sêneca) seja assaz indiscreto para se dirigir, pela boca de seus detratores, invectivas que sua própria consciência confessaria, e bastante desajeitado para fazê-las diante de um discípulo capaz de tomá-las ao pé da letra?

Suponho que um de nossos aristarcos hebdomadários diga familiarmente a seu amigo: "Vede o que me ocorreu depois que me meti nessa triste e miserável carreira. Sabia que não deixariam de me acusar de ignorância, de parcialidade, de malevolência, de venalidade, de hipocrisia e de má-fé; mas sois vós que o quisestes." Não é evidente que no crítico que se explicasse com essa franqueza não se reconheceria nenhuma dessas qualidades odiosas ou, se merecesse a censura, não falaria assim?

"Logo, é um grande mérito não ter sido o corruptor de seu aluno?"

Não, mas seria um tão magro o ter feito, a despeito da natureza, um grande imperador durante cinco anos, quase a metade de seu reinado?

"Sêneca não era um sábio e Tácito não o negava."

Se, percorrendo a história da Igreja ou a vida dos santos eu recolhesse todo o mal que essas humildes personagens disseram de si mesmas, e citasse contra elas a autoridade de Baillet ou de Fleuri, qual é o homem sensato para quem um tão grande absurdo não fizesse explodir de rir? A malevolência é também, por vezes, um pouco estúpida.

"Sêneca disse: *o clemente Nero*."

É verdade, ele disse numa obra que o filósofo lhe dedicou. Havia epítetos de uso que precediam os nomes dos imperadores, como os feixes precediam suas pessoas, e eram então Pio, Clemente, Augusto, Divo Tibério, Divo Calígula, Divo Nero, como se hoje se dissesse Sua Santidade de um papa ambicioso e dissoluto; Sua Eminência, de um baixo e vil cardeal; Sua Grandeza, de um prelado abjeto; ou ainda Meus Senhores, de um bando de personagens indignas.

"Para atacar Agripina, havia apenas que dizer que Dião era um impostor."

Para atacar Agripina bastava ler Tácito ali onde o historiador a introduz, em meio às devassidões noturnas do palácio. Que Dião seja um impostor ou não, o certo é que o autor dos

Anais é verídico e o mal que disse dessa mulher, cuja ambição havia revoltado os espíritos, *cunctis cupientibus infringi matris potentiam*[238], e na qual o furor de reinar havia asfixiado o sentimento natural e rompido o freio do pudor, está bem abaixo do mal que poderia dizer sem caluniá-la.

Lê-se num autor sério que já citei algumas vezes: "Agripina, filha, irmã, mulher e mãe de imperadores, foi um espírito composto de todas as espécies de maldade." É raro que uma obra ainda tenha encontrado leitores tão severos quanto o meu.

"Agripina esperava ter uma grande parte da administração do império; era preciso, pois, que essa princesa, a quem não faltavam luzes e que conhecia os homens, já contasse com a habilidade filosófica da personagem. Parece que o chamado do exílio não faz muita honra ao exilado."

Não é a Sêneca, mas à sagacidade de Agripina, à sua visão que o chamado do filósofo não faz honra. Quais foram as lições e quais foram os frutos. As lições? As da filosofia, que desagrada Agripina a ponto de dizer a seu filho que tal estudo não convinha a um imperador. Os frutos? Cinco anos de um reinado invejado por Trajano.

Quem é que, sem ser um idiota, jamais se enganou na boa ou na má opinião sobre os homens? Concluir-se-á contra mim tudo o que se quiser; mas confesso que durante dezessete anos fui o palerma de um hipócrita astucioso.

A história não nos deixou duvidar das razões do chamado de Sêneca. Prefiro acreditar na Agripina dos furores contra Sêneca e Sexto Afrânio, que ela não separava; e se os censores me permitem, prefiro o testemunho de Tácito ao deles. Ora, Tácito diz expressamente que Agripina apenas solicitou o fim do exílio e a pretura para Sêneca a fim de se fazer agradável ao povo e romper a continuidade de seus delitos por uma ação louvável, *ne malis tantum facinoribus innotesceret*[239], aproximando seu filho de um preceptor célebre por suas luzes e virtudes.

238. Todos os que desejam quebrar o poder materno. (N. da T.)
239. Não se celebrizava apenas por tantas ações criminosas. (N. da T.)

Poder-se-á dizer que o historiador penetrante tenha pressentido e previsto todas as imputações da maldade. Mas se algum aristarco pensasse acrescentar que Sêneca não pôde resistir a educar o filho segundo os princípios de sua mãe, não se diria que esse propósito é o de um ignorante que não leu uma linha da história, ou a de um vicioso que vende a torto e a direito tudo o que se apresenta em sua cabeça desmiolada?

A habilidade filosófica do estoico Sêneca! É como se se dissesse precisamente a habilidade evangélica do abade de Rancé[240] ou de um prior dos camaldulenses.

"Sêneca não expõe seu amigo Sereno."

Sêneca não o expõe, mas a que o teria exposto, se o fato é verdadeiro? Ocultar do público um liame vil que não estava em seu poder nem impedir nem romper; subtraí-lo ao conhecimento da invejosa, ambiciosa e furibunda Agripina, mulher apaixonada, imperiosa e capaz de se levar aos mais deploráveis extremos. E a condescendência de Sereno, vos parece horrível? Censores, vós vos transplantareis sempre de vossas mansardas, da poeira de vossos bancos, da sombra de vossas escolas para o meio dos palácios dos reis e vos pronunciareis intrepidamente sobre a vida das cortes conforme vossos princípios monásticos e vosso regime colegial?

"Sêneca sustenta Actea contra Agripina."

Falso. Sêneca serve-se de Actea contra a incestuosa Agripina.

"Messalina temia o gênio penetrante de Sêneca. Não era preciso, parece-nos, ser muito penetrante para perceber as desordens da casa de Cláudio."

Quanto menos se necessitasse de perspicácia para perceber as desordens da casa de Cláudio, mais um fino observador era de se temer.

"Messalina não podia temer que Sêneca, que aliás era um simples particular, pensasse perdê-la no espírito de um príncipe incapaz de escutar um conselho sábio e dele se aproveitar."

240. Armand Jean Le Bouthillier de Rancé (1626-1700), monge reformador da ordem cisterciense e fundador da ordem trapista. (N. da T.)

Messalina era e devia ser sombria, como foram e serão sempre aqueles que abusam do favor, da imbecilidade ou da fraqueza dos soberanos: eles toleram a seu lado apenas cúmplices, e cúmplices subalternos; seu ciúme afasta os demais. Cláudio não era estúpido a ponto de não poder ser esclarecido sobre a maneira astuciosa pela qual o despojavam de sua autoridade. Ele levou a estupidez a esse inacreditável excesso, a de que os celerados ainda deviam temer Sêneca, ao menos como um espectador austero. Não era, é verdade, senão um simples particular, mas um particular de grande estima pública e íntimo dos grandes. De resto, é Tácito que dá esse motivo a Messalina.

"Racine, que tinha fino tato, um sentimento tão extraordinário do belo moral, via em Sêneca um charlatão."

Esse juízo bem valia a pena ser apoiado por uma citação. Mas se Racine, aplicando esse fino tato, esse sentimento do belo moral no exame do caráter de Sêneca, acreditou reconhecer um hipócrita, Sexto Afrânio, usado na mesma copela, não lhe teria parecido mais do que um covarde cortesão. A verdade é que um militar convinha melhor à cena dramática do que um filósofo; a verdade é que, por essas opiniões religiosas, Racine não estava disposto a atribuir ao paganismo alguma virtude real.

"Eu preferi a conduta de Sêneca à de Sexto Afrânio."

E persisto. Antes do assassinato de Agripina, as condutas de Sêneca e de Sexto Afrânio são a mesma: são dois grandes homens, dois grandes ministros; no momento em que a morte de Agripina é resolvida e lhes é comunicada, eu os considero igualmente inocentes. Após a morte de Agripina, ambos permanecem na corte; mas um faz o papel do cortesão, o outro, a do censor. Quando o espectro do crime afugentou o príncipe da Campânia, Sexto Afrânio obrigou os soldados a dobrar os joelhos diante do matricida, a felicitá-lo por ter-se livrado do perigo e a beijar as mãos ainda úmidas com o sangue de sua mãe; louva o histrião e o cocheiro. As pessoas da corte, porém, interpretam Sêneca como um parodista do cantor e um maldizente do condutor do carro.

"Eu pus Nero acima de Augusto."

Eu tinha então presentes no espírito os horrores do triunvirato e o longo período durante o qual não se podia elogiar Nero. Enquanto os censores não fixarem datas, suas minuciosas observações cairão por terra.

CXXI – Se aqui me detenho, não é por que esta primeira parte de minha tarefa não pode ser mais extensa. Mas passemos à segunda.

Plínio, o Velho, que já citamos, disse de Sêneca que ele não se deixou impor pela vanidade das coisas da vida: *Seneca minime mirator inanium.*

Tertuliano e antigos Pais da Igreja, tocados pela notável piedade de Sêneca, a ele se associaram, o chamando de *nosso*: *tam clarae pietatis, ut Tertullianus ut Prisci appelant nostrum.*

E alguns concílios não desdenham apoiar-se em sua autoridade. O sábio e piedoso bispo de Freisingen, Othon, vê Sêneca menos como filósofo pagão do que como cristão: *Lucium Senecam non tam philosophum quam christianum.*

Para o sentimento de Erasmo, se o lerdes como um autor pagão, o achareis cristão: *si legas illum ut paganum, scripsit christiane.*

Ele ocupa, na escola de Zenão, a posição de Paulo na Igreja de Jesus Cristo: *ejus esse loci, apud suos, cujus sit Paulus apud christianos.*

Alguns, Dião entre eles, o acusaram de avareza, de ambição, de adultério e de outros vícios tais, aos quais não desdenharia responder, pois que muitos doutos, antigos e modernos, assim como a vida e a morte de Sêneca, dizem o contrário. E seria bastante fácil a quem quisesse cortar de Dião um pedaço de seu lençol encontrar ali muitas coisas impertinentes e mal assentadas para o nome de sua profissão; mas é preferível refutar as calúnias evidentes com o silêncio do que com longos discursos.

E tal testemunho não é a do autor dos *Ensaios.*

Nossos outros aristarcos também não sabem mais do que aquele que escreveu esta sequência: "É impossível ler as obras de Sêneca sem se sentir mais independente da sorte, mais corajoso, mais firme contra a dor e a morte, mais apegado aos seus deveres, mais esclarecido sobre as reais necessidades; enfim, melhor sob todos os aspectos e, sobretudo, mais sensível aos charmes da virtude."

Um de nossos antigos escritores tinha pensado de Sêneca como o estimado moderno que acabamos de citar.

Para se determinar contra os duros e tristes eventos da vida, aquiescendo docemente à providência; para desprezar o momento e aspirar à imortalidade bendita; para reprimir a insolência das paixões que nos levam frequentemente para cima e para baixo, e para usufruir de um grande repouso entre tantas tempestades e naufrágios, não conheço, entre os pagãos, historiador, filósofo ou orador, qualquer outro que preferisse a Sêneca. Há poucos que lhe sejam comparáveis, e a maior parte o segue de longe.

O Pórtico, a Academia e o Liceu da Grécia não produziram nada de comparável a Sêneca na filosofia moral. E de quem se imaginaria esse elogio? Pois é de Plutarco.

Quintiliano, de quem examinarei as opiniões em outro lugar, diz de Sêneca, que não era seu amigo nem autor favorito, que foi versado em todos os gêneros de eloquência: *in omni genere eloquentia versatum*.

Que teve um gênio abundante e fácil: *ingenium facile et copiosum*.

Uma grande soma de estudo e de conhecimento: *plurimum studii*.

Que era um verdadeiro açoite do vício: *eximius vitiorum insectator*.

Que há muito a louvar e a admirar em suas obras: *multa probanda, multa etiam admiranda*.

Que entre as boas obras desse tempo, com a força de Afrânio e a sabedoria de Afer, encontra-se ainda a abundância de Sêneca: *in his quos ipsi vidimus, copiam Seneca, vires Afrani, maturitatem Afri reperimus*.

Todo o bem que nossos aristarcos dizem de Quintiliano, penso como eles; mas pensam eles, como eu, todo o bem que Quintiliano diz de Sêneca?

Eles citam Quintiliano contra Sêneca; e eis o que Quintiliano, do qual fazem tanto caso, diz de Sêneca, por quem afetam tanto desprezo.

Erasmo disse: "pouco falta para que eu exclame - santo Sócrates!" Eu digo: "pouco falta para que eu exclame - santo Sêneca!" E pelo que sei, não se acusou o erudito de Roterdã de indiscrição, e menos ainda de impiedade. Se um prelado o houvesse posto entre os discípulos do Cristo, teria ousado mais do que eu, sem que tivesse pensado em repreendê-lo por opor um filósofo pagão ao herói do cristianismo. Por que tanta indulgência com Otão e Erasmo? Porque não há como fazer-lhes mal; estão mortos.

CXXII - Após ter considerado Sêneca como preceptor e ministro, um de nossos melhores aristarcos, considerando-o como filósofo e autor, diz: "Só o gosto se há de formar nessa multidão de jovens cidadãos? Só se quer fazer belos declamadores? É mais essencial para eles bem falar do que bem fazer? Por que então arrancar de suas mãos as obras de Sêneca?"

Em minha opinião, um dos grandes vícios de nossa educação, seja pública, seja doméstica, é o de nos inspirar um amor tão violento pela vida, grandes terrores da morte, não se vendo senão escravos perturbados pelo menor choque que ameace seus grilhões. Ora, gostaria que se nos indicasse um autor, antigo ou moderno, que tenha sido educado com tanta força contra a pusilanimidade que torna nossa condição pior do que a dos animais, e que nos submete baixamente a todos os gêneros de tirania ou, para me servir da expressão enérgica de um comentador de Epicteto, Arriano, que tenha quebrado com violentos golpes as duas asas pelas quais o homem robusto e o sacerdote hábil agarram o fraco para conduzi-lo a seu grado.

Acrescentei que, embora tenha sido triste sair das escolas ao fim de um grande número de anos preciosos sem ter aprendido as línguas antigas, quase que as únicas coisas que ali nos ensinam, ao menos até as portas da filosofia, essa educação, tal como era, parecia-me um recurso útil para os pais cujas ocupações diárias ou insuficiências não lhe deixavam tempo ou capacidade para educar eles próprios seus filhos, ou ainda para os quais a mediocridade de fortuna não permitia fazê-los educar sob seus olhos; que a jornada colegial seria melhor distribuída em duas porções, das quais uma seria empregada a nos tornar menos ignorantes, e a outra a nos tornar menos viciosos; que uma escolha de preceitos morais tirados de Sêneca, e ordenados por um professor hábil, forneceria excelentes lições de sabedoria a jovens estudantes que, até o presente, dela foram privados por um injusto desdém[241].

CXXIII – Um dirá:

A moral de Sêneca é sempre apresentada sob as flores de uma dicção preciosa e rebuscada. Essa filosofia pareceu-me às vezes sublime, e às vezes ridícula; tão fraca em sua conduta quanto faustosa no discurso; um cortesão cujas intrigas e livros tornam suspeito; em uma palavra, mais de uma vez surpreendeu minha admiração, assim como, paralelamente, surpreendeu meu desapreço.

Mas um outro replicará:

O encanto ligado à leitura dos escritos de Sêneca não é um divertimento frívolo, nem a história de sua vida um atrativo fútil da curiosidade.

241. O senhor Marmontel estendeu-se com elegância e força sobre este último pensamento, e suas judiciosas reflexões foram tratadas, por um polido aristarco, como decisões pedantescas, com declarações pedantes; depois, voltando a mim, supôs-se que eu trataria Rollin como um pedante colegial. Sempre respeitei e respeito em Rollin o homem erudito, o homem útil, cheio de virtudes, de luzes e de gosto. Mas prefiro as *Instituições Oratórias* de Quintiliano a seu *Tratado dos Estudos*. E sem desdenhar o autor de *História Antiga*, não o colocarei sobre a linha de Tucídides, de Xenofonte, de Tito Lívio, de Salústio, César ou Tácito. E se eu não temesse a violência dos antifilósofos, ajuntaria que está a uma grande distância de Voltaire, de Hume, de Robertson e que, sem os sufrágios de uma seita numerosa e possante, suas obras estimáveis, reduzidas no entanto a seu justo valor, não teriam tido senão um sucesso ordinário, sucesso que hoje possuem, e que poderá diminuir na medida em que o espírito do século progredir. Após esse desprezo de Rollin que me foi graciosamente imputado, lê-se em um jornalista uma série de invectivas nas quais se tem dificuldade em reconhecer um professor de urbanidade; mas sou injuriado por tanta gente honesta que teria má vontade em me ofender. Os pedantes estão nas escolas, mas nem todos os pedantes estão ali; e todos estes que ali estão não são pedantes. (N. do A.)

Pensador profundo, moralista sublime, este grande caráter toca, interessa, prende: sua linguagem é a da razão mais firme e da sabedoria a mais austera; seu espírito parece emprestar sua força e vigor de uma alma elevada e corajosa; a energia de seus pensamentos é a mesma de seus sentimentos; a máscula virtude faz todo o seu gênio.

Mas se lerá um terceiro:

As obras de Sêneca imprimem no coração um profundo amor à virtude. Ao se penetrar nas máximas do sábio, sente-se a alma elevar-se e o homem enobrecer-se. Como historiador de sua vida, eu as leio sem me perceber que ainda não as li o bastante"

As reprovações com as quais se desmerece Sêneca foram feitas por homens perversos, tais como o infame delator Suílio, enquanto tem para si o sufrágio de Tácito, estima com o qual se pode opor, vantajosamente, a todos os inimigos do filósofo".

Eu não leio Sêneca com frequência, prefiro outros autores nos quais haja talvez menos beleza; mas quando o leio, vejo que falou da virtude como homem que conhecia sua dignidade e experimentava sua doçura".

Desses diversos julgamentos, qual é verdadeiro?

Para acusar um grande homem é preciso fatos que não possam ser contraditos; para defender um homem que viveu, escreveu, pensou e morreu como Sêneca, é honesto e mesmo justo entregar-se a todas as conjecturas que o desculpem, sobretudo se a história o permite. Essa recompensa, o homem de bem a consegue no tribunal das leis, se lhe ocorre ser infelizmente traído por circunstâncias lastimáveis. A causa de um cidadão virtuoso e honrado deve ser instruída como aquela de um cidadão obscuro e suspeito?

Juízes, quem é aquele que haveis sentado no banco dos réus? Sêneca. Quem é seu acusador? Uma só testemunha recusável. Nesta grande causa, quem é o relator? Um historiador severo cujas conclusões são todas a seu favor.

CXXIV – Nós nos detemos com interesse diante dos retratos dos homens célebres ou famosos. Procuramos aí destrinçar algumas características de seu heroísmo ou de seu banditismo, e é raro que nossa imaginação nos sirva tanto quanto se possa desejar. Todos os bustos de Sêneca me pareceram medíocres; a cabeça de sua figura no banho é ignóbil: sua verdadeira imagem, aquela que vos tocará de admiração, que vos inspirará o respeito e ajuntará à minha apologia a força que lhe falta está em seus escritos. É ali que é preciso ir buscar Sêneca para vê-lo.

O senhor Carter, antiquário erudito inglês, nos ensina em sua *Viagem de Gilbratar a Málaga* que ainda subsistem na Espanha monumentos erguidos à memória de Sêneca. Ele encontrou em Mescania, cidade romana, os restos de uma inscrição na qual o nome de Aneu Sêneca está conservado e com a qual se fixa a data antes do sexagésimo ano da era cristã e da morte de nosso filósofo. Ele acrescenta que em Córdoba se mostra *la casa de Seneca* e nas vizinhanças de uma das portas da cidade, *el lugar de Seneca*, sua propriedade campestre. Paramos, com respeito, frente à entrada da casa do preceptor; recuamos horrorizados diante das ruínas do palácio do aluno. A curiosidade do viajante é a mesma, mas os sentimentos que experimenta são bem diferentes. Aqui vê a imagem da virtude, naquele lugar erra em meio aos espectros do crime; lamenta e bendiz o filósofo, maldiz o tirano.

É de se crer que Sêneca tenha percorrido o Egito, onde seu tio era prefeito; o que diz dessa região e do rio que a fertiliza parece confirmar a conjectura[242]. Pretende-se que tenha até mesmo ido até os confins da Índia, e Plínio nos informa que sobre ela escrevera[243].

CXXV – Sêneca escreveu bastante, e com isso não me surpreendo. Tinha amor pelo trabalho e era dotado de um gênio fácil e fecundo. Ele mesmo diz

242. *Questões Naturais*, livro IV, cap. de I a IV. Ver também *Consolação de Hélvia*, cap. XVII. Fala desse lugar pelo fato de que por ali só passou quando voltava do Egito com sua tia, estando no mesmo navio. Seu tio, que tinha sido governador do Egito durante seis anos, morreu no caminho. Ignora-se seu nome. Justus Lipsius, em nota sobre essa passagem, o chama Vetrasius Pollion. (Naigeon)

243. *Seneca etiam apud nos tentata Indiae commentatione, sexaginta amnes ejus prodidit, gentes duodevigenti centumque". Natur. Hist.*, livro VI, cap. XVII. (Naigeon)

Não passo uma só jornada ociosa. Dou ao estudo uma parte da noite. Não me entrego ao sono, sucumbo-lhe. Sinto meus olhos pesados, como se caíssem das órbitas, sem deixar de mantê-los apegados à obra. Separei-me da sociedade e renunciei a todas as distrações da vida. Ocupo-me de meus netos; medito sobre algo que me sobreviva e que lhes seja salutar. São espécies de receitas contra suas enfermidades (Carta VIII).

É assim que se faz um nome entre os contemporâneos e as raças futuras. Quaisquer que sejam as vantagens do comércio com as gentes do mundo, para um erudito, um filósofo e mesmo para um homem de letras, e embora conhecendo seus prazeres, ousaria acreditar que seu talento e seus hábitos estariam melhor no convívio com seus amigos, na solidão, na leitura dos grandes autores, no exame de seu coração e na conversa frequente consigo mesmo. E muito raramente terá a ocasião de ouvir no círculo mais bem composto alguma coisa de tão boa quanto a que se dirá em seu retiro.

Milorde Shaftesbury intitulou uma de suas obras de *Solilóquio ou Aviso a um Autor*[244]. Aquele que houver estudado a si mesmo estará bem avançado no conhecimento dos outros, se não houver, como penso, nem virtude que seja estranha a quem é mau, nem vício que seja estranho a quem é bom.

Caso se excetuem a *Consolação a Márcia*, a *Hélvia* e a *Políbio*, que escreveu durante seu exílio na Córsega, o que nos chegou de suas obras é o fruto das horas do dia e das noites que roubava de suas funções na corte, e do sono.

CXXVI – Perdemos seus poemas, suas tragédias, os discursos oratórios, seus livros sobre o movimento da Terra, seu tratado do casamento, o da superstição, suas sínteses históricas, suas exortações e diálogos. Basta o que nos resta para lamentar o que nos falta.

As tragédias publicadas sob seu nome são uma compilação de produções de autores diversos; e não há autoridade que nos permita atribuí-las a Sêneca.

244. Essa obra foi traduzida em francês por Sinson, e publicada em Paris, em 1771, sob o título de *Solilóquios ou Conversas Consigo Mesmo*, e ainda sob o de *Conselhos*. (Brière).

Nada digo de seu comércio epistolar com são Paulo[245], obra ou de um escolar que experimentava a língua latina, ou de um admirador da doutrina e das virtudes do filósofo, desejoso de associá-lo aos discípulos de Cristo.

CXXVII – Encontramos em Sêneca um grande número de traços sublimes; no entanto, é um autor de muito espírito, mais do que um escritor de grande gosto. Eu teria indulgência pelo estilo epistolar, concordando que a familiaridade desse gênero admite pensamentos e expressões que seriam interditos em outro; embora repletas de coisas belas, suas cartas, bastante naturais na tradução, não me parecem menos rebuscadas no original[246].

245. Essa questão foi colocada várias vezes, e por fim resolvida negativamente por monsieur Aubertin. *Étude critique sur les rapports supposés entre Sénéque et Saint Paul.* Paris 1858, in-8o. (Assézat)

246. Esse defeito, sobretudo nas cartas, que para este estudo foi percebido como enorme, confesso que não me chamou tanto a atenção quanto foi marcante ao autor deste *Ensaio*; mas, como sua autoridade sobre o assunto tem um peso maior que a minha, estou persuadido de que estou enganado. Entretanto, farei uma observação em relação a isso que parece lhe ter escapado, e que submeto ao seu exame: é que Lucílio, esse digno amigo de Sêneca, e a quem todas as Cartas de Sêneca são endereçadas, queixava-se então da extrema negligência com a qual elas eram escritas; crítica diretamente contrária àquela que Diderot lhe fez aqui. Temos, além do mais, a carta de Sêneca em que, para responder às queixas do seu amigo em relação à sua maneira de escrever, estabelece princípios extremamente judiciosos sobre o estilo epistolar em geral, e acerca do uso que se deve fazer da eloquência nas matérias filosóficas. Sêneca diz ao amigo: "Você se queixa de que em minhas cartas não me preocupo muito com o apuro e a elegância na escrita; mas quem se importa com esses cuidados numa conversa a menos que se pretenda falar de maneira afetada? Quero que minhas cartas se assemelhem a uma conversa em que estejamos um na presença do outro, sentados ou caminhando; desejo que elas sejam simples e fáceis, que elas não se manifestem em uma atmosfera de investigação nem de trabalho; eu até mesmo preferiria, se isso fosse possível, lhe fazer ver como lhe digo o que penso... A filosofia não renuncia ao gênio; mas ela não quer que o sacrifique muito ao se trabalhar nas palavras... Nossos discursos não devem buscar agradar, mas instruir. Se, no entanto, a eloquência se une ao instruir sem afetação, se ela se oferece por si mesma, se custa pouco, no momento oportuno que venha a reboque de objetos mais importantes para conceder seus ornamentos, mas que esteja menos ocupada em mostrar a si própria do que a coisa de interesse do discurso." [*Minus tibi accuratas a me epistolas mitti quereris; quis enim accurate loquitur, nisi qui vult putide loqui?* Qualis sermo meus esset, si una sederemus, aut ambularemus, illaboratus et facilis; tales esse Epistolas meas volo, quae nihil habeant accersitum, nec fictum. *Si fieri posset, quid sentiam, ostendere quam loqui mallem... Neque enim philosophia ingenio renuntiat; multum tamen operae impendi verbis non oportet... Non delectent verba nostra, sed prosint. Si tamen contingere eloquentia non sollicito potest, aut si parata est, aut parvo constat; adsit, et res pulcherrimas prosequatur: sit talis, ut res potius quam se ostendat etc.*] Sêneca, *Cartas a Lucílio*, Carta LXXV. Essa passagem, à qual ►

A antiguidade não nos transmitiu um curso de moral assim tão extenso quanto o seu[247]. Entre alguns preceitos que repugnam à natureza, e cuja prática rigorosa se acrescentaria à miséria de nossa condição[248] (consequência de uma filosofia muito rígida, ao menos para a generalidade dos homens), há um grande número com os quais é importante familiarizar-se, trazer de memória, gravar no coração, como regras inflexíveis de conduta, sob pena de faltar aos deveres mais sagrados e chegar à infelicidade, o termo final e necessário da ignorância e da maldade: é preciso tê-los por uma boa educação ou devê-los a Sêneca. Que este filósofo, portanto, seja o nosso assíduo manual: expliquemo-lo aos nossos filhos, mas não lhes permitindo a leitura direta senão em idade madura, quando um comércio habitual com os grandes autores, antigos e modernos, tiver assentado o gosto com segurança. Sua maneira é precisa, viva, enérgica, serrada. Mas não é larga. Seus imitadores jamais se elevarão à altura de suas belezas originais, e seria de se temer que os jovens, capturados pelos defeitos sedutores desse modelo, se tornassem apenas insípidos e

▷ não têm dado nenhuma atenção aqueles que acham, em geral, pouco natural a maneira de Sêneca escrever, prova pelo menos que Lucílio não tinha as mesmas ideias do autor [Diderot] da *Vida de Sêneca* a respeito daquilo que chamam de *estilo rebuscado*; ou melhor, prova como a ideia de Lucílio sobre essa maneira de escrever é mais plausível, e talvez mais verdadeira, que o que nos parece hoje *rebuscado* no estilo dos Antigos, porque não conhecemos, e nem podemos mesmo conhecer, a não ser de modo muito imperfeito, as línguas nas quais eles escreveram, não havendo assim, aos olhos de Lucílio, a mesma característica e o mesmo defeito que por ventura poderíamos supor nos escritos dos Antigos. Visto que Lucílio foi contemporâneo de Sêneca e falava sua língua, necessariamente seu julgamento acerca das cartas de Sêneca endereçadas a ele é mais delicado, mais severo e mais correto do que todo e qualquer julgamento que se possa esperar dos nossos contemporâneos, pois o estudo do latim, para ser possível uma apreciação tão apropriada quanto a de Lucílio, nos ocuparia pelo resto de nossas vidas. (Naigeon)

247. O editor da tradução de Sêneca observa em uma de suas notas, com razão, que "as obras deste filósofo podem ser vistas como o mais completo curso de moral, o mais útil, o mais capaz de tornar os homens bons, humanos, de inspirar-lhes o amor pela ordem e a virtude, a constância na adversidade, o desprezo pela dor e pela vida, a coragem que faz suportar uma e deixar a outra sem pesares, quando a suspensão irrevogável da necessidade o exige". Ver sua nota sobre o *Tratado da Clemência*, Livro II, cap. II, t. IV, p. 436. (N. do A.)

248. Sêneca parece ter previsto a crítica geral que se faz aqui ao estoicismo. "Nossos preceitos são por vezes exagerados, diz ele, a fim de que sejam reduzidos à sua justa medida". *De beneficiis*, livro VII, cap. XXII. (Naigeon)

ridículos copistas. Assim pensava de Sêneca num tempo em que ele me parecia mais essencial para dizer bem do que para fazer bem, ter mais estilo do que hábitos e me conformar mais aos preceitos de Quintiliano quanto às lições de sabedoria.

Ver-se-á, na sequência deste ensaio, nos lugares em que me proponho a examinar os diferentes juízos feitos a respeito de sua obra, a influência que tiveram sobre mim na experiência da vida, e a maturidade de uma idade em que, se me houvessem perguntado – o que fazeis? – não haveria respondido – leio as *Instituições de Arte Oratória* –, mas diria com Horácio: procuro o que é verdadeiro, honesto, decente, e me encontro inteiramente nesse estudo[249].

De quantos belos e grandes pensamentos, de ideias engenhosas e mesmo singulares não despojaríamos alguns de nossos mais célebres escritores, se restituíssemos a Plutarco, a Sêneca, a Maquiavel e a Montaigne o que eles tomaram sem citação![250] Gosto da franqueza deste último: "Meu livro", diz

249. *Quid verum atque decens, curo et rogo, et omnis in hoc sum.* Livro I, Carta I, verso II. (Naigeon)

250. Não citarei senão um: é o senhor Rousseau, de Genebra. Seria fácil provar que ele deve a Sêneca, a Plutarco, a Montaigne, a Locke e a Sidney a maior parte das ideias filosóficas e dos princípios morais e políticos que foram louvados em seus escritos. Ele deve a Sêneca até mesmo alguns de seus sofismas e paradoxos mais estranhos. É uma fonte de onde, para me servir da expressão de Montaigne, ele retirou, como as Danaides, enchendo-a e vertendo sem cessar. Mas a espécie de entusiasmo, de fanatismo mesmo, que sobretudo inspirou esses seres inconstantes e apaixonados, cuja imaginação, pronta a se iluminar, abre a alma a todos os tipos de seduções, e que, sempre à livre disposição do momento, dão preferência ao sofista eloquente que os excita em detrimento do filósofo que os esclarece, se enfraquecerá pouco a pouco, e talvez desaparecerá de uma vez, na medida em que as obras dos autores aos quais acabamos de nos referir lhes serão melhor conhecidas. Dessa forma, no momento em que estes a quem a magia do estilo do senhor Rousseau amiúde se impôs encontrarem continuamente nas obras desses autores as mesmas ideias e, às vezes, os mesmos equívocos repetidos em Rousseau, não admirarão mais que a forma sedutora sob a qual este soube apresentá-los, e então fixarão com maior justiça e imparcialidade o grau de estima e de reputação que ele merece. Com efeito, ele não é nem um pensador profundo, nem um lógico exato e severo, nem um moralista tão instruído, original e agradável de se ler quanto Montaigne, nem mesmo um amigo muito sincero e zeloso da verdade; é um escritor de grande eloquência, cujo estilo vivo, elegante, veloz e cheio de energia encanta quase sempre sem convencer; é um hábil sofista, algumas vezes até mesmo bastante sutil, que não se constrange muito com o fato de se contradizer, e para quem a escolha de opiniões é, em geral, quase indiferente, desde que o que ele abrace, verdadeiro ou falso, lhe ofereça um campo vasto o bastante para fazer brilhar todos os seus talentos (O senhor Helvétius, filósofo cuja memória é tão cara a todas as pessoas de bem, refutou passo a passo, e com extrema clareza, força e precisão, alguns dos paradoxos do senhor Rousseau e, por meio de simples comparação entre suas ideias, demonstrou a incoerência e a contradição ►

ele, "é construído com os despojos dos outros" (*Ensaios*, livro II, cap. XXXII). Permito-me emprestar, mas não roubar, e menos ainda injuriar, aquele de quem surrupiamos.

▷ delas. Eis como ele termina um dos capítulos de sua última obra: "Que não se espantem com as contradições desse célebre escritor. Suas observações quase sempre são justas, e seus princípios quase sempre falsos e vulgares. Daí os seus erros. Examinador pouco escrupuloso de opiniões geralmente recebidas, a maioria daqueles que as adotam é iludida por ele... Não há proposição, seja moral ou política, que o senhor Rousseau não tenha adotado e rejeitado alternadamente. Tantas contradições por vezes nos fazem suspeitar de sua boa-fé. *Do Homem e de Sua Educação*, seção V, capítulo VII; e nota 27 do capítulo XI. - Naigeon) Se encontra por acaso em seu caminho uma verdade atraente, cujo desenvolvimento e provas exigem todos os recursos do seu espírito e de sua eloquência, ele a agarra com avidez, toma conta dela, a embeleza, afasta e dissipa todas as nuvens que a cercavam, e até mesmo muitas vezes a conduz até a demonstração: mas num instante seguinte, ele faz os mesmos esforços para sustentar um sofisma, para estabelecer um paradoxo engenhoso, ou mesmo para consagrar um erro, se esta última solução lhe parecer mais favorável ao emprego de suas forças, e ao exercício desta retórica brilhante que em algum lugar Montaigne chama de "uma arte trapaceira e mentirosa".

A celebridade da qual o senhor Rousseau vem desfrutando, e que talvez conservará ainda por um longo tempo, é uma forte prova da seguinte verdade: quanto mais os homens almejam serem instruídos, mais ainda desejam se distrair. Aqueles que desprezam a graça do estilo, não os conhecem o suficiente, e não são muito ciosos de lhes serem úteis. Compreendem pior ainda a importância de sua reputação: pensam, mas, desprovidos do talento – talvez muito mais raro do que imaginam – de escrever com essa graça, essa cadência e essa harmonia cujo encanto é irresistível, conduzem mal seus pensamentos, e logo são esquecidos. Fontenelle, ao apropriar-se do trabalho de Van-Dale (*Oráculos*), arrebatou-lhe para sempre a glória. Virá um dia em que o nome desse sábio médico, já quase ignorado entre nós, será inteiramente apagado da memória dos homens, enquanto a voz do sedutor escritor que fez nascer flores num campo fértil, é verdade, mas cheio de mato e espinhos, que ele limpou, será ouvida no futuro. Enquanto o latim e o francês subsistirem, Sêneca e Montaigne serão lidos, estudados e admirados pelas boas mentes: e toda a eloquência do senhor Rousseau, que, ao se apropriar com tanta frequência do pensamento deles está, por assim dizer, associado à glória desses pensadores, e tem brilhado entre nós com um resplendor tomado de empréstimo, não será capaz de levá-los ao esquecimento; porém ela fará com que eles sejam negligenciados durante um tempo mais ou menos longo; em particular por mulheres e homens da alta sociedade, em geral pouco instruídos, mas sobretudo tão ávidos por prazeres e delícias que não se permitem consagrar ao estudo tempo suficiente, pois prejudicaria a sua própria diversão, e tão indisciplinados que são incapazes de incluir em suas leituras o discernimento, a continuidade e o grau de atenção necessário que só podem torná-las úteis e instrutivas.

Os estrangeiros disseram que o senhor Rousseau tem criado uma *seita* entre nós; eles poderiam ter acrescentado que tal *seita* tão cegamente devota e submissa ao seu líder, é antes religiosa que filosófica. Com efeito, não há quase nada além de opiniões religiosas mal compreendidas, e levadas ao excesso, que possam inspirar esse espírito de intolerância pelo qual todos os adeptos do cidadão de Genebra são mais ou menos animados. Qualquer um que se atreva a ter, a respeito dos seus escritos e de sua pessoa, um sentimento contrário ao seu, infalivelmente se expõe a uma espécie de perseguição que possui todos os efeitos do ódio teológico. Que fazer então? Ser sincero consigo mesmo; dizer friamente, e de maneira simples, o que, após um exame bastante ponderado, acredita-se ser útil e verdadeiro; e, opondo a todas as críticas um silêncio obstinado, aguardar em paz um julgamento lúcido e imparcial do público. (Naigeon) ▶

▷ [Nos primeiros ataques dirigidos contra este *Ensaio*, esta longa nota foi censurada por Diderot, embora Naigeon tenha tido o cuidado de deixar explícito que ela pertencia ao editor e não ao autor. Naigeon teria feito bem em manter para si a sua apreciação sobre os méritos de Rousseau que ninguém havia lhe pedido, e que não é,em absoluto, assim como vimos no parágrafo LXV, a mesma de Diderot. Mas isso foi para ele um feliz acaso quando ocorreu a confusão que resultou em seu afastamento. Damos a saber: a *Correspondência Secreta*, que conservou para nós os detalhes desse caso, depois de ter suposto antecipadamente que havia no *Ensaio* "certamente coisas muito boas e de muito mal gosto", colocou-se ao lado daqueles que achavam as objeções feitas a Rousseau um ato de "infâmia e de baixeza", e Diderot, portanto, não era mais que um escritor "enfadonho e prolixo". Não era antes a Naigeon que se endereçava esse discurso? Circulou naquela época uma *Carta a Fréron*, escrita por madame de la Motte (Madame Latour de Franqueville, autora de *Jean-Jacquies Rousseau vengé par son amie*, ou *Morale práctico-philosophico-encyclopédique des coryphés de la sect, au Temple de la Verité*, Hollande, 1779, in-12.), na qual esta dama exigia que não privassem "o obscuro adepto" da parte de desprezo que lhe cabia. "Não sei se o entusiasmo me induz ao erro", continuava ela, "mas gostaria que o título de editor fosse especialmente, exclusivamente anexado ao nome de Négeon [sic], e que dissessem 'o editor Négeon' como se diz… 'o chanceler d'Aguesseau', por exemplo." Notemos uma última vez que, na época em que ocorria todo esse alvoroço, não se conhecia ainda as *Confissões* e todos os críticos estavam de acordo em dizer, como madame de la Tour: "É claro que monsieur Diderot só tem tanto medo de encontrar seu retrato nessas terríveis memórias porque não tem dúvidas de ter fornecido traços odiosos ao seu pintor." Percebeu-se logo que essa convicção não tinha nenhum fundamento; mas de reiteradas acusações, como de hábito, "permanecera alguma coisa".

CARTAS DE SÊNECA

I – As *Cartas* de Sêneca são dirigidas a Lucílio, seu amigo e aluno na filosofia estoica: *Lucílio, eu vos reivindico, vós sois minha obra*. Eram ambos idosos: *não somos mais jovens*. Lucílio, nascido em condição medíocre, elevou-se por seu mérito à classe de cavaleiro romano, e havia obtido o posto de intendente na Sicília.

A matéria tratada nessa correspondência é bastante extensa; é quase um curso completo de moral e vou segui-la. Mas para poupar-me e aos demais a secura e a inapetência à mesa, indicarei, ao longo do caminho, alguns traços que mais me tocaram, aquilo que queria recolher de minha leitura. E, sobretudo, que ninguém se persuada nada haver a ser observado nem aprendido naquelas matérias das quais só anunciarei o assunto. Lede o resto de minha obra como leríeis os pensamentos destacados de La Rochefoucauld.

A primeira é sobre o tempo; Sêneca diz, e só diz o que é bastante verdade, "que uma parte da vida se passa a fazê-la mal, a maior parte sem nada fazer, e quase toda a fazer algo que não se devia". "Onde está o homem que sabe apreciar o tempo, contar os dias e lembrar-se de que se morre a cada instante?" "Eu me encontro no caso das pessoas arruinadas sem ter sido por seus erros; todo o mundo as desculpa, e ninguém lhes assiste."

Na segunda, ele trata de viagens. "O viajante possui muitos hospedeiros, e poucos amigos." "Ele se parece com o proprietário de um palácio que passaria sua vida a percorrer seus ricos e vastos apartamentos, sem se deter por um instante naquele de seu pai, de sua mãe, de seus filhos, dos amigos que os ocupam."

E na mesma, as leituras, outro gênero de viagem. "Não podendo ler tantos livros quanto podeis adquirir, adquiri somente os que puderdes ler." "Lemos para nos tornarmos hábeis; se lêssemos para nos tornarmos melhor, logo nos tornaríamos mais hábeis."

"Se vós consultais a natureza sobre o trabalho e sobre o repouso, ela vos responderá que fez os dias e as noites." É ali que fala de Epicuro: "Passo ao campo inimigo como espião, não como desertor."

Se deveis fazer a escolha de um amigo, lede a terceira, onde se encontra, entre outras, esta máxima de Pompônio: "Há olhos de tal modo acostumados às trevas que veem turvo em dia claro." "Nada faça que seu inimigo não possa saber."

A quarta vos livrará dos terrores da morte e das solicitudes da vida. "O tirano me fará conduzir aonde...? Aonde vou?" "Um mal não é grande quando é o último deles. A perda que menos se teme é aquela que não pode ser seguida de pesares." "Aquele que só quer satisfazer a fome, a sede, as necessidades da natureza, não se inquieta à porta dos grandes, não sofre com seus olhares desdenhosos nem com sua polidez insultante." "Batei nesta porta por outro, jamais por vós."

Na quinta, sobre a singularidade, dirige conselhos a Lucílio, os quais alguns de nós poderiam aproveitar[1]:

Não ide, a exemplo de certos filósofos, menos curiosos de fazer progressos do que barulho, afetar uma originalidade que vos distinga em vosso interior, em vossas ocupações, em vosso gênero de vida: interdizei essa

1. O alvo da crítica é Rousseau, que então usava casaco armênio. (Assézat.)

vestimenta bizarra, essa cabeleira eriçada, a barba heteróclita e todos esses caminhos desviantes para alcançar a consideração. Ei, o nome de filósofo já não é odiado, mesmo com a modéstia com que o carregamos? Não haverá pois nenhuma diferença entre nós e o vulgo? Haverá; mas quero que se olhe de bem perto para que se a perceba.

"É preciso que a vida do sábio seja uma mistura de bons costumes e de costumes públicos." O que pensa Diógenes disso? Este aqui diria a seu aluno: "que tua vida seja uma mistura matizada de bons costumes e de costumes públicos. É preciso que ela seja admirada e que nela haja reconhecimento." Pouco importa que loucos te admirem; e se o povo se reconhece em ti, será quase sempre pior para ti.

"Gosto de aprender só para ensinar." Só gosto de aprender para ser menos ignorante... "A mais bela descoberta deixaria de me agradar se fosse apenas para mim." A descoberta mais simples, que fosse só para mim, ainda me agradaria. Não é que também não goste de divulgar o pouco que sei. Se o acaso me oferece uma bela página ignorada, fico duplamente satisfeito: pela admiração que ela me causa e pela esperança de indicá-la aos meus amigos.

"Filósofo, onde estás?" Feliz aquele que se fez essa pergunta e que respondeu para si: "Começo a me reconciliar comigo mesmo."

Quereis saber o que é a verdadeira amizade? Vós a aprendereis na sexta: "Quantos homens", diz ele, "deixaram de ter menos amizade do que amigos?" O contrário não seria igualmente verdadeiro? E não se poderia dizer: quantos homens deixaram de ter menos amigos do que amizade?

O amor é a embriaguez do homem adulto; a amizade é a paixão da juventude. Foi então que eu era ele, e ele era eu. Não é uma escolha refletida; eu me tinha a ele apegado não sei por qual instinto secreto de conformidade. Se ele tivesse sido sábio, eu não o teria amado; não o teria amado se tivesse sido louco; era preciso que ele me fosse sábio ou louco desta maneira. Eu experimentava seus prazeres, suas penas, seus gostos e aversões: corríamos ao mesmo acaso; se ele tivesse uma fantasia, ficaria surpreso de não tê-la tido em primeiro; no ataque, na defesa, jamais nos passou pelo pensamento examinar quem de nós ou de nossos adversários estava certo ou errado; tínhamos uma única bolsa; eu só era indigente quando ele estava pobre. Se ele tivesse sido tentado por um delito, que partido teria eu tomado? O ignoro: teria ficado horrorizado com seu projeto, se por ele fosse tocado, e condoído por abandoná-lo sozinho à sua sorte. O que tornou essa maneira de existir tão una, tão violenta e tão doce? Só com dificuldade dela me recordo; o interesse pessoal a enfraqueceu progressivamente. Eu estou velho e confesso, não sem desgosto ou pesar, que se têm ligações habituais na idade avançada, mas que não nos resta, ao nosso lado, senão o vão simulacro da amizade[2].

Jam proximus ardet Ucalegon (Virgílio, *Eneida*, livro II, v. 311 e 312).

Esse Ucalegon[3] do poeta sois vós, sou eu: não se pensa na casa do outro quando o fogo se espalhou pela nossa.

Ah, os amigos, os amigos. Só há um e não conte firmemente a não ser com ele. É aquele de quem por muito tempo e com muita frequência experimentaste a benevolência e a perfídia, que te prestou tantos bons e maus serviços, que te deu tantos bons e maus conselhos, que te ajudou nos propósitos e disse tantas verdades duras e a quem tu passas os dias a louvar e a lamentar. Tu poderás sobreviver a todos os outros; este aqui só te abandonará na morte. És tu mesmo; trata de ser teu melhor amigo.

"O filósofo Attalus preferia fazer um amigo do que ter um amigo já feito." Um pintor célebre corre atrás de um ladrão e lhe oferece um quadro finalizado em troca do esboço que ele havia roubado de seu cavalete. Desagrada-me que se faça o mesmo com a amizade.

Eu vi o amor, vi a amizade heroica; o espetáculo dos dois amigos me comoveu mais do que o dos amantes. De um lado

2. Diderot reproduz aqui uma ideia que desenvolveu em *Os Dois Amigos de Bourbonne*. (Brière)

3. Nobre ancião de Troia, amigo de Príamo, mencionado na *Eneida*. (N. da T.)

estava a razão, do outro, a paixão, que fazia grandes coisas; o homem e o animal.

"Os presentes da fortuna?" Dizei suas armadilhas. Ele aconselha, na carta VII, a fuga do mundo. "Eu jamais trago da sociedade os costumes que para ali levei." Quem é aquele dentre nós tão sábio, ou tão corrompido, que possa dizer o mesmo?

"Nada de mais prejudicial aos bons costumes do que a frequência aos espetáculos." Isso se pode dizer dos espetáculos de Roma; dos nossos, não o creio. A propósito dos espetáculos de seu tempo, que eram apenas execuções, diz Sêneca: "Um homem roubou?[4] Que seja enforcado. Assassinou? Que seja morto. Mas tu, infeliz espectador, o que fizeste para assistir ao patíbulo?" Isso é belo.

"É duro viver sob a necessidade, mas não há necessidade de viver-se com ela." "Arrancar de Catão seu punhal é invejar sua imortalidade." "A virtude perdeu parte de seu valor para aquele que se aproveitou do valor da vida."

Infeliz daquele que não se dedicar à meditação de cada um de seus pensamentos, que jogo ao acaso na medida em que a leitura do filósofo mos oferece.

"Nada de mais comum do que um velho começar a viver." Nada de mais comum do que um velho morrer antes de ter vivido. A maioria dos homens morre com o chocalho na mão.

"O homem poderoso teme o mesmo mal que pode fazer." De onde nasce então este abuso tão frequente do poder? É que o efeito natural da força é inspirar a audácia, e o efeito natural do poder é enfraquecer o temor.

"O desespero dos escravos imola tantos homens quanto o capricho dos reis." Eu o desejaria. "Tem o escravo sobre seu senhor o direito de vida e de morte?" Quem pode duvidar disso? Possam todos esses infelizes – levados, vendidos, comprados, revendidos e condenados ao papel de bestas de carga – ser persuadidos um dia tão fortemente quanto eu o estou!

4. Lê-se *violou* na edição publicada em 1820 por monsieur Delalain; trata-se de um erro. (Brière)

Aqui, ele apostrofa os romanos, reprova-lhes por ensinar a crueldade a seu soberano, que não seria capaz de aprendê-la. Sêneca não havia ainda descoberto o caráter de seu aluno e seu comércio epistolar com Lucílio começou, aparentemente, durante os cinco primeiros anos do reinado de Nero.

"A rota do preceito é longa, a do exemplo é curta. Os discípulos de Sócrates e de Epicuro aproveitaram mais seus costumes do que seus discursos." (Carta VI) Resulta dessa máxima, aplicável sobretudo à educação das crianças, que raramente é preciso dirigir-lhes aqueles preceitos cuja verdade não pode ser constatada senão por longa experiência; mas falai sensatamente e agi sempre diante deles. Foi assim que os romanos preparavam magistrados para a República, guerreiros e oradores. Vos será difícil a companhia na qual podeis admiti-los, caso penseis haver uma palavra ou uma ação capaz de destruir o fruto de muitos anos.

Felizes as crianças nascidas de pais educados nos grandes locais públicos. Desde o berço eles ouvem falar das grandes coisas.

A atividade do sábio é o assunto da oitava.

Na nona, onde caracteriza a amizade, pretende que se refaz com facilidade um amigo perdido, assim como Fídias a uma estátua quebrada. Não o creio, em absoluto. O homem a quem confiarei meus pensamentos mais íntimos, que me sustentará nos passos escorregadios da vida, que me fortificará pela sabedoria de seus conselhos e a continuidade de seu exemplo; que será o depositário de minha fortuna, de minha liberdade, de minha vida, de minha honra; sobre os costumes de quem os homens estarão autorizados a julgar os meus; digo mais, o homem que poderei interrogar sem medo, de quem não temerei a confidência; com quem, para me servir da expressão de gênio do chanceler Bacon, ousarei clarear o fundo da caverna, sem sentir vacilar a chama em minha mão; este homem se refaz em um dia, em um mês, em um ano? Ah, infelizmente, a duração da vida só com esforço seria suficiente. E há um fato bem conhecido dos velhos: preferem ficar sós do que ocupar-se de encontrar um amigo.

Quando nosso filósofo se pergunta o que ele prometeu ao fazer um amigo e ele mesmo responde – "ter alguém por quem morrer, acompanhar no exílio, salvar, às custas de meus dias" –, ele se mostra grande, é sublime; mas mudou de opinião.

Quando, comparando o amor e a amizade, ele ajunta que *o amor é quase a loucura da amizade*, ele é delicado. Quando responde à questão – qual será a vida do sábio numa praia deserta, no fundo de uma prisão?; A de Júpiter na dissolução dos mundos –, ele demonstra uma alma forte. Ideias semelhantes não vêm senão a homens de rara têmpera.

II – Na décima, trata da solidão.

"Crates dizia a um jovem: o que fazes sozinho? O jovem respondeu-lhe: eu me entretenho comigo mesmo. Toma cuidado, replicou-lhe o filósofo, se não te entreténs com um adulador." O tolo deixa de ser tolo no momento em que nos adula, e diríamos prazerosamente dele: mas este homem não é assim tão besta.

"Vivei com os homens como se os deuses vos vissem; falai com os deuses como se os homens vos entendessem."

Na undécima, as vantagens da velhice, da morte ou do suicídio. A maneira como os habitantes de sua região, seu administrador, seu jardineiro, suas árvores, suas floreiras lembram sua idade avançada é charmosa. "Quem é esse homem que lá se postou e que não tardará a ser exposto? Onde foi encontrado esse esqueleto? Que belo passatempo esse trazer-me aqui os mortos da vizinhança! – O quê? Não reconheceis Felicião, o filho de vosso colono, a quem destes tantos brinquedos quando era criança?"

Na décima-segunda, os efeitos da filosofia sobre os defeitos e as virtudes.

Na décima-terceira, a coragem que oferece a virtude e a despreocupação[5] com o futuro. "O sábio que teme a opinião se parece a um general que se inquieta à vista de uma nuvem de

5. No original, *dessouci*, palavra não dicionarizada até então (e ainda hoje pouco frequente), até mesmo condenada por Mercier em seu livro *Néologie*, mas acolhida por Littré, ligeiramente modificada: *désouci*. (N. da T.)

poeira levantada por um rebanho." "Esperar, em lugar de temer, é substituir um mal por outro."

Na décima-quarta, os cuidados do corpo. "Demos-lhe cuidados, mas estejamos prontos a precipitá-lo nas chamas ao menor sinal da razão, da honra e do dever."

"A administração de uma República livre entregue a bandidos não é digna de um sábio." Homens públicos, consolai-vos, se vossa desgraça chegou, ou se o mal gênio do Estado quer que ela chegue. "O sábio não provocará a cólera dos grandes..." Máxima pusilânime: é condená-lo ao silêncio sobre a verdade.

Diz-se: primeiro viver, depois filosofar. É o povo que assim fala. Mas o sábio diz: primeiro filosofar e, em seguida, viver, caso se possa, ou amar a virtude antes de viver. Se o filósofo não acreditasse que a verdade perigosa que ele dirá vai dar frutos no futuro, calar-se-ia. Ele fala esperando que um grande príncipe, um grande ministro o execute; ele ama a virtude e a pratica; faz pouco-caso da vida e despreza a morte. Um dentre eles dizia: "A natureza, que fez um tirano terrível, me fez sem medo." Se ele pode conservar a vida atacando o vício, o fará. Mas se for impossível viver e dizer a verdade, ele cumprirá seu ofício. Sem o que, o apóstolo da verdade não teria a mesma coragem do apóstolo da mentira!

Não se faz uma tragédia da morte daquele que teme o cadafalso e que vai covardemente apostasiar aos pés do tribunal. Ele ignora que sua morte será mais instrutiva do que todos os seus escritos. "O sábio, na prosperidade, me demonstra o apóstolo da virtude; na adversidade, seu mártir." Por que o sangue do filósofo não seria tão fecundo quanto o do mártir? É que é mais fácil crer do que bem fazer.

"Há três paixões que não se devem excitar: o ódio, a inveja e o menosprezo." Isso é mais digno do monge de Rabelais do que do discípulo de Zenão. Sois vós, Sêneca, que me ensinastes a vos responder. Há homens cuja glória é a de ser odiado; o tormento da inveja é sempre um elogio; o menosprezo não é, frequentemente, senão uma afetação. "Receemos a admiração..." E por quê? Façamos tudo o que possa merecê-la.

Ele conversa com seu amigo, entre as cartas XV e XIX, sobre exercícios do corpo, a utilidade da filosofia e da riqueza, sobre a pobreza, as perseguições, a calúnia; que é preciso abraçar a filosofia sem demora; sobre as distrações do sábio, sobre a cólera, as paixões, os vícios, as virtudes, as vantagens do repouso, a sociedade, as funções públicas, a felicidade e a infelicidade.

"A mesma palavra pode sair da boca de um sábio ou de um louco." "A sabedoria, como o ouro, é o equivalente de toda riqueza." "A riqueza é habitualmente o fim de uma miséria e o começo de uma outra." "O filósofo tem seu inimigo e sua disciplina, como o militar; para vencer, somente a bravura não basta."

Diz-se: Desse modo, você se agarra a quem? "Essa testemunha é suspeita; é seu pai, seu amigo, seu colega, seu protetor, seu protegido..." Quem é que lhe contradiz assim? É a inveja que lhe aflige pela narrativa de uma boa ação.

Os preceitos de Sêneca são austeros; mas a experiência cotidiana e o uso do mundo confirmam sua verdade; somente são contestados por vaidade ou por fraqueza.

É na carta XX que ele diz aos grandes, às pessoas bem colocadas, uma palavra simples, mas que deveriam sempre trazer à boca se sentissem vivamente os inconvenientes de suas elevadas posições: "Quando virá o feliz dia em que não mentirão mais para mim?"

Não releio as obras de Sêneca sem que me aperceba de que ainda não as li o suficiente.

Qual é o objeto da filosofia? A de ligar os homens por um comércio de ideias e pelo exercício de uma mútua benevolência. A filosofia nos ordena atormentar-nos? Não.

Na carta VIII, sobre a atividade do sábio, ele fala dos dramas mistos, de tom grave, e do gênero médio entre a tragédia e a comédia. Esse gênero teve detratores entre os antigos[6]? Ele não o diz.

6. Reminiscência dos ataques dirigidos contra *O Pai de Família*. (Assézat.)

III – Segundo ele, carta XIV, "a filosofia é uma espécie de sacerdócio reverenciada por pessoas de bem, respeitada até mesmo por aqueles que são maus só em parte; e quem atira lama no filósofo é uma espécie de ímpio". Não, não, Suílio, e Aristófanes modernos, jamais a depravação será bastante generalizada, bastante durável ou poderosa, ou a liga da ignorância e do vício contra a ciência e a virtude forte o suficiente para impedir a filosofia de ser venerável e sagrada.

Não nos engajemos nas querelas. Desprezemos os propósitos do impudente; estejamos convencidos de não haver homens abjetos que nos ousem insultar. Não sejamos mais ofendidos por suas injúrias nem adulados por seus elogios; abandonemos o perverso à sua vergonha secreta.

– Mas ele sente tal vergonha?

– Creio que sim, depois que um desses infames assalariados dos grandes, pago para destruir as pessoas de bem, disse de uma sátira encomendada que não estava seguro de seu contentamento por havê-la feito. Um dos castigos da loucura é desagradar a si própria.

A obra de Sêneca é um campo onde sempre se encontra o que colher. Vejo que na opulência ele exercia a pobreza; em meio à riqueza, ele se ri do esforço que a fortuna se dá.

"Deuses, concedei-me a sabedoria e vos deixo livre do resto." Mas, Sêneca, em vosso sistema os deuses concedem a sabedoria? A sabedoria não é obra do sábio? Não é a razão pela qual, em vosso entusiasmo, haveis algumas vezes elevado o sábio acima dos deuses, que são sábios por sua natureza, sem esforços e sem mérito?

Nos mais sutis pensamentos de Sêneca há sempre um lado justo.

Como quase não há proposição sobre os costumes que seja verdadeira sem exceção, ocorre habitualmente ao moralista assegurar os prós e os contras; conforme se encerre na lei geral ou considere um caso particular, o homem lhe parecerá grande ou pequeno.

Ele diz, na carta XXI, a propósito da verdadeira glória do sábio: "Em vão Ático teria por genro Agripa[7], por descendentes Tibério e Druso; entre esses nomes ilustres, o seu seria ignorado se o príncipe dos oradores não lhe houvesse dirigido algumas palavras. Lucílio, se a glória vos tocar, as minhas palavras vos farão mais conhecido do que todas as vossas dignidades: quem saberia existir um Idomeneu sem Epicuro?"

Acrescenta: "Eu também tenho alguns direitos sobre as raças futuras; posso salvar um nome do esquecimento e compartilhar minha imortalidade com um amigo." Como se deve ser feliz com tal pensamento! Com efeito, o que há de mais doce do que acreditar que se vai enriquecer seu país com um grande nome a mais? Não nos felicitamos por ter nascido em uma região célebre pelos homens raros que ela produziu? Há esperança mais lisonjeira do que deixar a seus parentes, a seus amigos, a seus descendentes, aos estrangeiros, aos seus, ao universo, algo de admiração, de conversa e de pesar? Quem fez essa obra, esse poema, esse quadro, essa estátua, essa colunata? Foi um francês, foi Bouchardon, foi Pigalle; era amigo de meu pai, vejam ali seu busto. Com que prazer meu pai, que o havia conhecido em sua juventude, conversava sobre ele, seu caráter e suas opiniões. Eis aí a casa em que morava, ainda hoje a visitamos. A República socorreu uma de suas sobrinhas[8]; um cidadão benevolente tirou

7. La Grange enganou-se em relação ao sentido dessa passagem (*Oeuvres de Sénèque*, t. I, p. 95, edição de De Bure, 1778) ao ter ignorado fatos que concernem a Atticus e sua família, e sua confusão resultou naquela do autor desta obra. Aqueles que, ao examinar rapidamente dez ou doze páginas da tradução de Sêneca, acharam ter adquirido o direito de julgá-la, deveriam pelo menos ter notado esta inexatidão. Esses são precisamente os trechos em que a versão de La Grange deixa algo a desejar, que escaparam ao seu profundo saber e à sua extraordinária sagacidade: é que é, com efeito, mais fácil supor erros onde não os há do que enxergá-los onde não existem; e seus críticos, quase sempre falsos, parciais ou superficiais, são a prova disso. Eis aqui a passagem de Sêneca tal como, a meu ver, deveria ter sido traduzida: "As cartas de Cícero não deixaram a memória de Ático perecer: nem seu genro, Agripa, nem Tibério, marido de sua neta, nem Druso, seu bisneto, serviram muito à sua glória; entre esses nomes ilustres, o seu não seria citado se Cícero não o tivesse como que associado à sua imortalidade. *Nomen Attici perire Ciceronis epistolae non sinunt: nihil illi profuisset gener Agrippa, et Tiberius progener, et Drusus Caesar pronepos; inter tam magna nomina taceretur, nisi Cicero illum applicuisset.* Carta XXI. (Naigeon)

8. Alusão a Voltaire, que ajudou uma sobrinha-neta de Corneille. (Assézat)

da indigência um de seus descendentes que só tinha por mérito carregar seu nome. Infeliz o homem que ler esta página com desdém! Se por acaso é um artista, crede que não é sincero nem convosco nem consigo próprio.

Uma espécie de reconhecimento delicado une-se a uma curiosidade digna de elogio para nos interessar pela história privada daqueles a quem admiramos. O lugar de seu nascimento, sua educação, seu caráter, as datas de suas produções, o acolhimento que tiveram no tempo, suas tendências, seus gostos honestos e os desonestos, amizades, fantasias, imperfeições, seu aspecto exterior e traços de fisionomia; tudo o que lhe concerne atrai a atenção da posteridade. Gostamos de visitar suas moradias, experimentamos emoção à sombra da árvore sob a qual ele teria descansado; gostaríamos de ver e conversar com os sábios cujos trabalhos aumentaram o poder da virtude e os tesouros da verdade. Sem esse tributo, a sabedoria acumulada dos séculos seria um dom gratuitamente atribuído a ingratos.

"Meus concidadãos não me elevaram honras; fizeram melhor, Idomeneu, me tiraram o desejo delas." Essas palavras são de Epicuro.

Nosso estoico, conduzido à porta dos jardins daquele filósofo, ali grava uma inscrição que atesta a austeridade de um e a imparcialidade do outro. Ei-la: "Passante, tu podes deter-te aqui, onde o deleite faz sua lei."

"Lucílio, agi sempre como se Epicuro vos observasse." É assim que Sêneca pensava o filósofo, tão mal conhecido e tão caluniado. Não se lançou com menos furor sobre a doutrina de Epicuro do que sobre os costumes de Sêneca.

IV – Li num autor moderno[9]:

Opõe-se Sêneca, como um escudo impenetrável, a todos os traços que se possam lançar sobre Epicuro. É verdade que a apologia que Sêneca fez

9. *La Morale d'Epicure, tirée de ses propres écrits*, do abade Batteux, art. VII, p. 157-158. (Naigeon)

de Epicuro é formal; mas é de se recear que, longe de justificar um, ela forme suspeitas sobre o outro. Se, para honra de Epicuro, suas doutrinas tivessem aparências comuns, seria vergonhoso para Zenão.

Quando Sêneca faz o elogio de Epicuro, ele não denigre Zenão, assim como não preconiza este último quando ataca o primeiro. Um juiz imparcial é quem pesa o que cada seita ensina de contrário ou conforme a verdade, e que se explica com franqueza. Se os talentos sublimes e as virtudes transcendentes do acadêmico das Inscrições, que enriqueceu a história crítica da filosofia com seu exame da vida e da doutrina de Epicuro, não me fossem perfeitamente conhecidos, pensaria que um autor que se serve do elogio de uma das escolas para tornar todas as outras suspeitas é um mau lógico, se pensa o que escreve, ou um hipócrita perigoso, se escreve o que não pensa.

Um literato de hoje teria a vaidade de se crer melhor instruído sobre os sentimentos de Epicuro, cujas obras nos faltam, do que um antigo filósofo, como um Sêneca, que as tinha todas sob os olhos?

De que Epicuro e Zenão tenham estado de acordo sobre olhar a virtude como o mais essencial de todos os bens, e tenham tido dela as mesmas ideias, o que se segue? Que o epicurista não fosse menos corrompido, ou que o estoico talvez fosse menos sábio? Eis aí uma estranha conclusão.

Ora, é demais condenar Epicuro, sem também lhe associar Sêneca, seu apologista; Sêneca, que são Jerônimo, que não era o mais tolerante dos Pais da Igreja, louva por sua pureza moral, pela santidade de sua vida e que inscreve no catálogo dos autores sagrados[10].

Ó Deus, vejo a teu lado um Sêneca a quem tu rendes o preço do sangue que verteu por ti; um Epicteto, que te venera preso a ferros; um Antonino, que não te desconheceu no trono; vejo ali um Tito que lamentava

10. *Seneca... continentissimae vitae fuit: quem non ponerem in catalogo Sanctorum, nisi me illae Epistolar provocarent, quae leguntur a plurimus, Pauli ad Senecam, et Senecae ad Paulum etc.* Hieronimus, *De Scriptoribus ecclesiasticis.* (Naigeon)

os instantes nos quais negligenciava fazer o bem aos homens; um Aristides, que honrava a pobreza e que preferiu o nome de justo às honras e às riquezas; um Régulo, que sorriu aos carrascos; e vejo longe de ti os bárbaros que, com a cruz em mãos, satisfazem seus furores e conseguiriam te fazer odiar se o homem virtuoso pudesse imputar-te suas atrocidades.

Essas linhas enérgicas não são minhas, mas eu as envio ao autor anônimo de um *Elogio de Sócrates*[11].

Sêneca não conclui quase nenhuma carta sem a selar com algumas máximas de Epicuro. E tais máximas sempre fazem grande sentido e são de maravilhosa sabedoria: que vergonha para o zelonismo.

v – É na carta XXII, sobre os conselhos e os negócios, que Sêneca fala dos gostos passageiros da ambição: "É um amante que se queixa de sua amásia; não tomai um momento de humor por uma ruptura." Crê-se que esse pensamento enfeia algum de La Rochefoucauld? Ele ajunta: "Morremos piores do que nascemos. Eu te havia engendrado, nos diz a natureza, sem desejos, sem medo, sem superstição, sem perfídia, sem vício. Isso é bem verdade? Retornai como viestes. A vida nos corrompe."

"Vicioso, eu te condeno a deixar o vício ou a vida. Escolhe."

Percorrendo as cartas XXIII e XXIV sobre a filosofia, fonte de prazeres verdadeiros, sobre o passado, o presente, os medos do futuro, os terrores da morte, eu me lembrei do lugar em que Horácio recomenda ao poeta a leitura das folhas de Sêneca. Poder-se-ia dizer-lhe com mais razão ainda: *rem tibi Senecae poterunt ostendere chartae* (as folhas de Sêneca poderiam mostrar-te as coisas) (Horácio, *Arte Poética*, v. 354). Se tu receias ser um poeta *exangue*, alguém que diz puerilidades sonoras, se tu queres conhecer os vícios, as virtudes, as paixões, os deveres do homem em todas as condições e circunstâncias, lê Sêneca.

Homem pusilânime, se os dois grandes fantasmas, a dor e a morte, te horrorizam, lê Sêneca. "Que querem dizer esses açoites

11. *Elogio de Sócrates*, proferido em uma associação de filantropos; Yverdon, 1777, in-8o. (Brière)

com pontas agudas, esses cavaletes de tortura, esses instrumentos de suplício? Apenas a dor. Não é nada, logo acabará. Para que servem esses punhais, esses fogos, esses torcionários que se agitam ao meu redor? Apenas para a morte. Ontem, meu escravo a desafiava."

Na carta XXV ele se ocupa dos perigos da solidão: se o homem se retira para a floresta por vaidade ou misantropia, se carrega uma alma cheia de fel, não tardará a se converter em besta-fera. Aquele de quem tomou o conselho é um maldoso que acabará por pervertê-lo.

Aquele homem se acredita sábio, enquanto sua loucura cochila. É numa das cartas que se seguem que ele pergunta ao filósofo: "O que fazes aí?" E o filósofo responde: "Infelizmente, deitado numa mesma e vasta enfermaria, converso com os outros doentes." É-se tocado por essa modéstia.

Nas cartas XXVI a XXIX ele escreve sobre as vantagens da velhice, da virtude, da verdadeira felicidade, sobre viagens e conselhos indiscretos. Vê-se nesta última que também havia em Roma homens perversos que se tinha o prazer de associar aos filósofos em geral, com a cruel intenção de corromper a pureza de uns pela torpeza dos demais. Esse fato me lembra o autor do *Anti-Sêneca*[12] e a constante afetação dos inimigos da filosofia em citá-lo entre os homens sábios, esclarecidos, cuja vida se passa em procurar a verdade e a praticar a virtude. Se tais caluniadores das pessoas de bem não fossem estranhos a todo sentimento honesto, se enrubesceriam ao colocar aquele nome, justamente desacreditado, ao lado dos mais respeitáveis.

VI – La Mettrie é um autor sem julgamento, que falou da doutrina de Sêneca sem conhecê-la; que lhe supôs toda a dureza do estoicismo, o que é falso; que não escreveu uma só boa linha em seu *Tratado da Felicidade* que não tenha tomado de nosso filósofo ou encontrado por acaso, o que só poderia ocorrer

12. Diderot refere-se a Julien Offray de La Mettrie, cujo livro citado tem por subtítulo *Discursos Sobre a Felicidade*. (Brière)

muito raramente; que confunde as penas do sábio com os tormentos do mau, os inconvenientes ligeiros da ciência com as consequências funestas da ignorância; em quem se reconhece a frivolidade do espírito no que diz, e a corrupção íntima no que não ousa dizer; que aqui pronuncia que o homem é perverso por natureza e, mais adiante, faz da natureza dos seres a regra de seus deveres e a fonte de sua felicidade; que parece ocupar-se em tranquilizar o celerado do crime e o corrompido do vício; cujos sofismas grosseiros, mais perigosos ainda pela gaiatice com que os apimenta, evidenciam um escritor que não retira as primeiras ideias dos fundamentos verdadeiros da moral, dessa imensa árvore cuja copa toca os céus e cujas raízes penetram no inferno, onde tudo se liga, em que o pudor, a decência, a polidez, as virtudes mais ligeiras, se existem, estão presas como a folha ao ramo, e que desonramos ao retirá-las; cujo caos de razão e de extravagância não pode ser visto sem desgosto, a não ser por leitores fúteis que confundem o gracejo com a evidência e a quem tudo se provou quando os fazemos rir; cujos princípios, levados às últimas consequências, poriam a legislação de ponta-cabeça, dispensariam os pais da educação dos filhos, encerrariam na cadeia o homem corajoso que luta idiotamente contra seus pendores desregrados, assegurariam a imortalidade ao maldoso que se abandonasse sem remorsos aos seus; cuja cabeça está tão atormentada e as ideias tão descosidas que, na mesma página, uma asserção de bom senso é interrompida por uma desarrazoada, e vice-versa, de maneira que é tão fácil atacá-lo quanto defendê-lo. La Mettrie, dissoluto, impudente, bufão, adulador, era feito para a vida das cortes e o favor dos grandes. Morreu como devia morrer, vítima de sua intemperança e de sua loucura; matou-se pela ignorância da arte que professava[13].

13. Este julgamento é severo, mas justo; e era difícil manter alguma medida com o apologista do vício e detrator da virtude. (N. do A.) [Este julgamento se concilia pouco com aquele de Frederico, o Grande, em *Éloge funèbre de La Mettrie*, composto em 1752, lido na Academia de Berlim a seu pedido. Frederico, ao saber que ele morrera como filósofo, dele teria dito: "Estou bem contente pelo repouso de sua alma." (Brière) ►

Não dou o título de filósofo senão àquele que se exerce constantemente na busca da verdade e na prática da virtude; e quando houver riscado desse número um homem corrompido em seus costumes e opiniões, poderei me assegurar de que os inimigos da filosofia se calarão? Não.

Voltaire, eles dirão, fez-lhe um elogio. Não se trata do que Voltaire teria dito numa ode anacreôntica, e sim do que um homem de bem deve pensar segundo os escritos que estão em nossas mãos e conforme os hábitos que professava.

Admiro Voltaire como um dos homens mais espantosos que já apareceram, e é de boa-fé que o divulgo; mas não concordo sempre com sua opinião, e não será numa peça de poesia fugaz que irei encontrar o sentimento de Voltaire, e menos ainda o meu sobre a filosofia e a moral de um escritor.

VII – Na mesma carta, Sêneca cita uma bela palavra de Epicuro sobre seus julgamentos populares. "Jamais quis agradar ao povo: o que sei não é de seu gosto; e o que seria de seu gosto, não o sei."

A coação dos governos despóticos faz retrair o espírito sem que se perceba; maquinalmente nos proibimos uma certa classe de ideias fortes, como nos afastamos de um obstáculo que nos machucaria. E quando nos acostumamos com esse andamento pusilânime e circunspecto, dificilmente se volta a outro mais audacioso e franco. Não se pensa e não se fala fortemente a não ser do fundo do túmulo; é ali que é preciso se colocar, é de lá que é preciso se dirigir aos homens. Aquele que aconselhava ao filósofo deixar um testamento de morte[14] teve uma ideia grande

▷ Uma palavra a mais sobre este assunto: La Mettrie não era, em absoluto, como o pinta Diderot. Não era ignorante e, se era espirituoso, não há nenhum crime nisso a ponto de ter merecido ser punido de modo tão cruel. Dissemos em outro momento (introdução de nossa edição de *Homme machine*, Paris, 1865, in-16) o que pensávamos desse ataque de Diderot. Não voltaremos a falar disso aqui. Entretanto seria bom relembrar que, quando publicaram *Pensées philosophiques* (Pensamentos Filosóficos), a opinião pública atribuiu-os a La Mettrie, naquele momento mais conhecido que o verdadeiro autor. Ver também: *Essai sur la Mettrie*, de Nérée Quépat, Paris, 1873, in-8o. (Assézat)

14. É possível conferir a passagem completa de D'Alembert no prefácio do primeiro volume das *Oeuvres de Sénèque*, p. 21-22. (Naigeon)

e útil. Desejo, para o progresso das ciências, para a honra das academias, para a felicidade de seus amigos e no interesse dos infelizes, que ele nos faça esperar o seu ainda por muito tempo.

"– Em Paris, vós diríeis isso?

– Não, eu encontrei a alma de um homem livre numa região de escravos, e a alma de um escravo numa região de homens livres.

– Até o momento, nada ouvi de vós que me tenha feito tanto prazer."

É o fim de uma conversação no gabinete de uma grande soberana[15].

Lede a carta XXX, da morte e da necessidade de esperá-la com firmeza; e vós me direis em seguida o que há de novo a respeito do assunto em nossos escritores modernos. O que há de mais delicado do que este enunciado: "A alma escapa do velho sem esforço; está às bordas de seus lábios"? O que há de mais sensato no que se segue: "O que são esses nomes de imperador, senador, questor, cavaleiro, liberto ou escravo?" Ou em estilo moderno: reis, grandes, nobres, plebeus, camponeses. Responde na carta XXXI: "títulos inventados para orgulhar uns e degradar outros. Temos todos o mesmo céu sobre nossas cabeças".

Ele vos exortará à filosofia, conforme a carta XXXII; vos dirá, na seguinte, que numa obra de arte é preciso que a beleza do conjunto fixe o olhar à primeira vista, para que não se percebam os detalhes; e que numa obra de filosofia ou de literatura, os belos versos ou as belas sentenças são as últimas coisas a serem louvadas.

Encoraja Lucílio ao estudo da filosofia na carta XXXIV e o felicita por seus progressos. Prova, na XXXV, que só pode haver amizade entre pessoas de bem. A morte de um amigo rouba de um homem virtuoso uma testemunha de suas virtudes. De um facínora, um comparsa talvez indiscreto de seus crimes. As vantagens do repouso, os desejos do vulgo, o desprezo pela morte, assunto a que não deixa de voltar, a coragem que dá a

15. Catarina da Rússia, tendo Diderot ali estado em 1773. (Brière)

filosofia, os perigos da propriedade, a eloquência que convém ao sábio, a voz da divindade que está em nós, a consciência, a raridade das pessoas de bem o ocupam da carta XXXVI até a LI.

VIII – Eis aqui um parágrafo da carta XLI. Eu o acho tão belo que não posso deixar de transcrevê-lo.

> Se vos oferece ao olhar uma vasta floresta, povoada de árvores antigas, cujos cimos vão às nuvens e cujos ramos entrelaçados vos roubam o aspecto do céu, essa altura desmesurada, esse silêncio profundo, essas massas de sombra que a distância adensa e faz contínua, tais signos não vos intimam com a presença de um deus? Sobre um antro cavado num grande rochedo de uma montanha que se eleva, esta profunda, imensa e obscura cavidade não vos tocará com um terror religioso? A erupção de um rio subterrâneo fez com que se erigissem altares; as fontes de águas termais têm um culto; a opacidade de certos lagos os tornou sagrados. E quando vós encontrardes um homem tranquilo no perigo, sereno na adversidade, intrépido em meio à tempestade, que, posto sobre a linha dos deuses, veja os frágeis mortais sob seus pés, o respeito não vos inclinará a fronte? Por ter descido do céu o sábio não está dele expatriado. Os raios do sol que se expandem sobre a terra pertencem ao globo luminoso de onde foram lançados; assim a alma do grande homem, do homem virtuoso, enviado das alturas para nos mostrar mais próxima a divindade, habita ao nosso lado, sem se esquecer de sua origem. Ela o vê, ela o aspira, ela lhe permanece atrelado.

Tais são as alturas de Sêneca quando fala de Deus, da virtude e do homem virtuoso.

Na carta XXXVI, diz a Lucílio: "Censura-se vosso amigo por ter abraçado o repouso, abandonado seus lugares e preferido a obscuridade do afastamento, em lugar das honras que o esperavam. Exorte-o a se colocar acima da opinião: a cada dia ele fará sentir a seus críticos ter escolhido o partido mais vantajoso." Para ele, talvez, mas para a sociedade? Há no estoicismo um espírito monacal que me desagrada. No entanto, é uma filosofia a ser levada às cortes, aos grandes que estão no exercício das funções públicas, ou uma voz perdida que grita no deserto? Gosto do sábio em evidência, como do atleta na arena:

o homem forte só se reconhece nas ocasiões em que mostra sua força. Este célebre dançarino que movia seus membros em cena com tanta ligeireza, graça e nobreza, não era na rua senão um homem que vós jamais poderíeis adivinhar o talento.

Ele diz na carta XXXVIII "que a moral tem mais energia por seus pensamentos destacados". Tenho a mesma opinião: esses pensamentos são como pregos de bronze que se enfiam na alma e não os arrancamos.

Na carta XLI, lê-se: "No seio do homem virtuoso, ignoro qual, mas habita um Deus." Eis uma bela ideia. Sêneca poderia aduzir: e no coração do malvado, ignoro qual deles, mas habita um demônio.

Carta XLII: "O que é um homem frívolo? É um pássaro que tendes apenas pela asa; no primeiro instante vos escapará e não vos restará na mão a não ser uma pluma."

Encontro na carta XLIII, sobre a vida oculta, que foi menos o orgulho do que a vergonha que criou os porteiros entre os romanos. Da maneira como se vivia, entrar numa casa sem se fazer anunciar seria pegar o senhor ou a senhora em flagrante delito.

Carta XLIV: "A filosofia é a verdadeira nobreza; ninguém a viveu para a glória de outrem." "Sabeis quais são os antepassados verdadeiramente dignos de inveja? Sócrates, Cleanto, Epicuro, Zenão e Platão; mas o acaso do nascimento não vo-los fará." Sabei viver e morrer como eles: recolhereis sua herança e sereis contado entre seus descendentes.

Carta XLV. As chicanas fúteis da dialética serão desprezadas por todo bom espírito; não desagrada a nossos estoicos, diz Sêneca, que eu aprove ou reprove segundo minha vontade "porque não me subjuguei a nenhum mestre, que eu não vista a libré de alguém e que, respeitando os sentimentos dos grandes homens, não renuncie aos meus"[16].

16. Ver, a esse respeito, a nota de Naigeon sobre o *Traité de la Vie heureuse*, t. v, p. 90, da tradução de La Grange. (N. do A.)

Mesma causa, mesmo efeito, em todos os tempos e lugares. Aquele que conhecer o espírito do estoicismo não ficará admirado que se tenha feito um amálgama de filosofia e de teologia, dos discípulos de Zenão, moedores de sofismas e *peneiras* de palavras.

Carta XLVI. Ele faz o elogio de uma obra de Lucíolo.

Na carta XLVII enumera a multidão de escravos. "É um juiz subjugado por sua velha mulher, um rico, por sua serva; um jovem nobre, pelas mulheres do teatro; esta última servidão, a mais voluntária de todas, é a mais vergonhosa." "Tu te crês livre, e beijas a mão de uma jovem escrava."

"Não há rei", diz em outro lugar, na carta XLIV, "que não descenda de um escravo, nem escravo que não descenda de um rei." E não há corte onde não se tenha necessidade de um oficial cuja função seja a de se encontrar todas as manhãs à cabeceira do monarca para citar-lhe essa máxima comum.

Após ter exposto, na carta XLVIII, os deveres da amizade, ele exclama de dois amigos: "São homens solidários no destino." E após haver tratado, carta XLIX, da morte e da brevidade da vida, fala sem deferência sobre as puerilidades da dialética de sua escola. "Hoje", diz ele, "a rapidez do tempo me confunde, ou por que o fim se aproxima, ou por que começo a calcular as perdas. Ei, deixai vossas argúcias: tenho nos braços um grande assunto. A morte me persegue e a vida me escapa: aconselhai-me."

Quem construiu o primeiro navio? Quem fez os primeiros jogos? O Aventino sempre foi o muro de Roma? Esta passagem não deve ser restituída dessa maneira? Não é assim que se deve entender a legenda? Essa medalha é antiga ou moderna? Em que época foi cunhada? Eis aí pesquisas bem dignas de um homem! Não seria preferível não ocupar-se de nada do que desses nadas, enquanto a arte de ser feliz, que se deveria estudar durante toda a vida, ainda seria ignorada?

Essa sentença austera de Sêneca queima milhares de volumes... É justa? Não é? E seria preciso desdenhar todo estudo que não tivesse uma relação imediata com o conhecimento dos deveres e a prática da virtude?

IX – Mas, para descansar o leitor deste exame contínuo das cartas de Sêneca, após tê-lo instruído do que seus detratores pensaram bem ou mal de seus hábitos, vamos instruí-lo, com a mesma sinceridade, do que pensaram bem ou mal de seu estilo e de seus escritos. Disseram que "Sêneca tinha menos alma e sensibilidade do que um belo espírito".

O belo espírito e a sensibilidade são duas qualidades estimáveis e raras. O que eles objetam a Sêneca, poderiam objetar a Fontenelle. Mas a boa lógica é uma qualidade que ninguém pode substituir e não se possui sem que se perceba que um homem dotado na mesma medida de juízo e de imaginação, de veemência e de fineza, de belo espírito e de sentimento é um ser de razão.

"Que para julgar se Sêneca tinha sensibilidade, eles haviam percorrido por inteiro a *Consolação de Hélvia*."

É que, em lugar de percorrê-la por inteiro, era necessário deter-se em algumas passagens.

Que se agisse de consolar sua própria mãe, aflita com o exílio filial. O que faz Sêneca? Envia-lhe de sessenta a oitenta páginas de longos e trabalhosos raciocínios para lhe provar que não era infeliz. E para isso cita todas as colônias formadas no mundo. O trabalho a que se dá, o clima de esforço que reina nesta *Consolação*, mostra uma alma em desconforto, querendo persuadir que está contente. Sempre o autor e o sofista, quase nunca o homem verdadeiro e o filho sensível.

A esse julgamento iremos opor um outro. Sêneca escrevia esse tratado com a força da idade e o vigor do espírito; está cheio de sentimento e de eloquência; pôs ali mais ordem do que em qualquer das demais obras. Diz ele à sua mãe:

Hélvia, não deveis vos afligir nem com vosso filho nem com vós. O exílio, a pobreza, a ignomínia, o desprezo, esses terrores vulgares, não são para mim senão fantasmas vazios. Se minha mãe fosse ambiciosa, talvez ela lamentasse um apoio; minha ausência a oprimiria, se a força de sua alma não se elevasse acima de seu sexo. Ela buscará consolação nos conselhos da sabedoria e ali os encontrará. Ela não está só; voltará seu olhar para meus irmãos e netos; dará seus cuidados a estes últimos, e tais cuidados lhe serão doces. Ela porá seus braços ao redor de uma irmã que ama, que a acaricia, e cujo exemplo a sustentará.

E Sêneca termina seu escrito com o elogio dessa irmã.

Desses dois julgamentos, o último é de Justus Lipsius. Parece-me que esse aqui não ignorava o que lhe convinha dizer, não apenas a um filho, mas a um filósofo; não apenas a um filósofo, mas a um estoico; não somente à mãe, mas a uma forte mulher.

"Qual o quê! Sêneca assegura que nada há de triste para ele, parecendo-se com esse orgulhoso estoico que, atormentado por uma gota violenta, e mesmo dando gritos apavorantes, não queria confessar que a gota lhe fazia mal."

Relatemos o fato tal como a história no-lo transmitiu. Vencedor no Ocidente e no Oriente, Pompeu, de seu retorno da Síria, dirigiu-se a Rodes, com o propósito de ouvir Posidônio. Aproximando-se da soleira da casa em que habitava o filósofo, ele se proíbe de bater à porta, conforme o uso: ele pede para que se depositem os feixes. Fica sabendo que Posidônio está doente; ele não pode, todavia, resolver-se a deixar a ilha sem ver e saudar o homem raro que viera procurar; ele o encontra, o saúda e faz saber que sente muito separar-se dele sem tê-lo ouvido. E por que, lhe diz Posidônio, vós não me ouviríeis? Não, a dor do corpo não fará com que uma personagem, tal como vós, me tenha inutilmente visitado... E então começa a falar. Demonstra não haver nada de bom e de vantajoso que não seja honesto, quando as ardências da gota interrompem seu discurso e ele diz: *oh, dor, tu és importuna, mas nunca obterás de mim a confissão de que sejas um mal.*

Onde está o orgulho ridículo de Posidônio? Onde estão seus gritos apavorantes? Em que o filósofo desmentiu a dignidade de seu caráter e os princípios da seita? Quem acusará Pompeu de se ter afastado de sua rota por um homem indigno de honra? Pois bem, não exigiria de Sêneca mais firmeza em seu exílio do que Posidônio demonstrou em sua entrevista com Pompeu.

O selvagem cantará em seu ambiente natural, e o estoico não dissertará quando estiver com gota.

É preciso ser atacado por uma estranha antipatia pela verdade e pela virtude quando se resolve desfigurar, com prazer, fatos sem importância.

Um outro aristarco disse da *Consolação de Hélvia*: "Essa obra denota o mais belo gênio, e desenvolve o caráter mais excelente; é uma obra-prima de sentimento e um grande monumento da constância filosófica. Transportamo-nos à Córsega com as altas ideias que concebemos da personagem, e é a própria admiração que lhe trazemos, nascida da severidade de nosso julgamento." Isso é bem pensado, mas é preciso não esquecer que o maior dos homens é homem. Um dos bons preceitos da moral natural e evangélica é o de colocar-se no lugar do acusado; que o mais inocente dentre vós atire a primeira pedra. Excedemos a severidade das leis quando se pesam as ações sem que se vejam as circunstâncias. Mas esse Sêneca, o que fazia entre os rochedos da Córsega? Observava a natureza, escrevia suas questões de física, compunha poemas, ocupava-se com os pesares de sua mãe. Se não suportasse seu exílio com a maior firmeza, sua *Consolação de Hélvia* não seria senão um belo pedaço de eloquência, que não precisaria ser chamado de um grande monumento da constância filosófica. Mas após ter feito o caminho e aproveitado a ocasião para vingar Posidônio em Rodes e Sêneca na Córsega, voltemos ao nosso assunto.

x – Foi dito que "Sêneca condenou-se a si mesmo em sua trigésima-terceira carta ao dizer que pensamentos notáveis indicariam um homem sem gênio."

Abro essa carta e leio: "Pensamentos notáveis e salientes anunciam uma composição desigual. A maior árvore não causa nenhuma admiração se todas as da floresta se lhe assemelham. Todas as histórias, todos os poemas são plenos deste gênero de máximas."

Sêneca acusa neste lugar todos os historiadores e poetas de falta de gênio?

Quem possui mais pensamentos notáveis, quem mais escreveu com linhas salientes do que La Bruyère e La Rochefoucauld? E falta gênio a La Rochefoucauld?

O gênio é, com frequência, desigual. Com um pouco de justeza e de reflexão não se teria feito Sêneca dizer o que não disse. E meditando um pouco sobre a comparação do pensamento saliente com a árvore que se distingue na floresta por sua altura, se entenderia o que ele disse.

"Que o efeito de uma obra depende infinitamente da expressão e, sobretudo, da disposição."

Isso é verdadeiro, embora haja obras bem distribuídas que fatiguem e outras escritas com pureza que enfadam; tais seriam aquelas de um harmônico e bom expositor, bem compassadas, redondas, cadenciadas, mas às quais faltariam ideias ou só teriam as mais comuns.

Sêneca possui estilo e ordem; para convencer-se disso bastaria seguir os enunciados dos capítulos de um de seus tratados mais extensos, o da Cólera. Ele começa por definir a coisa, trabalho a que os antigos raramente se dão. A maior parte das obras do filósofo são improvisos feitos ao correr da pena, em meio aos tumultos e intrigas da corte, nos intervalos roubados às funções de preceptor, à penosa administração das províncias; no horror de um exílio, a noite; sentado a uma mesa frugal; numa estrada, tábuas na mão, atravessando as praças públicas; durante enfermidades, ao lado dos banhos; ele não compõe, ele versa no papel seu espírito e sua alma; ele não se consome em dar cadência à frase, ele exorta, ele se exorta à prática da virtude; ele sonda o fundo de seu coração, ele não se administra. A censura de um inimigo teria menos severidade do que a sua; o cristão não examina sua consciência com mais rigor, e nós estaríamos muito contentes se nos viessem alguns, não digo desses pensamentos fortes e profundos que arrancam a admiração de Quintiliano, mas algumas ideias finas que lhe reprovam.

"Que eles não hesitem em manter-se com o sentimento do cardeal Du Perron[17] e do abade D'Olivet, que achava mais em duas páginas de Cícero, que muito pensa[18], do que em dez de Sêneca, que gira sem cessar em torno do mesmo pensamento, sempre voltando sobre seus passos."

Respondeu-se que se tratava de um antigo filósofo, e que citavam um gramático do século XVIII e um teólogo cortesão do XVI; quer dizer, um homem para quem a moral austera de Sêneca era odiosa e um erudito para quem ela era estranha.

Sêneca volta algumas vezes ao mesmo pensamento; mas a riqueza de sua expressão propaga sempre uma nuança delicada, que sentimos e que a diversifica. Assim é que em cada linha tem-se o charme do homem de gosto, e o tormento do tradutor. Com um pouco de equidade, se confessaria que um de seus pensamentos substanciais, soprado com a flauta do orador ou do cadenciado moralista, preencheria quatro longas páginas de seu estilo harmonioso e difuso: nunca lemos o primeiro sem ser tentado a estendê-lo; e o outro, sem ser tentado a reatá-lo.

XI – "Sêneca é apenas um rétor."

Não é muita severidade envolver com essa denominação injuriosa o autor das *Questões Naturais*, do tratado sublime dos *Benefícios*, de tantas cartas plenas de ideias finas, de

17. No jantar do rei, Du Perron, grande orador que sua majestade ouvia com prazer, fez um bravo discurso contra os ateus e como havia um Deus, e o provou por várias e boas razões, ao que o rei o elogiou, demostrando prazer. Esquecendo-se, Du Perron foi dizer ao rei: "Sire, hoje provei por boas razões que há um Deus; amanhã, Sire, se aprouver a vossa majestade conceder-me audiência, provarei, por razões igualmente boas, não haver absolutamente um Deus." Imediatamente, o rei encolerizou-se, expulsou o dito Du Perron, chamando-o de malévolo e o proibiu de voltar à sua presença. (N. do A.)

18. Lê-se no prefácio dos tratados da Velhice e da Amizade, de Cícero, traduzidos com graça e facilidade (em 1780) por um de nossos magistrados, homem de letras e de gênio, o abade Mignot, conselheiro do grande conselho, irmão da madame Denis, sobrinha de Voltaire: "Não vos espanteis se encontrardes algumas sentenças muito longas nesta obra, embora ela não seja muito extensa; talvez seja imperfeição da tradução; no entanto, me contive o máximo que pude, algumas vezes mesmo às expensas de uma escrupulosa fidelidade. Mas o sentimento é prolixo e Cícero é acusado de sê-lo em todas as suas obras, com todas as suas belezas." Eis, portanto, um tradutor que reconhece um defeito de seu original. Essa franqueza não é comum. Quando deixamos a escola, Cícero é um dos autores latinos mais citados e menos relido. É preciso ao homem ter um alimento mais sólido. (N. do A.)

pensamentos delicados e, mesmo ao juízo de Quintiliano, de trechos admiráveis? Para se pronunciar com essa suficiência, não seria preciso estar autorizado por algumas provas de seu *savoir-faire* em eloquência e filosofia? E quando se igualasse Fénelon na prosa, Racine ou Voltaire na poesia, seríamos dispensados de manter um tom moderado, a menos que se tratasse de defender a inocência caluniada? Então me permito o tom veemente, não por que o utilizo, mas por que o aprovo.

Nada direi a esses aristarcos de sua retórica, sob o nome de rétores; ignoro quais sejam seus talentos para julgar palavras, quais os títulos para julgar as coisas, quais direitos para julgar pessoas, se são conhecedores de estilo e de gênio; mas creio ser ainda mais fácil fazer-se cortar as veias do que reunir em uma obra toda a moral e todo o espírito que se encontram em Sêneca. Seu apologista merece ser aplaudido, não fosse por apenas ter ousado defendê-lo contra essa populaça de pedantes e de escolares mal-educados. Este público, fautor imbecil de malignidades, eu o comparo a Felipe II, que havia prometido a nobreza àquele que assassinasse o príncipe de Orange, ou aos triúnviros que conduziria aos primeiros postos aqueles que lhe trouxessem as cabeças dos cidadãos mais distintos.

Tal é a opinião sobre Sêneca e sobre seus detratores de um autor[19] cujas obras plenas de sentimento, de verdade, de elegância e nobreza foram traduzidas em todas as línguas, e durarão mais do que elas.

XII – "Sêneca possui o defeito capital de enfraquecer quase sempre a importância do assunto que trata pela sutileza de suas ideias."

Não é singular que entre tantos críticos, todos de acordo sobre essa censura, nenhum tenha ousado apoiá-la com algumas citações? De resto, é um daqueles que a fez ao nosso sublime Corneille, ao profundo chanceler Bacon e que, bem interpretado, significa que todos eles foram, ao mesmo tempo, belos espíritos e grandes gênios. Esses pensamentos finos, que estragam um pouco seus escritos, de modo semelhante à humilde violeta que na floresta

19. Marmontel. (Assézat)

cresce ao pé das grandes árvores, com frequência embelezariam os nossos. Nós somos tão incapazes de perceber seus erros quanto alcançar suas belezas. É preciso convir, com efeito, que seria bem difícil que, do mesmo tratado que forneceria ao físico um grande meio de interrogar a natureza, o fabulista pudesse ainda emprestar o assunto de um apólogo charmoso, e que o sublime moralista, falando-nos das leis, o pudesse comparar aos arbustos, que dão ao rebanho um abrigo, mas um abrigo sob o qual não podem entrar e do qual não podem sair sem ali deixar seu tosão.

"Um filósofo não tem o direito de ser um mau escritor."

Convenho, mas me será concedido que seu estilo não será aquele do orador; ele se ocupará mais com coisas do que com expressão, mais com a clareza do que com a elegância, mais com precisão do que com a quantidade ou com a harmonia. Não é ao ouvido, mas à razão que ele se dirige; e se tal forma de discurso lhe parece conduzir com mais força aos espíritos a luz e a convicção, seja ela menos harmoniosa, ele não hesitará em preferi-la.

O filósofo não tem o direito de ser um mau escritor; mas creio que tem o de dar de ombros quando meninos que mal conhecem o alfabeto de uma língua morta se pronunciam sobre a pureza de estilo de um autor que aprendeu a língua de seu pai, de sua mãe, de seus concidadãos, em Roma, sob o reinado de Augusto.

Assim como nossos escritores modernos, os mais polidos e os mais puros, têm expressões que são de seus séculos, Sêneca possui as de seu tempo. Mas se na abertura da página apresentássemos sua obra aos nossos aristarcos, e os desafiássemos a indicar uma linha, uma palavra de mau latinismo, creio que o mais hábil dentre eles se veria fortemente embaraçado.

Um erudito, que sabia sozinho mais do que mil dentre nós reunidos, dizia de nosso autor: "Ele escreve *tanquam* por *velut*, ou por *utsi*; *aeque quam* por *aeque atque*; *quum maxime* por *quam maxime*; *adversus* por *erga*; *sed* por *sed et*; ele usa frequentemente o pronome recíproco *sui, sibi*. Eu noto, mas não o censuro." Eis aí as diferenças importantes que distinguem não o estilo, mas a língua de Sêneca da língua de Cícero, na opinião de Erasmo.

XIII – "Sêneca foi o corruptor do gosto romano."

Como Voltaire foi o corruptor do gosto francês, pois nossos aristarcos investiram sobre um e outro.

No entanto, parecia-me ter ouvido dizer, quando da morte desse grande homem, que a literatura acabara de perder seu apoio, e o bom gosto, seu defensor; e os tiranos, que envergonham o mundo, assim como os mentirosos, que o enganam, o seu mais temível açoite. Malgrado a imponente reivindicação de seus inimigos, dessa vez, sem tirar consequências, tomarei o partido da multidão.

"Há grandes relações entre Sêneca e Voltaire."

Tanto melhor, para um e para outro. E não creio que se faça um mau cumprimento ao mais famoso de nossos críticos se lhe disséssemos haver grandes relações entre Voltaire, Sêneca e ele. Enquanto isso, ele poderia dispensar-se de prosseguir com essa injúria cruel.

XIV – "O desejo de brilhar que domina as obras de Sêneca caracteriza antes o rétor do que o filósofo."

Pensar de maneira forte, exprimir-se de maneira clara, lacônica e precisa, raciocinar sempre e consequentemente com os mesmos princípios, mostrar o mesmo amor pela verdade, o mesmo gosto do bom, do belo, do honesto e decente, tudo isso é de um filósofo e de Sêneca, não de um rétor, para quem não há verdade que não possa obscurecer nem mentira que não possa colorir[20].

Sêneca fala segundo o calor de sua alma e a elevação de seu caráter. Se brilha, é como o diamante ou os astros cuja natureza é brilhar. Repreendê-lo pela afetação de brilhar é como repreender a andorinha pela ligeireza de seu voo: ele tem a entonação do belo espírito, como um outro poderá ter a entonação da suficiência, sem pressenti-la.

XV – "Então, Sêneca não tem defeitos?"

Tem, e creio já tê-los observado. Não se deixa levar para além dos limites da exatidão por sua maneira forte e viva de sentir? É

20. Ver supra, p. 258, n. 16. (Assézat)

uma censura que já fiz. Como eu frequentemente o contraditei, pensei que ele estava enganado. Enganou-se, efetivamente? É, me dizia um amigo, o que uma segunda leitura me ensinará.

Quanto a mim, não duvido que se tenha feito uma excelente apologia de Sêneca contra seu apologista, e terei certamente grande prazer de lê-la, pois desejo tão sinceramente estar errado quando o ataco do que ter razão quando o defendo.

Um literato moderno, que se destacou em quase todos os gêneros, disse: "O gênio de Sêneca é de uma têmpera singularmente fina, delicada; ele visa à sutileza e seu estilo é o de um homem que não quer dizer algo de comum nem de maneira comum; mas sua expressão não deixa de ser muitas vezes sublime com simplicidade, e enérgica, sem esforço."

É o mesmo que acrescenta: "que se encontramos o apologista de Sêneca muito indulgente sobre a conduta do filósofo na corte de Nero, ao menos não podemos ser tão severos ao julgar suas obras".

E eu juntaria que se Sêneca vivesse, ficaria bem mais vexado por ter feito um mau raciocínio do que uma frase ruim.

XVI – Meu editor enviou-me as seguintes passagens cujo autor ou autores lhe são, aparentemente, conhecidos.

"Sêneca modela as almas; planta ali costumes; fustiga os terrores, apaga o amor pelo luxo e o gosto do fausto. Esses grandes efeitos exigem um estilo pleno de calor e de força, tal como o seu. Se vós o comparais a Cícero, este aqui é um lago; aquele ali, um rio célere".

"O movimento e a veemência são duas qualidades que lhe são comuns com Demóstenes."

"Não o ouço ser acusado de secura e aridez sem explodir em gargalhada."

"Sêneca, eu diria corajosamente de ti que nenhum filósofo dos séculos passados te igualou, que qualquer dos séculos seguintes te ultrapassará na filosofia moral. Recebe uma palma que nem todos os esforços de teus detratores te arrancarão, assim como não arrancarão de Hércules sua maça."

Eu quase me enrubesci ao defender por meio de autoridades a causa de um filósofo. Com efeito, o que elas significam? Que tal personagem sapiente pensou dessa maneira, como se o homem mais sábio não estivesse sujeito ao erro.

XVII – "Citou-se uma longa passagem de Montaigne que não faz caso de Cícero, e que estima muito a Sêneca; e que, malgrado esse testemunho, se preferirá a maneira de Cícero à de Sêneca, mesmo nos tratados de filosofia."

Se nós tivemos a temeridade de preferir a maneira do filósofo à do orador, é ao menos com o autor dos *Ensaios*; é com Jean-Jacques, que nos lembra Sêneca em cem lugares, e que não deve uma só linha a Cícero.

Não é a Montaigne, como homem de gosto, embora isso não lhe falte, mas como bom juiz em filosofia moral, que vosso editor o conclama. Há muito que pensava, como o autor dos *Ensaios*, que Cícero era um grande músico, mas que preludia muito tempo antes de tocar sua peça, parecendo-me, ao tocá-la, muito preocupado em ser escutado. Não o leio muito porque sempre me oferece um artista enamorado de seu talento, que, com o pincel na mão, me faz reparar a excelência de sua composição, a qual eu adoraria admirar tanto fora quanto sobre o seu cavalete. Eu apoiaria meus sentimentos com o testemunho de um autor grave, que não me descontentaria de expor à ligeireza de vossas críticas, mas essa é a razão pela qual não vo-lo nomearei.

As linhas que precedem, e as que se seguem, sem dúvida me foram endereçadas por um admirador de Sêneca; transcrevi as primeiras, sem vaidade, porque eram o elogio de outrem e, sem indiscrição, porque tudo têm de honesto.

Sempre dei muita importância a Cícero, mas se ele vivesse hoje, creio que mudaria seu estilo. Sêneca, que o sobrepujou em espírito e julgamento, fez um gênero de eloquência análogo aos ouvidos de seu tempo; não se propôs a marchar sobre as pegadas de Cícero, preferindo a uma elegância tão elogiada o cascalho sem cimento... Uma coisa que sempre me espanta é a negativa de cabeça de pessoas que taxam de exagero e de inchaço tudo aquilo que traz um certo caráter de grandeza.

"Se Montaigne disse que só encontrava vento em Cícero, é uma gasconada ridícula do filósofo da Garonne."

Uma gasconada ridícula! Parece-me que se poderia falar com mais decência de um grande pensador, um grande escritor, um autor original que passou pelo breviário de pessoas honestas, que não deixou de frequentar suas leituras e bem poderá permanecer entre elas para sempre. Até que a suficiência se tenha tornado medida de mérito, será preciso guardar-se de emprestar-lhe o tom.

Opõe-se aqui o julgamento de Bayle ao de Montaigne. Pois bem, são duas grandes autoridades, entre as quais se trata de decidir. Quando Bayle disse do orador romano que ele restringiria num período de seis linhas o que Sêneca meteu em seis períodos, tendo cada um desses oito a nove linhas, ele se esqueceu de que nenhum autor é mais conciso, mais curto e concentrado do que nosso filósofo. Um erudito que não era inferior a Bayle em literatura e que, certamente, o ultrapassava no conhecimento de línguas antigas, parece ter melhor caracterizado o estilo de Sêneca quando disse que o autor tinha abundância com brevidade (*abundantiam in brevitate*), e veemência com facilidade.

"Montaigne é suspeito."

E por quê? Montaigne, que falava a língua dos antigos como a sua, e cujas citações sem número mostram o quanto a leitura de suas obras lhe era familiar, compreendia seu estilo e a boa lógica.

"Jamais Montaigne foi citado como exemplo de gosto."

Montaigne é rico de expressões, é enérgico, um filósofo, grande pintor e colorista; desdobra em cem lugares tudo aquilo que a eloquência tem de força; é tudo o que lhe apraz ser. Tem todo o gosto que se podia ter em seu tempo e que convinha a seus assuntos. Foi ele quem disse da morte: "Eu mergulho estupidamente, de cabeça baixa, nessa profundidade muda que me engole e me sufoca por um momento, cheio de insipidez e de indolência. A morte, que não é senão um quarto de hora de paixão sem consequência e sem prejuízo, merece apenas preceitos particulares."[21] Isso não é muito religioso, mas é belo. Há em sua obra inimitável mil lugares de mesma força.

É preciso ler ali o trecho sobre sua maneira de lutar contra os antigos.

Entre o grande número de julgamentos diversos que pronuncia no capítulo dos livros, não há um em que não se reconheça um tato seguro e delicado.

Não desdenhemos nem sua análise e alguns belos versos de Lucrécio nem o que adiciona sobre a verdadeira eloquência e sobre as línguas.

XVIII – Um crítico terá bom gosto quando sentir o de Montaigne, e estará condenado a não tê-lo se a riqueza, o calor e a vida da passagem seguinte lhe escaparem.

– Mas, e as cartas de Sêneca?

– Voltarei a elas quando puder; onde me encontro bem, fico, e o que vou dizer não valerá o que Montaigne irá dizer.

Vi o nascimento de vários milagres em meu tempo (*e eu também*): embora sejam sufocados ao nascer, não deixamos de prever a marcha que poderiam tomar, se houvessem avançado em idade, pois basta encontrar a ponta do fio para desenrolá-lo tanto quanto se queira; e há uma distância mínima à menor coisa do mundo como desta à maior. Ora, os primeiros que se alimentaram desse estranho começo, vindo a semear sua história, sentem, pelas oposições que se lhes fizeram, onde habita a dificuldade da persuasão, e vão calafetando o lugar com algumas peças falsas; além do que, *por um furor industrioso e natural de alimentar os rumores*[22], tomamos naturalmente consciência de devolver o que nos emprestaram sem qualquer usura e acessão de nossa parte. O erro particular faz primeiramente o erro público que, por sua vez, faz o erro particular. Assim vai todo esse edifício se revestindo e se formando de mão em mão, de maneira que o mais afastado testemunho está dele melhor instruído do que o mais próximo; e o último informado, melhor persuadido do que o primeiro, encontra-se assim, por conta de um progresso natural, pois quem crê em alguma coisa, estima ser obra de caridade

21. *Ensaios*, livro III, cap. XV. Não há, na verdade, essa passagem mencionada. (Brière)

22. *Insita hominibus libidine alendi de industria rumores*. Tito Lívio, *Ab urbe condita*, livro XXVIII, cap. XXIV. (Brière)

persuadir um outro e, para isso fazer, não teme adicionar, de sua invenção, tanto quanto seja necessário para suprir a resistência e o erro que pensa haver na concepção de outrem. Eu mesmo, que confesso uma singular consciência de mentir, e que não me preocupo muito de dar crédito e autoridade ao que digo, percebo no entanto, a propósito do que tenho em mãos, que estando inflamado ou pela resistência de um outro ou pelo calor próprio de minha narração, inflo e aumento meu objeto pela voz, movimento, força ou vigor das palavras, e ainda por extensão ou amplificação, não sem o interesse pela verdade ingênua; mas o faço, porém, até que um primeiro me faça retornar, pedindo-me a verdade nua e crua; aí abandono de imediato meu esforço e a dou sem exageros, sem ênfases e preenchimentos. A palavra viva e sonora, como é a minha em geral, vai prazerosamente à hipérbole. Não há nada de mais comum a que os homens estejam inclinados do que dar vazão às suas opiniões; onde nos falta o meio ordinário, nós acrescentamos o comando, a força, o ferro e o fogo. É uma infelicidade que a melhor maneira de fazer notar a verdade seja a multidão dos crentes, multidão na qual os loucos suplantam os sensatos em número (*Ensaios*, livro III, cap. XI).

Eu daria de boa vontade a melhor das minhas páginas por essa.

– Muito bem – me dirão. – Mas já fostes acusado de ter escrito em favor do suicídio e contra a providência. Não temeis que vos censure aqui por apregoar a incredulidade?

– É preciso tudo esperar, e sempre seguir seu caminho.

XIX – Vou passar rapidamente pelas cartas que se seguem; se formaria um volume do que oferecem de notável.

O elogio de Lucílio, a descrição dos banhos de Baia; as diferentes classes de sábios; que poucos homens conhecem seus defeitos; as enfermidades às quais o nosso filósofo estava sujeito; a casa de Vatia, na entrada da qual poder-se-ia ter gravado, como no frontão da maior parte de nossos palácios: aqui jaz a felicidade; sua estada em Baia; a possibilidade de meditar, de estudar, de escrever em meio ao tumulto; sobre o primeiro movimento da paixão; da divisão dos seres, segundo Platão; sobre a escassez da língua latina; sobre a diferença entre a alegria e a volúpia; sobre o objeto desprezível dos votos e das preces do vulgo; da submissão do sábio às necessidades. Eis o que preenche o espaço da carta XLIX à LXII[23], na qual nosso filósofo se repreende por ter chorado desmedidamente a perda de seu amigo Sereno, e nos diz: "Vós haveis inumado vosso amigo; pois bem, procurai alguém para amar", como se se encontrasse alguém nesse momento. Ele ajunta: "A dor é, de todos os quadros, aquele em que o espectador se cansa o mais prontamente; recente, ela interessa; velha, ela é falsa ou insensata; riem-se dela e fazem-se bem." Isso é verdade? Pareceu-me que lhe admirássemos, que a louvássemos e dela fugíssemos.

Como? Zombamos de um marido, de um amante, de um filho inconsolável pela morte de sua mulher, de sua amante, de seu pai, de seu amigo? Para responder a Sêneca, à sua maneira, eu lhe diria:

> Somos tocados por tudo o que nos promete mágoas eternas. Queremos sobreviver a nós mesmos nos corações daqueles que deixamos depois de nós. O tributo que a ternura concede às cinzas dos outros nos é garantido por aquele que as pessoas que estimamos e nos estimam nos rendem. E como nos afagamos com a ideia de que, se viermos a perdê-los, jamais os esqueceremos, nós os acusaríamos de ingratidão se nos viesse ao pensamento ser um dia por eles esquecidos. A experiência cotidiana não nos desilude de uma tão doce ilusão; nossa vaidade nos isenta de uma lei geral, e nós aduzimos crédito a essa espécie de compromisso dos vivos com os mortos, como as mulheres, tão frequentemente traídas, ainda acreditam nos juramentos de um último amante. Se se deixa o homem que chora sozinho com sua dor, tanto melhor; é a melhor companhia que se possa ter: para aquele que tem os olhos pregados na urna de sua mulher ou de sua filha, existe alguma coisa de mais inoportuna do que a presença de alguém que ri?

XX – Sêneca assevera, na carta L, "que o vício na alma é uma planta estranha; que a virtude ali se encontra em seu terreno, e que ela se enraíza cada vez mais porque está na ordem da natureza, da qual o vício é inimigo". Isso é verdadeiro? Por que então tantos viciosos e tão poucos virtuosos, em meio a tantos

23. Na verdade, trata-se da carta LXIII, e o nome do amigo falecido de Lucílio é Flaco. (N. da T.)

predicadores da virtude? Por que tanta necessidade e tão pouco sucesso da educação na juventude? Tantos conselhos e tão poucos frutos na adolescência e na idade viril, tantos loucos na velhice, tanta indocilidade no espírito, em meio à ruína dos sentidos. A paixão sempre fala primeiro, e a razão se cala, ou só fala tardiamente e em voz baixa. Sêneca não se contradiz quando reprova Apício por convidar à libertinagem uma juventude mal conduzida, mesmo sem exemplo?

A crê-lo, "as madeiras tortas podem ser endireitadas, as vigas curvas se amolecem quando expostas ao calor úmido; por que", acrescenta, "a alma, mesmo endurecida no vício, não se corrigiria?" Eu falaria contra a experiência se negasse a possibilidade desse prodígio; mas, meu respeitável filósofo, as razões que vós emprestais da flexibilidade e da indulgência da substância espiritual são bem frívolas. Não estais em contradição convosco quando assegurais alhures que a virtude, uma vez adquirida, o é para sempre, que a virtude não se desaprende? Infelizmente, é então que se seria tentado a concordar convosco que a substância espiritual é bem flexível, bem mole; se ela é de tal maneira que pode vir do mal para o bem, deve sê-lo também para retornar do bem ao mal.

Ele conta, no mesmo lugar, uma pequena anedota doméstica. Ele zelava por sua mulher louca, vendo-a como um peso para sua sucessão. "Tenho pouco gosto", diz ele,

> por essas espécies de monstros; e se tivesse que me divertir com um louco, não iria procurá-lo fora de mim. Ela perdeu subitamente a visão. Mas uma coisa inacreditável e verdadeira é ignorar que é cega, e não deixa de pedir ao seu condutor para tirá-la de uma casa onde nada se vê. Rimo-nos dela e com ela nos parecemos."

Carta LII. "O moralista deveria enrubescer de vergonha se esquecermos a virtude de que fala para notar sua eloquência." Em geral, qualquer que seja a causa que vós pleiteais, que não vos acheis eloquente a não ser quando vos calardes; é pela força e a duração das impressões que houverdes feito que devem ser lembradas, pela reflexão, como vosso talento.

Sêneca era tão fraco, tão friorento, que nos diz na carta LVII que passava quase todo o inverno entre cobertas.

Na carta LVIII, vê-se que a língua latina se havia empobrecido, como a nossa, ao ser brunida: efeito da ignorância e de uma falsa delicadeza; de ignorância, por deixar cair em desuso palavras úteis; de uma falsa delicadeza, pois que proscreveu aqueles que ferem o ouvido ou prejudicam a pronúncia. Então, expressões de Ênio e de Ácio já estavam em desuso, como muitas de Rabelais, de Montaigne, de Malherbe e de Régnier estão hoje. Nos tempos de Sêneca, Virgílio começava a envelhecer. De todas as máquinas, não há nenhuma que trabalhe tanto quanto a língua, nenhuma tão orgulhosa e passiva quanto o ouvido; e uma e outra tendem a livrar-se de um mal-estar ligeiro, mas contínuo.

Ele diz, sobre a velhice, "que é doce permanecer longo tempo consigo, quando nos tornamos um espetáculo consolador para nós mesmos; entretanto, há mais inconvenientes a se esperar das doenças, e ao se viver muito tempo, do que quando se morre mais cedo; e que não se está longe do medo de morrer quando deixamos o destino chegar, sem que se ouse dar um passo adiante". Eu acrescentaria: o que há de bom em prosseguir quando não se é mais capaz senão de corromper a felicidade, tumultuar os deveres e envenenar os dias daqueles que o reconhecimento e a ternura conservam ao nosso lado? Não esperemos que eles nos deem licença; já vivemos, permitamos que eles vivam. Não tenhamos medo de que esse conselho seja funesto aos velhos; todos têm medo de morrer e a vida não é verdadeiramente desdenhada a não ser por aqueles que podem acreditar ser ela longa; eles não a conhecem, como poderiam atribuir-lhe importância ou desprezo? Eles vivem como fazem com todo o resto, sem sobre ela refletir.

XXI – Sêneca diz, na carta LX: "A criança cresce em meio a maldições de seus pais" e se nos lembrarmos das ações da qual é testemunha, dos propósitos que ouve no lar, não se achará a expressão exagerada.

Carta LXIII: "De todas as ternas mulheres que com dificuldade retiramos das piras, que separamos do cadáver de seus esposos, citai-me uma que tenha lágrimas um mês depois."

O dia da morte de um esposo é um dia de solene hipocrisia.

Ela traía ontem aquele por quem hoje chora.

O luto fechou as portas aos amigos, não ao amante.

O cadáver do marido está no vestíbulo, e o adúltero em sua cama.

Consolador é apenas um importuno que vem lembrar a umidade em olhos secos.

Carta LXIV, na qual trata da veneração para com os antigos filósofos: "Ninguém é digno de aplaudir o filósofo. Que satisfação encontraria ele no elogio de quem a admoestação nunca serviu? Ambiciona-se o louvor apenas daquele que se temia o reproche." Fabiano falava em público; escutavam-no com decência: às vezes irrompia um brado de admiração, mas arrancado, produzido pela grandiosidade das ideias.

"Saibamos perceber a diferença entre os aplausos da escola e aqueles do teatro."

E por quê? Uns são dados à virtude, outros ao talento. "Reservai todas essas demonstrações rumorosas para as artes que colhem opiniões; a virtude quer apenas respeito."

Creio que essas distinções sejam mais sutis do que sólidas. O espectador no teatro e o aluno na escola só rompem o silêncio porque não podem mais guardá-lo. O entusiasmo é o mesmo, e não é para o homem, mas para a coisa elevada, honesta, que o primeiro aplauso se dirige. "O filósofo perdeu muito ao ser muito familiar." Não creio. "Seria preciso um santuário em vez de uma praça; o lugar onde ele se explica dignamente é sempre um santuário... a filosofia precisa de sacerdotes, não de intermediários." Eu não quero para ela nem um nem outro.

Na carta LXV ele expõe as opiniões de Platão, de Aristóteles e dos estoicos sobre o mundo; vê-se aqui que o sistema do otimismo não é de hoje[24], e que o dos indiscerníveis era conhecido

24. Diz Sêneca: "Deus fez o mundo o melhor possível." (Naigeon)

desde o tempo do provérbio: que não nos banhamos duas vezes no mesmo rio, e que o homem e o rio mudaram.

Quanto à carta LXVI, sobre a igualdade dos bens e dos males, é apenas um tecido de sofismas.

Na carta LXVII trata do bom; na seguinte, do repouso do sábio, que ele arranca deste recanto do globo para lançá-lo nas planícies. Consinto que ele dê ali um passeio, mas não quero que nelas permaneça: expatriar-se seria não ser pai nem amigo nem cidadão. "O estoico vê, do alto dos céus, o quanto é baixa uma cadeira num tribunal, o curul de um magistrado." Sobre um curul de magistrado ou de um tribunal vê-se o quanto é insensato o papel de perder-se nas nuvens: visões monásticas e antissociais. Prefiro o que se segue:

"É uma puerilidade retirar-se da multidão para chamá-la; é atrair a multidão fazer de seu afastamento uma notícia pública." É uma vaidade tola afligir-se ou ofender-se quando ela não vem. E o que importa que se fale ou se cale a vosso respeito, desde que vós vos retirais a tempo? O doente teme ou deseja que se diga ter-se recolhido ao leito?

"Atacar seus vícios quando se está velho é lutar contra um inimigo já vitorioso, quando não temos mais forças nem coragem. Um século mal bastaria para disciplinar as paixões acostumadas a uma longa licença."

XXII – Aqui Sêneca não permite ao sábio misturar-se com a administração pública, nem em todas as regiões, nem o tempo todo, nem para sempre. Parece-me que o ouço dirigir-se nesses termos ao candidato que o consulta:

> Vós presumis muito o vosso amor pelo bem; vossa saúde delicada não será suficiente para o cansaço de vosso posto; vós sois de um caráter muito fraco ou muito rígido; colérico ou cáustico, vós não simpatizareis com os habitantes da corte. Ireis vos precipitar no caos dos negócios, de onde nem vosso zelo ou talentos superiores vos retirarão. Sereis prejudicado por aqueles mesmos que vos chamaram à administração: vossos subalternos vos trairão, os que vos celebram vos farão inimigos, vossos entusiastas vos

prejudicarão; sereis atacado de modo desonesto, talvez vivamente defendido; vossos projetos mais sensatos ou serão rejeitados pela inveja, ou riscados pelo interesse pessoal ou pelo ódio. Chegará um momento em que não sabereis como ficar nem como sair. Preferireis o descanso, viver convosco mesmo e vossos livros; em tempos de peste nos enclausuramos.

O homem de Estado que teme perder sua posição jamais ousará grandes coisas; seus ouvidos, sempre abertos às solicitações dos poderosos, estarão sempre fechados às súplicas do povo. É preciso que ele saiba esperar sua desgraça sem empalidecer e aprendê-la sem murmurar. É preciso que diga: "Meu senhor tinha um bom servidor; ele não o quer mais, tanto pior para ele; seria bem singular que Menes possa se passar por Diógenes, e que Diógenes não possa se passar por Menes."[25] Há circunstâncias em que os homens investidos das principais posições não são superiores; apenas aparentam sê-lo.

A carta LXIX trata da inconveniência de viagens frequentes.

XXIII – A carta LXX é sobre o suicídio. Eis aqui suas causas principais. Se as ações do governo precipitam na miséria súbita um grande número de pessoas, esperai haver suicídios. Com frequência, haverá os que se desfarão da vida ali onde o abuso dos prazeres conduzir ao tédio, ali onde o luxo e os maus costumes nacionais tornam o trabalho mais pavoroso do que a morte, em qualquer lugar onde as superstições lúgubres e um clima de tristeza concorram para produzir e conservar a melancolia; onde as opiniões, em parte filosóficas, em parte teológicas, inspirarem um desprezo igual pela vida e pela morte.

Os estoicos pensavam que a noção geral de benfeitor não nos cria o dever de velar por um presente que não solicitamos, e que nos atrapalha, seja a vida um bem ou um mal, não sendo a doutrina do suicídio incompatível em nada com a existência dos deuses. Iam mais longe: o suicídio, que a lei civil e a lei religiosa

25. Em Diógenes Laércio, Menes é que é o escravo e Diógenes que se recusa a mandar procurá-lo depois de sua fuga, pela razão alegada: "seria ridículo etc.".(Assézat.)

proscrevem, é um dos pontos fundamentais da seita; conforme essa escola, "o sábio só vive o quanto deve, não o quanto poderia; a felicidade não é viver; a felicidade é bem viver" (carta LXX).

As opiniões decaem ou se propagam conforme as circunstâncias; e quais as circunstâncias mais favoráveis ao suicídio do que aquelas em que um gesto, uma palavra, uma maledicência, uma calúnia, o ressentimento de uma mulher, o ódio de um liberto, uma grande fortuna, a delação de um escravo descontente ou corrompido, a inveja, a cupidez, a sombra de um tirano nos enviam ao suplício, no momento mais inesperado? É então que se deve dizer aos homens: morrer mais cedo ou mais tarde não é nada; morrer bem ou morrer mal, eis o importante. Morrer bem é subtrair-se ao perigo de viver mal. A fortuna pode tudo fazer com aquele que ainda vive; mas nada contra quem sabe morrer... O centurião virá... Pois bem, é preciso esperá-lo. Por que encarregar-se de sua função e poupar ao tirano o odioso da morte que te envia? Mas que eu espere ou não, o velho centurião dos deuses, o tempo, está sempre em marcha. A sabedoria eterna abriu apenas uma porta para entrar na vida, abrindo mil para dela sair. Não se tem o direito de lamentar a vida; ela não retém ninguém. Vós vos sentis bem? Vivei. Mal? Morrei. Os meios de morrer só faltam aos que não têm coragem. Se é uma fraqueza morrer porque se sofre, é uma loucura viver para sofrer. Morrer é deixar um jogo de azar, no qual se tem mais a perder do que a ganhar. Por que temos medo de morrer? Porque somos velhos locatários que o hábito familiarizou com os incômodos de nosso domicílio: o que nos impede de mudar é um terror ridículo de se ficar pior. Nossa crença nos deuses é bem fraca, ou temos do Ser Supremo uma estranha opinião, se experimentamos tanta aversão para encontrá-lo. O pavor do moribundo calunia o céu. É um bom pai ou um tirano feroz quem nos espera?

"A natureza é apenas uma sucessão contínua de nascimentos e de mortes (carta LXXI). Os corpos compostos se dissolvem; os corpos dissolvidos se recompõem. É nesse círculo infinito que se fazem os trabalhos do grande arquiteto."

"Num ataque de asma", diz ainda Sêneca, "fui tentado diversas vezes a romper com a vida (carta LXXVIII); mas fui detido pela velhice de um pai que me amava ternamente. Eu pensava menos na força que tinha para me dar a morte do que naquela que lhe faltava para sofrer a perda de seu filho."

Os homens não se consideram muito os depositários da felicidade, mesmo da honra daqueles a quem estão ligados por laços de sangue, de amizade, de confraternidade. A vergonha de uma ação recai sobre os parentes; os amigos são ao menos acusados de uma má escolha; um grupo, uma seita inteira é caluniada[26]. É raro fazer mal apenas a si.

XXIV – Lendo Sêneca, pergunta-se muitas vezes por que os romanos se davam a morte; por que as mulheres romanas a recebiam com tranquilidade, com um sangue-frio vizinho da indiferença? Os combates sangrentos do circo, onde viam morrer com tanta frequência, haviam tornado suas almas ferozes? O desprezo pela vida se elevava sobre as ruínas do sentimento de humanidade? Voltavam convencidos de que a dor dessa passagem que nos aterroriza é bem pouca coisa, pois insuficiente para retirar dos gladiadores a força de cair com graça e expirar segundo as leis da ginástica?[27]

26. A frequência de suicídios é um dos argumentos mais utilizados contra os filósofos do século XVIII. Era só um carregador de água se matar e logo víamos nos jornais esta frase convencional: "O espírito filosófico faz progressos; mais um homem cansado da vida etc." O autor (o abade Berthon de Crillon) das *Mémoires philosophiques du baron de* *** (Memórias Filosóficas do Barão de ***), Viena/Paris, 1777, foi ainda mais longe; parece fazer do suicídio um dos mandamentos da filosofia e coloca em cena uma garotinha de oito anos que, ao ter assistidos às discussões do seu pai, imediatamente interpreta a gravidade do assunto e se entrega à morte sem esquecer de registrar seus motivos em um longo discurso. Vê-se que Diderot de modo algum considerava o suicídio dessa forma, e pensamos que ele se dirigia aqui ao autor das pretensas *Memórias Filosóficas*. La Harpe, mais tarde, assume a tese do abade. (Assézat)

27. Talvez seja por essas lições populares e contínuas de desprezo pela vida, pela dor, pela morte, que lhes eram dadas por gladiadores, por soldados, generais e filósofos, que a arte de curar desses tempos era devedora de sua ousadia. Ela empregava o ferro e o fogo sobre vísceras que não ousamos toca, e menos ainda por meios tão violentos; amputavam o útero, abriam o fígado, fendiam os rins. Somos tentados a acreditar que, na medida em que foi sendo esclarecida, tornou-se mais pusilânime. Ela ganhou ou perdeu? Aos que a professam, cabe decidir a questão. (N. do A.)

Não era nem por desgosto nem por tédio que os antigos se davam a morte; é por que a temiam menos do que nós, e faziam menos caso da vida. O diálogo seguinte não se daria entre dois romanos:

– Vês esse lugar? É a gargaleira do lago, o lugar das águas mais profundas. Vinte vezes tentei aí me jogar.

– E por que não fizeste?

– Punha a mão na água e sempre a achava muito fria.

– Em outro momento, talvez, a acharias muito quente: quem tateia a água nela não se joga.

Os conselhos e a coragem filosófica são os dois assuntos da carta LXXI. Nada de maior e de mais belo do que a pintura da coragem filosófica. "Elevai vossa alma, meu caro Lucílio; renunciai às investigações frívolas, a uma filosofia minuciosa que retrai o gênio."

"É preciso uma grande alma para apreciar as grandes coisas... As pequenas levam para as grandes coisas os vícios que nelas existem." É a razão pela qual dá-se o nome de *cabeças exaltadas* àqueles que estampam uma violenta indignação contra os vícios comuns que se partilham, ou àqueles pelos quais se tem algum interesse em dispor. Para frequentar sem vergonha os grandes perversos e receber seus favores sem enrubescer, reduzimos sua perversidade; é para nós e para eles que solicitamos indulgência. Meu filho, temo que vós tenhais o coração corrompido quando deixarem de vos censurar por ter uma cabeça exaltada. Que possais merecer essa injúria até o fim de vossa vida.[28]

XXV – "Não há vento favorável (carta LXXI) para quem não sabe em que porto quer acostar." Isso é verdade. Mas a máxima contrária não o é igualmente? O estoico não poderia dizer: "não há vento contrário para aquele a quem todo porto convém e que se encontra tão bem na tempestade quanto na calmaria"?

Ele prova, na carta LXXII, que a sabedoria não sofre por uma espera; na carta seguinte, que o filósofo não é um sedicioso, um mau cidadão.

28. Palavra de defesa pessoal acrescentada à segunda edição. (Assézat)

E como se poderia, de boa-fé, olhar o filósofo como inimigo do Estado e das leis, o detrator dos magistrados e dos que presidem a administração pública? Quem lhes deve tanto quanto ele? São cortesãos postos no centro do turbilhão, ávidos de honras e de riquezas, para os quais o príncipe tudo faz, sem jamais fazer o bastante, e cuja cupidez aumenta à medida que aquelas são concedidas? Homens que sua munificência não saberia saciar, qualquer que fosse sua extensão, o amariam tão sinceramente quanto aquele que traz em sua autoridade a segurança necessária à procura da verdade, um repouso necessário ao exercício de seu gênio?

"O mercador cuja carga é a mais rica, é aquele que mais deve graças a Netuno."

O magistrado pronuncia a justiça; o filósofo ensina ao magistrado o que é justo e injusto. O militar defende a pátria; o filósofo ensina ao militar o que é uma pátria. O padre recomenda ao povo o amor e o respeito pelos deuses; o filósofo ensina ao padre o que são os deuses. O soberano comanda a todos; o filósofo ensina ao soberano qual a origem e o limite de sua autoridade. Cada homem tem deveres a cumprir em sua família e na sociedade; o filósofo ensina a cada um quais são os seus deveres. O homem está exposto ao infortúnio e à dor; o filósofo ensina ao homem sofrer.

Se por algumas vezes se atentou contra a vida do príncipe, foi o filósofo? Se se escreveu contra ele um libelo, foi o filósofo? Se se pregaram máximas sediciosas[29], foi em sua escola? Foi ele

29. Farei aqui uma observação que será um bom comentário dessa passagem e que, ao servir de esclarecimento, prevenirá uma objeção que ela poderia ocasionar. "Filóstrato deu mérito a Apolônio de Tiana por este ter instigado o intendente da região de Cádis a se sublevar contra Nero, e os outros filósofos não tiveram, em relação a isso, mais escrúpulo que ele (só havendo a religião cristã que ensina a considerar os homens conforme o que eles são não em si mesmos, mas dentro da ordem de Deus, e a nunca violar a fé que prometeram a Ele)." Tillemont, *Histoire des empereurs*, t. II, p. 125, edição de 1720, Paris, C. Robustel. Bayle, que cita essa passagem, articulou sobre ela uma boa reflexão: "Monsieur de Tillemont podia muito bem ter abdicado dessa observação moral, e de todo o seu parêntese. O cristianismo tem vantagens bem reais e bastante sublimes, superiores a toda a filosofia; porém, sobre o ponto aqui em questão, não vejo porque, depois de mais de mil anos, esteja no direito de insultar os filósofos. Cristãos ►

o preceptor de Ravaillac ou de Jean Châtel?[30] É o filósofo que aprecia um benefício; é ele quem está pronto a reconhecê-lo, e a manifestá-lo publicamente.

XXVI – Este assunto bem merecia ser tratado em nossos dias. A questão se reduziria a saber se é lícito ou não explicar-se livremente sobre a religião, o governo e os costumes.

Parece-me que se até hoje houvessem guardado silêncio sobre a religião, os povos ainda estariam mergulhados nas superstições as mais grosseiras e perigosas. Se a República tivesse o mesmo direito nos tempos da idolatria, ainda seríamos idólatras: fez-se com que Sócrates bebesse a cicuta sem injustiça; os Neros e os Diocleciano não foram perseguidores atrozes[31].

Parece-me que se até hoje houvessem guardado segredo sobre o governo, gemeríamos ainda sob os entraves do governo feudal; a espécie humana estaria dividida em um pequeno número de senhores e uma multidão de servos; ou não teríamos leis ou só teríamos as ruins. Sidney não teria escrito, Locke e Montesquieu tampouco; seria preciso contar entre o número dos maus cidadãos aqueles que se ocupam com mais sucesso do objeto mais importante para a felicidade das sociedades e o esplendor dos Estados.

Enfim, parece-me que se até hoje houvessem guardado silêncio sobre os costumes, estaríamos ainda para saber o que é a

▷ e filósofos não devem nada um ao outro há muito tempo. Pode-se dizer deste engajamento *em nunca violar a fé que prometeram a Ele*, o que os poetas diziam a respeito da castidade: *Credo Pudicitiam Saturno rege moratam / In terris, visumque diu... / Quippe, tunc orbe novo coeloque recenti / Vivebant homines* (Juvenal, *Sátiras*, VI, *init.*) Não passou os três primeiros séculos." Bayle, *Dicionário Histórico e Crítico*, rem. *B* do artigo *Apollonius de Tyane*. (Naigeon)

30. François Ravaillac assassinou o rei Henri IV em 1610. Jean Châtel tentara fazê-lo em 1594, tendo conseguido apenas ferir o rei. Ambos os atentados foram cometidos por motivos religiosos. (N. da T.)

31. Diderot segue aqui a opinião comum, que dá a Diocleciano o odioso apelido de "perseguidor": mas esse preconceito, de resto bastante geral, não é menos preconceito em Diderot. Os escritores eclesiásticos, que nem sempre tiveram pela religião *um zelo segundo a ciência*, acreditaram seguir a sua causa ao pintar de cores as mais sombrias o caráter, a vida e os costumes de vários imperadores, em particular de Diocleciano e de Juliano; porém, ao mascarar, ao alterar os fatos de mil maneiras diferentes, tornaram-se culpados de má-fé aos olhos da posteridade, e não impediram que a verdade viesse à luz e nem que fossem dissipadas as nuvens colocadas por eles em torno dela. (Naigeon)

virtude, o que é o vício. Proibir todas essas discussões, as únicas dignas de ocupar um bom espírito, é eternizar o reino da ignorância e da barbárie.

Um filósofo disse um dia a um jovem que havia recolhido numa pequena obra um conjunto de máximas de nossos jurisconsultos a favor da intolerância e da perseguição: "Sabes o que tu fizeste? Passaste o tempo a recolher fios de aranha para urdir uma corda e estrangular o homem de bem e o homem de coragem."

Sêneca demonstra na carta LXXIV que só o honesto é bom e, na carta seguinte, que a filosofia não é uma ciência das palavras. "Em que", diz ele, consiste a liberdade do sábio? Em não temer os homens e os deuses."

É-se filósofo ou estoico, no rigor do termo, quando se sabe dizer, como o jovem espartano: "Não serei escravo" (carta LXXVII).

Ah, bela educação a que nos teria ensinado a quebrar a cabeça contra uma muralha, de preferência a carregar o vaso das imundícies (ibidem).

"Aquele que se tornou senhor de si, libertou-se de toda servidão."

"Empregamos tempo e cuidados com tudo; só com a virtude nos ocupamos quando não há nada a fazer."

"O homem virtuoso não teme nem a morte nem os deuses."

> A opulência vos poderá vir por ela mesma; talvez as honras vos sejam deferidas sem que vós as soliciteis, e as dignidades vos sejam atiradas. Assim não acontecerá com a virtude; não a obtereis senão por vós mesmo, e não a alcançareis por um esforço medíocre. Mas, em vossa opinião, a certeza de vos apoderar de todos os bens, de um só golpe, não merece uma tentativa, ainda que penosa?

– Se for preciso vos imolar pela pátria, se for preciso morrer pelo bem-estar de vossos concidadãos, o que faríeis?

– Morreria.

– Mas pense nisso: vosso sacrifício será esquecido e pago com a ingratidão.

– O que me importa? Tenho em vista apenas minha ação; esses acessórios lhe são estranhos, e eu morrerei...

Eis aí o espírito que domina toda a moral de Sêneca. Ele não diz uma só palavra que não inspire heroísmo, e talvez seja a razão pela qual é tão pouco lido e tão pouco apreciado. Tampam-se os ouvidos a conselhos que não sentimos a força de seguir; importunam porque humilham.

Já se disse que aquele que apreciava a leitura de Homero havia feito um grande progresso na literatura. Poder-se-ia dizer daquele que aprecia a leitura de Sêneca que ele já deu um grande passo no caminho da virtude.

XXVII – Vê-se pela carta LXXVI que Sêneca não se envergonhava em tomar lições na idade avançada.

Diz ele a Lucílio:

> Admirai o quanto confio em ti, pelo segredo que vos confio. Sigo um curso de filosofia; é o quinto dia que me dirijo à escola, desde a oitava hora. Não seria o máximo da loucura não ensinar porque não se aprendeu? Assim me fiz escolar. Por que não? E praza a Deus que essa imperfeição, se for uma, seja a única da minha velhice. O que se dirá? O que se quiser. É preciso saber ouvir a injúria do ignorante e colocar-se acima de seu desprezo.
>
> Qual o quê! A velhice não me impedirá de ir ao teatro e ao circo. Não haverá um combate de gladiadores sem mim. E eu não ousaria ir a um filósofo? Saiba, porém, que na escola onde vou me instruir também ensino alguma coisa: que é preciso aprender mesmo na velhice. Um famoso flautista atrairá um grande público; e o lugar onde se ensina o que é e como se tornar um homem, permanecerá deserto.

XXVIII – "A ciência e a virtude são duas grandes coisas. Aquele que não possui a virtude, sendo possuidor de todas as demais coisas, é rejeitado..." Rejeitado? Como? Por quem? O maldoso tem espírito? Ela será procurado por aquele que se enfada. Riqueza? Em duas horas sua corte estará plena de clientes e sua mesa rodeada de parasitas. Dignidades? Acorrerão às suas salas. Nas sociedades corrompidas, as vantagens do vício são evidentes; o castigo resta no fundo do coração e não é percebido. É quase o contrário da virtude.

Sêneca pretende ainda ser indiferente semear-se uma vasta extensão de terra, beneficiar-se de grandes rendas, receber as homenagens de um numeroso cortejo ou beber licores deliciosos em cristais brilhantes... Seria desejável, mas isso não era mais em Roma daquele tempo do que em Paris de nossos dias.

Não é menos verdade que o bom navio (carta LXXVI) não é aquele mais ricamente carregado, assim como a boa espada não é aquela cuja empunhadura seja adamasquinada e o cinturão enriquecido com pérolas; não é menos verdade que se graceje de tempos em tempos do ídolo de lama diante do qual se prosterna; mas se prosterna.

Ele conversa com Lucílio, na carta LXXVII, sobre a frota de Alexandria e a morte de Marcelino. É lá que "generalizando a palavra de César a um soldado que lhe pedia a morte, e dirigindo-a à multidão daqueles que temiam morrer, se diria a todos os homens: Tens medo de morrer! Tu vives?" "Ouvindo--os (ibidem), não haveria vida que não fosse muito curta." A dos grandes homens, a dos homens virtuosos, a dos homens úteis é sempre muito curta; é o que anuncia o luto público após sua morte. Ele teve mais valor, sem dúvida, que o autor [Votaire] de *Mahomet, Alzire, Brutus* e *Tancrède* e outras tantas obras-primas; morreu quinze dias mais cedo, no retorno de seu triunfo; melhor seria se ainda vivesse.

Como se preencherá o imenso vazio que deixou em quase todos os gêneros de literatura? Eu diria que ele foi o maior homem que a natureza produziu, que eu encontraria aprovadores. Porém se eu digo que ela ainda não havia produzido e talvez nunca venha a produzir alguém tão extraordinário, praticamente não haverá quase ninguém além de seus inimigos para me contradizer.

– Eu quero viver.

– E por que queres viver?

– Porque sou homem de bem; porque, morrendo, serei lamentado pelo miserável que não mais ajudarei; porque, indo-me, deixaria vago um lugar no qual preenchi funções com diligência, inteligência e fidelidade... E então, estoico, tais motivos não te satisfazem?

– Não, morrer é uma das funções da vida.

– Mas essa função, bastante indiferente em si, é aflitiva para minha mulher, para meus filhos, para meus concidadãos e eu a cumprirei o mais tarde possível.

– Considerando-se tudo isso, não há vida que não seja curta.

– Para uma vida bem empregada? Disso não se duvida. O perverso endurecido, eu o exortaria a se matar; mas o homem de bem que se mata comete crime de lesa-sociedade e, se eu pudesse, o deteria."

Sêneca diz, a propósito de Marcelino, creio: "O homem forte se reconhece até mesmo em seu travesseiro."[32]

De si próprio, diz Sêneca: "Há muito tempo nada tenho a ganhar ou a perder." Isso é inteiramente falso. "Tenho mais provisões do que preciso para um ofício que me é indiferente cumprir mais longe." Sêneca, preceptor de um jovem príncipe a quem vossa presença se impõe, ministro das províncias da Itália, temível antagonista dos cortesãos corrompidos, protetor das pessoas honestas, ainda que tenhais feito bens, não vos restam outros a fazer?

Na carta LXXVIII, fala sobre as doenças e os motivos que o impediram de libertar-se de uma existência dolorosa; na LXXIX, fala de Caríbdis, de Cila e do Etna.

Encontramos nesse autor palavras de uma delicadeza sedutora, nos trechos onde menos se espera. É assim que diz ser a glória para a virtude o que a sombra é para o corpo (carta LXXIX); que o amor pela virtude é um impulso contínuo da alma em direção à sua origem celeste; que se nasce para bem pouca

32. Este pensamento não se encontra na carta sobre a morte de Marcelino, mas na seguinte, a de número LXXVIII. (Naigeon)

gente o ter vivido apenas para o seu século; e que, para um olho perspicaz, a mentira é diáfana.

XXIX – Carta LXXX, da frivolidade dos espetáculos e das vantagens da pobreza.

É bastante cômodo, se dirá, fazer o elogio da pobreza quando se transborda de riquezas. Agora então é que é mais difícil ser pobre, não se sendo avarento. É o que Sêneca soube fazer. É mais difícil não ser corrompido pelo riqueza, e Sêneca não o foi. Censores, suspendei por um momento vosso julgamento; vede o que a riqueza produz naqueles que vos cercam e pensai que, para envenenar vossos inimigos, não vos falta a não ser um pote de ouro.

"A miséria, a doença, o desprezo, o tédio, a velhice, a dor, a maldade, a intolerância, a injustiça, as perseguições, a tirania e todos os vícios e infortúnios são oradores eloquentes que nos exortam a morrer."

Carta LXXXI, dos favores e do reconhecimento.

"Vós vos lamentais por causa de um ingrato. Se é o primeiro que vós fizestes, homem benigno, felicitai-vos por vosso bom julgamento ou por vossa fortuna."

"Dizei ao favor o que o bravo centurião disse ao soldado: camarada, é preciso ir, mas não é preciso voltar."

"Se tendes de pesar um serviço com uma injúria, sendo juiz de vossa própria causa, quer a prudência que acrescentais o peso dos serviços que haveis recebido, retirando deles a injúria que a vós foi feita."

"No fundo do coração reconhecido, o favor carrega o interesse."

Um homem dizia não poder se impedir de odiar aquele que lhe fazia o bem[33]. Que orgulho impertinente! Foi-lhe respondido: se sois consequente, deveis amar com loucura aquele que vos faz o mal. Eh, caro amigo, aceita minhas oferendas; não te peço de volta senão a impunidade do serviço que te presto.

33. Referência a Rousseau, que assim escreveu em carta a Malesherbes, datada de 4 de janeiro de 1762. O trecho se encontra citado no Livro Primeiro, número LXVI. (Assézat)

Carta LXXXII, da moleza. É lá que, apostrofando o efeminado, lhe diz: "Ó homem verdadeiramente digno de ser entregue à vida!"

Toda a filosofia se reduz ao menosprezo da vida, ao menosprezo da morte e ao amor pela virtude. Esse texto lacônico fornece a Sêneca uma abundância inacreditável de ideias novas, originais, engenhosas, fortes, delicadas, algumas vezes grandes, outras sublimes. Lendo-as, muitas vezes fui forçado a gritar: não, eu jamais serei um sábio! Seus pensamentos sobre a morte me parecem tão duras que, aplicando-me a palavra que acabo de citar sobre um covarde que temia morrer, me disse: ó homem verdadeiramente digno de ser entregue à vida!

"A morte, imagem do sono, é também a da vida desocupada."

"A morada do ocioso é um sepulcro."

Se perguntais por que Sêneca volta tão constantemente ao desprezo da vida e da morte, é que não pensais que no momento em que ele vos fala, o lictor vos ata as mãos.

"Teme-se tanto não estar em parte alguma quanto estar no inferno." Eu o ouvi dizer, mas em nada acreditei.

"Se vós hesitais, desfez-se a glória." O quê! Um instante de agonia macularia uma ação heroica! Ah, Sêneca, sois muito severo.

Na mesma carta, ele volta às sutilezas da escola de Zenão: "Se nele crêssemos, proscreveríamos essa ciência com a ajuda da qual cercamos com armadilhas aquele que interrogamos para conduzi-lo a confissões imprevistas, a respostas contrárias ao seu pensamento. É preciso ser mais simples quando se procura a verdade". *Um mal não é glorioso; a morte é gloriosa; logo, a morte não é um mal.* Não foi uma bobagem semelhante que Leônidas dirigiu aos defensores das Termópilas: "Companheiros", lhes disse, "jantai como homens que, esta noite, deverão cear nos infernos."

Os assuntos das cartas LXXXIII a LXXXVII são variados. Trata-se da presença de Deus em nossos pensamentos; das enfermidades dos vãos raciocínios dos estoicos sobre a embriaguez; de seu regime: "Tomo banho frio", diz ele; "a esse banho segue-se um jantar sem mesa, após o qual não tenho necessidade de me lavar as mãos." (carta LXXXVII)

XXX – Vê-se nas obras e na vida de Sêneca que sua felicidade estava perfeitamente separada de sua riqueza, que seu regime era austero e que podia empobrecer, não digo sem se lamentar, mas sem perceber.

"A virtude", diz ele na carta LXXVI, "passa por entre a boa e a má fortuna, e sobre uma e outra deito um olhar de desdém."

Sêneca orgulhou-se menos de sua virtude do que de sua riqueza. Sua virtude me faz respeitá-lo; a modéstia de suas confissões, amá-lo.

> Meu colchão está no solo e eu sobre ele. Das duas roupas que tenho, uma me serve de lençol, outra de cobertor. Comemos figos. Meus tabletes me dão uma boa refeição quando tenho pão; e o substituem quando ele me falta. Minha carroça é grosseira e minhas mulas tão magras que logo se cansam. Eu enrubesço e, portanto, não sou sábio. Aquele que se envergonha de uma má viatura é porque se envaidece com uma bonita. Ah, Sêneca, tu ainda te prendes ao julgamento dos passantes. (carta LXXXVIII)

Aquele que fala assim de si mesmo vale bem mais do que quer se fazer valer.

Leio na carta LXXXV: "Na luta que interessa à felicidade do homem e à glória dos deuses, não me envergonharia de aparecer com uma sovela." É o defeito que se reprova em Sêneca, mas não se menciona qualquer exemplo, e desafio seus detratores a fazê-lo, *a respeito da virtude*, no qual o tom não responda à importância do tema.

XXXI – Não é singular ouvir Sêneca, na carta LXXXVIII, reduzir o estudo das belas-artes a uma inutilidade para o sábio, e dar importância a saber se o tempo existe por si mesmo, se há qualquer coisa anterior à duração, se ela começa antes do mundo; se ela existe antes das coisas ou as coisas antes dela.

Confesso que, se houver perguntas ociosas e estranhas à sabedoria, são aquelas. E digo o mesmo das discussões sobre a natureza da alma. "Jamais aprenderei a ignorar alguma coisa?"

Nausífanes pretende que não se pode demonstrar a existência assim como a inexistência dos seres[34]; Parmênides, que nada do que vemos existe realmente; Zenão de Élida, que nada existe. Não se compreende como os homens célebres entre os antigos avançaram tão estranhos paradoxos nem como foram retomados em nossos dias por homens não menos célebres. Mas para vergonha da razão humana, o que não se concebe de modo algum é como esses sofistas jamais foram solidamente refutados. O bispo de Cloyne disse: "Se subo no alto das montanhas ou desço nos vales, sempre sou eu quem percebe; logo, é possível que só eu exista."[35] E Berkeley ainda espera uma resposta. Ligar a existência real de seu próprio corpo com a sensação não é coisa fácil.

Suas cartas sobre a leitura, as exortações e os conselhos, a opinião dos peripatéticos sobre as paixões, a casa de campo de Cipião, o Africano, os banhos antigos e os de seu tempo, a cultura das oliveiras, a frugalidade, o luxo e as riquezas são plenas de princípios e detalhes interessantes. Eis aqui alguns, tais como me vêm à memória.

O salário de um ator (carta LXXX) era de cinco medidas de frumento e de cinco denários. Aquele que dizia a Menelau: "Se tu não ficares quieto, morrerás em minhas mãos", assim como aquele outro que recitava: "Eu comando em Argos, Pélops deixou-me um vasto império" eram pagos com diárias e dormiam num celeiro. Como então conciliar esses fatos com a imensa fortuna e a justa consideração de que gozavam Róscio e outros atores? Pois aqui Sêneca não faz qualquer distinção entre um bom e um mau intérprete, e fala, evidentemente, dos que faziam os primeiros papéis. Esses homens raros enriqueceram-se aparentemente com as gratificações dos Cipiões, dos Lélios, que os admitiam às suas mesas e que sabiam apreciar a utilidade de seus talentos.

34. Professor de Epicuro e discípulo de Demócrito e de Pirro. (N. da T.)
35. Em *Alciphron* ou *O Pequeno Filósofo*. (Brière)

Sem Sêneca e Marcial, quantas palavras, traços históricos, anedotas e usos teríamos ignorado.

A conformidade de nossos costumes e aqueles de seu tempo é às vezes tão singular que se vai da tradução ao original para se estar seguro. "Eu bem queria", diz ele na carta LXXXVII, "que Catão encontrasse um dos nossos elegantes, precedido de seus correios, de seus postilhões, de seus negros, todos envolvidos no mesmo turbilhão de poeira." É como estarmos hoje no caminho de Versailles.

"Para saber a verdadeira estatura de um homem, vede-o nu."

Sabei vós a inscrição comum a toda sociedade? Ei-la aqui: "É aqui que se vê um anão sobre a montanha e um colosso no fundo de um poço."

"Nenhuma glória sem infelicidade. Nenhum ódio mais perigoso do que aquele que nasce da vergonha de um favor que não saberíamos retribuir" (carta LXXXI). Eu bem o sei, por experiência.

"Quando Átalus fala, a verdade que se faz ouvir de sua boca eloquente apodera-se de mim, me transporta; mas, saído de sua escola e de volta à sociedade, o comércio das pessoas do mundo logo apaga o calor que me havia comunicado."

"Eu não me abstenho, eu me contenho, o que é mais difícil."

"Átalus dava importância a camas duras; aquela em que durmo, na minha idade, não recebe a marca de meu corpo."

Ah, se os mestres soubessem aproveitar a razão saudável e a alma efervescente de seus jovens e inocentes alunos.

Essas linhas que transcrevi sem ordem se encontram umas nas cartas que precedem, outras nas cartas que se seguem.

XXXII – O entusiasmo da virtude lhe ditava, na carta LXXXVIII, todos esses paralogismos que a mania de singularizar-se ressuscitou em nossos dias[36].

"A força não experimenta terrores; ela os enfrenta, ela triunfa: as belas-artes seriam capazes de fazer crescer em nós essa

36. Ver supra, p. 242, n. 1, o que se disse de J.-J. Rousseau, de Genebra. (Naigeon)

qualidade?" Por que não?"A probidade, esse tesouro da alma humana, que ninguém pode seduzir, e com a qual diz o homem: batei, queimai, matai, não trairei meu segredo... as belas-artes a dariam, nos elevariam a esses sentimentos tão magnânimos?" Como a moral e a filosofia.

Que Sêneca leve sua enumeração tão longe quanto queira, persistirei na mesma resposta e lhe direi, conforme minha experiência, conforme a experiência dos bons e dos maus, que a imitação de uma ação virtuosa pela pintura, pela escultura, a eloquência, a poesia e a música nos toca, nos inflama, nos eleva, nos conduz ao bem, faz-nos indignarmos com o vício tão violentamente quanto as lições mais insinuantes, as mais vigorosas, as mais demonstrativas da filosofia. Exponhamos os quadros da virtude e eles encontrarão copistas. A espécie de exortação que se endereça à alma pela intermediação dos sentidos, além de sua permanência, está mais ao alcance dos homens comuns. O povo serve-se melhor dos olhos do que do entendimento. As imagens pregam, pregam sem parar, e não ferem o amor-próprio. Não é sem propósito nem sem frutos que os templos estão decorados com pinturas que mostram aqui a bondade e ali a cólera dos deuses. Rafael talvez seja tão eloquente sobre a tela quanto Bossuet em uma cátedra.

XXXIII – Na carta LXXXIX, ele expõe as divisões da filosofia; depois, debruçando-se sobre a moral, segundo seu costume, reprime com eloquência a avareza, o abuso da riqueza, a extravagância do luxo.

"Mas, o que, sempre as mesmas reprimendas? E vós, sempre com as mesmas faltas?" "Não se pode ter a virtude sem amá-la." Isso é verdadeiro.

"Não se pode amá-la", acrescenta, "sem tê-la." Isso não me parece inteiramente verdade.

Consagrou a carta XC ao elogio da filosofia e à refutação de Posidônio.

"Devemos ao deuses o viver; à filosofia, o bem viver".

É a essa carta que eu remeteria quem estiver curioso de conhecer a delicadeza e o vigor do pincel de Sêneca. Aqui o filósofo se compraz em nos pintar de uma bela e tocante maneira as primeiras idades do mundo. Mas essa felicidade dos homens antigos não é quimérica? A felicidade seria o prêmio da barbárie, e a miséria o dos tempos policiados?[37] A felicidade de minha espécie me é tão cara que estou sempre propenso a acreditar no que os romanos me fizeram: isso me deixa a esperança de uma idade na qual os mais virtuosos seriam os mais poderosos.

Possidônio pensava que nos séculos do homem inocente o comando estava depositado nas mãos dos sábios; que estes continham o braço do homem violento e protegiam o fraco do forte; que aconselhavam, dissuadiam, indicando o que era útil ou prejudicial. Que sua prudência provia às necessidades dos povos, que sua coragem afastava os perigos que os ameaçavam, que sua benevolência fazia aumentar a felicidade geral; que a soberania era um fardo, e não uma distinção; não era uma herança rica, mas carga onerosa; que um poder dado para proteger não era para afrontar; que se obedecia sem murmúrios porque se comandava sem tirania, e a maior ameaça do rei era a de abdicar.

Até aí Sêneca estava de acordo com Possidônio; mas quando este aqui honra os sábios pela invenção das ciências e das artes, filhas da ociosidade, da curiosidade, do tédio, da necessidade, dos prazeres e do tempo, Sêneca se opõe a todas essas pretensões exageradas, e creio que ele tenha razão.

XXXIV – Encontrareis na carta XCI o relato do incêndio de Lion, com reflexões sobre o terrível acontecimento.

Na carta XCII, que é bela e forte, a refutação do princípio fundamental dos epicuristas, que punham o soberano bem na volúpia.

Na carta XCIII, a morte de Metronax; e que a vida não deve ser medida por sua duração, mas por sua atividade.

"Cabe a você obedecer à natureza ou à natureza vos obedecer?"

37. Polícia, aqui, no sentido original de costumes ordenados da pólis e, portanto, civilizados. (N. da T.)

"A vida curta do homem útil se parece com o mais precioso dos metais, aquele que tem muito peso em pouco volume."

"Aquele que fez grandes coisas, vive após sua morte; aquele que nada fez, está morto em vida."

"Quantos anos viveu Catão? Ele ainda vive; ele se dirige a nós, ele se dirige aos nossos descendentes. Ele deixou sobre a Terra o modelo imperecível do homem virtuoso."

Ali, Sêneca assegura que nada é mais comum do que [haver] homens equitativos face aos homens, e nada mais raro do que [haver] homens equitativos face aos deuses. Creio que uns e outros são bastante raros, e os primeiros mais ainda.

Na carta XCIV, a união da filosofia parenética ou dos preceitos com a filosofia dogmática. Essa carta está plena de sentidos. Há mais substância numa de suas páginas do que em todos os volumes dos detratores de Sêneca. Compara o cortesão a insetos cuja picada imperceptível, acompanhada por um agradável comichão, é seguida por um inchaço doloroso. E a termina por uma investida violenta contra Alexandre e os conquistadores.

Seria errado que os filósofos modernos se glorificassem pelo desprezo que deram a esses famosos assassinos: há quase dois mil anos que Sêneca lhes havia feito justiça.

Cada indivíduo participa mais ou menos dos vícios de sua nação. Sêneca, Galieno e Tácito são exemplos admiráveis. Sêneca se deixou ofuscar pelas vitórias do povo romano; sua indignação vai contra as conquistas de Alexandre, e ele não percebe ou dissimula que as dos romanos foram mais longas, sangrentas e injustas. Galieno, que certamente não era um homem ordinário, acreditava em sonhos, amuletos e malefícios. Tácito parece ter sucumbido aos prestígios da astrologia e milagres de seu tempo.

XXXV – Eis como relata os de Vespasiano, no livro IV das *Histórias*, parágrafo LXXXI:

César esperava em Alexandria o retorno dos ventos de verão e um mar navegável, quando o céu manifestou, por meio de prodígios, a predileção por esse príncipe. Um alexandrino da laia do povo, mas conhecido por sua malformação, jogou-se a seus pés e suplicou-lhe gemendo, em nome de Serápis, o mais reverenciado dos deuses naquela nação supersticiosa, curá-lo de sua cegueira, dignando-se a umedecer com sua saliva as órbitas de seus olhos. Outro, paralisado de uma das mãos, e igualmente inspirado pelo deus, pediu para que a pisasse com seus pés. De início, o imperador não lhes retribuiu senão chacota e desprezo. Depois, hesitando entre os pedidos reiterados dos doentes, as adulações dos cortesãos e o receio de ser censurado por vaidade, ordenou aos médicos examinar se suas enfermidades eram de natureza a receber socorro humano. Alguns disseram que a faculdade de ver não estava inteiramente destruída num deles, que ela lhe seria dada ao se dissiparem os obstáculos e que, por meios enérgicos e saudáveis, a arte restituiria ao outro o uso do membro. Mas que talvez estivesse nos decretos divinos que a cura se operasse maravilhosamente por meio de César; e que de resto, se o remédio solicitado produzisse um efeito feliz, a honra seria do imperador; se não produzisse nenhum, o ridículo seria dos próprios afligidos. Vespasiano, persuadido de que nada estava acima de sua fortuna, e que o inacreditável estava abaixo de seu poder, toma um aspecto sereno, faz votos para ambos os enfermos, em meio a uma multidão atenta ao acontecimento, e logo o cego vê e o paralisado se serve da mão. Esses dois fatos foram atestados hoje por testemunhas oculares que não ganhariam qualquer recompensa com suas mentiras.

Segundo o relato, me pergunto se esses milagres são verdadeiros ou falsos, e confesso que, após refletir, vejo tantos inconvenientes para rejeitá-los quanto para admiti-los.

XXXVI – O homem do povo é o mais tolo e maldoso dos homens: despopularizar-se[38] ou se tornar melhor é a mesma coisa.

A voz do filósofo que contraria a do povo é a voz da razão.

A voz do soberano que contraria a do povo é a voz da loucura.

É com uma espécie de indignação que o entendo avançar, na mesma carta, que não encontra nada de mais frio, de mais deslocado no cabeçalho de um édito ou de uma lei do que um

38. Essa palavra, tal como no original, *dépopulariser*, não significa tornar-se impopular, mas rejeitar o caráter irracional presente nas reações populares, normalmente carregadas de afecções ou paixões. (Assézat)

preâmbulo que o motive: "Prescrevei-me", acrescenta, "o que vós quiserdes que eu faça; não quero instruir-me, mas obedecer."

Peço perdão a Sêneca, mas esse propósito é o de um vil escravo que só tem necessidade de um tirano. Obedeço prazerosamente quando a razão das ordens me é conhecida. Quando nosso filósofo diz algures que as leis contribuem para a felicidade quando são ao mesmo tempo ordens e ensinamentos, não se refuta a si próprio?

Embora tenhamos visto em nossos dias soberanos venderem seus súditos e trocarem suas regiões[39], uma sociedade não é um tropel de mulas: tratar ambas as coisas da mesma maneira é insultar a humanidade. Os povos e seus chefes devem-se respeito mútuo; e *fazei o que vos digo, esse é meu prazer* seria a frase mais desdenhosa que um monarca poderia dirigir a seus súditos, não fosse uma velha forma da aristocracia transmitida desde os tempos da barbárie da monarquia até os dias civilizados. Eu concedo um altar ao ministro que consinta em nos transmitir as razões da vontade de nosso senhor. Quanto ao soberano que puder, sem descer de sua condição, substituir aquela frase pela que se segue – *fazei o que vos digo, pois é para vossa segurança, vossa liberdade e vossa felicidade* – eu concederia uma estátua de ouro, com essa inscrição: *os homens a ergueram a um semelhante.*

"Acontece algumas vezes de o medo filosofar e de o tédio raciocinar sabiamente."

"Fica-se tentado a crer que a boa fortuna é incompatível com o bom juízo."

"Honra-se sobremodo o Ser Supremo imitando-o."

"Continua-se a viver por fraqueza e por coragem."

"O homem sábio viverá não tanto quanto lhe convenha, mas o quanto a necessidade exigir. Ele dirigirá a vida quando a segurança dos seus dele depender; há grandeza a se deixar aos outros." É em conformidade com esses princípios sensatos que Sêneca e Sexto Afrânio mantiveram seus postos após a morte de Agripina.

39. A partilha da Polônia, em 1772. (Assézat)

Leio na carta XCIV: "O número de médicos está na proporção dos doentes, e os doentes, na proporção dos cozinheiros."[40] Poder-se-ia ajuntar: e as doenças difíceis de curar, na proporção do número de remédios; e os vícios, na proporção do número de leis.

"Ó excentricidade inacreditável! O assassinato, punido quando cometido clandestinamente, é ordenado por decreto do senado e exigido pelo frenesi do povo." "Ó excentricidade incrível! O fausto das mesas está submetido à censura. E não se faz a censura sem uma profusão pública e escandalosa." E em que lugar do mundo não se observa essa contradição dos usos e das leis?

É preciso deixar subsistir a lei porque ela é sensata. Seria preciso reformar os costumes, mas isso não se pode: é a loucura geral em toda uma nação, para a qual o remédio seria pior do que o mal; seria um ato de despotismo. Aquele que nos poderia coagir ao bem, também poderia nos coagir ao mal. Um primeiro déspota justo, firme e esclarecido é um açoite; o segundo, igualmente justo, firme e esclarecido, um açoite maior; o terceiro, semelhante aos dois primeiros, fazendo esquecer aos povos seus privilégios, consumaria sua escravidão.

A sociedade se parece a uma abóbada; se a imposta chave, ou aduela principal, pesa muito, o edifício, cedo ou tarde, será um monte de ruínas.

XXXVII – A carta XCV não cede em nada à precedente; nela, Sêneca prova que a filosofia parenética, ou de preceitos, não é suficiente. Quando Saint-Évremond explicou-se tão ligeiramente a respeito de Sêneca, não o havia lido.

Um desses homens frívolos, que eram chamados em seu tempo de agradáveis libertinos, um epicurista sensual, um belo espírito, era pouco afeito, por seus hábitos e caráter, a apreciar as obras de Sêneca e seus princípios austeros. Eis aqui, palavra por palavra, o que Saint-Évremond trazia de Sêneca e de si mesmo:

40. Diz-se que Phillipe Hecquet, médico jansenista, abraçava os cozinheiros, agradecendo-lhes pelos pacientes que o procuravam. (Assézat)

“Eu vos confessarei”, diz ele com impudência, “que estimo muito mais a pessoa que as obras desse filósofo.”

Saint-Évremond, assim como a maior parte daqueles que falam de Sêneca, seja bem, seja mal, não conhecia nem suas obras nem sua pessoa.

“Estimo o preceptor de Nero, o amante de Agripina, o ambicioso que pretendia o império.”

Sêneca não foi amante de Agripina ou de Júlia; apenas a maldade levantou suspeitas, pela intimidade que reinava entre Sêneca e as mulheres. Évremond não é senão o eco de Dião ou do monge Xifilino, eco do infame Suílio.

Sêneca, como corruptor de Júlia, e assim estimado por Saint-Évremond, não permaneceria menos exposto à censura dos homens que têm um pouco de moral. Embora a depravação tenha feito progressos no último século, não chegamos ainda a louvar o adultério.

Sêneca não teve a ambição de reinar. Nero jamais pôde implicá-lo na conjuração de Pisão; e para assegurar que ele não ignorava que os conjurados haviam resolvido conduzi-lo ao império, é preciso reportar-se a um boato popular[41].

Não é suficiente fazer uma bela frase; é preciso pôr ali a verdade.

“Não faço grande caso do filósofo e do escritor.”

É ser bastante difícil; é ser mais do que Quintiliano, que não amava Sêneca, mais do que Columela, Plutarco, Juvenal, Fronto, Marcial, Sidônio Apolinário, Aulo Gélio, Tertuliano, Lactâncio, santo Agostinho, são Jerônimo, Justus Lipsius, Erasmo, Montaigne e tantos outros, que foram famosos como filósofos e escritores. Há mais moral em seus escritos do que em qualquer outro autor antigo, e mais ideias em qualquer de suas cartas do que em quinze volumes de Saint-Évremond.

“Sua latinidade não tem nada do tempo de Augusto, nada fácil ou natural.”

41. *Fama fuit, Subrium Flavium etc.* Tácito, *Anais*, livro XV, cap. LXV. (N. do A.)

Pode ser, mas é um defeito ligeiro, sobretudo para nós, pobres conhecedores de uma língua morta. Sua latinidade é a de Plínio, o Velho, de Plínio, o Jovem, e de Tácito; admiramos menos esses autores? Tácito não escreve como Tito Lívio; no entanto, que homem com um pouco de gênio não prefere o pensador profundo ao escritor elegante, o nervo de um à harmonia do outro? É-se frequentemente puro e plano, sublime e bárbaro; faz-se com frequência uma grande escolha para dizer ninharias, e se diz grandes coisas com um estilo negligente, muito incorreto.

"Todas as culminâncias e todas as imaginações que sentem mais o calor da África ou da Espanha do que a luz da Grécia ou da Itália."

Sem dúvida, há em Sêneca jogos de palavras, *concetti*, agudezas que me ferem tanto quanto Saint-Évremond; imaginações abertas que é preciso menos acusar de falta de gênio do que de entusiasmo do estoicismo, e que eu queria não suprimir, mas adoçar. O pensamento de Sêneca pode com frequência ser comparado a uma bela mulher sob um adorno rebuscado. Quintiliano, o rival de Sêneca, apercebeu-se bem disso: "Esse autor", diz ele, "fervilha de belezas, tem sentimentos da maior delicadeza. A cada página se encontram ideias sublimes que forçam a admiração." E que não desagrade a Saint-Évremond, mas Quintiliano é um juiz um pouco mais seguro do que ele.

"Nero tinha a seu lado janotas bem delicados que tratavam Sêneca por pedante."

Saint-Évremont o tinha feito há pouco amante de Agripina; aqui o faz um pedante. Ele conhece os que chama de janotas? Um Tigelino, um Palas, um Narciso, um Sporus, um Atenágoras, um rebanho de infames libertinos, corruptores, aduladores de um monstro, celerados dignos do último suplício, em comparação com os quais o mais vicioso de nossos cortesãos é um homem de bem. É uma glória ser ridículo aos olhos de tais personagens; é quase ser como eles do que nomeá-los sem indignação. Nero foi mais cruel que eles, mas eles foram mais vis do que Nero.

Sêneca disse:

Uma alma que conhece a verdade, que sabe distinguir o bem do mal, que só aprecia as coisas segundo a sua natureza, sem observar a opinião; que se conduz em todo o universo pelo pensamento, estuda sua marcha prodigiosa e torna da contemplação à prática; cuja grandeza e força têm por base a justiça; que sabe resistir às ameaças como às carícias; que comanda a má fortuna como a boa, que se eleva acima dos acontecimentos necessários ou contingentes; que não queria a beleza sem a decência, a força sem a temperança e a frugalidade; uma alma intrépida, inquebrantável que a violência não pode abater, que o fado não pode humilhar nem envaidecer; essa alma é a imagem da virtude.

Eis o filósofo que Saint-Évremond ousou dizer que não lia sem jamais afastar-se dos sentimentos que queria inspirar; eis a argúcia com a qual escrevia sobre a virtude.

"Sua virtude provoca medo." É que sua virtude não tem a afetação nem os pequenos gracejos, os pequenos sinais de uma mulher de corte. Sua virtude provoca medo: sim, aos efeminados, aos aduladores, às crianças e aos homens que a natureza não destinou ao papel de Régulo ou de Catão, se a ocasião se apresenta e, por consequência, a muita gente, a Saint-Évremont, a mim. Com a diferença de que ele é orgulhoso de sua fraqueza e eu me envergonho da minha; que ele graceja dessa virtude e eu me prosterno diante dela.

"Ele fala tanto da morte e me deixa ideias tão negras que faço o possível para não aproveitar minha leitura."

Saint-Évremond não é digno da escola dentro da qual escorregou; e não ouviria sem empalidecer a história dos últimos momentos de Epicuro, seu mestre.

"É ridículo que um homem que vivia na abundância e se conservava com tantos cuidados só predicasse a pobreza e a morte."

Quem assim se exprime jamais leu as obras de Sêneca e só lhes conhece os títulos; sua vida privada lhe é desconhecida. Sêneca era frugal; rico, vivia como se fosse pobre, porque podia tornar-se um de repente; sua fortuna era o fundo de sua generosidade;

seu luxo, a decoração incômoda de seu estado; eram seus amigos que desfrutavam de sua opulência; ele não obtinha senão a complicação de conservá-la e a dificuldade de com ela fazer bom uso. O verdadeiro ridículo é o daquele velhote frívolo se pronunciando de modo categórico e com um tom indecente sobre os escritos, a doutrina e os costumes de uma personagem respeitável como Sêneca.

O verdadeiro ridículo é permitir-se ler Sêneca e imitá-lo quando se estiver reduzido à situação de cortar as veias. Quando ali se chega, não é mais tempo de ler. Quando não se leu antes Sêneca, imitamo-lo mal. Parece-me ouvir Sêneca, dirigindo-se a Saint-Évremond, lhe dizer: "E quem não está exposto, de um momento para outro, a ter as veias cortadas? Se não for pela crueldade de um tirano, será pelo decreto da natureza. E o que importa que vosso sangue seja vertido por um centurião ou por um flebotomista? Pela fluxão no peito ou pela proscrição morreríeis menos?" Quando a corrupção é sistemática nos costumes, não há remédio senão a velhice.

Interpelei Saint-Évremond por que, diante da justiça, falo aos mortos como se estivessem vivos, e aos vivos como se estivessem mortos.

Escreveram-se libelos em outros tempos contras as pessoas de bem, como ainda hoje se escrevem; mas poucos chegaram até nós.

Nossas bibliotecas, receptáculo comum das produções de gênio e das cartas imundas, conservaram indistintamente umas e outras. Um dia virá em que os libelos publicados contra os homens mais ilustres desse século serão retirados da poeira por maldosos animados do mesmo espírito de quem os ditou. Mas não duvidemos de que se elevará, indignado, algum homem de bem que revelará a turpitude de suas calúnias, e por quem os autores célebres serão melhor defendidos e vingados do que Sêneca por mim.

O vício dos ignorantes é aumentar as invectivas dos maldosos, com medo de serem apenas seus ecos. Os modernos detratores de Sêneca foram muito mais cruéis do que os antigos; as doze linhas de um Suílio geraram volumes de injúrias atrozes.

XXXVIII – A carta XCVI é a da resignação; a seguinte, do julgamento de Clódio; lede-a se quiserdes tremer com a depravação romana, mesmo ao tempo de Catão. Um jovem libertino introduziu-se, disfarçadamente, no lugar da celebração dos mistérios da boa deusa e desonrou a mulher de César; foi chamado aos tribunais e absolvido. Mas qual foi o preço da corrupção dos juízes? Grandes somas de dinheiro, como hoje e em todos os tempos. Com tais somas de dinheiro estipulou-se a prostituição de várias mulheres distintas e o prazer de jovens de primeira classe. Estamos em inferioridade tanto em relação aos romanos dissolutos quanto aos virtuosos.

Na carta XCVIII ele desvela a frivolidade dos bens exteriores e, na XCIX, quer que o estilo do orador seja enérgico, o do poeta trágico, sublime, e que o poeta cômico tenha fineza. Quanto à filosofia, se sustentará pela grandeza das coisas.

As cartas de C a CIII nos informam da morte do filho de Marcelo e da moderação na dor; do caráter das obras de Fabiano Papirus; da diferença entre os estilos oratório e filosófico; da morte de Senécio; da celebridade nos séculos seguintes; dos terrores. Nesta aqui, diz a Lucílio: "Que a filosofia vos corrija de vossos vícios, mas que ela não ataque os dos outros; que ela se guarde de se declarar altamente contrária aos costumes públicos." Parece-me que Sêneca fez, durante toda a sua vida, o contrário do que aqui prescreve, e que o fez bem. Para que serve a filosofia se ela se cala? Falai ou renunciai ao título de preceptor do gênero humano. Sereis perseguido; é o vosso destino; vos farão beber cicuta, mas Sócrates bem a bebeu antes de vós; sereis preso, exilado, vossas obras serão queimadas, vos farão talvez subir a uma fogueira... Empalideceis! O medo vos toma! E quereis atacar as más leis, os maus costumes, as superstições reinantes, os vícios, as humilhações, os atos de tirania. Tirai vossa roupa magistral ou sabei renunciar ao repouso. Vosso estado é um estado de guerra; vós não tratais apenas dos erros e dos vícios, mas ainda dos cegos e dos viciosos. Vosso único cuidado é o de dizer a verdade. Tratar com indulgência os preconceitos é faltar com a verdade; tratar com indulgência os vícios é envergonhar a virtude.

Essa obra será bem ruim se não estimular o ódio e não excitar os clamores da maldade. Ela sofreria pacientemente se eu roubasse uma de suas vítimas. Felizmente, entre os inimigos da filosofia, se uns têm a perversidade de um Tigelino, outros não possuem o seu poder; e se alguns têm seu poder, não possuem sua perversidade. Aqueles que poderiam me prejudicar não o quererão, e os que o queriam, não poderão[42]. Se vos dissesse que um crítico maravilhoso descobriu, após meditações profundas, que D'Alembert era um idiota, um pobre matemático, um mau escritor, um homem desonesto, e que o pão que comemos era um peixe, a proscrição das casas de jogo uma lei injusta, teria considerado esse homem absurdo, tão ridículo quanto possa ser, mas nada me aconteceria.

XXXIX – Sêneca fala de sua saúde fraca na carta CIV, assim como da ternura de sua segunda mulher, Paulina. "Meus estudos me salvaram (carta LXXVIII); é à filosofia que devo a vida e é a menor das obrigações que lhe devo." Acrescenta em outra (CIV): "Não podendo obter de Paulina ser amado de maneira mais corajosa, ela conseguiu de mim que eu me amasse com mais fraqueza." Daí passa aos poucos os efeitos das viagens sobre as enfermidades da alma.

Na carta CV pretende que as virtudes sejam corporais: disputas inúteis de palavras.

A carta CVI contém bons preceitos de conduta. A seguinte é uma exortação nas adversidades.

Na CVIII, ensina a maneira de ler e entender os filósofos. Se o leitor teve paciência de me ler até aqui, espero que não se desencoraje por algumas linhas a mais; por outro lado, comprometo-me em ser mais breve no exame das outras obras.

42. Se julgarmos pelos *clamores* que acolheram a obra, ela não era *muito ruim*. Felizmente, aquele que *podia* prejudicar o autor, ou seja, o rei, não *pretendia fazer isso*. Ver supra, nota 31, p. 75. O fim deste parágrafo aparece apenas na segunda edição. (Assézat)

"O sábio pode ser útil ao sábio?" "Cada homem tem seu bom gênio?" E a esse respeito, a palavra de Epicuro, que só pedia pão e água para igualar-se a Júpiter. De que servem os sofismas e as chicanas na filosofia? Para desonrá-la. Os maus hábitos se desenraizam facilmente? Tais são as matérias das cartas CIX a CXII.

Na carta CX, diz: "Que estejais sob a proteção de uma providência ou abandonado ao azar, a mais terrível imprecação que podeis fazer a um inimigo é que ele se encolerize consigo mesmo." "Não vos enaltecei por menosprezar o supérfluo; fazei-o quando chegardes a menosprezar o necessário." Ou muito me engano, ou menosprezar o supérfluo pertence ao sábio; o necessário, a um louco.

"Epicuro pede pão e água; se lhe é vergonhoso fazer consistir sua felicidade n ouro e no dinheiro, não o é menos depender do pão e da água." Bem gostaria de saber onde está a vergonha de não querer morrer de sede e de fome. Não se é feliz por se ter o absolutamente necessário; mas é-se muito infeliz por não possuí-lo.

Na carta CXII, perde as esperanças pela melhoria do amigo de Lucílio: "não há nada a se fazer com um homem dessa idade". Na CXIII, zomba um pouco de seus bons amigos estoicos, que discutiam entre si se as virtudes eram animais... Na verdade, quando se veem homens tais como Cleanto e Crisipo ocupar-se com semelhantes frivolidades, é-se tentado a atribuir pouca importância pela perda de suas obras, colocando-os na classe dos Albertos (o Grande), dos Scots e de outros peripatéticos cuja reputação desapareceu com a ignorância de seu século. Ali ele se lança novamente contra Alexandre; em outro lugar, dirige-se a esses homens que talvez fizessem pouco-caso da virtude, se não lhes fosse permitido ostentá-la; que sempre trazem a palavra à boca, mal inspirada, como mulheres selvagens e seus penduricalhos nos lábios, e que parecem nos dizer com seus repetidos apotegmas: "Escutai-me, olhai-me; sou eu o sábio." Se realmente fosses, te ocuparias menos em persuadir, o serias sem ostentação; a virtude obscura, a virtude, mesmo coberta por uma imerecida ignomínia, não seria sem atrativos para ti.

"Se vós recusais a ser justo sem glória, ficareis exposto algumas vezes a sê-lo com ignomínia. Agora, se tendes uma alma verdadeiramente grande, a má reputação, ganha ao percorrer vias honestas, não será sem atrativos para vós."

XL – Se Sêneca mostrou fineza e gosto em alguma de suas cartas foi na CXIV, em que examina a influência dos costumes públicos e do caráter particular sobre a eloquência e o estilo. Mecenas escrevia como se se vestisse; seu discurso foi mole, negligente, solto como sua roupa. Sêneca não quer que o filósofo ou mesmo o orador se ocupe muito com a elegância e a pureza do estilo; ele o aprecia mais veemente do que afetado.

As riquezas fazem a felicidade? A opinião dos peripatéticos sobre a inutilidade das paixões é verdadeira? Que diferença faz o estoico entre a sabedoria e o sábio? O que é bom? O que é honesto? Quais são nossas necessidades e desejos naturais? Qual a origem de nossas ideias sobre o bom e o honesto? Em que consiste a constância do sábio? Os animais têm consciência de seu estado? Da vida regrada, da extravagância do luxo, da frugalidade. O soberano bem reside no entendimento? E sua noção é inata ou as primeiras ideias da vida têm por base, assim como os elementos da ciência e das artes, alguns fenômenos adquiridos pelos sentidos? Eis as questões constantes das cartas CXV até CXXIV, a última.

Carta CXVI: "Um jovem perguntava a Panécio se o sábio poderia estar enamorado. Panécio lhe respondeu: sim, pelo sábio."

Carta CXXI: "A realização de vossos desejos mais vivos foi com frequência a fonte de vossas maiores penas." Com efeito, quantas vezes ocorreu-me suspirar após o infortúnio.

Carta CXXII: "Discernir a verdade em meio ao erro geral é característica do gênio. Opor seu sentimento àquele de todo um povo é indício de uma alma forte."

Seria difícil citar um sentimento honesto, um preceito de sabedoria, um exemplo de belo que não se encontre em suas cartas. Em todos os lugares se vê um pensador delicado, sutil e profundo, um homem de bem. E, no entanto, onde foram escritas? Na corte mais dissoluta. Em que tempo? No tempo da maior depravação dos costumes. Elas são em número de cento e vinte e quatro. Em nenhuma delas se percebe uma palavra de hipocrisia. Aqui, seu pensamento escapa livremente do espírito; ali, sua alma e sua cabeça se enervam mutuamente: se indigna, mostra violência, mas por meio de diferentes movimentos que o agitam, é sempre verdadeiro, sempre ele mesmo.

Imagino que esta coleção tenha caído em mãos de um homem de bom senso, mas bastante estranho à filosofia para ignorar o nome de Sêneca; e que após a leitura das cartas lhe tenha sido perguntado o que pensa do autor. Hesitaria em responder que só se escreve assim quando se recebeu da natureza uma elevação, uma força de alma pouco habitual? E conseguiríamos persuadi-lo do contrário, sobretudo se fizéssemos passar sob os seus olhos as demais obras de Sêneca, terminando este ensaio pela história de sua vida e o relato de sua morte? Não seria ele tentado a exprimir-se como Erasmo a respeito de Sócrates: *Sancte Seneca*?

Dois grandes filósofos fizeram duas grandes educações: Aristóteles educou Alexandre, Sêneca educou Nero. Os dois homens mais sábios, os dois grandes filósofos, um de Atenas, outro de Roma, morreram de morte violenta[43]; ambos foram atormentados durante a vida e caluniados após a morte. Vós que seguis seus traços, mostrai compaixão.

As cartas de Sêneca são plenas, substanciais para serem lidas sem interrupção. É um alimento sólido, ao qual se precisa dar o tempo de digerir.

43. Diógenes Laércio (segmento VI, *Aristóteles*) cita um autor chamado Eumelus que pretende que o filósofo, tendo se retirado para Cálcis, envenenou-se com a idade de setenta anos. (Naigeon)

DA CLEMÊNCIA

L – Esse tratado é endereçado a Nero, no começo do segundo ano de seu reinado. O tom é nobre, elevado, o estilo frequentemente engenhoso, embora mais simples, menos entrecortado e, se me é permitido emprestar uma expressão da pintura, mais largo.

É a mais destra e forte lição possível de ser dada a um jovem príncipe do qual se pressentia a tendência à crueldade. Se me assegurassem que nos anos de sua perversidade os olhares de Nero jamais pousaram fortuitamente sobre a capa desta obra sem que a comoção e os remorsos não se elevassem de seu coração, eu estaria tentado a acreditar.

É-se introduzido à obra pelo elogio do imperador; de onde se passa à natureza da clemência, aos seus motivos, à sua utilidade para todos os homens, à sua necessidade para um soberano e aos meios de adquiri-la, conservá-la e fortificar em si essa virtude.

Nero subiu ao trono aos dezoito anos; vê-se nesse momento que o filósofo havia descoberto a besta-fera sob figura humana. Há exemplos, reflexões, conselhos que nenhum orador teria a indecência de propor a um outro príncipe senão a Nero. Só a um tigre se diz: não sede um tigre. Encontrar-se-á, no capítulo XXIV, traços que justificam meu pensamento. De resto, os reis, os magistrados, os pais, os professores, todos aqueles que têm alguma autoridade sobre os demais ali aprenderão a julgar as circunstâncias nas quais convém perdoar ou punir, e discernir a linha reta que separa a clemência da injustiça.

Caso se duvide que Sêneca saiba pensar grandes coisas e o fazer com nobreza, eu convocaria o discurso que pôs na boca de Nero, no primeiro capítulo desse tratado; e perguntaria se há páginas mais belas em algum autor, sem excetuar Tácito.

LI – Eis o discurso:

É doce poder dizer a si mesmo: único, entre os mortais, fui escolhido para representar os deuses sobre a Terra! Árbitro absoluto da vida e da morte, em todas as nações, a sorte dos povos e dos indivíduos foi depositada em minhas mãos. É pela minha boca que a força declara com o que convém estar de acordo, e a justiça o que convém recusar. É de minhas respostas que os reinos e as cidades recebem os motivos de sua desolação e de sua alegria. Nenhum lugar no mundo floresce na ausência de meu favor. Esses milhares de gládios que a paz retém em suas bainhas, com só um piscar de olhos os faria sair. Sou eu quem decide que nações serão aniquiladas, libertas ou reduzidas à servidão; que soberanos serão feitos escravos, e quais frontes serão cingidas pela faixa real; que cidades serão destruídas, e quais se elevarão de suas ruínas. Apesar desse poder ilimitado, não se pode reprovar-me um só castigo injusto. Não me abandonei nem à cólera nem ao ardor da juventude, nem à temeridade de alguns nem à obstinação dos que cansam as almas mais tranquilas ou à ambição cruel, tão comum nos senhores da Terra, quando manifestam seu poder pelo terror. Avaro do sangue vil, o título de homem é uma recomendação suficiente para mim. Em minha corte, a severidade marcha velada e a clemência se mostra com o rosto a descoberto. Tirei as leis da obscuridade e me observo como se lhes devesse conta de minhas ações. Sou tocado pela juventude deste, pela caducidade daquele, pela fraqueza de um outro, pela consideração de um último. E na falta de motivo de comiseração, perdoo para me comprazer. Deuses imortais, aparecei, interrogai-me sobre minha administração; estou pronto para vos responder.

Não conheço autor moderno que possua mais analogia com um autor pagão do que Corneille com Sêneca. Se Racine deve a Tácito a bela cena de Agripina e seu filho, Corneille deve a Sêneca a de Augusto com Cinna.

Que estranha revolução os anos trouxeram a meu caráter. Quando ouço Agamenon dizer a Ifigênia: "Vós ali estareis, minha filha", fico tocado. Mas quando ouço Augusto dizer a um pérfido: "Sejamos amigo, Cinna", meus olhos se enchem de lágrimas.

LII – Nero foi clemente por dissimulação em sua juventude, e Augusto por lassidão em sua velhice.

Não havendo o tratado corrigido Nero, este aqui deve ter concebido secretamente um ódio tanto mais profundo contra um pintor ousado que lhe punha antecipadamente sob os olhos o pavoroso retrato que um dia seria o seu.

Nesta obra, as consequências dos princípios do autor o conduzem a asserções difíceis de digerir. Ele pronuncia, de modo decisivo, que a compaixão é um defeito real; que a crueldade e a compaixão são dois extremos, um da severidade, outro da clemência. O que me inclinou inicialmente a crer que, passando do latim à nossa língua, a palavra *compatir* houvera mudado de acepção; ou que a influência dos costumes gerais sobre as noções do vício e da virtude fizessem tratar como fraqueza em Roma o que nós olhamos como um sentimento de humanidade. Mas é evidente, pelo que se segue, que a opinião de Sêneca é a pura doutrina de Zenão, que via a grandeza de alma como incompatível com o medo e a tristeza, e a lição de uma escola cujo sábio não tinha piedade, dado que a piedade era um estado penoso de alma. Zenão dizia, e com ele Sêneca: "Sem compaixão nem piedade, nosso filósofo fará tudo o que faz o homem sensível e clemente." Duvido disso; socorrendo aquele que sofre, o homem sensível e de compaixão alivia-se a si próprio.

"É a clemência que distingue o monarca do tirano." Não seria antes a justiça, fonte de respeito e de amor pelos povos?

LIII – "O mais miserável dos homens é o tirano."

Os dois fatos que se seguem mostram que o espírito dos povos se afasta com frequência do espírito das leis. Érixon, cavaleiro romano, mata seu filho a golpes de chicote. Ao seu redor se agrupam os pais, as mães, os filhos e o atacam com seus punhais; a autoridade de Augusto não lhe deu garantia do furor popular; e a clemência de Tito Ário, que se contentou em exilar seu filho, juridicamente convencido de ter atentado contra sua vida, recebeu o aplauso geral. A circunspecção do imperador nessa conjuntura é digna de elogio. Reenvio a meu autor, a quem não decidi copiar página por página.

"A benevolência guarda o soberano durante o dia; o amor de seus súditos é sua guarda noturna."

"O soberano é a alma de um corpo político, cujos membros estão sempre agitados por vícios e virtudes."

"O perdão que o soberano concede a um cidadão é um ato de clemência para com a República."

"O soberano diz: não há ninguém que não possa matar contra a lei. Eu sou o único que, apesar disso, posso salvar." Sim, mas em todos os lugares em que só prevalece a prerrogativa da soberania não há mais lei.

"Antes de agir pela autoridade, jovem soberano, perguntai a vós mesmo se é assim que agiriam os deuses a quem tomais por modelos."

"Um escudeiro faria seu cavalo espantadiço se não lhe acariciasse de tempos em tempos. E não há animal mais sujeito à revolta do que o homem."

"É um belo mas raro espetáculo o de um príncipe impunemente ofendido."

"É perigoso formar uma nação com grande número de perversos; é dar aos escravos a lista de seus senhores."

"A comiseração chora ao condenar; a justiça severa tem os olhos secos; a crueldade o faz insultando e rindo."

DA PROVIDÊNCIA

LIV – Há uma Providência; as desordens físicas e morais não contradizem essa noção: o que vemos como males são-no apenas em nossa imaginação. Quando forem o que nos parecem, não poderemos nos prender aos deuses, que puseram em nossas mãos muitos meios para deles nos livramos. "Se vós sofreis, é porque quereis sofrer: escapareis da má fortuna quando vos aprouver: morrei."

Esse tratado é dedicado ao mesmo Lucílio a quem as cartas são endereçadas; é a solução de uma grande dificuldade.

Ou o mundo é eterno ou não é. Se é eterno, eis então um ser absoluto e independente da potência dos deuses; se não é eterno, foi criado.

Se foi criado, antes de sua criação faltava alguma coisa para a glória e a felicidade dos deuses, ou os deuses estavam infelizes. Ou nada faltava à sua glória e felicidade; isso suposto, a criação do mundo, para eles supérflua, só tem vantagem para os seres criados.

Se a criação do mundo só teve vantagem para os seres criados, por que há seres bons e maus? Por que vemos o justo oprimido e o mau opressor?

Isso só ocorre pela impotência ou pela má vontade; se por impotência, então o vício era impossível de ser evitado; se por má vontade, então era possível evitar-se o vício, o que não se fez.

Perdoa-se uma obra má a um operário indigente, mas não a perdoamos aos deuses; tudo o que sai de suas mãos deve ser perfeito.

Se a natureza da obra não comportasse a perfeição, por que não permanecer em repouso? Por que se expor, sem necessidade ou fruto, à vergonha de nada ter feito que valha?

Em todos os séculos, essa dificuldade de crianças ocupou as cabeças mais poderosas. Ela é proposta todos os dias em nossos bancos escolares, apresentadas nos cadernos de nossos teólogos com o máximo vigor e resolvida, como todo o mundo sabe, da maneira mais clara.

LV – Aqui, Sêneca se encarrega da causa dos deuses. Ele abre sua apologia com um quadro majestoso da grande máquina do universo.

Faz o elogio da virtude, o elo comum de deuses e de homens.

Nada mais enérgico do que a pintura dos infelizes ilustres: "Vós invejais sua coragem e sua glória, e ousaríeis reprovar aos deuses as provas terríveis que tornaram esses homens grandes aos seus olhos!"

"Deus é um pai, mas um pai que educa rudemente seus filhos. O espartano odeia seu filho quando, sob os golpes de varas que o ferem, seu sangue escorre aos pés do altar de Diana?"

Demétrio dizia aos deuses: "Deuses imortais, que quereis de mim? Meu filho? Ei-lo aqui. Um de meus membros? Escolhei. Eu não vos obedeço, eu concordo com vós."

"Cévola[1], aquecendo sua mão sobre o seio de sua amante é mais feliz do que quando seu braço se inflama e goteja sobre um braseiro? Não, mas só então é grande".

1. Parece-nos que a referência seja feita a Caio Múcio Cévola, jovem herói romano da guerra contra o rei etrusco Lars Porsena em 508 a.C. (N. da T.)

É preciso convir que uma dificuldade tão insolúvel para todos os demais sistemáticos desaparece na escola de Zenão.

– O quê? A úlcera que devora este enfermo após o primeiro instante de seu nascimento e que o devorará até sua morte, não é um mal?

– Não.

– Não ouvis seus gritos?

– Ele não tem razão em gritar.

Vós diríeis que isso tem um ar de gracejo desumano. Que seja. Mas guardai-vos de desdenhar uma obra plena de ideias sublimes que vos fará perder as ilusões ou vos tornará mais firme em vossa opinião. Lede pela bela passagem em que Sêneca inclina a cabeça de Júpiter para a Terra e põe os olhos do senhor do universo sobre Régulo e Catão: "Ó Júpiter", exclama, "eis aqui dois atletas dignos de tua admiração: um homem de coragem, tomado pela má fortuna, o que há de maior? Catão de pé, em meio às ruínas do mundo, o que há de mais belo?" (livro I, cap. II)

Mas, diz o epicurista, se a virtude de Catão não pode expandir-se sem a ambição de César, por que criar um e outro? Dar aos deuses o poder de intervir na ordem da natureza é tornar a dificuldade insolúvel. Vós tereis dificuldade em me persuadir que o pai dos deuses e dos homens tenha apreciado ver Régulo entrar num tonel cheio de pontas. Vós tendes razão: preferiria ser Sócrates a Anita[2]; mas de que serve para Sócrates, para Anita e para os deuses a existência de Anita e de Sócrates?

É por favores aparentes que o céu pune o maldoso; são pelos reveses que vos parecem cruéis, e que nada são, que a Providência ilustra o bom. Júpiter diz a este aqui: de que te queixas? Eu te fiz meu igual.

– Pode ser – diz o maldoso –, mas por que me fazer tal como sou, e tal como tu sabias que eu seria?

2. Anita de Tegea, poetisa grega do período helenístico. (N. da T.)

– És, infeliz, tal como querias ser.

Após essa réplica, eis os nossos raciocínios mergulhados nas trevas da liberdade humana e na presciência dos deuses. E que partido toma o homem sábio entre essas disputas? Aponta o céu ao cristão e desculpa-se com o filósofo, do fundo do coração, por esse espetáculo não lhe convencer.

LVI – Tão somente ao homem honesto cabe ser ateu. O perverso que nega a existência de Deus é litigante e juiz; é um homem que teme e sabe que deve temer um vingador futuro pelas más ações que cometeu. Ao contrário, o homem de bem, que amaria jactar-se de um remunerador futuro de suas virtudes, luta contra seus próprios interesses. Um pleiteia para si mesmo, o outro pleiteia contra si. O primeiro jamais pode estar certo do verdadeiro motivo que determina sua maneira de filosofar; o outro não pode duvidar que não seja arrastado pela evidência de uma opinião tão oposta às esperanças mais doces e às mais lisonjeiras com as quais poderia acalentar-se[3].

"O homem virtuoso não difere dos deuses senão pela duração de sua existência e pela extensão de seu poder."

"Os deuses deixam descer a prosperidade sobre as almas abjetas e vulgares." Isso não é verdadeiro; um homem como esse, a quem o infortúnio encontrou, morreu sem conhecer a prosperidade.

"O grande homem suspira após os reveses." Não é verdadeiro: ele não os teme, presentes ou longínquos, e não os chama. "Aqueles a quem o céu poupa são feitos para dobrar-se sob os males." Também não é verdadeiro. Vê-se todos os dias dobrarem-se sob os males homens a quem o céu não poupou. Sêneca, sob outro príncipe que Nero, não teria sido menos Sêneca. Esquecido em

3. Essa passagem é citada por Naigeon, em suas *Memórias Sobre Diderot*, como fazendo parte da *Oração* que acompanhava a *Interpretação da Natureza*. É por essa razão que a recuperamos aqui. Tendo a *Oração* sido suprimida por Diderot, Naigeon não queria que fosse perdida essa profissão de fé conforme o seu coração, e obteve de Diderot licença para que ela fosse reintroduzida, ou ele mesmo a reintroduziu, na segunda edição do *Ensaio Sobre os Reinados de Cláudio e Nero*. (Assézat)

seu retiro por Nero, não estaria menos pronto para morrer como esteve. Aquele que não se mostrou no vértice do abismo não é um covarde. Não é preciso caluniar a prosperidade; a felicidade não é sempre um signo do menosprezo dos deuses.

O tratado termina por uma prosopopeia de Júpiter ao homem virtuoso; ela é bastante eloquente.

DOS BENEFÍCIOS OU FAVORES

LVII – Saber oferecer e receber benefícios.

Esse tratado versa ao mesmo tempo sobre o reconhecimento e a ingratidão. Se os ingratos são comuns, Sêneca mostra que ainda falta abordar com frequência os defeitos dos benfeitores, tanto quanto os vícios do coração humano.

A matéria aí está esgotada; não foi feita para Nero nem para Ebúcio Liberalis, a quem é endereçada, mas para todos os homens. É anterior às cartas para Lucílio. Dificilmente outro tratado seria citado, antigo ou moderno, contendo um grande número de pensamentos finos e delicados, preceitos divinos e sentimentos que diria quase celestes.

Eu havia lido três vezes, em sequência, e na quarta leitura umedeci ainda as folhas com algumas lágrimas, não aquelas que se dão ao relato de um grande mal, a tragédia como na *Ifigênia* ou em *Mérope*, pois que elas estão misturadas de dor e prazer. Mas aquelas que escorrem deliciosamente quando a alma se comove com uma grande ação, com um sentimento delicado. Que nascem da admiração que concedo aos heróis de Corneille. Como fiquei satisfeito com meus benfeitores! E como estava ainda mais com esse filósofo que dizia aos homens poderosos – os que se haviam lembrado de si, e aos que não se haviam: "É ao esquecimento desses últimos que devo meu retiro, o amor pelo estudo em idade avançada, o melhor emprego que o homem pode fazer do pequeno número de jornadas que lhe resta; agradeço apenas a esses últimos, pois eles não duvidam de meu reconhecimento."

LVIII – É-se convencido, arrastado, lendo-se o tratado da *Cólera*; fica-se enternecido, tocado, lendo-se os *Benefícios*. Um é cheio de força, o outro, de fineza. Lá, é a razão que comanda; aqui, a delicadeza de um sentimento que cativa. Sêneca fala ao coração, não sendo menos convincente, pois o coração tem suas evidências. Ele tem gosto nos costumes, como tato nas belas-artes; o julgamento que um leva para as ações é tão imediato e seguro quanto o julgamento que o outro leva para as obras.

Se eu quisesse citar máximas, esse tratado me ofereceria um sem número delas. Eu leria:

"A benevolência é vossa virtude? Vós ajudaríeis, mesmo sem a esperança de encontrar um homem reconhecido. O valor da coisa dada nem sempre faz acrescer o preço do benefício."

"Há favores que devem ser secretos; são aqueles que socorrem; outros devem ser públicos; são os que honram."

Os serviços mais importantes são ignorados. O segredo e o silêncio são as condições de um pacto entre o benfeitor e seu beneficiado; e essas condições são igualmente sagradas entre ambos. O benfeitor pode dizer: se vós falardes, sereis um ingrato. E o beneficiado: se deixardes escapar uma palavra indiscreta, me prestareis um desserviço.

Se perguntardes a Sêneca qual o emprego da riqueza, aprendereis não com o que é preciso fazer, mas com o que fez: "Esses bens, enquanto somos seus possuidores, são apenas ouro, prata, pedras preciosas, terras, casas, quadros. Ebúcios, vós os quereis enobrecer. Dai-lhes e serão benefícios." E eu acreditaria que aquele que assim fala a seu amigo, a seus concidadãos, teria gozado da opulência, e essa opulência teria permanecido estéril em suas mãos? Também me persuadiria de que o autor da *Imitação de Jesus* foi um homem incrédulo e dissoluto.

LIX – Como uma nação fará notar seu reconhecimento pelo filósofo? Pela coroa cívica, *ob servatos cives*. A folha de louro o honrará, sem empobrecer o Estado. É uma folha de louro que levarão consigo os sábios ao morrer e os ministros que saem.

"Às vezes não há nenhuma diferença entre o presente de um amigo e os votos de um inimigo."

"Recusai a vosso amigo o ouro que ele levará a uma prostituta."

Eu censuraria Sêneca de bom grado por envilecer a benevolência, quando compara o segredo do auxílio à arte da prostituta, que pratica seus favores picantes variando-os segundo o caráter dos amantes (livro I, cap. XIV).

"Fazei vossos favores com escolha; a falta de reconhecimento é o vício do outro; a falta de julgamento é o vosso."

"Não aceitai o favor senão daquele a quem concederíeis os direitos sagrados da amizade."

"Os votos do homem reconhecido que não pode retribuir um benefício o fazem transferi-los aos deuses."

"O que me trará o benefício? O que ele vos trará? Sempre a lembrança de uma boa ação."

Uma dama[1] célebre por seu espírito, por seus amigos e benevolência, dizia: "Houve um tempo no qual me ocupava dos grandes artistas; hoje, prefiro me ocupar dos artistas indigentes. Antes, escutava meu prazer; hoje, obedeço ao meu coração."

Nada de mais delicado e verdadeiro do que o capítulo VI, sobre a questão: se a ingratidão pode ser entendida pelo tribunal das leis. "Ei", diz Sêneca, "não é mais honesto deixar alguns maldosos impunes do que suspeitar da multidão de pérfidos?"

O que Sêneca diz das honras concedidas aos descendentes infames, reconhecendo seus antepassados ilustres, desagrada-me. Não é por outro, é por si mesmo que se tem ou não mérito.

1. Madame Geoffrin. (Assézat)

É defender mal os deuses fazer-lhes dizer: "Que esse inepto seja rei porque seus ancestrais não obtiveram o cetro que mereciam; que esse inepto seja rei porque seus descendentes não obterão o cetro que merecerão." É uma compensação singular a de uma injustiça por outra.

LX – Eis aqui outro momento em que não posso ter a opinião de nosso filósofo. Alexandre faz a doação de uma cidade a um simples particular, que recusa um presente que lhe parece muito importante para si: "Eu não examino o que te convém receber, mas o que me convém dar." Sêneca acrescenta: "A palavra é de um louco." Não é a palavra de um louco, é a de um soberano generoso e grande: o que é uma cidade para o senhor do mundo?

E por que esse particular seria incapaz de bem administrar a cidade? Seria a sua recusa que o fez presumir? Parece-me que teria mais confiança na modéstia que se afasta das grandes incumbências do que na ambição que as persegue.

Às máximas que precedem, ajuntemos algumas desses fatos interessantes que elas enquadram.

Os discípulos de Sócrates ofereciam presentes a seu mestre e cada qual na proporção de sua fortuna. Ésquino, que era pobre, lhe disse: "Nada tenho que seja digno de vós, e só nesse momento me sinto indigente. Dou-vos o único bem que possuo: eu mesmo. Esse presente, tal como é, vos peço não desdenhar, e pensar que os demais, dando-vos muito, são ainda mais reservados."

"E por que", respondeu-lhe Sócrates, "vosso presente não seria considerável, a menos que vós vos estimásseis bem pouco? Eu teria o cuidado de vos devolver, a vós mesmo, melhor do que vos recebi." Se esse fato vos era conhecido, leitor, pensai que muitos o ignoram, e eu preferiria instruir melhor aquele que não sabe do que agradar a quem sabe.

"Vós não conheceis a amizade se, ao se dar um amigo, não sentis o valor do presente; os amigos são tão raros, tão difíceis de encontrar!" Então não se substitui um amigo, como Fídias a uma estátua quebrada?

Eis como se exprime sobre Alexandre: "Desde a sua juventude, Alexandre não foi senão um malfeitor, um destruidor de nações, um flagelo para seus amigos e inimigos, um bárbaro que pôs o soberano a fazer tremer os homens" (livro I, cap. XII).

Não me lembro com que propósito essa tirada violenta se encontra no tratado dos *Benefícios*, mas estou seguro de que não está deslocada. O estilo de Sêneca é entrecortado, mas suas ideias se ligam.

LXI – Sem dúvida, Sêneca pressentia as censuras que lhe fariam quando escreveu[2] (livro II, cap. XVIII): "Nem sempre me é possível recusar; algumas vezes seria forçado a receber um benefício; um tirano cruel, sombrio, pronto a se irritar, veria minha recusa como um insulto." Essa expressão poderia custar-lhe a vida.

Sêneca exclui do número dos benfeitores os animais. Sem me comprometer a responder às suas razões, não posso me impedir de exigir do bestiário[3] algum reconhecimento ao leão que o reconheceu e defendeu. Por que no momento seguinte o animal caridoso havia esquecido o serviço prestado, estava o bestiário dispensado da lembrança? Responder que sim não é colocar o homem e o animal na mesma posição? Eu teria má opinião de quem, tendo sido salvo por seu cão, não o amasse ainda mais.

Nosso filósofo acusa o homem de ingratidão quando ousa repreender a natureza por não ter reunido em si todos os dons. Permitam-me juntar uma razão a todas aquelas que ele dá e propô-la à sua maneira.

Homem, pensa que é à fraqueza de teus órgãos que tu deves a qualidade que te distingue dos animais. Ambicionas a visão penetrante da águia? Sempre vigiarás. O faro do cão? Vais cheirar de manhã à noite. O órgão do teu juízo é que prevalece e é senhor; daí a tua perfectibilidade. Se existe em teu cérebro uma fibra mais enérgica que as demais, tu és mais apropriado a uma coisa, tu és um homem de gênio. O animal e o homem de gênio

2. Ver o que foi dito sobre isso na nota 22 da página 273. (Assézat)
3. Gladiador que enfrentava as feras no circo romano. (N. da T.)

se tocam. Se a ereção, a fome, a sede vos atormentassem sem parar, o que aprenderias, em que te terias tornado?

A justeza e a força dos argumentos de Sêneca, defendendo a causa das crianças contra os pais, subjugam minha razão; mas meu coração se revolta contra essa ingrata dialética. Prefiro exagerar o benefício paterno a enfraquecer o reconhecimento filial. Eu perguntaria se entre os filhos que puseram seus pais nos ombros e os transportaram por entre as longas torrentes de lava inflamada, que escorriam dos flancos do Etna (livro III, cap. XXXVII), queimando seus pés, haveria um só que pudesse dizer à sua mãe: estamos quites. Meus ouvidos se fecham a essa intenção e minha imaginação se entrega a um espetáculo mais doce: vejo os pais e as mães se precipitarem sobre seus filhos e os banhar com lágrimas; vejo os filhos enxugarem essas lágrimas com suas mãos e nesse momento ignoro quem seja mais feliz. Sou pai, tenho filhos e assim os sinto.

Sêneca diz algures "que os pais amam mais seus filhos do que por eles são amados". É fato verdadeiro, mas encontro mais espírito do que solidez na razão que oferece. "É por que", acrescenta o filósofo "os pais se veem reviver nos filhos, e esses se veem morrer nos pais." São pelos cuidados que damos aos nossos filhos que a eles nos apegamos, e são esses mesmos cuidados que os incomodam com frequência e os afastam de nós. Seu reconhecimento não começa a não ser quando uma experiência relativamente tarde os tenha convencido da importância das lições; ou quando tenham tido filhos que os incomodem como os incomodamos. Entre vários filhos, qual deles será o mais caro à mãe? O filho que aleitou. Se ele vier a morrer, ela chorará a perda de seu filho e de seus cuidados. Não é apenas por divertimento, é por amor, é por amizade, por mil e uma circunstâncias que se corre atrás de seu interesse. "Se vós temeis perder vosso amado, aceitai seus presentes; se vós temeis perder o gosto que tendes por ele, não os aceiteis." A mulher que dava este conselho à sua amiga tinha razão e fineza.

Benfeitor, se tu me humilhas, ouvirás de mim o discurso do cidadão salvo da proscrição dos triúnviros por um amigo de

César, que lhe recordava frequentemente o favor. Eu te diria: "Leve-me a César; até quando me repetirás: eu te salvei, eu te arranquei do suplício? Devo-te a vida, se bem me lembro, e a morte, se me fazes lembrá-la; e nada, se me salvastes por vaidade. Não deixarás de me arrastar em teu carro? Não me deixarás esquecer meu sofrimento? Sem ti, eu não teria sido conduzido em triunfo senão uma vez."

LXII – Pode-se uma e outra vez lembrar o serviço que se prestou? Sêneca responde a essa questão por intermédio de um soldado veterano (livro V, cap. XXIV), acusado de ter exercido violências contra seus vizinhos e que defendia sua causa calorosamente, em presença de Júlio César, com a seguinte instrução:

–Lembrai-vos, meu general, de uma entorse que sofrestes no calcanhar? Foi na Espanha, perto de Sucron.

– Lembro-me.

– E quando quisestes repousar de um sol ardente à sombra de uma árvore pouco cerrada, a única que pôde crescer entre rochedos pontiagudos; lembrai-vos que um de vossos soldados estendeu sobre vós seu manto?

– Se me lembro? Estava devorado pela sede, e como a dor de meu pé não me permitia ir à fonte vizinha, para ali me arrastava quando um de meus soldados me trouxe água em seu capacete.

– E o homem e o capacete, dizei-me general, vós os reconheceríeis?

– O capacete, não. Quanto ao homem, creio que sim. Mas por que voltar a isso, já que certamente tu não és aquele homem?

– Vós não deveis me reconhecer, pois que perdi um olho na batalha de Monda e me fizeram uma trepanação. Também não reconheceríeis o capacete, porque foi fendido pelo sabre de um espanhol.

Pasmo, César decidiu que não se inquietasse mais o soldado e lhe conferiu as terras em litígio. No entanto, por que um bom soldado não seria um mau vizinho? Eis o que pode a eloquência.

LXIII – O capítulo III do VI livro é bastante sólido, muito bonito, e eu aconselharia a leitura àquele que queira saber o meio de dar consistência a coisas passageiras que, por si, não possuem nenhuma.

Indicaria os capítulos XXXII, XXXIII e XXXIV do mesmo livro aos soberanos. Mas quando o filósofo lhes tiver ensinado que um bem do qual as grandes fortunas estão privadas, um bem que falta aos que tudo possuem é um amigo que saiba dizer a verdade, que retire um poderoso da concordância muito harmoniosa da adulação, embriagado pela multidão de impostores e assim conduzido à ignorância da verdade, ao ódio pela verdade, pelo hábito de ouvir não coisas salutares, mas doces e envenenadas, esse amigo, onde eles o encontrarão? Quando esse amigo os houver convencido da importância de estarem rodeados de pessoas de bem, os chamarão para junto de si? E se os tiverem chamado, como lhes conservarão? Seríamos felizes se refletíssemos sobre as vantagens que devemos à nossa mediocridade, e da qual os que se encontram em altas condições estão privados. Temos quase tantos recursos para nos tornarmos bons quanto eles têm para se tornarem maus. Eles usam bem os que possuem, assim como usamos mal os que temos. Disso decorre que somos todos corrompidos.

Sêneca observa (livro VI, cap. XXXII) "que é característica dos reis lamentar os mortos para ultrajar os vivos, e louvar a ousadia de dizer a verdade naqueles de quem nada têm a temer".

O poeta Rabírio põe uma bela palavra na boca de Antônio ao morrer: "Não tenho mais senão o que dei." (livro VI, cap. III) E por que eu não diria também à fortuna: leve o que me resta e não me farás morrer inteiramente indigente.

Se a leitura de Sêneca atormenta o malévolo, o homem de bem ali encontra frequentemente seu elogio.

Nesse tratado dos *Benefícios* crê-se que tudo está dito em cada capítulo e, no entanto, assim não é. Sêneca não mostra em nenhuma outra obra tanta fecundidade. Os autores do século da grande eloquência souberam comumente apresentar suas ideias de uma maneira mais simples e imponente. Mas tinham tanta fecundidade quanto Sêneca?

DA TRANQUILIDADE DA ALMA

LXIV – O que é a tranquilidade da alma? Como a perdemos, como podemos recobrá-la?

Esse tratado é endereçado a Sereno, capitão das guardas de Nero, amigo de Sêneca, que se lamentou em seguida da excessiva dor que sua morte lhe causou. Plínio nos informa (*História Natural*, livro XXII, cap. XXIII) que Sereno morreu com todos os seus convivas, envenenados por champignons.

Presume-se que essa obra seja uma das primeiras escritas por Sêneca, composta[1] pouco tempo após seu retorno da Córsega, quando ainda não gozava de uma grande opulência e sentia-se pouco firme na filosofia, embora já houvesse escrito as *Consolações* de Márcia e de Hélvia, que não são as de um estoico neófito, e dado lições públicas sobre a filosofia de Zenão.

Aqui ele se encontra flutuando entre a obscuridade do retiro e o clamor das funções públicas. A fortuna o fascina, o desejo de uma grande reputação o atormenta; ele o sente, ele se acusa; relega-se à classe dos que oscilam entre o vício e a virtude, não

1. Ver a nota de Naigeon na edição do *Sêneca* de La Grange, cap. 1, nota 3, t. V, p. 5.(Assézat)

estando nem corrompido para ser contado entre os maus, nem bastante virtuoso para ser contabilizado entre os bons. Fica-se atraído pela franqueza com a qual ele desvela o fundo de seu coração. Diz ele:

> Tenho vícios que me atacam com toda a força; tenho alguns que aguardam o momento de me surpreender, espécies de inimigos com os quais não se pode enfrentar como em tempos de guerra, nem desfrutar da segurança como na paz. Sou econômico, simples no vestir, frugal; o espetáculo do fausto e da opulência, porém, impõe-se; dele me separo não corrompido, mas triste. Duvido se o palácio de onde saio não é o domicílio da felicidade. Não estou em meio aos terrores da tempestade, mas tenho o enjoo do mar; não estou doente, mas não me sinto bem.

O estoico foi valetudinário durante toda a sua vida; sua filosofia, muito forte, era uma espécie de profissão religiosa que só se abraçava por entusiasmo, na qual se fazia o voto de apatia[2] e com a qual se ficava nu, com disposição para se petrificar. Desespera-se de ser um homem.

Mas de onde vinha sua perplexidade? Sua alma se cansara pela longa duração de seu exílio? A seus olhos, o horror dos antros da Córsega havia embelezado os palácios dos ricos; a solidão na qual passara oito anos oferecia novos charmes à sociedade e os rochedos áridos e desertos davam mais vida aos atrativos da capital? Ou a vocação de Hércules, ao sair da floresta de Nemeia, entre o caminho que conduz à glória e o que leva ao prazer, nos é comum a todos? Não duvido. Entre tantos pigmeus, não há um que não tenha provado a agonia de Hércules e que não se tenha encontrado *al bivio*[3]. Qualquer decisão que Sêneca tome, não será a da adulação.

LXV – Esse tratado oferece excelentes reflexões sobre o emprego de seu tempo e de seu talento; sobre a experimentação de suas forças; sobre a vaidade das riquezas, quando se vê um liberto de

2. Ou seja, o de manter-se insensível perante as atribulações. (N. da T.)
3. Em italiano, no original: na encruzilhada e, portanto, em dúvida. (N. da T.)

Pompeu mais opulento do que seu senhor; sobre a resignação aos pesares de seu estado de saúde e aos reveses da vida: e essa moral é sempre realçada com anedotas interessantes.

Calígula diz a Cano Júlio, em forma de conversação: "A propósito, dei ordens para vosso suplício." Ao que Júlio responde: "Dou-vos graça, mui excelente príncipe." (capítulo XIV)

Ele jogava xadrez quando o centurião chegou: "Ao menos", diz ele a seu adversário, "não ide vos vangloriar de me haver vencido após minha morte."[4] E a seus amigos: "Esse grande problema da imortalidade das almas, sobre a qual tanto haveis discutido, estará resolvido para mim em alguns instantes."

Ao filósofo que o acompanhava ao lugar do suplício, tendo-lhe perguntado em que pensava no momento em que a acha estava suspensa sobre seu pescoço, respondeu: "Observo nesse momento tão próximo da morte se minha alma perceberá sua saída do corpo." (capítulo XIV)

Depois do século de Nero e até nossos dias, os seguidores da doutrina de Epicuro não deixaram de nos mostrar um dos seus apelando à apatia e aos prazeres em seus derradeiros instantes e caminhando para a morte com a mesma indiferença com que teria continuado a viver. Certamente, não tenho a intenção de censurar a maneira fácil com que o voluptuoso Petrônio morreu; mas encontro tanta firmeza e indiferença, e mais dignidade, na morte de Canus Júlio. Seria possível ter desprezo ou pela vida ou pelo imperador, ou por uma e outro, além daquilo que deu como resposta a Calígula? Alguma vez esse desprezo foi expresso de maneira mais simples e fina? Petrônio se encontra à mesa: ele pede que leiam versos ao morrer[5]. Júlio, à espera do centurião, diverte-se em jogar xadrez. O que há de mais

4. "Sêneca também disse que Cano Júlio escutava a sentença de morte contra ele dada por Júlio César [sic]; ele jogava xadrez com um amigo, ao qual disse: 'Sabe de uma coisa, não vá dizer, quando eu for morto, que você me venceu, e que vocês sejam testemunhas (falando aos assistentes) de que eu faço um jogo mais bonito que o dele.'" *Contes et discours d'Eutrapel* nas *OEuvres facétieuses*, de Noël du Fail, ed. Assézat (Bibliothéque elzevirienne), t. II, p. 178. (Assézat)

5. *Audiebatque referentes, nihil de immortalitate animae, et sapientium placitis, sed levia carmina, et faciles versus.* Tácito, *Anais*, livro XVI, cap. XIX (Naigeon)

tranquilo e mesmo engraçado do que seus discursos a seu adversário e a seus amigos?

Para um discípulo de Epicuro que sabe aceitar a morte quando ela chega, Zenão pode citar vários dos seus que não hesitaram em enfrentá-la.

Mas, falando-se a verdade de uns e de outros, cada um deles submete-se à necessidade segundo seus princípios e caráter.

LXVI – Se vós lerdes o tratado de Sêneca, o quanto esse extrato vos parecerá curto e pobre! Ali, mostra um grande conhecimento do coração do homem e das diferentes camadas da sociedade; aqui, pinta o ambicioso que se resolve pelas ações desonestas e se aflige com a desonra sem frutos quando o sucesso não respondeu às suas vilanias e intrigas surdas. Lá, é a mesma personagem que se enfia no retiro, ou em quem a inveja que o devora faz votos pela queda de seus rivais. Parece ter vivido entre nós, ter interrogado e ouvido responder um de nossos ociosos, excedido em cansaço e tédio.

– Qual é o seu projeto para o dia?

– Por minha fé que não sei; vou sair, ver muita gente e me converter no que quiserem que eu seja.

Creio ser no mesmo tratado que ele diz de Diógenes "que aquele que duvida de sua felicidade também pode duvidar da felicidade dos deuses, que não possuem dinheiro, posses ou necessidades".

DA VIDA FELIZ

LXVII – Não há felicidade sem a virtude[1]. É a conclusão do *Ensaio Sobre o Mérito e a Virtude*, tomo I.

Sêneca endereça esse pequeno tratado a Galião, seu irmão, que pode ser visto como sua apologia e sátira aos falsos epicuristas. "Ó, Galião, meu irmão, todos os homens querem ser felizes; mas todos são cegos quando se trata de examinar em que consiste a felicidade."

Nosso filósofo havia encontrado a verdadeira base da moral. Falando rigorosamente, só há um dever: o de ser feliz; só há uma virtude: a justiça.

Antes de entrar em alguns detalhes desse escrito, que pode ser analisado em poucas palavras, é preciso que eu dê uma olhada sobre a moral dos antigos e sobre os progressos dessa ciência tão importante. Tudo o que ela tem de mais elevado, de mais profundo, os antigos o disseram, mas sem vínculos: não é o resultado da meditação que estabelece os princípios e que deles tira as consequências. Eram impulsos isolados e bruscos, de almas fortes e grandes.

1. Essa é a conclusão do *Ensaio Sobre o Mérito e a Virtude*, t. I. (Assézat)

O que inspirava os caribenhos[2] a se precipitarem furiosos no meio das ondas para sequestrar da morte os europeus naufragados em suas costas e prestes a morrer? Quando esses infelizes se prosternavam trêmulos aos pés de seus inimigos, quem fazia dizer ao chefe dos selvagens: "Levantai-vos e não temei; há pouco vós éreis homens infelizes e vos socorremos; amanhã sereis nossos inimigos e vos degolaremos?"

O fato que vou contar eu o escutei de um missionário de Caiena, testemunha ocular. Vários negros tinham sido aprisionados e não havia carrascos para executá-los. Prometeu-se a vida àquele que concordasse em supliciar seus camaradas, quer dizer, ao mais perverso deles. Não tendo nenhum aceito a proposta, um colono ordenou a um de seus negros de lhes enforcar, sob pena de ele mesmo ser enforcado. Esse negro pediu para ficar um pouco em sua cabana, como para se preparar a obedecer a ordem recebida. Lá, tomou de uma acha, cortou o pulso, reapareceu e, mostrando a seu amo o braço mutilado, com o sangue a escorrer, lhe disse: "Agora, faça-me enforcar meus camaradas".

Eis aí um homem sem educação, sem princípios, reduzido por seu estado à condição animal, que se corta um pulso de preferência a desonrar-se. Jamais esqueçamos que um servidor pode valer mais do que seu senhor. E quem depositou um sentimento tão heroico em sua alma? Foi o estudo? A reflexão? O conhecimento aprofundado dos deveres? De modo algum. Nos primeiros tempos, os homens que se distinguiram pelas ações as mais surpreendentes estavam submetidos aos mais grosseiros preconceitos. O sonho de uma velha mulher talvez tivesse posto as armas na mão do bravo caribenho que acabamos de ouvir falar tão orgulhosamente a seus inimigos. Um outro chefe talvez lhes tivesse impiedosamente quebrado a cabeça.

Não há ciência mais evidente e simples do que a moral para o ignorante. Não há outra mais espinhosa e obscura para o

2. Assim diz a primeira edição. Na segunda, a palavra *caribenhos* foi substituída por iroqueses. Os caribenhos, no entanto, estavam, e continuam, mais próximos do mar. (Assézat)

letrado. Talvez seja a única da qual se tiraram os mais verdadeiros corolários, os mais afastados e ousados, antes de se terem estabelecidos os princípios. Por que isso? É que existem heróis há tanto tempo quanto há raciocinadores. É o lazer que faz esses últimos, é a circunstância que faz os outros; o raciocinador se forma nas escolas, que se abrem tarde; o herói nasce dos perigos, que estão em todos os tempos. A moral está em ação nestes aqui, como está em máximas nos poetas; a máxima saiu da cabeça do poeta como Minerva da cabeça de Júpiter. Com frequência, seria preciso ao filósofo um longo discurso para demonstrar o que o homem do povo subitamente sentiu[3].

LXVIII – O que é a felicidade? Não é uma questão a ser resolvida pelo julgamento da maioria dos homens.

"Quando se tratar da felicidade, não me digais como se houvesses recolhido as opiniões no senado: eis a opinião do maior número."

O que é a multidão?

– Um rebanho de escravos. Para ser feliz é preciso ser livre. A felicidade não é feita para aquele que possui outros senhores além do dever.

– Mas o dever não é imperioso? Se é preciso que eu sirva, o que importa sob que senhor?

– Importa muito. O dever é um senhor do qual não se poderia desembaraçar sem cair na infelicidade; é com a cadeia do dever que se quebram todas as outras.

O estoicismo não é outra coisa senão um tratado da liberdade, tomada em toda a sua extensão.

Se essa doutrina, que tem tantos pontos comuns com os cultos religiosos, se houvesse propagado como as outras superstições, há muito não haveria nem escravos nem tiranos sobre a Terra.

3. Em toda ação há um partido que será geralmente censurado, um partido que será censurado por uns e louvado por outros, e um terceiro que será geralmente aprovado. É este último que se precisa tomar. (N. do A.)

Mas o que é a felicidade no juízo do filósofo? É a conformidade habitual dos pensamentos e das ações com as leis da natureza.

E o que é a natureza? O que são suas leis? Não teria sido mal explicar-se sobre esses dois pontos, pois é evidente que a natureza nos conduz com violência e nos afasta com horror de objetos que o estoico exclui da noção de felicidade.

Mas Sêneca escreve para Galião, homem instruído, e as definições que aqui se exigem teriam voltado aos primeiros elementos da filosofia.

O homem feliz do estoico é aquele que não conhece outro bem a não ser a virtude, e outro mal senão o vício. Que não se deixa abater nem orgulhar-se pelos acontecimentos; que desdenha tudo o que não pode dominar para obter ou conservar; para quem o desprezo das volúpias é a própria volúpia.

Eis aí talvez o homem perfeito. Mas o homem perfeito é um homem da natureza?

"Quando se é inacessível à volúpia, é-se à docilidade." Aqui está um dos corolários da doutrina estoica ao qual se chega após um longo encadeamento de sofismas. Uma estátua que tivesse consciência de sua existência seria quase o sábio e o homem feliz de Zenão. "É preciso viver segundo a natureza." Mas a natureza, cuja mão benévola e pródiga disseminou tantos bens ao redor de nosso berço, nos interdiz a satisfação, o gozo? O estoico recusa a delicadeza dos pratos, o sabor dos frutos, a ambrosia dos vinhos, os perfumes das flores, as carícias do amor? "Não, mas não é seu escravo." O epicurista também não. Se interrogardes esse último, ele vos dirá que entre todos os prazeres, o mais doce é o da virtude. Não seria difícil conciliar ambas as escolas no que respeita à moral. A virtude de Epicuro é a de um homem do mundo; a de Zenão, a de um anacoreta. A virtude de Epicuro talvez seja um pouco confiante; a de Zenão é, certamente, sombria. O discípulo de Epicuro arrisca ser seduzido; o de Zenão arrisca desencorajar-se. O primeiro tem sempre a lança suspensa contra a volúpia; o segundo vive sob a mesma tenda e brinca com ela.

LXIX – Parece-me que, na natureza, o corpo é o tirano da alma, pelas paixões desenfreadas e necessidades sempre renovadas; no estado de sociedade, diferentemente, ele não é nem escravo nem tirano: são dois associados que se comandam e se obedecem, alternadamente. Depois de comer, medito; depois de meditar, é preciso que eu coma.

A filosofia estoica é uma espécie de teologia plena de sutilezas, e não conheço doutrina mais afastada da natureza do que aquela de Zenão.

A procura da verdadeira felicidade conduz Sêneca ao exame da volúpia em Epicuro. E eis aqui como se explica (cap. XIII):

> Para mim, penso e ouso confessar, contra a opinião de nossos estoicos, que a moral deste filósofo é sã e até mesmo austera para aquele que a aprofunda; sua volúpia está enclausurada nos limites mais estreitos. A lei que prescrevemos à virtude, ele a impõe à volúpia; quer que ela esteja subordinada à natureza; e aquilo que basta para a natureza é bem mirrado para que se chegue à intemperança. Aqueles que se comprimem na porta de seus jardins não sabem o quanto a volúpia que ali professam é temperada e sóbria; são atraídos pela esperança de ali encontrar a apologia de seus vícios. Esses falsos discípulos tinham necessidade de uma autoridade respeitável e caluniaram o mestre do qual emprestaram o manto. [...]

"Epicuro foi um herói travestido de mulher."

A volúpia nasce ao lado da virtude, como a papoula ao lado do espinho, mas não foi para a flor narcótica que se lavrou.

Parece que a palavra *volúpia*, mal compreendida, tornou Epicuro odioso, assim como a palavra *interesse*, também mal entendida, excitou o murmúrio dos hipócritas e dos ignorantes contra um filósofo moderno[4].

Efeminados, covardes corrompidos, para escapar à ignomínia que mereciam pela depravação dos costumes, se disseram seguidores da volúpia, e de fato o foram; mas seguiam a deles, não a de Epicuro. De modo semelhante, pessoas que nunca haviam atribuído à palavra *interesse* outras ideias a não ser a

4. La Rochefoucauld e, depois, Helvétius. (Brière)

de ouro e dinheiro, revoltaram-se contra uma doutrina que entendia o interesse como o móvel de todas as nossas ações. Tal é o perigo para a filosofia ao se afastar do sentido usual e popular das palavras.

LXX – Da apologia do epicurismo Sêneca passa à apologia da filosofia em geral. Como eu estava satisfeito, ao ler os capítulos XVII e XVIII, de ali encontrar as mesmas impertinências endereçadas a Sêneca e pelas mesmas personagens de nossos dias!

Diziam a ele, como aos nossos sábios: "Falais de um jeito e viveis de outro." (cap. XVIII)

Almas perversas, sabei que os Platões, os Epicuros, os Zenãos ouviram antes a mesma reprimenda. Não é de nós que falamos, é da virtude. Quando condenamos os vícios, começamos pelos nossos; quando puder, viverei como devo. E o meio de não parecer muito rico para pessoas que não acharam que Demétrio[5] fosse muito pobre [...]

Quando falais de nossos costumes, ou vós os conheceis ou não os conheceis. Se não os conheceis, calai-vos e não vos exponhais a calúnias infames. Se os conheceis, citai nossas más ações. Nada nos prescrevemos tão fortemente a não ser não nos conduzirmos sob vossas opiniões. Continuai com vossos propósitos injuriosos: para nós são vagidos de crianças que sofrem.

LXXI – Eis aqui como se atacava o estoico Sêneca e como ele se defendia:

Se, pois (cap. XVII a XXI), um desses detratores da filosofia vier dizer-me, como dizem todos: por que vossa conduta não responde aos vossos discursos? Por que esse tom submisso com vossos superiores? Por que olhar o dinheiro como coisa necessária, e sua perda como mal? Por que essas lágrimas quando vos anunciam a morte de vossa mulher ou a de vosso amigo? O que é esse interesse tão delicado sobre vossa reputação, essa sensibilidade tão judiciosa à picada mais ligeira da sátira? Por que vossas terras são mais cultivadas do que aquilo que as necessidades naturais exigem? Por que esses preceitos austeros de frugalidade em mesas suntuosamente

5. Ver supra, p. 69-70. (Assézat)

servidas? Por que esses móveis tão trabalhados, esses vinhos mais velhos do que vós, esses projetos que se sucedem sem fim, essas árvores que só produzem sombras? Por que vossa mulher traz na orelha a fortuna de uma família opulenta? O que significam esses tecidos preciosos que vossos escravos vestem? Por que o serviço é uma arte em vossas salas de jantar? Para que servem esses vasos de prata, por que são eles tão curiosamente arranjados, e esses mestres na arte de cortar a carne, que figura fazem eles ao lado de um filósofo? Acrescentai, se quiserdes, por que essas possessões além-mar, esses bens imensos dos quais não sabeis nem mesmo o estado em que se encontram? Não é igualmente vergonhoso não conhecer vossos escravos, se tendes poucos, ou possuir tantos que vossa memória não baste? São essas todas as censuras? Vou ajudar-vos a fornecer algumas nas quais não pensastes. Por quê? Por quê? Escutai e retende minha resposta. É que não sou um sábio, e para fornecer alimento à vossa malignidade, jamais o serei. O epicurista Diodoro acaba de se matar; é um insensato, dizem uns; um temerário, dizem outros. Vós atacais a vida de um estoico e a morte de um epicurista: portanto, é bom para vós não acreditar em gente de bem! Se os partidários da virtude são viciosos, o que sois vós? Se eles não acomodam suas condutas às suas lições é que elas são sublimes, e a prática, difícil. E essas lições sublimes, vós dizeis, o que são elas? Eu verei a morte com tanta firmeza quanto ouço falar dela. Entregar-me-ei aos trabalhos, por duros que sejam. Desprezarei a riqueza ausente como presente: não muito triste por sabê-la algures, nem mais inútil por possuí-la. Que a fortuna venha a mim ou me abandone, não a considerarei provável. As terras de outrem me serão como se me pertencessem, e as minhas como se a outro pertencessem. Nascido para todos os homens, todos os homens nascerão para mim. Meus bens, não os possuirei como um avaro e não os dissiparei como um pródigo. Julgarei meus benefícios conforme o mérito daquele que os houver recebido. Se for digno, não acreditarei ter feito o suficiente. Minha consciência, e não vossa opinião, será a regra da minha vida. Meu próprio testemunho prevalecerá, depois de mim, sobre o de um povo. Tornar-me-ei agradável aos meus amigos, serei indulgente com meus inimigos, andarei à frente das solicitações honestas, terei presente no espírito que o universo é minha pátria; viverei e morrerei sem medo, porque sempre amei a virtude e não prejudiquei a liberdade de ninguém. Vós que odiais a virtude e seus adoradores, mordei, rasgai, continuai a ultrajar as pessoas de bem; mas sabei que ao tempo de Catão se louvavam os cúrios, os corucanos e que, no século em que a posse de algumas barras de prata levava à reprovação do censor, ele, Catão, gozava de quatrocentos mil sestércios sabeis que se lhe sobreviesse uma fortuna maior, ele não a rejeitaria (cap. XXI). Onde pode a sorte melhor aplicar a riqueza do que num depositário que saberá empregá-la com juízo, e restituí-la sem queixas? A riqueza me pertence e vós lhe pertencei; o sábio não a roubou, não está sujo com sangue, não é fruto de extorsão nem de um ganho sórdido. Sairá de sua casa de maneira tão inocente quanto nela entrou. Só haverá a inveja, que sofrerá quando a vir chegar e poderá sorrir ao vê-la partir. Vós abrireis os ouvidos, vós estendereis a mão, mas ele não a oferece senão às pessoas de bem.

Tudo o que precede, tudo o que omiti e tudo o que se segue é belo. Quando se cita Sêneca, não se sabe onde começar e onde terminar. Os filósofos modernos poderiam dizer a seus detratores o que o sábio dizia aos seus (cap. XXIV):

Não vos permitais julgar os que valem mais do que vós; nós já possuímos uma das primeiras vantagens da virtude, a de descontentar os malévolos. Sede menos apressados em surpreender nossos defeitos e olhai os vossos, pois alguns se evidenciam e outros se escondem em vossas entranhas e vos devoram. No aguardo, os exemplos, as exortações não devem ser desprezadas; deixai-nos pregar a virtude; quem sabe um dia ela nos faça melhor.

LXXII –Seria desejável que os filósofos modernos, surdos aos gritos do desejo, e conhecendo melhor o preço e a doçura do repouso, seguissem o exemplo do sábio Fontenelle[6]; elaborassem, como ele, um sistema de felicidade, independente das opiniões e dos juízos do vulgo e se dissessem friamente:

Jamais li qualquer obra de meus inimigos[7]; não tenho o direito de desprezá-las, pois ignoro se têm talento ou isso lhes falte; também não tenho o

6. O que se segue se encontrava, na primeira edição, numa nota do editor. O senhor Naigeon, querendo citar uma passagem de uma carta que lhe havia escrito antes sobre os Frérons, os Palissots e *id genus omne*, acreditou, com razão, que esse fragmento teria mais efeito se o atribuísse a Fontenelle, e fez o preâmbulo que precede a citação. É essa mesma nota que trago novamente aqui no texto. "Quem não tem mais que um instante de vida / Não tem mais nada a dissimular." De qualquer maneira, pareceu-me impossível conciliar ordem com liberdade de espírito, à qual estava bem resolvido abandonar-me quando comecei esta obra. (N. do A.)

7. Era uma pretensão de Diderot. Entretanto, é preciso excluir dessas críticas que ele não lia aquelas sobre o *Ensaio*, as quais ele responde aqui mesmo. (Assézat)

de odiá-los, pois não me fizeram o menor mal, já que não me deram, no correr do dia, qualquer momento de humor, ou momentos de insônia ao longo da noite. Onde estaríamos nós se homens perversos pudessem tornar falso o que é verdadeiro, mau o que é bom, feio o que é belo? O verdadeiro, o bem e o belo formam aos meus olhos um grupo de três grandes figuras, ao redor das quais a maldade pode elevar um turbilhão de poeira que as furta um momento aos olhares das pessoas de bem; mas no momento seguinte, a nuvem desparece e elas se mostram mais veneráveis do que nunca. Se tenho razão, é inútil que me defenda; se estou errado, minha defesa não me dará razão. Fiz um travesseiro sobre o qual dificilmente o repouso é perturbado; e quem sabe melhor do que eu o que é preciso que eu me diga e que seria necessário que fizesse para tornar-me melhor?

LXXII – Da constância do sábio, ou da injúria, da ignomínia, da arrogância, da vingança, da força, da segurança, do caminho que conduz à verdade.

Eu não creio que o vicioso possa suportar a leitura de Sêneca, a menos que ele seja constituído por um sistema de perversidade capaz de garanti-lo da vergonha e do remorso; ou que, nascido celerado ou bufão, ele tenha a coragem de zombar da virtude.

Esse tratado é endereçado a Sereno. Se o caminho pelo qual o estoico conduz o homem à felicidade é escarpado, em compensação, nada é mais fácil seguir que o declive que ele lhe indica para subtrair-se ao infortúnio.

"Insensato! Por que gemer? O que esperas? O fim de teus males, por um acaso, enquanto se apresenta a ti por todos os lados? Veja esse precipício: não é por aí que se desce à liberdade. Veja esse rio, esse mar, esse poço: a liberdade está escondida no fundo de suas águas. Veja essa árvore: ela está suspensa em cada um de seus ramos. Leva a mão à tua garganta, deponha-a sobre teu coração: são outras tantas saídas da servidão. Não há uma chave de tuas veias pela qual tua infelicidade não possa escapar [...]". Essa moral é inspirada a um Sêneca por um Calígula!

LXXIV –Quanto mais penso, mais eu creio que todos nós precisaríamos de uma leve pincelada de estoicismo, mas que ela seria especialmente útil para grandes homens.

Quê! És imortalizado por uma multitude de obras sublimes em todos os gêneros da literatura; teu nome, pronunciado com admiração e respeito em todas as terras do mundo civilizado, passará à posteridade mais remota e não perecerá senão em meio às ruínas do mundo; és o primeiro e único poeta épico da nação; não te faltam nem a elevação nem a harmonia; e se não possuis uma dessas qualidades no grau de Racine, a outra no grau de Corneille, não podemos recusar-te uma força trágica que eles não têm; fizeste ouvir a voz da filosofia em cena, a fizeste popular. Qual dos antigos e dos modernos pode-se comparar a ti na poesia ligeira? Tu nos fizeste conhecer Locke e Newton, Shakespeare e Congreve[1]; o pudor não pronunciará o nome de tua *Pucelle*; mas o gênio, mas o gosto a terão sem cessar em mãos; mas as graças se ocultarão em seu seio. A crítica dirá de tuas obras históricas tudo o que quiser, mas não poderá negar que se ganha dessa leitura um ódio profundo contra todos os mecanismos que foram e que são a desgraça da humanidade, quer por oprimir, quer por enganar; nos romances e nos contos, plenos de calor, de razão e de originalidade, eu entrevejo em toda parte a sábia Minerva sob a máscara de Momo.

Depois de apoiar o bom gosto por teus preceitos e os teus escritos, o ilustraste com ações vivas; te vimos corajosamente defender a inocência oprimida; restauraste a honra de uma família fanada por juízes imprudentes; tu lançaste as fundações de uma cidade à tua custa; os deuses prolongaram tua vida, sem enfermidades, à extrema velhice; não conheces infortúnio; se a indigência se aproximou de ti, foi apenas para implorar e receber teu auxílio;

1. William Congreve (1670-1729), poeta e dramaturgo inglês do período conhecido como da Restauração – da monarquia inglesa, a partir de 1660, com Carlos II. (N. da T.)

toda uma nação te rendeu homenagens que seus soberanos raramente obtiveram dela; recebes as honras do triunfo em sua cidade natal, a capital mais esclarecida do universo: qual dentre nós não daria sua vida por um dia como o teu? E a picada de um inseto invejoso, ciumento, infeliz, poderá corromper a tua felicidade! Ou não sabes o que tens ou não fazes suficiente caso de nós: conheça enfim tua altura, e saiba que qualquer que seja a força com que as flechas sejam lançadas, elas não atingem o céu. É exigir de perversos e tolos uma tarefa muito difícil pretender que eles se abstenham de fazer o mal; sua impotência não os faz menos odiosos: uma vestimenta impenetrável me garantiu do punhal, mas aquele que me feriu é, não obstante, um assassino covarde... Infelizmente! Eras tu, quando eu te falava assim!

LXXV –Esse livro, *A Constância do Sábio*, é uma bela apologia do estoicismo e uma prova sem réplica da aspereza dessa filosofia na especulação e de sua impossibilidade na prática. Creio que seria muito mais difícil ser estoico em Paris do que o foi em Roma ou em Atenas.

A todo momento se é tentado dizer a Sêneca e aos outros rigoristas: vossos remédios, supérfluos para o homem saudável, são por demais violentos para o homem doente. Devemos usá-lo com a multidão como os mestres na ginástica: é por meio de longos exercícios e saltos moderados que se prepara os alunos para transpor um grande fosso; embora, entre os alunos, haja aqueles cujas pernas são tão fracas, tão pesadas, os músculos da coxa tão macios, que por mais que se faça, não serão jamais senão maus saltadores. O que ensiná-los? A caminhar. E àqueles que têm dificuldade para andar? A se arrastar.

Não dissimularei mais, estou revoltado com a palavra de Estilpo e com o comentário de Sêneca (capítulo VI e Epístola IX): "Eu acabo de pôr-me a salvo em meio à ruína de minha casa; mergulhei meus pés nos rios de sangue dos meus compatriotas assassinados; vi minha pátria lançada na escravidão, ignoro o destino de minhas filhas e também se tudo isso é pior do que o que se abateu sobre minha pátria; minhas filhas me foram arrebatadas; em meio ao desastre geral, ignoro o destino delas; mas o que isso importa, a mim?" O que isso importa, homem de bronze? "Eu não perdi nada." Se não hás perdido nada, tens de ser mesmo estranhamente isolado de tudo que nos é querido, de todas as coisas sagradas para os outros homens. Se esses objetos não estão ligados ao estoico senão como uma vestimenta, eu não sou um estoico e me vanglorio disso; eles possuem a minha pele, não se pode me separar deles sem me rasgar, sem me fazer gritar. Se o homem sábio como você é encontrado apenas uma vez, tanto melhor; se for preciso me assemelhar a ele, juro não ser jamais sábio.

"Mal pode-se imaginar que o homem seja capaz de tanta grandeza e firmeza". Dito de estupidez feroz. Mas o papel de Estilpo era verdadeiro? Eu o creio, pois prefiro supor nele uma insensibilidade que abomino uma hipocrisia que desprezo. Soldados, matem esses infames usurários que perderam os registros das rapinas sobre as quais anexaram os olhares plenos de alegria, e que, em seu desespero, oferecem os peitos nus às pontas de vossas espadas. Mas esse tigre que parece se divertir com o desastre de sua cidade e que calca com pé tranquilo os cadáveres de seus parentes, de seus amigos, de seus concidadãos, não perdoa.

"Não existe mais diferença entre os filósofos estoicos e os adeptos das outras correntes de pensamento que a ocorre entre o homem e a mulher." Isso seria mais exato aos cínicos.

"A brincadeira custou a vida a Calígula." Eu desejaria sempre que o déspota fosse brincalhão. O homem suporta a opressão, mas não o desdém; ele responde cedo ou tarde a uma ironia com um golpe de punhal.

Ao ler o que a razão dita à nossa filosofia sobre a afronta, a injúria e a vingança, eu lamentaria o capítulo que ele teria acrescido à sua obra se tivesse vivido entre os bárbaros, onde se é desonrado se não se vinga uma palavra ou um gesto de desdém e onde se é perseguido por leis rigorosas e ruína se se vinga.

Exigir demais do homem não seria um meio de nada obter?

3

Este livro foi impresso na cidade de São Paulo,
nas oficinas da Orgrafic Gráfica e Editora, em junho de 2017,
para a Editora Perspectiva